중국관내 한국독립운동가의 삶과 투쟁

서강대학교 인문과학연구소 인문연구전간 제53집

중국관내 한국독립운동가의 삶과 투쟁

… 최기영 지음

일조각

Humanities Monographs No. 53
Research Institute for Humanities
Sogang University

The Life and Struggle of the Korean Independence Movement Activists in the Inner China

by

Choi Ki-young

ILCHOKAK
Seoul, 2015

변영만 (출처: 『한국민족문화대백과사전』)

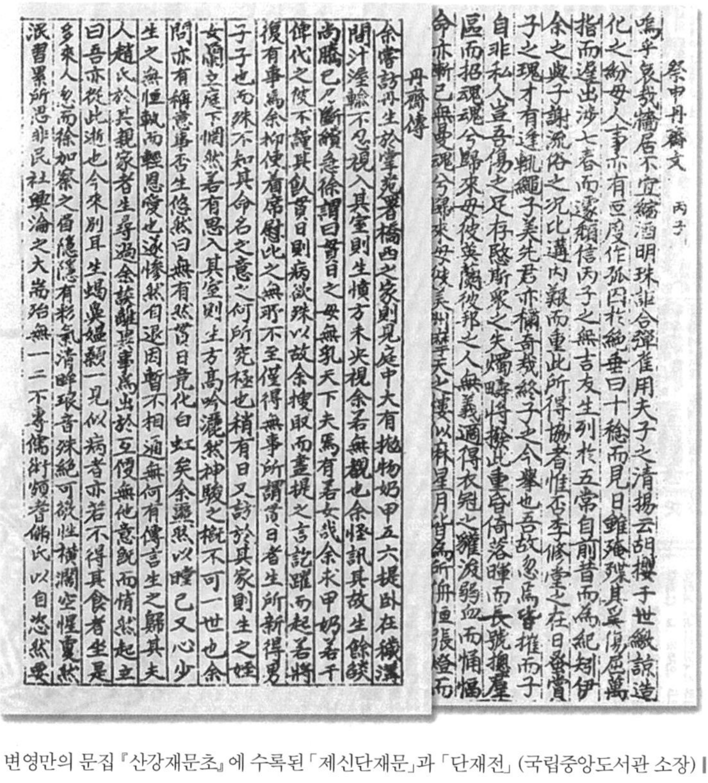

변영만의 문집 『산강재문초』에 수록된 「제신단재문」과 「단재전」 (국립중앙도서관 소장)

| 신채호 (출처: 독립기념관) |

| 이회영 (출처: 동북아역사넷) |

筆耕舍雜記 ①

丹齋와 于堂 (上)

沈熏

筆耕舍雜記 ②

丹齋와 于堂 (下)

沈熏

| 심훈이 『동아일보』 1936년 3월 12 · 13일자에 기고한 「단재와 우당」 |

유기석(1925년 남경)(출처:『삼십년방랑기』, 국가보훈처, 2010)

《新時代叢書之四》

版權所有不許翻印

全書一冊 定價三角

中華民國十八年六月初版

書名 弱小民族的革命方略

編著者 柳絮

發行者 中山書店

印刷者 中山書店

出版者 中山書店

總發行所 上海羣衆圖書公司

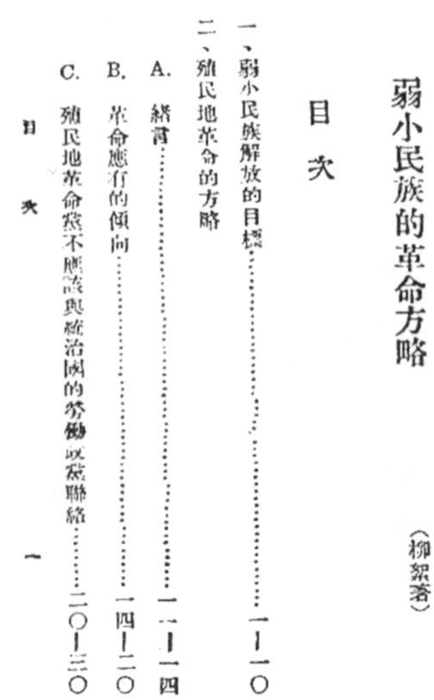

弱小民族的革命方略 (柳絮著)

目次

目次 一

유기석의 중문 저술『약소민족적혁명방략』(중산서점, 1929)의 목차와 판권(출처:『삼십년방랑기』, 국가보훈처, 2010)

1920년대 후반 중국군 복장의 이상정
(권기옥기념사업회 제공)

왼쪽부터 이상화, 권기옥, 이상정(1937년 남경) (권기옥기념사업회 제공)

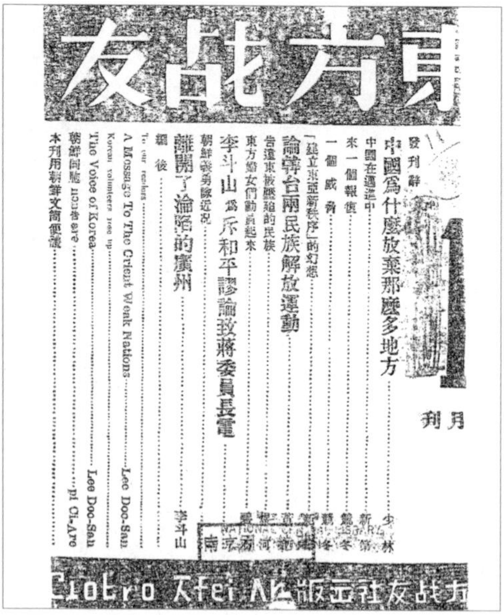

❙ 이두산이 주재한 『동방전우』 창간호 (1939년 1월 15일자) ❙

❙ 『조선의용대통신』 제33기(1940년 3월 1일자)에 발표된 이두산의 중문논설 「삼일운동적의의」 ❙

| 이복원 (출처: 『한국민족문화대백과사전』) |

(四) 紀元四二七〇年七月三十日

韓民

第十五號

軍事委員諸氏의略歷

〈제삼면에서 계속〉

○安敬根先生

○李復源先生

| 『한민』 제15호(1937년 7월 30일자)에 게재된 임시정부 군사위원들의 약력 중 이복원 부분 |

| 김학무 |

❙ 조선의용대 성립기념(1938년 10월 10일, 무한) (독립기념관 소장) ❙

한국광복군총사령부 창설기념(1940년 9월 17일, 중경) (독립기념관 소장)

❙ 지강대학의 학생들(1917년) (출처: 『지강대학사』, 항주출판사, 2015) ❙

❙ 항주 전당강錢塘江에서 바라본 지강대학 (출처: 『지강대학사』, 항주출판사, 2015) ❙

❙ 1920~1930년대 중산대학 캠퍼스 전경 ❙

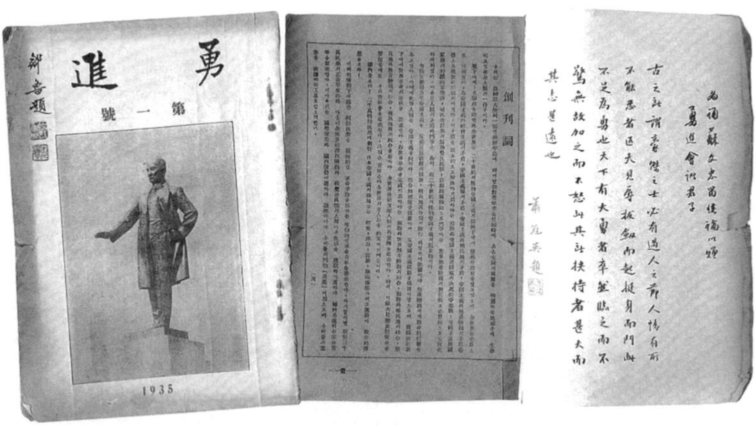

❙ 중국 광주한국유학생회의 기관지 『용진』 창간호(1935년 6월 발행)
(출처: 『미주 국민회 자료집』 21, 경인문화사, 2005) ❙

우빈 주교

한국광복군 군사 영수의 전선 출발 환송회(1940년 11월 11일). 앞줄 왼쪽에서 두 번째부터 이청천, 김구, 이범석, 우빈. (출처:『백범 김구 사진자료집』, 백범김구선생기념사업협회, 2012)

머리말

저자는 한말 계몽운동에 천착하며 공부를 시작하였지만, 학위를 마치고서 우연치 않게 한국독립운동사 분야에도 관심을 돌릴 기회가 있었다. 이후 간간이 독립운동과 관련한 논문을 써오다가 최근 10여 년 동안은 한말시기보다 오히려 독립운동사에 관심을 두어 왔다. 저자는 지역적으로 중국 관내와 미주에서 독립운동에 진력한 인물들, 특히 독립운동을 이끈 지도자들보다는 활동에 비하여 널리 알려지지 않은 독립운동가들에 주목하였다. 그들의 독립운동을 밝혀 그들이 독립운동사상에서 차지하여야 할 제대로 된 위치를 찾아 주고 싶었다. 독립운동에 자신을 바친 많은 지사들이 후대에 현창顯彰될 생각은 하지 않았겠지만, 후대의 연구자들에게는 그들을 바로 드러내야 할 의무가 짐 지워지지 않았을까 하는 생각에서 그러한 인물들에 대한 관심을 계속 지녀 왔던 것이다. 몇 분은 그 공로에 비하여 학계의 관심이 전혀 없어, 저자는 그분들을 신원伸冤해 드린다는 의무감을 느끼기까지 하였다.

10여 년 동안 저자는 중국 관내에서 독립운동을 전개한 인물 등에 관한 논문을 10여 편 발표할 수 있었다. 개인적으로 관심이 있어 쓴 주제도 있고, 거절하기 어려운 청탁으로 작성한 경우도 있었다. 그 가운데에는 신채호나 이회영, 변영만과 같이 널리 알려진 분들도 있지만, 이복원을 비롯하여 이두산이나 이상정 등은 활동에 비하여 전혀 알려지지 않았다고 보아도 좋을 것 같다. 또 유기석과 김학무는 연구자들에게는 익숙하지만, 개인에 대한 연구는 그간 없었다. 그리고 중국 유학생들과 한국독립운동을 지원한 중국 인사에 대하여 발표한 논문도 있다. 저자는 이 논문들을 『중국관내 한국독립운동가의 삶과 투쟁』이라는 제목으로 묶어서 한 차례 정리하고자 하였다. 물론 저자가 통일된 주제나 일정한 순서에 따라 진행한 연구가 아니기 때문에 그들의 활동과 성격을 일정한 기준으로 묶어 내기가 쉽지 않았다. 고민 끝에 '1910~1930년대 북경의 독립운동가'와 '관내에서의 무장투쟁과 독립운동가' 그리고 '중국 유학생과 독립운동'의 세 부분으로 분류해 보았다. 그리 적절한 구분이라고는 생각되지 않으나, 그간 저자의 관심을 드러내기에 크게 부족하지는 않을 것 같다.

제1부 '1910~1930년대 북경의 독립운동가'에서는 변영만 · 신채호 · 이회영 · 유기석을 다루었다. 이들은 대체로 북경을 주 무대로 하여 활동하면서 상해를 오갔다. 변영만은 1910년대에, 신채호는 1910~1920년대에, 이회영은 1920년대 전반기에, 그리고 유기석은 1920년대 후반기 이후 북경에서 독립운동을 전개하였다. 이회영은 50대, 신채호는 30~40대, 변영만과 유기석은 20대였다. 황해도 출신이지만 간도에서 성장한 유기석은 다른 이들과는 세대가 다르다고 해도 좋을 것이다. 이회영 · 신채호 · 변영만은 기호 출신으로 전통학문을 이수하였으나 근대 서구문명도 적극적으로 수용하였으며, 대한제국기부터 국권회복운동에 적극 참여하여 이름이 널리 알려진 바 있었다. 변영만을 제외한 이들은 북경에서 1920년대 전후부터 아나키즘을 수용하였으며, 1920년대 이후 아나키스트로 이름이 높았다. 사실 변영만은 3 · 1 운동 이전에 북경에 5년여 동안 거주하면서 독립운동에 적극 참여하기보다

중국과의 연대에 관심을 가졌던 것 같다. 물론 이들이 각 시기별로 북경을 중심으로 활동한 독립운동가들을 대표한다고 하기는 어렵겠지만, 이들을 빼고 각 시기의 독립운동가를 논의하기 어려운 것도 사실이다.

제2부에서는 '관내에서의 무장투쟁과 독립운동가'라는 제하에, 이상정·이복원·이두산·김학무를 논의하였다. 이들은 여러 형태로 군사교육을 이수하였다. 이복원은 대한제국의 하급무관 출신으로 미국의 군사학교까지 마친 군사전문가였다. 이상정은 일본의 예비군사학교에서, 이두산은 대한민국임시정부의 육군무관학교에서, 김학무는 중국군관학교에서 수학하였다. 이두산은 한국광복군에서, 이상정은 중국군에서 40대에 장관將官으로 군직을 맡았지만, 실제 전투와는 무관한 참모나 교관으로 근무하였다. 오랫동안 민간에서 활동하던 이들은 오히려 문예에서 일가를 이루었다. 이복원 또한 오랜 미국생활을 버리고 중국 관내에서 무장투쟁에 참여한 때가 50대였고, 한국광복군에서도 지휘관으로서보다는 군사전문가로서의 역할이 컸다. 김학무는 30대에 조선의용대 등에서 활동하다가 전사하였다. 따라서 김학무를 제외한 인물들은 그 특성과 연령 등의 조건으로 군사 관계 고위직을 역임하면서도 직접적인 무장투쟁과는 거리를 두고 있었다. 어쩌면 이러한 점이 중국 관내의 무장투쟁이 동북지방의 무장투쟁과 구별되는 특징일 수도 있으며, 중일전쟁 이후 전문가 집단의 군사조직 참여를 보여 준다고 생각된다. 실제 이들의 군사활동이 두드러지는 시기가 바로 중일전쟁 전후부터이다.

제3부는 '중국 유학생과 독립운동'이다. 1910년대와 1920년대 전반기 화중華中 지역 한인 유학생들의 움직임을 항주를 중심으로 살펴보았고, 1930년대 중산대학 유학생들이 중일전쟁 이후 무장투쟁에 참여하는 과정을 검토하였다. 1930년대까지 중국 유학생은 일본 유학생에 비하여 상대적으로 독립운동에 더 관심을 두었다고 생각되는데, 중산대학의 경우가 그러한 실례이기도 하다. 1910년대에도 항주에서 수학한 한국인들은 군사학교에 대한 관심이 적지 않았다.

마지막으로, 중국 천주교의 지도자 우빈 주교가 한국독립운동을 지원한 내용을 보론으로 추가하였다. 1940년 전후부터 한국독립운동을 지원한 이후 우빈은 독립운동의 영수들과도 교분이 깊었으며, 오랫동안 한국과 밀접한 관계를 유지하였다.

몇 개의 주제로 구분하여 저자가 다룬 독립운동가들을 정리하였으나, 그분들의 공통되는 점이나 구별되는 성격을 제대로 논의하지 못하였음을 스스로 느끼고 있다. 본래 일관된 하나의 주제로 출발한 연구가 아니어서, 먼저 밝혀지지 않은 개인의 삶을 복원하는 데 적지 않은 노력을 기울여 왔다. 통일성이 부족하지만, 보다 많은 사례를 통한 연구로 보완할 수 있을 것으로 믿고 있다. 즉 저자는 중국 관내와 미주의 한국독립운동가들에 대한 연구를 기회 닿는 대로 계속할 생각이다. 특히 1910년대부터 1930년대에 걸쳐 중국에서 유학한 한인 유학생에 주목하고 있다. 이미 항주와 중산대학의 사례를 살펴본 바 있는데, 일본이나 미국으로 유학한 인물들과 구별되는 성격을 확인할 수 있지 않을까 생각한다.

개인적인 소회를 몇 자 적고자 한다. 이 연구서에 수록된 논문들은 저자가 2004년 서강대학교에 정착한 이후 작성한 것들이다. 이 논문들을 작성하는 기간에 부친과 은사 이광린 선생님께서 돌아가시는 슬픔을 겪었다. 평양과 용강 출신으로 평양 소재 중학의 선후배였던 두 분 모두 여러 해 동안 병고를 겪으시어 저자를 안타깝게 하였다. 또 저자에게 독립운동사에 대한 관심을 열어 주신 조동걸 선생님도 여러 해 건강이 좋지 않으시다. 선생님의 쾌유를 기대한다. 이 연구서의 상재를 준비하는 지금, 한국사 교과서의 국정화 문제로 나라 전체가 시끄럽다. 권력이 학문과 교육을 통제하고자 하고, 상식을 기반으로 하지 않은 일방적인 정치논리가 오래갈 수 없다는 사실을 역사가 보여 주는데도, 이러한 시도가 끊이지 않는다. 상식이 기초가 되고, 전문가의 견해가 존중되는 사회를 이루기가 이처럼 어렵다는 사실 또한 역사를 통하여 보아 왔음을 기억한다. 특히 교과서의 독립운동사 서술 부분이 논의된다는 점에서 더욱더 상식의 회복이 필요하다는 점을 강조하지 않을 수 없다.

서강대학교 인문과학연구소와 포니정 재단은 연구비를 지급해 주었으며, 독립기념관 한국독립운동사연구소, 성균관대학교 대동문화연구원, 우당이회영선생기념사업회, 한국교회사연구소에서는 게으른 저자에게 논문을 청탁해 주어 이나마 글을 갖출 수 있었다. 이 연구서에 수록된 이상정과 김학무에 관한 논문은 절강대학浙江大學과 산동대학山東大學에서 개최된 한국전통문화국제학술연토회에서, 유기석과 항주 유학생에 관한 논문은 절강공상대학浙江工商大學과 항주사범대학杭州師範大學에서 각기 개최한 학술대회에서 발표되기도 하였다. 지난 겨울방학에는 상해 복단대학復旦大學 역사학계 손과지 교수의 주선으로 상해에 1개월간 머물며 한국독립운동 유적과 교회대학 등을 답사할 수 있었다.

여러 차례 중문 번역문과 초록을 만들어 주고 이 책에도 중문초록을 작성해 준 건국대학교 국제학부의 손염홍 교수와, 그간 영문초록 작성에 애써준 서강대학교 교육대학원의 김민정 교수에게 감사드린다. 단국대학교 한시준 교수와 국사편찬위원회 김광재 박사 등 동학들에게 여러 가지로 신세를 지고 있다. 아내와 아이들에게도 고맙다는 말을 전한다.

10여 년 만에 다시 일조각에 폐를 끼쳤다. 김시연 사장, 안경순 편집장과 오지은 씨 덕분에 본서가 보기 좋은 모습을 갖출 수 있었다. 거듭 감사드린다.

2015년 12월

최기영

차례

제2부 관내에서의 무장투쟁과 독립운동가

제3부 중국 유학생과 독립운동

보론

일러두기

1. 인용문 가운데 한글로 써도 의미를 알 수 있는 한자어는 한글로 표기하였다.
2. 중국의 인명·지명·기관·사건 등은 한자식 발음이 많이 사용되는 학계 관행에 따라 모두 한자식 발음으로 표기하였다. 일본의 인명과 지명은 현대 독자들이 알기 쉽도록 일본어 발음으로 표기하였다. 기타 기관이나 사건 등은 우리말 음으로 표기하였다.
3. 인용문 가운데 한글이나 한자로 표기된 연도는 아라비아 숫자로 바꾸었다.

제1부

1910~1930년대 북경의 독립운동가

1910년대 변영만의 해외 행적

1. 머리말

산강山康 변영만卞榮晩(1889~1954)은 한학자와 문필가로 널리 알려져 있다. 그러나 그는 한말 법관양성소와 보성전문학교普成專門學校를 마친 법조인이자, 1900년대 후반 제국주의의 침략을 비판한 『세계삼괴물世界三怪物』(廣學書舖, 1908)과 『이십세기지대참극 제국주의二十世紀之大慘劇 帝國主義』(廣學書舖, 1908)라는 저술을 남긴 논객이기도 하였다. 일제 강점기에는 변호사 활동에 큰 관심을 보이지 않고 문필 활동에 나서는 독특한 모습을 보였다. 해방 직후 잠시 성균관대학교의 전신인 명륜전문학교明倫專門學校의 제2대 교장을 역임하였으며, 정부 수립 이후 반민족행위자 재판관을 맡았다. 그의 사후에 『산강재문초山康齋文鈔』(龍溪書堂, 1957)라는 문집이 출간되었지만, 이 책에 행장이나 연보가 실려 있지 않아 그의 족적이 잘 드러나지 않는다.

변영만은 그간 큰 관심을 받지 못하다가[1] 2000년대에 들어와 한문학계에서 새롭게 주목받고 있다. 그의 문집인 『산강재문초』를 국역하고, 산일되었던 국문 저술을 모아 『변영만전집』 3권(성균관대학교 대동문화연구원, 2006)으로 간행한 사실이 그 단적인 예이다.[2] 그러나 여전히 그의 생애에 관련된 부분, 특히 1910년대의 행적은 잘 알려져 있지 않다. 그가 중국에 망명하여 여러 해 있다가 귀국하였다지만, 중국에서의 구체적인 행적은 밝혀지지 않았다. 필자는 국권피탈 이전에 변영만이 제국주의와 사회진화론을 극복하고자 하였음을 지적한 바 있다.[3] 이 글에서는 약간의 자료를 추가하여 그 이후인 1910년대 변영만의 행적을 정리하고자 한다. 이는 변영만 개인에 국한된 작은 주제이지만, 동시에 1910년대 중국 관내지역 독립운동 계열의 움직임과도 무관하지 않다는 점에서 의미를 지닐 수 있으리라 믿어진다. 다만 제한된 자료로 관련 사실을 설명하려다 보니, 논리 전개에 무리가 있을 수 있다는 점을 먼저 밝힌다.

---

1 1990년대에 崔鉉洙, 「山康 卞榮晩의 生涯와 國學觀」 上, 『畿甸文化』 9, 1992와 崔起榮, 「韓末 지식인의 反帝國主義論—卞榮晩(1889~1954)을 중심으로—」, 『國史館論叢』 47, 1993; 『한국근대계몽운동연구』, 일조각, 2003이 발표되었을 뿐이다.

2 2000년대에 들어 申翼澈, 「근대문학 형성기 卞榮晩의 사상적 지향과 문학세계」, 『韓國漢文學研究』 32, 2003; 한영규, 「卞榮晩의 아포리즘 창작과 文明批評」, 『民族文化研究』 39, 2003; 金東錫, 「변영만이 본 신채호」, 『漢文學報』 10, 2004; 金鎭均, 「卞榮晩의 비판적 근대정신과 문예추구」, 성균관대학교 박사학위논문, 2004 등의 연구가 이루어졌다. 이어 實是學舍 고전문학연구회의 노력으로 『변영만전집』 상(『山康齋文鈔』 역문)·중(『山康齋文鈔』 원문)·하(薊篁散文集, 국문 저술) 3권이 성균관대학교 대동문화연구원에서 2006년 6월에 간행되었다. 그 간행을 기념한 학술회의의 결과가 『大東文化研究』 55, 2006에 '근대문명과 산강 변영만'이라는 제하의 특집으로 수록되었는데, 林熒澤, 「卞榮晩의 글쓰기 형식과 문학 사상」; 柳浚弼, 「변영만의 문예론과 그 사상적 기저」; 韓榮奎, 「변영만의 근대문명 비판」; 金鎭均, 「卞榮晩의 文章觀과 自得의 논리」와 본고가 그것이다. 이어 한영규가 변영만 편으로 짐작되는 『五家文抄』를 발굴하였다(한영규, 「식민지시기 한문문장가 계보의 일단」, 『大東漢文學』 33, 2010). 그 밖에 정태욱, 「변영만의 삶과 뜻」, 『법철학연구』 15-3, 2012를 참고할 수 있다.

3 崔起榮, 「韓末 지식인의 反帝國主義論—卞榮晩(1889~1954)을 중심으로—」.

2. 중국 망명

변영만은 언제 중국으로 망명하였을까. 정확한 날짜는 알 수 없지만 1913년인 것은 틀림없다. 그것은 변영만이 1913년 연말 이래 소재불명이었다는 평양헌병대장의 보고로 확인된다.[4] 1910년 이후 그의 행적을 살펴보면 보다 정확한 망명시기를 알 수 있을 것이다.

변영만은 국권피탈 이후 신의주에서 변호사를 개업하였다고 하는데,[5] 그가 서울을 떠나 신의주에 정착한 때는 1912년 봄이었다. 『산강재문초』에 수록된 「압록강 여신에게 드리는 격문檄鴨綠江妃文」이 임자년(1912) 봄, 의주에 있을 때 지은 것으로써, 또 그해 여름에 쓴 「홍면희 성무에게與洪冕憙聖武書」에서 "올해 봄 서쪽으로 내려온 이후부터 자연히 자주 이곳을 밟게 되나, 또한 아직 옛날의 신의주 그대로여서 매양 화살과 같이 빨리 돌아가고 싶은 마음이 간절하였습니다"라고 한 것으로써,[6] 그가 1912년 봄에 신의주로 옮겨 왔음을 알 수 있다. 그는 1910년 4월부터 1912년 4월까지 모교인 보성전문학교의 법률학 강사로도 활동하였다.[7] 그가 편지를 보낸 홍면희洪冕憙는 그의 법관양성소 선배였다. 홍면희는 1906년 12월 5일 법관임용시험인 '법관전고소시험法官銓考所試驗'에 변영만과 함께 합격하여 충북재판소 검사로 재임하다가 1908년 변호사 자격을 얻어 평양에서 개업 중이었다.[8]

변영만은 신의주에서 변호사로 개업하였지만 그곳에서 변호사 일을 오래

---

4 『不逞團關係雜件: 朝鮮人의 部』 在支那各地 1, 「朝鮮人卞榮晩에 관한 件」 1(1914. 11. 10); 在滿洲의 部 4, 「不平鮮人의 行動 等에 관한 件」(1914. 10. 27). 이 글에서 인용하는 『不逞團關係雜件: 朝鮮人의 部』는 국사편찬위원회 한국사데이터베이스에서 확인한 자료로, 이하 『不逞團關係雜件』으로 표기한다.

5 林鍾國 · 朴魯埻, 『흘러간 星座』 2, 國際文化社, 1966, 295~296쪽.

6 實是學舍 고전문학연구회 역주, 『변영만전집』 상, 성균관대학교 대동문화연구원, 2006, 257쪽 「與洪冕憙聖武書」.

7 『高麗大學校九十年誌』, 고려대학교출판부, 1995, 107쪽.

8 한시준, 『의회정치의 기틀을 마련한 홍진』, 探求堂, 2006, 28~37쪽.

할 생각은 아니었던 것 같다. 변호사로 개업하려면 해당 지방재판소 변호사 명부에 등록하여 그 사실이 『관보』에 공고되어야 하는데,[9] 『관보』에서 변영만을 찾을 수 없다.[10] 1912년 4월 1일자로 평양재판소 신의주구재판소가 평양지방법원 신의주지청으로 바뀌지만,[11] 사실 신의주는 변호사가 크게 필요한 지역은 아니었다. 다만 '변호사규칙' 제11조에 의하면, "소속지방재판소의 관할지 외에 사무소를 설치할 때에는 소속지방재판소 검사국 및 사무소 소재지의 지방재판소 검사국에 이를 계출届出"해야 하였다. 그가 신의주에 그리 오래 머무르지 않은 사실은, 그가 중국으로 망명할 때 신의주가 아닌 평양에서 변호사 일을 한 것에서 확인된다.[12] 따라서 변영만이 신의주에서 평양으로 옮긴 시기는 1912년 말이나 1913년 초가 아니었을까 한다. 짐작컨대 그는 홍면희와 함께 짧은 기간이지만 평양에서 변호사 일을 하였을 것이다. 그러나 그는 평양지방법원이 아니라 서울의 변호사회에 소속된 상태에서 신의주와 평양에서 개업하였으므로, 평양에서 직접 소송대리인이 될 수 있었는지는 모르겠다. 그는 일제 치하의 변호사 일에 별다른 흥미를 느끼지 못하였던 것이다.

평양에서 변영만이 "집에 의논하지도 않고 벗에게도 알리지 않은 채" 중국으로 떠난 시기는 1913년 후반이다.[13] 변영만이 1913년에 중국에 있었음은 『산강재문초』에 수록된 「장태염께柬章太炎」가 계축년(1913) 중국에 있을 때에 쓴 것이라는 사실로도 확인된 바 있다. 아울러 앞서 언급한 대로 1913년 연말부터 행방불명되었던 변영만이 1914년 10월 현재 북경에 거주하고 있음

9 『朝鮮總督府官報』 1910년 12월 15일자 制令 「辯護士規則」.

10 『朝鮮總督府官報』의 彙報에 변호사 '등록' 또는 '登錄換'이 공고되었는데, 1910년부터 1913년까지 변영만의 등록환은 찾아지지 않는다.

11 『朝鮮總督府官報』 1912년 4월 1일자 訓令.

12 일제의 정보보고에는 변영만이 1913년 평양에서 변호사로 활동하다가 행방불명되었다고 하였다. 「朝鮮人卞榮晩에 관한 件」 1(1914. 11. 10).

13 『변영만전집』 상, 263쪽 「寄同志諸人述懷書」.

이 일제 정보망에 탐지되었다.[14]

그러나 변영만이 1913년 중국에 처음 간 것은 아니었다. 이미 1911년 가을 중국에 다녀온 바 있었다. 1912년 홍면희에게 쓴 편지에서 "지난 가을 중국으로 가는 길에 잠시 신의주를 거쳤는데"라고 언급한 문구가[15] 그 사실을 알려 준다. 그때 변영만은 북경을 거쳐 신해혁명 직후 혁명군 토벌을 목적으로 남하하던 청조 군대를 뒤따라 상해를 거쳐, 남통주南通州에 있던 김택영金澤榮을 만나고 왔다.[16] 뒤에 변영만은 「창강자전滄江子傳」을 쓰며 이 일을 회고한 바 있다.

> 한성에 있는 우리 집이 일찍이 한번은 창강자와 바로 이웃해 있어서, 창강자는 자주 우리 가군家君을 보러 왔었다. 내가 아이 때 이로 인하여 그의 풍모와 친숙할 수 있었는데, 때때로 그 특이함에 스스로 감탄하며 어디서 이런 분이 나올 수 있었을까 하였다. 어른이 되어 신해년(1911)에 또 회좌淮左의 통주에서 한 번 뵐 수 있었는데, 그때 중국혁명이 막 일어나서 며칠 밤 계엄하의 성중에서 모시고 술을 마시면서 그의 서론緖論을 충분히 들었다. 내 마음에 합치되지 못함이 있었던 것은 모두 나의 짧은 생각 때문이었다.[17]

1911년 10월 10일 무창武昌에서 신해혁명이 시작되었던 점을 참고한다면, 김택영을 만난 시기는 10월 말이나 11월이었을 것이다. 남통주는 오늘날 강소성江蘇省 남통시南通市로 장강의 출해구出海口 북쪽 기슭에 있는, 곧 상해 서북에 위치한 곳이다. 김택영은 1905년 9월 중국으로 망명하여 청말의 사업가요 교육가이자 정치가인 장건張謇의 도움을 받아 서적을 편찬하고 있었

14 「朝鮮人卞榮晩에 관한 件」 1(1914. 11. 10).
15 『변영만전집』 상, 257쪽 「與洪冕憙聖武書」.
16 『변영만전집』 하, 333~334쪽 「雷音中繼錄」.
17 『변영만전집』 상, 383쪽 「滄江子傳」.

다.[18] 중국을 오가는 도정에서 변영만은 신해혁명의 기운을 목도하였고, 중국의 변화를 감지할 수 있었을 것이다. 아울러 독립운동을 전개하고자 한 망명 세력과 교섭하지 않았을까.

그런데 이 시기에 변영만의 동생인 변영태卞榮泰가 만주 유하현柳河縣에 위치한 신흥강습소新興講習所에서 군사훈련을 받고 있었던 점을 상기할 필요가 있다. 변영태는 1911년 12월 신흥강습소를 제1회로 마치고[19] 남경南京으로 유학하여 중국에 머물렀다.[20] 변영만이 동생을 찾아가 형제가 상면하기는 어려웠겠지만, 일정하게 연락은 있지 않았을까 생각된다. 특히 주목되는 점은 변영태가 신흥강습소를 주도한 경주이씨 사람들과 매우 가까웠다는 것이다.[21] 변영만의 부친 변정상卞鼎相이 1906·1907년 진남포鎭南浦를 관장하던 개항장인 삼화三和의 감리監理를 맡았고,[22] 경주이씨의 대표 격인 이시영李始榮이 같은 시기 평안남도 관찰사였던 사실만으로도[23] 두 가문 간에 교분이 있었음을 쉽게 짐작할 수 있다. 더욱이 변영로卞榮魯는 변영태가 이시영을 따라 만주에 갔다고 회고한 바 있다.[24]

이런 사실로 짐작하면, 변영만이 국권피탈 이후 아무런 연고가 없던 신의주에 일시 정착하였던 것도 나름대로 이유가 있었을 것이다. 신의주는 중국으로 나가는 길목이었으므로 망명하는 지사들이 거쳐 가야만 하는 곳이었다. 바꾸어 말하면 중국 망명의 연락거점이었다. 변영만이 신의주로 옮긴 시기가 중국에 다녀온 직후인 1912년 초였다는 사실도 주목된다. 아마 망명객들과 관련되거나 본인의 망명을 준비하기 위해 움직인 것으로 짐작되지

18 崔惠珠, 『滄江 金澤榮의 韓國史論』, 한울, 1996, 22~23쪽.
19 元秉常, 「新興武官學校」, 『독립운동사자료집』 10, 독립유공자사업기금운용위원회, 1984, 13쪽.
20 李恩淑, 『民族運動家 아내의 手記』, 正音社, 1975, 33쪽.
21 『民族運動家 아내의 手記』, 33쪽.
22 『大韓帝國官員履歷書』, 국사편찬위원회, 1972, 775쪽.
23 『大韓帝國官員履歷書』, 48~49쪽.
24 卞榮魯, 「中年記」, 『樹州卞榮魯文選集』, 韓振出版社, 1981, 197쪽.

만, 독립운동 세력과 관련되었는지는 알 수 없다. 더하여 그는 한말부터 중국어에 능숙하였던 것 같은데,[25] 신의주에서 중국어를 배우며 좀 더 쉽게 중국과 연결되고자 한 방편이었을 것이다. 아무튼 그러한 점으로 미루어 보건대, 1913년 후반 변영만의 중국 망명은 무계획하게 이루어진 것이 아니었다. 1911년 첫 번째 중국 방문 이후 준비된 일이었다.

그렇다면 변영만은 어떠한 이유에서 중국으로 망명하였던가. 그는 1913년 말에 작성한 「장태염께」에서 그 이유를 언급하였다.

> 하늘이 기자의 땅에 재앙을 내려 이곳으로 하여금 나라를 유지하지 못하게 함이 이에 이미 네 해째입니다. 그 유민 자제가 능히 편안히 살 수 없으매 별처럼 흩어지고 우박처럼 날리어 사방으로 나간 것이 이유 없는 것이 아닙니다. 이리들과는 같은 무리로 함께 할 수 없어 참담하기가 마치 하루를 마칠 수 없을 듯하니, 그 정경을 알기 어렵지 않을 것입니다. 영만이 비록 마음을 참고 화기禍氣를 삼키며 힘써, 별처럼 흩어지고 우박처럼 날리어 간 행렬에서 자기를 구별하고자 하나 될 수 있겠습니까? 생각건대 세계가 넓다지만 또한 어찌 이민족·다른 인종에 대해 사랑할 수 있겠습니까?
>
> 이것이 영만이 영국으로 가지 않고, 덕국德國으로 가지 않고, 법국法國으로 미국으로 가지 않고, 북쪽에 있는 아라사俄羅斯로 가지 않고, 남양의 군도群島로 가지 않으면서, 반드시 이 중국 민방民邦에서 자유민이 되어 장차 이 땅에서 죽을 수 있기를 원하는 까닭입니다.
>
> 그런데 영만이 여기에 온 것은 진실로 이에 그치는 것이 아닙니다. 사는 것은 사통四通의 읍과 대도시에서 보고 듣는 것을 넓히고자 하고, 추종해 노는 것은 현명하고 호걸스러운 장자長者들에게서 그 기량을 넓히고자 하고, 살펴봄은 그 거대하

25 『不逞團關係雜件』 在支那各地 1, 「在支那朝鮮人陰謀事件에 관한 件」 1(1916. 9. 11)에 따르면, 변영만은 중국어를 해득하여 朴齊純의 신용을 얻어 각지 군수 등을 역임하였다고 한다. 그가 군수를 한 사실이 없어 부정확한 정보이지만, 중국어를 할 수 있었다는 사실은 참고할 만하다. 그리고 『山康齋文鈔』 雜錄, 「私記」와 穀明居士(卞榮晩), 「色眼鏡」 11(人의 聲音), 『東亞日報』 1931년 5월 1일자에서도 변영만이 박제순과 직접 '面對交話'하였다고 언급하였으므로 서로 일정한 교분이 있었음을 알 수 있다.

고 화려함을 다하고, 표현함은 그 굉장하고 자유분방함을 다하고자 함입니다.[26]

즉 변영만은 자신의 중국행이 일제에 강점된 조국의 현실을 비관한 망명이며, 그에 그치지 않고 중국에서 자신의 안목과 학문을 넓히고자 하였다고 밝혔다. 중국에서 전개한 그의 활동에 대한 자료가 많지 않지만, 이로 미루어 독립운동과 무관하지 않으면서도 중국의 문화와 인물에 대한 관심을 버리지 않고 있었음을 알 수 있다. 그는 망명에서 돌아온 뒤의 감회를 밝힌 「동지 여러분께 부쳐 소회를 적음寄同志諸人述懷書」(1922)에서도,

> 약관의 나이에 홀연히 보잘것없는 벼슬의 녹을 버리고, 한갓 분주히 왕래하여 가정을 안정시키지 못하였고, 아울러 감히 나라를 경륜하고 세상을 구제하는 뜻을 가질 수도 없었다. 오직 거칠게 노는 것을 자랑으로 여기고, 희롱하고 꾸짖는 데 의지하여, 한결같이 광간자狂簡者의 부류로 스스로를 견주었다. 그런데 다시 유감과 분통이 가슴속에 치밀어 올라 눈에 보이는 것마다 상심하지 않은 적이 없어서, 슬프게도 하루를 마칠 수 없을 것 같았다. 그래서 집에 의논하지도 않고 벗에게도 알리지 않은 채, 어둔 밤에 종적을 감추어 멀리 다른 나라로 달아나서 사방을 떠돈 지가 거의 십 년이 되었다.[27]

라 한 것처럼, 유감과 분통으로 하루를 지내기도 어려웠다는 고백에서 일제의 지배에 순응하지 못한 그의 모습을 볼 수 있다.

1910년 국권피탈을 전후하여 많은 우국지사들이 독립운동을 전개하기 위하여 중국과 러시아 등지로 망명하였음은 잘 알려진 사실이다. 특히 신민회新民會 계열 인사들은 1909년경부터 독립군기지 건설을 만주에 준비하는 움직임을 보였고, 1910년 7월경 청도青島에서 독립운동 방략을 논의한 바 있

26 『변영만전집』 상, 319쪽 「柬章太炎」.

27 『변영만전집』 상, 263쪽 「寄同志諸人述懷書」. 이 글은 본래 『東明』 1923년 1월 14일자에 「書感示友」라는 제목으로 실리었다.

었다. 그러한 과정에서 1910년 말부터 만주와 러시아를 목적지로 한 개인 또는 가족 단위의 망명이 계속되었다. 더욱이 국내에서 이른바 안악사건安岳事件을 비롯하여 일제가 날조한 신민회사건이 일어났던 점도 주목해야 할 것이다. 신민회 관여자인 안창호安昌浩 · 이동녕李東寧 · 신채호申采浩 · 이갑李甲 · 이종호李鍾浩 · 유동열柳東說 등과, 이회영李會榮 · 이시영 등 경주이씨 6형제 가족, 그리고 이상룡李相龍 · 김대락金大洛 · 유인식柳寅植 · 김동삼金東三 등 안동安東을 중심으로 한 개화유림이 집단으로 1910 · 1911년을 전후하여 망명하였다.[28] 박은식朴殷植 · 신규식申圭植 등도 1911년 망명하였다. 변영만 역시 그러한 망명지사들과 다르지 않은 길을 걸었던 것이다. 다만 그 시기가 1910년 직후는 아니었다.

3. 북경 정착과 활동

1913년 후반 중국으로 망명한 스물다섯의 청년 변영만이 정착한 곳은 북경이었다. 그가 압록강을 건너 봉천奉天으로 갔다가 북경에 도착한 때는 1913년 말경이었다.[29] 경봉철도京奉鐵道를 이용하여 북경에 갔을 것이다. 북경에서 그는 변수중卞守中이라고 변성명하고 한국인 집단에 기식하였다고 한다.[30] 변수중이라는 이름은 동생 변영태가 신흥강습소에서 사용한 변수진卞守眞이라는 성명과 짝을 이룬다.[31]

그런데 변영만이 하필 북경에 정착한 이유는 무엇일까. 1912 · 1913년경 국내를 벗어나 중국에 망명한 인물들, 예컨대 박은식 · 신규식 · 김규식金奎植

28 趙東杰, 「安東儒林의 渡滿經緯와 獨立運動上의 性向」, 『大丘史學』 15 · 16, 大丘史學會, 1978; 『韓國民族主義의 成立과 獨立運動史硏究』, 지식산업사, 1989, 247~252쪽 참조.

29 『不逞團關係雜件』 在支那各地 1, 「朝鮮人 卞榮晩에 관한 件」 2(1914. 12. 19).

30 「朝鮮人 卞榮晩에 관한 件」 2(1914. 12. 19).

31 朴烜, 「滿洲地域의 新興武官學校」, 『滿洲韓人民族運動史硏究』, 一潮閣, 1991, 359쪽.

· 신채호 · 문일평文一平 · 조소앙趙素昂 · 홍명희洪命憙 · 정인보鄭寅普 등은 모두 상해에 자리 잡고 있었다.[32] 그 가운데 특히 신채호와 홍명희는 국내에서부터 변영만과 절친한 사이였다. 따라서 그는 북경에 도착하기 전후로 상해에 있는 신채호나 홍명희와 연락하였을 것이다. 그럼에도 변영만이 북경에 정착한 것은 본래 그의 망명 목적지가 북경이었기 때문이 아닐까 한다. 그가 북경에 도착한 지 오래지 않아 중국의 주요기관에 취직한 점에서 그렇게 짐작된다. 그리고 그 같은 정황은 변영만 개인의 의사만으로 북경에 정착한 것이 아님을 시사한다.

북경에 도착한 직후 변영만은 고문경학古文經學의 대학자로 알려진 장병린章炳麟을 어느 모임에서 볼 수 있었다. 이는 그가 장병린에게 쓴 편지에서 확인된다.

> 영만은 평소 선생의 큰 명성을 듣고 매양 가서 만나 뵙기를 간절히 바랐더니 이에 일전에 비로소 얼굴을 뵙는 영광을 얻었으나, 그때에 좌중이 마침 빽빽이 앉아 있음으로 인하여 발설發洩하지 못했습니다. 이에 감히 서신으로써 대신 펼치오니, 선생은 행여 그 심정을 헤아리고 회포를 살펴 그 외람되고 망녕됨을 후하게 용서하고, 앞뒤로 보살펴 주십시오.[33]

장병린은 신해혁명 직후인 1912년 1월 상해에서 중화민국연합회中華民國聯合會를 조직하였다가 통일당統一黨으로 개명하였고, 5월에 다른 정치세력과 공화당共和黨을 조직하여 원세개袁世凱를 지지하였다. 총통부總統府의 추밀고문樞密顧問과 동삼성東三省 주변사籌邊使를 맡은 것도 그러한 이유에서였다. 그러나 1913년 3월 송교인宋敎仁이 원세개 세력의 사주를 받은 인물에

32 文一平, 「나의 半生」, 『湖岩全集』 3, 朝鮮日報社出版部, 1939, 496~498쪽; 李光洙, 「多難한 半生의 途程」, 『李光洙全集』 14, 三中堂, 1962, 394~395쪽.

33 『변영만전집』 상, 320쪽 「柬章太炎」.

의하여 암살되자 그는 토원운동討袁運動에 앞장섰다. 그해 8월 중순 상해를 떠나 북경에 도착한 장병린은 1916년 6월 원세개가 죽을 때까지 사실상 '감호' 상태에 놓였다.[34] 그는 1913년 12월 9일부터 머물고 있던 공화당의 당부 회의실에서 국학을 강학하기 시작하였는데, 100명에 가까운 인원이 수강하였다. 요일에 따라 장병린은 경학을 비롯하여 소학小學·사학·현학玄學 등을 강의하였다. 아마도 변영만은 이 강학 중에 참가하여 장병린을 볼 수 있었을 것이다. 그러나 수강생이 많아 따로 인사하기는 어려웠을 것이고, 자신을 소개하는 편지를 냈던 것으로 보인다. 이 강학은 장병린이 1914년 1월 북경을 떠나려다 실패하고, 2월 고향인 절강성浙江省 여항餘杭 근처의 용천사龍泉寺에 유폐되는 일이 벌어져 1개월도 채우지 못하고 중단되었다.[35] 이후 변영만이 장병린과 지속적인 유대관계를 맺었는지는 모르겠지만,[36] 그는 장병린을 중국에서 가장 뛰어난 인물로 평가하였다.

> 내가 일찍이 중국을 널리 유력遊歷하면서 오직 한 사람의 사士를 보았으니, 혁명을 외치는 장태염章太炎이 그 사람이다. 장자章子는 학식이 지극히 크고도 넓고 깊었으며, 자처自處를 또한 매우 높이 하여 강유위康有爲·양계초梁啓超 같은 무리를 바로 시정의 무뢰배들과 다름없다고 여겼다. 장자는 과연 스스로 오만한 것

34 湯志鈞 편, 『章太炎年譜長編』 上, 北京: 中華書局, 1979, 373·392·403·420·429~430·446~449·472·525쪽; 張習孔·田珏 주편, 『中國歷史大事編年』, 北京: 北京出版社, 1992, 845~846쪽.

35 湯志鈞 편, 『章太炎年譜長編』 上, 455~456쪽. 장병린은 1914년 1월 3일 북경을 떠나려 하였으나 군경에 의하여 저지되었다(467쪽).

36 『변영만전집』 상, 185쪽 「육사형의 문집 뒤에 쓰다書陸士衡文集後」(1942)에서 변영만은 '亡友章太炎氏'라고 표현하였다. 과장된 표현이기는 하지만, 변영만과 장병린이 1913년 말 이후 관계가 있었을 가능성을 남겨 준다. 장병린은 1914년 2월부터 餘杭 용천사에 유폐되었다가, 1916년 7월 상해로 돌아와 1917년 7월까지 대체로 상해에서 활동하였다. 이후 廣州로 옮겨 軍政府(護法政府)의 비서장을 맡았고, 군정부의 업무로 重慶 등지에서 활동하다가 1918년 10월 상해로 돌아왔다. 변영만은 후술하는 대로 1917년 12월부터 상해에 있었던 것으로 보이는데, 장병린을 혹 다시 만났다면 아마도 이 시기였을 것이다. 湯志鈞 편, 『章太炎年譜長編』 上 및 姜義華, 『章太炎』, 臺北: 東大圖書公司, 1991, 年表 참조.

이 아니고 그 내실이 있는 것이다. 중국이라는 이름이 사책〔史牒〕에서 소멸되지 않는 한, 장자의 이름이 응당 사책과 더불어 길이 전하리라는 것을 나는 의심하지 않는다.[37]

강유위康有爲나 양계초梁啓超를 시정의 무뢰배로 여긴 장병린을 높이 평가하였다는 점이 변영만의 학문적 경향을 짐작케 한다. 양계초는 한말사회의 지식인들에게 지대한 영향을 미쳤지만[38] 변영만은 양계초에 머무르지 않았다. 오히려 서구문물의 수용보다 '국수國粹'의 전통을 강조한 장병린에게 끌렸다.

변영만이 1950년대 자신의 문집을 정리하며 붙인 제목이 『산강재문초』이다. 그런데 장병린이 1914년 3월에 발간한 문집의 제목이 『장태염문초章太炎文鈔』이다.[39] 물론 '문초'라는 제명이 희귀하지는 않지만, 변영만은 장병린의 문집을 기억하면서 자신의 문집을 정리한 것이 아닐까. 40년 뒤에도 장병린은 변영만에게 일정하게 영향을 미쳤다고 생각된다.

변영만은 북경에서 동생 변영태를 만났으리라 짐작된다. 이즈음 변영태는 남경에 있다가, 군벌 장훈張勳 군대가 남경에 입성하기 직전에 상해로 옮겨 갔다.[40] 1913년 9월 1일, 남경에 입성한 장훈의 군대가 일본인을 살해한 '남경사건'이 일어났다.[41] 변영태는 그 직전인 8월 말에 남경을 떠났던 것이다. 9월 8일에 상해에 도착한 변영태는 12월 6일 김규식과 북경으로 향하였는데,[42] 아마도 형과 연락이 닿았기 때문이리라 짐작된다. 변영만이 상해에서

---

37 『변영만전집』 상, 563쪽 「사사로운 기록私記」.

38 이만열, 「개화기 언론과 중국—양계초를 중심으로—」, 『한국근대언론의 재조명』, 민음사, 1996; 牛林杰, 『한국 개화기문학과 양계초』, 박이정, 2002 참조.

39 湯志鈞 편, 『章太炎年譜長編』 上, 472, 492~493쪽.

40 卞榮泰, 「'逸石'의 辯」, 『東亞日報』 1957년 3월 28일자.

41 王曉秋, 『近代中日關係史研究』, 北京: 中國社會科學出版社, 1997, 242~243쪽.

42 鄭元澤, 『志山外遊日誌』, 探求堂, 1983, 77·82쪽.

신규식이 주도한 동제사同濟社에 참가하였다고 알려져 있지만,[43] 사실은 변영태가 참가하였던 것 같다. 후술하겠지만, 변영만이 1917년 이후에 상해에 간 것으로 짐작되기 때문이다.[44] 변영태는 상해에 머무는 동안 신규식이 주도하는 모임에 관여하였고, 변영태가 북경에 간 뒤에는 신규식이 편지로 '천악天嶽'이라는 호를 보내오기까지 한 관계였다.[45] 따라서 남경과 상해를 중심으로 활동하던 신규식이 조직한 동제사에 참여한 이는 변영태였을 것이다.[46] 변영태는 북경 근처에 있는 통주通州의 협화대학協和大學에서 1년간 영어를 배우고 1915년경에 수료하였다.[47] 적어도 이 시기까지 형제는 북경에 함께 살았을 가능성이 크다.

변영만은 북경에 온 직후, 즉 1913년이 가기 전에 우연히 조용하趙鏞夏를 북경에서 만났다.[48] 조용하는 조소앙의 형으로 한말에 주독일공사관 서기관과 군수를 역임한 바 있었다. 1912년 11월부터 1913년 8월까지 경기도 마전麻田(연천漣川) 군수로 있다가 사직하고, 9월에 독일 광산주의 대리인으로 북경에서 반년 정도 머무르다가 귀국하였다.[49] 변영만과 조용하는 처음 만난 사

---

43 申圭植, 『韓國魂』, 博英社, 1975, 101쪽. 閔弼鎬가 쓴 「睨觀申圭植先生傳記」에 변영만이 언급되어 있다.

44 「在支那朝鮮人陰謀事件에 관한 件」 1(1916. 9. 11)에는 변영만이 상해에 있다가 북경으로 옮겼다고 하였는데, 다른 기록과 비교해 본 결과 이는 잘못된 정보이다.

45 卞榮泰, 「'逸石'의 辯」. 이광수의 회고에 따르면 변영태는 상해에서 영어를 배우고 있었으므로 博達學院에 일시 재학하였을 것이다(李光洙, 「나의 告白」, 『李光洙全集』 13, 三中堂, 1962, 211쪽).

46 鄭元澤, 『志山外遊日誌』, 81~82쪽에 의하면 민필호가 본국을 떠나 상해에 도착한 지 엿새 후에 변영태가 북경으로 떠났으므로 서로 잘 몰랐을 것이다. 변영만은 1918년 남양에서 돌아와 상해에 머물 때 민필호와 알게 되었을 것이기 때문에 동제사에 참여한 이들의 명단에 변영태가 아닌 변영만이 들어가지 않았나 생각된다.

47 『(大韓民國)建國十年誌』, 建國十年誌刊行會, 1956, 1025쪽. 변영태가 1915년에 협화대학을 그만둔 것은 그가 1915년 9월 만주 通化縣 哈泥河를 방문한 것으로도 알 수 있다(李恩淑, 『民族運動家 아내의 手記』, 33~34쪽). 협화대학에 관해서는 山口昇 편, 『歐米人の支那に於ける文化事業』, 上海: 日本堂書店, 1921, 1027~1031쪽을 참조할 것. 이 학교에서는 영어 이외의 과목은 중국어 통역을 써서 교수하였다고 한다.

48 「조용하 청취서」, 『韓民族獨立運動史資料集』 42, 국사편찬위원회, 2000, 103쪽.

49 「조용하 신문조서」(제2회), 『韓民族獨立運動史資料集』 42, 122쪽.

이로, 특별한 관계는 아니었다. 1914년 말 현재 북경에는 한국인 1,000여 명이 거주하였고, 몇몇은 중국 정부나 군대에 고용되기도 하였다.[50]

변영만은 북경에 도착한 지 얼마 되지 않은 1914년 초에 이미 취직을 하였다. 일제가 조사한 정보에 따르면, 변영만은 중국에 귀화한 한국인 등을 움직여 취직운동을 한 결과 총통부의 사무원으로 채용되었다가, 황종일보사黃鍾日報社라는 중국 신문사의 서무 일을 맡았다고 한다.[51] 그가 이처럼 빨리, 그것도 총통부나 신문사에 취직할 수 있었던 것으로 미루어 그의 북경 정착이 어느 정도 준비되어 있었으며, 또한 그의 중국어 실력이 상당했음을 알 수 있다. 아무런 사전준비 없이 북경에서 짧은 기간에 총통부나 신문사에 취직하기는 쉽지 않았을 것이다. 북경에서의 그의 움직임에 대하여 좀 더 자세한 일제의 정보보고가 보인다.

> 작년까지 평양에 거주하며 변호사를 하던 변영만(30세)
>
> 우자는 작년 말경 이래 소재불명이 되었다. 현재 북경에 있는 총통부의 사무원으로 채용되어 한 달에 200원의 봉급을 받고 생활하고 있다는 이야기가 있다. 조선 내지의 불평동지에게 연락하여 현재 경성 거주 변호사 안병찬安秉瓚과 평양 거주 변호사 송진옥宋振玉 등에게 북경행의 뜻이 있는가를 물었다고 한다. 또한 일설에 의하면 변영만은 중국인이 경영하는 신문사에 입사하여 배일적 기사를 게재하여 각지 거주의 불평 한국인에게 배달하였다는 이야기가 있는데, 진위를 판명하지 못하였다.[52]

변영만이 총통부의 사무원으로 월 200원을 받는다는 설과, 중국인이 경영하는 신문사에 취직하였다는 설이 있다는 것이다. 그는 국내의 변호사들에게 중국 망명을 권유하였고, 신문에 배일적인 기사를 써서 한국 독립운동가

50 『不逞團關係雜件』 在滿洲의 部 4, 「北中國 및 北滿에 있어서 鮮人動靜에 관한 건」(1914. 12. 14).
51 「朝鮮人卞榮晩에 관한 件」 2(1914. 12. 19).
52 『不逞團關係雜件』 在滿洲의 部 4, 「不平鮮人의 行動等에 관한 件」(1914. 10. 27).

들에게 보냈던 것 같다. 따라서 그는 중국 내의 독립운동가들과 일정한 연계를 맺고 있었다고 하겠다. 그가 1914년 초 일시 총통부의 어느 부서에 근무하며 월급 200원이라는 상당한 대우를 받았는데,[53] 그러한 수준의 취직을 알선한 중국귀화 한국인이 누구인지는 알 수 없다. 혹 원세개와 연결된 인물이 알선한 것이 아니었을까.

원세개는 1880~1890년대 10여 년간 이홍장李鴻章의 지시를 받아 '총리교섭통상사의總理交涉通商事宜'라는 직함을 가지고 한국에 나와 있었다. 따라서 한국에서 교분을 맺은 인물들이 적지 않았다. 원세개와 교분이 있었고 중국에 귀화한 인물로 언뜻 떠오르는 이가 이시영이다. 원세개는 1890년 전후 판서직에 있던 이시영의 부친 이유승李裕承과 교분이 깊었다.[54] 이시영과 그 형 이회영이 만주 이주 이후 한국인 지위와 독립운동 등의 문제를 해결하는 데 원세개의 힘을 빌린 것도 그러한 교분에서 비롯될 수 있었다.[55] 그런데 변영만이 북경에 간 1913년 말 현재 이회영은 국내에 있었고,[56] 이시영은 9월 이후 북경에 와서 원세개를 면담한 것으로 알려져 있다.[57] 그리고 이시영은 1913년 중국에 귀화하여 중국적을 지니고 있었던 것으로 보인다.[58] 1913년 말 북경에는 변영만과 변영태가 함께 있었고, 이시영도 북경에서 원세개를 만나고 있었다. 따라서 확증은 없지만, 이시영의 주선으로 변영만이 총통부에 근무한 것이 아닌가 한다. 그리고 총통부에서 맡은 일은 한국인과 관계

53 1912년 중국에 귀화하고 1916년 2월 현재 여러 해 동안 北京日報社 기자로 있던 金石我(子順)가 40원의 월급을 받았던 점으로 미루어 보면 200원은 매우 많은 금액이었다. 『不逞團關係雜件』 在支那各地 1, 「要視察朝鮮人에 관한 건」(1916. 2. 28).

54 李恩淑, 『民族運動家 아내의 手記』, 22쪽.

55 李恩淑, 『民族運動家 아내의 手記』, 22~23쪽; 朴昌和, 『省齋 李始榮 小傳』, 乙酉文化社, 1984, 50~51쪽.

56 李恩淑, 『民族運動家 아내의 手記』, 26·83쪽에 따르면 이회영은 1913년 1월 초순 국내에 잠입하였다고 한다.

57 朴昌和, 『省齋李始榮小傳』, 50~51쪽.

58 『不逞團關係雜件』 在滿洲의 部 4, 「不逞者不處分」(1914. 12. 28).

된 일이 아니었을까.

이러한 추정이 맞다면 변영만의 망명과 북경 정착이 독립운동 세력과 일정하게 연계되었다고 보아야 할 것이다. 특히 일찍 중국에 망명한 변영태가 그의 망명을 주선하였거나, 그와 관련되었을 가능성이 크다. 다만 총통부의 사무원으로 근무한 기간이 그리 길지는 않았던 것 같다. 변영만이 어떠한 이유에서 총통부를 그만두었는지는 알 수 없으나, 바로 황종일보사에 취직한 것으로 미루어 능력 있는 인물로 평가된 것은 틀림없다. 그렇지만 경제적으로 총통부 수준의 대우를 받을 수는 없었을 것이다.

황종일보사에 대한 정보가 많지는 않지만, 이 신문사는 1913년경에 간행된 친원세개 계열의 신문인 듯싶다.[59] 변영만도 뒤에 "북경 재류 중에는 황종일보 급及 북경일일신보北京日日新報 관계"라고 언급한 바 있다.[60] 『황종일보』는 1915년 12월에 정간당하였다가[61] 1916년에 재발행되었다.[62] 그는 서무를 맡았지만 기사를 쓰기도 한 모양이다. 특히 1915년 5월 일본과 원세개 정부가 비준한 '21개조 요구'에 대하여 일본을 비판하는 기사를 써서 중국인들을 선동하였다고 한다.[63] 이 협약은 제1차 세계대전 중에 독일이 중국에서 물러나자 그 권리를 일본이 장악하고자 한 것이었다. 원세개는 황제가 되고자 일본의 힘을 빌리려 하였는데, 중국인은 이를 '국치國恥'로 받아들였다. 변영만은 바로 이 문제에 대하여 기사를 썼던 것이다.

『황종일보』는 일본 와세다대학早稻田大學 출신의 왕인천王印川이 주재하였는데, 그는 중국동맹회中國同盟會가 상해에서 발간한 『민립보民立報』 편집

59 金鎭均,「卞榮晩의 비판적 근대정신과 문예추구」, 28쪽.

60 『東光』 1933년 1월호, 17쪽; 『변영만전집』 하, 455쪽.

61 張克明,「北洋政府査禁書籍,報刊,傳單目錄」,『天津社會科學』 1982-5, 天津社會科學院, 79쪽. '21개조 요구'에 대해 격렬히 반대하여 정간된 것으로 생각된다.

62 『不逞團關係雜件』 在支那各地 1,「北京在留朝鮮人狀況報告의 件」(1916. 12. 18).

63 「在支那朝鮮人陰謀事件에 관한 件」 1(1916. 9. 11).

에 관여한 바 있다.[64] 그러나 그는 손문孫文이 주도하는 국민당國民黨에 대항하기 위해 원세개에게 협조적이던 양계초 등이 1913년 5월 조직한 진보당進步黨의 이사 가운데 한 사람이기도 하였다.[65] 기자로 있던 백견무白堅武 역시 중국동맹회 출신으로 천진법정학당天津法政學堂을 마치고 1913년 직예도독부直隸都督府의 비서를 거쳐 황종일보사에 재임하였다가, 1915년 북경의 지방자치기관인 자치주판소自治籌辦所 과장을 지냈다.[66] 혁명파인 중국동맹회는 신해혁명 직후부터 분열하였는데, 중국동맹회에 관여하였던 이들은 국민당에 참여하지 않고 진보당이나 원세개정권의 관직에 참여하는 등, 1913·1914년경에 대체로 친원적 경향을 보이고 있었다. 따라서 황종일보사는 정치적 면에서 친원세력으로 분류될 수 있겠다. 다만 이들이 1915년에도 황종일보사에 관여하였는지는 알 수 없으나, 『황종일보』 역시 '21개조 요구'에 대해서는 반대하였다. 신해혁명 이후 중국의 정치적 변동이 대단하였고, 1914년 말부터 원세개의 제제帝制 구축운동이 전개되었던 점을 감안하면, 황종일보사의 정치적 관점을 단선적으로 원세개 지지라고만 볼 수는 없을 것이다. 아무튼 『황종일보』가 국민당 또는 혁명세력을 지지하지 않은 것처럼, 변영만 또한 국민당이나 혁명세력을 지지한 것 같지는 않다.

변영만이 북경에 체재한 시기는 신해혁명 이후 중국 정국이 급변하던 시기였다. 『황종일보』를 확인하지 못하여 중국혁명에 대한 그의 생각은 잘 알 수 없다. 그가 높이 평가한 장병린만 하더라도 신해혁명 초기에는 중요한 역할을 했지만, 국민당과 대립하면서 정치적 역할이 약화되고 국학연구에 공헌하

64 方漢奇, 『中國近代報刊史』, 太原: 山西教育出版社, 1996, 698쪽; 李盛平 주편, 『中國近現代人名大辭典』, 北京: 中國國際廣播出版社, 1989, 38쪽. 왕인천은 1920년에 河南省長을 역임하였다.

65 張習孔·田珏 주편, 『中國歷史大事編年』, 843쪽.

66 安國, 「白堅武其人和"豊台事件"」, 『縱横』 1998-9, 北京: 中國文史出版社, 41쪽; 彭麗, 「李大釗與白堅武的不同道路」, 『民國春秋』 2001-4, 南京: 江蘇古籍出版社, 25쪽; 郗志群·林歡, 「1915~1916年京兆地方自治述論」, 『首都師範大學學報』 2003 增刊, 98쪽. 그는 1937년 '漢奸首領'이라는 죄목으로 죽임을 당하였다.

였던 것이다.[67] 물론 변영만의 제국주의나 사회진화론에 대한 인식이 장병린의 그것과 크게 다르지 않았다지만[68] 중국혁명에 대해서도 장병린과 같은 인식을 공유했는지는 알 수 없다. 오히려 변영만은 중국혁명보다 중국에 대한 일제의 침략성이나 불법적 행동에 더 주목한 것이 아닐까 한다. 국민당과 가까웠던 신규식조차도 원세개 세력과 관계를 맺고자 하였다는 점에서 그렇게 생각된다.[69] 한국의 망명객들에게는 중국의 정치변동보다, 그 변동을 통해 정권을 장악한 세력이 한국독립을 지원할 수 있도록 하는 것이 더 중요하였을 것이다. 따라서 중국의 공화혁명이 진행되는 기간에 토원운동을 지지한 한국인 망명객들이 많았겠지만, 국민당을 전적으로 지지하기는 쉽지 않았으리라 짐작된다.[70] 따라서 황종일보사에 재직하던 변영만도 국민당의 움직임을 지지하기보다는 오히려 원세개에 주목하지 않았을까.

4. 북경 생활과 교류

일제는 1916년에 『황종일보』가 폐간되어 실직한 변영만이 북경 동성東城 등시구燈市口에 있는 교회의 지인에게 기식하고 있다고 파악하였다.[71] 그 지인이 누구인지는 모르겠으나, 중국인 곽기운郭紀雲이 아닐까 짐작해 본다. 그것은 1910년대부터 북경 등시구에 위치한 곽기운의 광학서회廣學書會가 한국 독립운동가들과 밀접한 관련이 있었기 때문이다. 예컨대 1913

67 리쩌허우 저, 임춘성 역, 「장타이옌 해부」, 『중국근대사상사론』, 한길사, 2005 참조.

68 金鎭均, 「卞榮晩의 비판적 근대정신과 문예추구」, 47~50쪽.

69 裵京漢, 「上海·南京지역의 初期(1911~1913) 韓人亡命者들과 辛亥革命」, 『東洋史學硏究』 67, 1998, 50~51쪽.

70 裵京漢, 「上海·南京지역의 初期(1911~1913) 韓人亡命者들과 辛亥革命」, 48~51쪽; 裵京漢, 「中國亡命시기(1910~1925) 朴殷植의 언론활동과 중국인식」, 『東方學志』 121, 2003; 金鎭均, 「卞榮晩의 비판적 근대정신과 문예추구」, 28~29쪽.

71 「北京在留朝鮮人狀況報告의 件」(1916. 12. 18).

년 말 북경에 온 김규식은 곽기운의 광학서회를 자신의 연락처로 삼고 1914년 3월 안창호에게 편지로 알리었다. 그는 광학서회를 영문으로 'Christian Literature Society'라고 표기하였다.[72] 아마도 광학서회는 상해의 광학회廣學會와 관련된 기독교 관련 출판사나 서점이었고, 교회가 함께 위치해 있었을 것으로 생각된다. 김규식은 변영태와 함께 상해에서 북경으로 왔으므로 변영만과 만났을 것이다. 이때 변영만은 기독교 신자인 김규식을 통하여 곽기운을 소개받았으리라 짐작된다. 따라서 등시구 소재 교회의 지인이 곽기운이 아닐까 생각하는 것이다. 곽기운과 한국 독립운동가들과의 관계는 1920년대에도 이어졌다. 이 시기에는 광학서회가 아니라 곽기운도서관이라는 이름으로 나타난다. 신규식이 1920년 10월부터 상해에서 발행한 『진단震壇』의 북경 대파처代派處(대리점)가 그곳이었고,[73] 1920년 12월 북경에서 창간된 『신광晨光』의 발행소도 곽기운도서관이었다.[74]

변영만이 북경에 있을 때 황종일보사와 북경일일신보사에 관계하였다고 밝혔던 것은 황종일보사를 그만둔 뒤에 북경일일신보사에 관여하였다는 뜻으로 이해되지만,[75] 현재로서는 이 신문에 대한 정보를 찾을 수가 없다. 변영만이 황종일보사를 퇴사하고 북경일일신보사로 옮겼다면, 다음과 같은 간접적 증거에 따라 『북경일일신보』가 1917년에 발행되고 있었다고 볼 수 있다. 미주 교포들이 발행하던 『신한민보』에 미국인이 쓴 「일인의 ᄃᆡ즁력셰」라는 논문이 1917년 10월부터 11월에 걸쳐 연재된 바 있다. 하버드 대학교 중국유학생회가 중국어로 번역한 것을 다시 한국어로 번역한 것으로, 그 내용 가운

72 『島山安昌浩全集』 2, 島山安昌浩先生紀念事業會, 2000, 36쪽.

73 『震壇』 제7기(1920. 11. 21), 8쪽; 韓詩俊, 「중국 관내 독립운동과 신문 잡지」, 『한국독립운동사연구』 12, 독립기념관 한국독립운동사연구소, 1998, 6쪽.

74 『不逞團關係雜件』 在支那各地 1, 「不逞鮮人에 關한 件」 1(1921. 1. 6); 韓詩俊, 「중국 관내 독립운동과 신문 잡지」, 19쪽.

75 『東光』 1933년 1월호, 17쪽 「卞光昊」; 『변영만전집』 하, 455쪽.

데 중국에서의 일본 행동을 비난하는 논설을 실은 1917년 3월 3일자 『북경일일신보』가 인용되었다.[76] 이런 사실로 미루어 변영만이 1917년에 북경일일신보사라는 신문사에 재직하였다고 보아도 좋을 것이다.

이처럼 총통부와 중국 신문사에 재직하면서 변영만은 중국인들과 일정한 교류를 가졌으리라 짐작되지만, 장병린을 제외하고는 실명이 거론되지 않아 그 교류의 폭을 확인할 수 없다. 그렇다고 하더라도 그는 북경에 있던 다른 한국인들에 비하여 많은 중국인들과 교류할 기회를 가지고 있었다.

북경에서 변영만은 일정기간 동거생활을 한 것으로 보인다. 상대는 윤정원尹貞媛이었다고 일제의 정보보고에 나타난다.[77] 윤정원은 한말에 단체의 조직과 운영으로 이름 높던 윤효정尹孝定의 딸로, 1898년 8월 일본에 유학하여 도쿄 메이지여학교明治女學校의 보통과(중학) · 고등과를 1905년에 마치고, 간호원 실습 뒤 도쿄여자음악원에서 영어와 서양음악을 수학하였으며, 여자공예학교에서 미술을 배운 다음 1907년에 귀국하였다.[78] 신문 보도에 따르면 유럽에서도 수학하였다고 하며, 1909년에 새로 설립된 한성고등여학교 교수로 임명되었다.[79] 그리고 같은 해에 일본 메이지대학明治大學 법과 출신인 최석하崔錫夏와 결혼하였다.[80] 최석하는 일본유학 시절 태극학회太極學會와 대한유학생회를 이끌었고, 이토 히로부미伊藤博文와 가까워 친일 성향을 의심받기도 하였으나,[81] 안창호 · 이갑 등과 가까운 서북세력의 지도적 인물이었다.[82] 국권피탈 이후 그의 흔적은 잘 나타나지 않는데, 『매일신보』 1913년 7

76 『신한민보』 1917년 11월 8일자 「일인의 ᄃᆡ즁력셰」 4.

77 「在支那朝鮮人陰謀事件에 관한 件」 1(1916. 9. 11).

78 洪弼周, 「不可無此一言」, 『大韓自强會月報』 10(1907. 4), 59쪽; 『太極學報』 3(1906. 10), 55쪽, 雜錄.

79 『대한ᄆᆡ일신보』 1909년 3월 24일자 잡보 「녀교ᄉᆞ슈칙」 · 「고등녀교슈」.

80 崔恩喜, 『韓國開化女性列傳』, 정음사, 1985, 89쪽.

81 『신한민보』 1909년 12월 1일자 「슈샹ᄒᆞᆫ 최셕하」.

82 이 시기에 의주 출신의 최석하라는 동명이인이 있었다. 그는 1866년생으로 일제시기에 평북 도의원과 중추원 참의를 역임한 재력가였으며 1929년에 사망하였다. 『중추원조사자료』, 「各道議員

월 9일자 「윤효정씨尹孝定氏 도청渡淸」이라는 기사에서 그의 죽음만이 확인된다.

> 전 대한협회 간부로 잇던 윤효뎡尹孝定 씨의 령양 윤정원尹貞媛은 거금 오 년 전에 정부 최석하와 작ᄇᆡᆨ하야 지나支那 홍경부興京府로 건너간 후 얼마 안되야 최석하ᄂᆞᆫ 병이 드러 인ᄒᆡ 셰상을 리별ᄒᆞᆷ에 윤정원은 혈혈ᄒᆞᆫ 과거의 몸으로 홍경부에서 셰월을 요요히 지ᄂᆡᆫ다ᄂᆞᆫ 편지가 죵죵 친부 윤효뎡 씨의게로 나오던 터이더니 무슴 ᄉᆞ고로 인ᄒᆞᆷ이던지 근년에 이르러ᄂᆞᆫ 아모 쇼식이 아조 업슴으로 친부되ᄂᆞᆫ ᄆᆞᄋᆞᆷ에 심히 번민ᄒᆞ야 그동안 ᄌᆞ긔의 ᄯᆞᆯ잇ᄂᆞᆫ 곳을 고심으로 알아본 결과 지금 청국 북경에 잇다ᄂᆞᆫ ᄆᆞᆯ을 듯고 긔어히 건너 가셔 다리고 나올 ᄎᆞ로 당국에 려ᄒᆡᆼ권旅行券을 엇어가지고 ᄌᆡ작 칠일 오젼 구시 십분에 남대문 발 안동현 ᄒᆡᆼ 긔챠로 출발ᄒᆞ야 지나 북경으로 건너 갓다더라

윤정원 부부가 1910년 말에 내몽고 근처 홍경부興京府로 이주하였으나[83] 최석하가 죽자 윤정원은 북경으로 옮겼고, 집안과 연락이 닿지 않아 부친 윤효정이 북경으로 딸을 찾아 떠났다는 내용이다.[84] 최석하가 안창호와 가까웠던 점을 고려하면, 그들 부부의 중국이주는 신민회와 무관하지 않았을 것 같다.[85] 1912년 봄에 그들은 홍경부에서 집안현輯安縣 쪽으로 이주하였으며,[86] 단지하여 혈서를 쓰는 등 배일사상을 고취하는 행동을 해왔다.[87] 그러다가

推薦의 件」(1921), 국사편찬위원회 한국사데이터베이스 및 『朝鮮總督府官報』 1929년 10월 5일자.

83 『各司謄錄』 근대편에 1910년 8월 9품인 윤정원을 6품으로 승품하는 문서(국사편찬위원회 한국사데이터베이스)가 있는 것으로 미루어, 그들 부부가 망명한 시기는 빨라도 1910년 말이었을 것이다.

84 『신한민보』 1914년 5월 18일자 「환당된 지ᄉᆞ」를 보면 한말에 윤효정이 일제의 밀정이 되어 북경에 있다는 소식이 소개되어 있다.

85 『不逞團關係雜件』 在滿洲의 部 2, 「陰謀朝鮮人首領者에 관한 건」(1912. 9. 3)에 의하면 최석하(崔世昌)는 '한일합병' 직후 반역을 기도할 목적으로 중국에 건너왔다고 한다.

86 「陰謀朝鮮人首領者에 관한 건」(1912. 9. 3).

87 『不逞團關係雜件』 在滿洲의 部 2, 「排日鮮人調査의 건」(1912. 10. 5).

1912년 말이나 1913년 초, 최석하가 죽자 윤정원이 북경으로 옮겨 갔다고 보는 것이 옳으리라 짐작된다. 그 과정에서 윤효정과 연락이 끊어졌을 것이다. 윤정원은 변영만보다 6살 연상이었으며, 아들이 하나 있었다.[88] 언제부터 변영만과 윤정원이 동거하였는지는 알 수 없지만, 적어도 1916년 9월 현재 동거 중인 것으로 나타난다. 그러나 그해 말 황종일보사가 폐간되어 변영만이 교회에 기식할 시기의 기록에는 그러한 언급이 없다.

변영만은 북경에서 독립운동가들과 일정한 관련을 맺고 있었겠지만, 독립운동 활동을 적극적으로 전개하지는 않았다. 그것은 무장독립군을 양성하던 만주와는 달리 북경이라는 지역적 한계 때문이기도 하였다. 사실 1919년 대한민국임시정부가 수립되기 이전에 상해에서 활동한 망명객들의 처지도 변영만과 크게 다르지 않았다. 북경이나 상해는 만주에서처럼 적극적인 독립운동을 전개하기 어려운 지역이었던 것이다. 그러나 변영만은 중국신문사에 근무하고 있었기 때문에, 직접 한국을 논의하기는 어려웠겠지만, 중국과 관련된 일제의 침략정책과 행동을 비판하여 중국인들의 반일의식을 고취하는 일에 진력할 수 있었다. 그렇기 때문에 일제는 변영만의 움직임을 주시하였을 것이다.

이러한 변영만의 활동과 관련하여 주목할 것은 북경에서 그와 가장 가깝게 지낸 인물이 신채호였다는 사실이다. 신채호는 국내에서 국권회복운동에 적극 참여하였고, 1910년 중국을 거쳐 노령露領으로 망명한 이후에도 여러 단체에 참여하면서 신문 발간을 주도한 바 있었다.[89] 1915년경부터 그는 북경에 거주하며 역사를 연구하고 중국신문에 논설을 기고하였다. 변영만과 신채호는 국내에서 이남규李南珪 문하에서 함께 수학하며 9세나 차이가 나는

88 崔恩喜, 『韓國開化女性列傳』, 91쪽.

89 이에 관해서는 최기영, 「일제 강점기 申采浩의 언론활동」과 한시준, 「申采浩의 在中獨立運動」, 『韓國史學史學報』 3, 한국사학사학회, 2001을 참고할 것.

연령을 넘어 친구로 지내던 사이로,[90] 국내에서도 하루걸러 만나곤 하였다.[91] 변영만 스스로도 뒤에 "나는 단재丹齋 숙지자熟知者로는 제2인은 아니다"라고 자부하였던 것이다.[92]

변영만은 신채호가 사망한 직후 『중앙』 1936년 4월호에 게재된 「실루에트 이삼二三」에서 북경에서 신채호와 지낸 일화를 회고하였다. 곤궁한 신채호에게 우응규禹應奎라는 학생이 도움을 준 일이며,[93] 영문을 자습하여 기번E. Gibbon의 『로마사』를 자유자재로 읽으면서도 발음을 무시한 일화가 그것이다. 변영만은 「단재전丹齋傳」에서도 북경에서 신채호와 함께 지내던 때를 회상하였다.

> 단재가 생존하였을 때 오직 정사년(1917)에 북경으로부터 잠깐 국경을 넘어 들어와서 삼화의 증남포에서 질녀 난蘭을 보았고, 서울 어느 동네에서 그의 죽은 제자 김기수金箕壽를 조상한 뒤에 다른 사람은 보지 않고 급히 다시 서쪽으로 가서 그의 말년에 이르렀다. 나는 이때 북경으로 나그네 생활을 하고 있으면서 단재를 보내고 또 맞이할 수 있었다.[94]

그는 신채호가 국내에 다녀오는 것을 옆에서 지켜보았던 것이다.[95] 1917년 신채호가 국내를 다녀올 때까지 변영만이 북경에 있었다는 사실을 알 수 있다.

---

90 卞榮晩, 「나의 回想되는 先輩 몇 분」, 『新東亞』 1936년 6월호, 212쪽; 『변영만전집』 하, 270쪽에 이남규가 신채호와 변영만의 사주풀이를 해주었다는 회고가 나온다.

91 卞榮魯, 「國粹主義의 恒星인 丹齊 申采浩 先生」, 『開闢』 1925년 8월호, 39쪽.

92 薊篁生(卞榮晩), 「婆心語」 14(申丹齋의 輪廓), 『朝鮮日報』 1931년 6월 12일자; 『변영만전집』 하, 221쪽.

93 우응규는 이후 1919년 5월 현재 봉천(瀋陽) 서탑에서 무역상을 경영하였다. 『不逞團關係雜件』 在滿洲의 部 10, 「鮮人招待會에 있어서 鮮人의 希望談에 관한 건」(1919. 5. 17).

94 『변영만전집』 상, 488쪽 「丹齋傳」.

95 신채호는 1918년 북경에서 만난 홍명희에게도 이 일을 이야기하였다(洪命憙, 「上海時代의 丹齋」, 『朝光』 1936년 4월호, 212쪽). 김기수는 1910년 8월 안동 協東學校 교사로 재직하다가 의병에게 피살된 인물로 생각된다(金喜坤, 「安東 協東學校의 독립운동」, 『韓國民族運動史研究』, 나남출판, 1997 참조).

변영만은 1916년 말경에 가진 독립운동가들과의 술자리를 특별히 기억하였다.

> 중국 만유漫游 중 청사晴簑라 하는 새로 인사한 고국의 군관 1인과 월송月松이라 하는 석년昔年의 숙주塾主 1인 그 두 분을 만△여사萬△旅舍에서 서로 맛나서 시럽시 대작을 하야 보앗다가 천만 의외에 그이들의 사도斯道에 관한 능률이 굉장영특宏壯英特함을 발견한 나는…….[96]

변영만이 언급한 청사晴簑와 월송月松은 조성환曺成煥과 이종호이다. 조성환은 대한제국군 장교 출신으로 1909년 2월부터 북경에 머무르며 지도자의 위치에 있었으나 1912년 8월 체포되어 국내에서 거주제한을 받았다가, 1915년 3월 다시 북경으로 나온 인물이다.[97] 이종호는 고종高宗의 측근이던 이용익李容翊의 손자로 보성학교普成學校의 교주였고, 1910년 국권피탈 직후 노령으로 이주하여 오래 활동하였다. 1916년 11월 북경으로 옮겨 왔다가 12월 상해로 이동하였으나, 1917년 7월 국내로 압송되어 본적지인 명천明川에서 주거제한을 받게 된다.[98] 이종호가 북경에 있던 시기에 그의 숙소를 주선한 이가 노령에서부터 함께 활동한 신채호였다.[99] 따라서 독립운동에 적극 나서고 있던 조성환·이종호를 변영만에게 소개한 이는 신채호였을 것이다. 또 그 시기는 1916년 11·12월 중이었다. 더욱이 변영만은 1908년 1월 보성전문학교를 졸업한 만큼 이종호와 면식이 있었을 것이다. 이러한 일들은 변영

---

96 卞榮晩,「나의 斷酒함에 至한 逕路를 告白함」,『東明』 1923년 2월 25일자;『변영만전집』 하, 122쪽.

97『不逞團關係雜件』 在支那各地 1,「要視察朝鮮人에 관한 件」(1916. 2. 28). 조성환에 대해서는 양태석,「晴簑 曺成煥(1875~1948)의 항일독립운동」,『한국근현대사연구』 53, 2010을 참고할 것.

98『不逞團關係雜件』 在滿洲의 部 6,「在外不平鮮人李鍾浩의 動靜」(1917. 2. 3); 在上海地方 1,「不穩言動者居住制限에 관한 件」(1917. 7. 7).

99「在外不平鮮人李鍾浩의 動靜」(1917. 2. 3).

만이 북경에서 독립운동가들과 일정하게 연계되었음과 더불어, 1910년대 중국의 한국 독립운동가들이 인물을 중심으로 연결되어 있었음을 알려 준다고 하겠다.

5. 남양 주유南洋周遊와 귀국

1917년 변영만은 북경일일신보사에 재직한 것으로 보이나, 오래 재직하지는 않았다. 그것은 그가 북경을 떠나 상해를 거쳐 남양을 일주하였기 때문이다. 변영태는 1915년 중반 북경을 떠나 만주 통화현通化縣 합니하哈泥河의 이회영 등의 집을 방문한 바가 있다.[100] 변영태가 1917년 1월에 발간된 신흥무관학교 신흥학우단의 기관지 『신흥학우보新興學友報』 제2권 제2호(유인본)에 「불만족」이라는 글을 실은 것으로 미루어,[101] 그는 1916년 말이나 1917년경까지 만주 통화현·유하현 등지에 머문 것 같다.[102]

변영만이 북경을 떠나게 된 이유로 특별히 알려진 것은 없다. 그가 유럽에 가던 중 남양에 도착하였다고 하나,[103] 제1차 세계대전이 전개되던 시기였음을 고려한다면 현실적으로 불가능해 보인다. 재정문제와 여권문제 등이 해결되지 않고서는 유럽에 갈 수 있는 형편이 아니었다. 만약 그가 실제 유럽에 갈 의향이 있었다면, 아마도 중국생활이 그가 기대한 안목이며 학문의 성장에 만족할 만한 결과를 가져다주지 않았고, 그가 직접 독립운동에 참여하기도 쉽지 않았던 것이 그 이유가 아닐까 짐작할 뿐이다.

100 李恩淑, 『民族運動家 아내의 手記』, 33~34쪽.

101 이 자료는 독립기념관에 소장되어 있으며, 『한국독립운동사연구』 5, 1991에 영인·수록되었다.

102 宋南憲, 「卞榮泰」, 『한국민족문화대백과사전』 9, 한국정신문화연구원, 1991, 672쪽에는 전거가 밝혀져 있지 않지만, 변영태가 협화대학 수료 후 신흥학교에서 교편을 잡았다고 한다. 대체로 '신흥'이라는 이름의 학교는 통화현과 유하현 지역에 많았다(朴桓, 「滿洲地域의 新興武官學校」, 346쪽).

103 鄭元澤, 『志山外遊日誌』, 138쪽.

북경에서 상해로 간 변영만은 그곳에서 배편으로 싱가포르로 향하였다. 상해에서 얼마나 머물렀는지는 알 수 없다. 싱가포르에 도착한 일자가 1917년 8월 29일이므로 역산하면 늦어도 8월 중순에는 배를 타야만 하였다.[104] 당시 항로를 감안하면, 상해에서 하문廈門과 홍콩香港을 거치고 인도네시아를 경유하여 싱가포르에 도착하였을 것이다. 그렇다면 변영만이 북경에서 신채호가 국내에서 귀환한 다음 상해로 떠난 시기는 7월이나 8월 초 정도로 추측된다. 며칠 동안 "거마車馬가 유수流水 갓고 사녀士女가 운하雲霞 가튼" 상해를 구경하였을 것이다.[105]

싱가포르에는 홍명희 · 정원택鄭元澤 · 김진용金晋鏞 · 김덕진金德鎭이 농장 운영을 계획하며 1915년 3월부터 거주하고 있었다. 변영만과 홍명희는 10대 때부터 가깝게 지냈는데,[106] 홍명희가 1901년 상경하여 다음 해 중교의숙中橋義塾에 재학하고 있을 때부터 교분을 나눈 것으로 보인다.[107] 북경에 있을 때부터 변영만은 싱가포르에 있던 홍명희와 연락을 주고받았을 것이다.[108] 아무튼 변영만은 1917년 8월 29일에 싱가포르에 도착하여 홍명희 일행과 합류하였다. 정원택의 『지산외유일지志山外遊日誌』에는 "변영만이 유럽으로 가던 차에 싱가포르에 도착하여 앞길이 막혔으므로 같이 유숙하였다"라고만 기록되어 있다. 그는 3개월 남짓 싱가포르에 머물렀는데, 그간의 행적은 드러나지

104 鄭元澤, 『志山外遊日誌』를 보면 정원택 등이 상해에서 싱가포르까지 가기 위해 중간기착지에 들르면서 승선한 기간만 1개월 정도이다. 그러나 그들이 싱가포르에서 상해로 돌아올 때에는 1주일이 채 소요되지 않았던 것으로 미루어, 직항 항로의 길이는 1주일 이내의 거리였음을 알 수 있다.

105 卞榮晩, 「나의 斷酒함에 至한 逕路를 告白함」; 『변영만전집』 하, 122쪽.

106 이 사실은 변영만을 찾아온 홍명희가 冠禮를 치러서 어른 대접을 받은 일을 회고한 변영로의 글에서 확인된다(卞榮魯, 「幼少記」, 『樹州卞榮魯文選集』, 107쪽).

107 홍명희가 중교의숙에 다닌 일에 대해서는 洪命憙, 「自敍傳」 1, 『三千里』 1929년 6월호, 12쪽; 강영주, 『벽초 홍명희 연구』, 창작과비평사, 1999, 34~37쪽을 참조할 것.

108 홍명희는 싱가포르에 있을 때 도쿄 와세다대학早稻田大學에 재학하던 李光洙에게도 순한문으로 편지를 썼다(李光洙, 「印象 깁던 便紙」, 『三千里』 1933년 3월호, 88쪽).

않는다. 싱가포르 부근을 돌아다니거나, 혹 유럽에 갈 방안을 찾았는지도 모르겠다. 그리고 이때 종기로 고생하였던 것 같다.[109]

홍명희 일행은 3년 가까이 머물렀던 싱가포르를 떠나기로 하고 1917년 12월 2일에 운영하던 고무농장을 매각하였으며, 이어 가구를 팔고 행리를 꾸렸다.[110] 변영만은 설사 유럽에 가고 싶었다 할지라도 전쟁 중이라 길이 막혀서 갈 수 없었기 때문에 홍명희 일행과 행동을 같이할 수밖에 없었을 것이다. 이들은 12월 11일 오후 11시, 상해행 3등 선실에 몸을 실었다. 12월 13일 홍콩에서 1박을 하고 12월 16일 아침에 상해에 도착하였다.[111]

배를 타고 가는 동안 변영만은 남양의 이국적인 풍경을 보며 상념에 잠기었다.

> 망국亡國 안남安南의 산색山色을 석양 구름 사이로 의희依稀히 바라다보고 이상스러운 수금水禽을 짤하 남양군도에 항행할 째에도 어찌 강개한 회포와 기이한 감상이 업섯스랴마는 나는 일대백一大白이란 명의 하에서 이것을 쾌음하야 본 일이 업섯스며, 내어다 보면 백사지白沙地가 팔팔 연기가 나도록 타고 나무란 나무는 모다 숨 한숨도 쉬지 못하고 오득허니 서서 잇는 적도의 자칫 직하直下되는 악마의 한증막인 마래반도馬來半島 속에서도 어찌 민울悶鬱과 번혹煩惑이 작으마하얏스랴마는 나는 소수제消愁劑란 구실 하에서 이것을 대중 업시 자수 먹지 아니하얏든 일은 기시其時 기지其地 동고자同苦者인 홍가인洪可人이 증인일다[112]

그는 남양의 풍경을 바라보다 본인의 단주를 떠올리며 남양에서 함께한 홍명희를 언급하였다.

---

109 『변영만전집』 상, 455쪽 「신단재에게 대한 제문祭申丹齋文」에 "지난날 내가 군도에 갔을 적에/ 만난 건 오직 온몸의 종기뿐이었네昔吾足涉羣島, 惟逢滿身之痒"라는 구절이 나온다.

110 鄭元澤, 『志山外遊日誌』, 138쪽.

111 鄭元澤, 『志山外遊日誌』, 138~139쪽.

112 卞榮晩, 「나의 斷酒함에 至한 逕路를 告白함」; 『변영만전집』 하, 122쪽.

상해에서 일행은 헤어졌다. 변영만과 홍명희는 상해에 남고, 정원택과 김덕진은 상해에서 1박을 한 뒤 그들이 타고 온 배로 일본 고베神戶까지 간 다음 귀국하기로 하였다.[113] 이때 변영만은 일행과 함께 신규식을 만났으며,[114] 박달학원博達學院에서 강의를 하지 않았을까 짐작해 본다. 뒤에 그가 동제사에 관여하였다고 알려진 것이 그러한 이유에서였으리라 믿어진다. 홍명희는 1918년 6월 상해에서 북경으로 옮겨 국내에서 다시 중국으로 나온 정원택을 만나고 신채호와 달포 동안 함께 지낸다.[115] 그런데 홍명희가 북경에 있는 동안 변영만이 함께 있었다는 기록은 찾아지지 않는다. 변영만은 북경으로 가지 않고 상해에 그대로 머문 것이 아닌가 한다.

그렇다면 변영만은 언제 귀국하였을까. 그가 상해에 일시 머물다가 귀국하였을 가능성이 있다. 비록 자료는 제시되지 않았지만, 그가 1918년에 귀국하였다는 기록이 있다.[116] 그러나 몇 가지 간접 자료들을 검토하면, 1918년에 귀국한 것 같지는 않다. 하지만 변영만이 1919년 3·4월까지 상해에 있었다면 대한민국임시정부 수립에 전혀 관여하지 않을 수는 없었을 것이다. 그의 귀국행로에 대한 정보는 없지만 적어도 그 시기 이전에 상해를 떠났을 것으로 짐작된다.

변영만은 "내가 중국을 만유하고 남양 귀도鬼島를 휘돌아서 7·8년 만에 고국에 돌아와 본즉" 이라고 하여,[117] 중국으로 망명을 떠난 지 7·8년 만에 귀국하였다고 밝힌 바 있다. 1913년부터 계산한다면 1919·1920년이 그 기간에 해당한다. 또 그가 완전 단주를 한 시기를, "귀국 후 얼마 동안을 그럭저

---

113 鄭元澤, 『志山外遊日誌』, 139쪽.

114 鄭元澤, 『志山外遊日誌』, 139쪽.

115 鄭元澤, 『志山外遊日誌』, 146~147쪽; 洪命憙, 「上海時代의 丹齋」, 212~213쪽.

116 林鍾國·朴魯埻, 『흘러간 星座』 2, 297쪽.

117 卞榮晩, 「美貌閥, 非美貌閥이란 題目 알에서 함부로 써 봄」, 『東明』 1923년 1월 14일자; 『변영만 전집』 하, 107쪽.

럭 하다가, 언제인가? 아마 거금距今 만 3년 전 일다--그째부터는 나는 최후의 대결심으로 이것을 영구적 차且 전적으로 할단割斷하야 버렷다"라고 하였다.[118] 1923년 2월에 발표된 이 글을 보면, 1919년 연말 정도에 완전 금주를 단행한 것으로 짐작된다. 그렇다면 그는 1919년 중에 귀국하였을 가능성이 높다.

변영로의 회고에 따르면, "내가 부평富平 향제鄕第에 있을 때이었다. 나의 사백舍伯(영만)이 중국과 남양 방향의 방랑으로부터 도라온 직후"에 향리 어른으로부터 형제가 술대접을 받은 적이 있었다고 한다. 또 때는 '성염盛炎'이라고 하였다.[119] 이때 변영로가 만취하여 실수하고 도망 나와 상경하여, 변영만의 친구인 변호사 정구창鄭求昌을 찾아갔다가 장춘관長春館이라는 요정에서 술대접을 크게 받은 일화가 있다.[120] 변영로는 장춘관을 언급하며 "그때는 명월관明月館은 없음"이라고 설명해 놓았다. 명월관이 1919년 5월 23일 새벽에 화재로 없어졌음을 상기한다면,[121] 이 주정酒酊 사건은 1919년 7·8월경에 일어난 일로 보아도 좋을 것이다. 변영로는 3·1운동 당시 종로의 중앙기독교청년회 소년부에서 영어를 가르치고 있었으며, 변영태가 영문으로 번역한 「독립선언서」를 타이핑하였다고 한다.[122] 아마도 이후 부평 향제에 내려가 있다가 1920년 전후 도쿄에 유학한 것으로 보인다. 그렇다면 변영만의 귀국 시기는 1919년 4·5월 이후로 추정된다. 이 시기라면 그가 직접 상해에서 귀국하지는 않았을 것이다.

그렇다면 변영만은 왜 만 5년이 넘는 중국생활을 접고 귀국의 뜻을 세웠을까. 현재 그것을 밝혀 주는 자료는 찾을 수 없다. 다만 그가 중국과 남양에서

118 卞榮晩, 「나의 斷酒함에 至한 逕路를 告白함」; 『변영만전집』 하, 122~123쪽.

119 卞榮魯, 『酩酊 四十年: 無類失態記』, 서울신문社, 1953, 14쪽.

120 卞榮魯, 『酩酊 四十年: 無類失態記』, 14~18쪽.

121 『每日申報』 1919년 5월 24일자.

122 卞榮魯, 「내가 맞은 三月 一日」, 『樹州卞榮魯文選集』, 300~302쪽.

의 생활을 회고한 글에서 그 실마리를 찾을 수 있다.

> 그사이에 대륙과 넓은 바다, 가파른 산과 괴이한 섬, 그리고 기이한 구름과 특이한 안개, 알지 못하는 나무, 처음 보는 새가 나그네 심정을 놀라게 하고 고독한 흉취를 움직이게 하여, 나로 하여금 더러 하늘을 우러러 탄식케 하며, 멍하게 스스로 노래도 통곡도 둘 다 잃어버린 경지에 놓이게 한 것이 한두 가지로 기록할 것이 아니었다. 이와 같은데도 아무 소득이 없었고, 드디어 곤궁한 채 돌아와 옛 서울 시장 주변에서 숨은 듯 살고 있는데, 생업에 소질이 없어 생계가 막막하였다. 온갖 근심이 나를 공격하여 아침에 저녁을 보장할 수 없는 위태로운 형편이니, 나의 사람됨이 이와 같았다.[123]

그는 중국과 남양에서 많은 경험을 하고 깊은 인상을 받았지만 아무런 소득이 없었다고 평가하였다. 변영만이 중국으로 망명길을 떠난 것은 비관적인 조국의 현실을 극복하고자 한 행동이었고, 동시에 중국에서 자신의 안목과 학문을 넓히고자 한 일이었다. 그러나 햇수로 7년이 지났건만, 이룬 것이 없다고 느끼고 있었다. 독립운동에 직접 참여하기도 어려웠다. 새로운 문물과 변화에 대한 관심을 충족하기에는 중국보다 유럽이 나을 것으로 생각하여 유럽으로 갈 생각도 해보았지만, 오랜 방랑생활에 따른 심신의 피곤과 재정문제가 발목을 잡았을 것이다. 스물다섯에 중국에 떠난 그의 나이도 서른하나가 되어 있었다. 변영만이 1931년 자신의 생애를 연시조로 나타낸 바 있는데, 그 가운데 다섯 번째에 다음과 같은 시구가 있다.

> 십년간 방랑하야 해외풍광 봣노매라
> 진실로 조타한들 내 쌍에 견즐소냐
> 도라와 봉허蓬墟에 드니 마음 안욱하여라[124]

---

123 『변영만전집』 상, 263~264쪽 「寄同志諸人述懷書」.

124 卞榮晩, 「詠懷十首」, 『朝鮮日報』 1931년 5월 17일자; 『변영만전집』, 374쪽.

해외 풍광이 진실로 좋다한들 고국에 비할 것인가라는 내용에서 해외생활의 신고辛苦를 짐작할 수 있다. 물론 그는 중국과 중국인에 대하여 좋은 인상을 가지고 있었다.[125]

그가 귀국을 결심한 시기는 국내에서 3·1운동이 일어나기 전이었을 것이다. 상해를 떠나 북경이나 다른 곳을 거쳐서 육로로 귀국하던 중 국내에서 3·1운동이 발발하자 바로 들어오지 못하고 사태를 관망하다가 4·5월경 귀국하였다는 것이 자연스러운 생각이 아닐까 한다.

6. 맺음말

변영만은 1913년 후반 중국으로 망명하였다. 이미 1911년 가을 중국을 다녀온 그는 그간 중국 망명을 준비하였던 것 같다. 국권피탈 후의 정치적 현실에 대한 불만과, 중국 문화와 인물에 대한 관심이 겹쳐 그 같은 결심을 하였던 것으로 보인다.

북경에 정착한 그는 일시 1914년 총통부에 근무하다가, 황종일보사의 서무로 1916년 신문폐간 때까지 근무하였고, 1917년에는 북경일일신보사에 관여하였다. 북경에 도착한 직후 장병린의 국학 강학에 참여한 그는 장병린의 영향을 크게 받았다. 변영만은 북경에서 동생 변영태와 함께 생활하였고, 윤정원과 동거생활도 하였던 것으로 보인다. 이시영과도 관련을 맺은 것 같다. 국내에서부터 친분이 두텁던 신채호가 1915년 북경으로 옮겨 온 이후 그와 가깝게 지냈다. 아울러 종종 신문에 반일적인 기사를 게재하였으며, 독립운동가들과 일정한 관계를 맺었다. 여러 정황으로 미루어 김규식·조성

125 卞榮晩, 「色眼鏡」13(中國人의 生活力), 『東亞日報』 1931년 5월 7일자; 『변영만전집』 하, 187쪽에서, "中國은 나에게 對하야는 第二 故鄕이니만큼 中國人은 恒常 나에게 向하야 好印象을 주엇슬 뿐이다"라고 밝혔다.

환·이종호 등을 만난 것으로 보인다. 적어도 북경에 근거를 둔 독립운동가들과 같이 활동하였을 것이나, 북경 지역에서는 현실적으로 독립운동을 적극적으로 전개하기가 어려웠다. 그러한 상황은 대한민국임시정부가 수립되기 이전에 상해에 머무른 망명객들의 경우에도 크게 다르지 않았다. 중국인과의 교류가 확인되는 자료는 아직 보이지 않으나, 변영만이 총통부와 신문사에 근무하였기 때문에 적지 않은 교류가 있었을 것으로 짐작된다.

변영만은 1917년 유럽으로 가고자 하였으나, 싱가포르에서 상해로 되돌아오고 말았다. 아마도 중국에서의 활동이 그가 기대한 만큼 이루어지지 않아 취한 행동으로 믿어진다. 싱가포르에서는 국내에서부터 교분을 맺은 홍명희와 함께 있었다. 신규식 등을 만났던 상해에서 그는 1919년 3월 이전에 귀국하고자 한 것 같고, 마침내 1919년 4·5월경에 귀국한 것으로 추정된다. 그 후 변영만은 이후 1921년과 1930년 두 차례 중국을 다녀온 바 있다.[126]

국내에서 무단정치가 자행되고 있던 1910년대에 변영만은 많은 지사들과 마찬가지로 중국 망명의 길을 택하였다. 그러나 북경에 정착한 그는 독립운동에 직접적으로 관여하기가 어려웠고, 학술활동도 쉽지 않았다. 종종 신문에 반일 논조의 기사를 게재하는 데 만족할 수밖에 없었다. 그러나 중국에서 보낸 6년 가까운 기간은 적어도 그에게 두 가지 점에서 영향을 미친 것으로 보인다. 그 하나는, 귀국 이후 변영만이 독립운동에 직접적으로 관여하지 않고 문필가로 일관하였다는 사실이다. 그는 변호사로서 기여할 수 있었을 민족운동에 거리를 두었다. 그렇다고 해서 그가 친일적 행위를 한 것은 아니었지만, 그가 어떠한 이유에서 독립운동에 거리를 두었는지는 확인할 수 없다. 다만 본인의 성격과 무관하지 않았을 것이라고 짐작할 뿐이다.

126 1921년에는 국제변호사대회에 참가하기 위해 북경을 방문하였고, 1930년에는 영남의 成淳永 등과 함께 중국을 여행하였다(『변영만전집』 상, 490쪽 「단재전」 및 135쪽 「도산설을 지어 일여에게 주다濤山說贈一汝」).

다른 하나는, 그가 동양문화를 재인식하는 계기가 되었을 것이라는 점이다. 장병린의 영향도 적지 않았겠지만, 변영만은 귀국한 뒤 동양문화와 서양문화의 절충을 도모하였는데, 그 출발에 중국에서의 경험이 일정하게 작용하였을 것이다. 스물다섯부터 서른하나의 시기를 중국에서 보낸 그는 동양문화와 서양문화가 보완적임을 뒤에 이렇게 토로하였다.

> 나는 일찍이 스승이 없이 스스로 영문을 익혔다. 영문을 통해 널리 서양 서적을 읽으면서, 읊조리고 반복하여 그만두지 않은 지가 이미 십 년을 거쳐 지금에 이르렀다. 그런데 이로 인하여 또한 지대한 즐거움을 그 사이에서 얻게 되었다. 대개 동양의 성인과 서양의 성인은 그 심성과 술지術志가 일찍이 일치하지 않은 것이 없었고, 동양의 문장과 서양의 문장은 그 성광聲光과 신미神味가 일찍이 서로에게 발명될 수 있지 않음이 없다.[127]

127 『변영만전집』 상, 568쪽 「私記」.

신채호의 독립운동: 중국에서의 정치활동을 중심으로

1. 머리말

단재丹齋 신채호申采浩(1880~1936)는 1910년 4·5월경 중국으로 망명한 이래 1917년 비밀리에 일시 귀국한 얼마간을 제외하면, 1936년 여순감옥旅順監獄에서 순국할 때까지 국외에서 독립운동에 앞장섰다. 연령으로는 30대부터 20여 년간, 지역적으로는 일시 노령露領에서도 활동하였지만 대부분의 기간 동안 중국의 상해와 북경을 중심으로 독립운동을 전개하였던 것이다.

잘 알려진 대로 신채호의 독립운동은 언론활동과 한국사 연구, 그리고 정치활동으로 집중된다.[1] 한말에는 『황성신문皇城新聞』과 『대한매일신보大韓每日申報』의 주필로서 문명을 날렸으며, 이후 국외에서는 노령의 『대양보大洋報』·『권업신문勸業新聞』의 간행을 주도하였고, 중국에서는 『신대

1 李萬烈, 「단재 신채호의 북경 중심의 독립운동」, 『中國에서의 抗日獨立運動』, 高句麗, 2000.

한新大韓』과 『천고天鼓』 등을 주재하였다. 한말 이래 한국사 관련 저술을 계속 집필한 것도 단순히 역사연구만이 아니라 독립운동의 한 일환이었다. 문필에만 관심을 둔 서생이 아니었던 신채호는 직접 독립운동 현장에서 주도적으로 여러 단체를 조직하였으며, 독립운동 노선투쟁의 선두에 나서는 등 정치활동에도 적극적이었다. 그러한 점에서, 신채호가 순국한 직후 간행된 조선민족혁명당 기관지 『민족혁명民族革命』 제2호에 실린 윤세주尹世胄의 「고 단재 신채호 선생을 추도함」에 나오는 신채호에 대한 평가를 참고할 만하다.

> 선생이 청년으로 처음 사회적 생활에 나옴으로부터, 최후의 옥사獄死에 일으기까지의 전생애은 오직 조선의 현실적 정치문제를 위한 노력에 일관하엿다. 선생이 신문기자가 된 것도 이로 인함이엿고, 조선역사를 연구함도 이로 인함이엿고, 해외에 망명함도 이로 인함이엿고, 최후의 옥사도 이로 인함이엿다. 그러나 선생의 이 같은 조선정치를 위한 노력은 혁명적 정책을 떠나서는 있지 않이 하였다. 망국 이전에 선생의 구국정책은 전국적 무장궐기로서 외적에 대한 민족적 저항이 그것이였다. 그럼으로 선생은 사대사상의 잔물殘物이엿든 당시의 의타외교정책과 문화점진정책에는 격렬한 대립으로써 이것을 배격하얏든 것이다. 그리고 망국 이후의 선생의 혁명방략은 또한 철저한 비합법 폭력주의로써, 일체一切 타협적 합법주의자에 대하야는 엄정한 비판으로써 이것의 분쇄粉碎에 노력하얏엇다.[2]

신채호는 한국의 정치문제를 해결하려는 노력, 즉 독립운동에 전 생애를 바쳤으며, 언론활동과 역사 연구, 정치 활동은 모두 독립운동의 일환이었다는 것이다.

2 『民族革命』 2, 朝鮮民族革命黨, 1936. 4, 31~32쪽; 도산안창호선생기념사업회 · 도산학회 편, 『미주국민회자료집』 21, 경인문화사, 2005, 675~676쪽. 이 글은 '震人'이라는 필명으로 발표되었는데, 이는 윤세주의 필명이다. 社會問題資料硏究會 편, 『思想情勢視察報告集』 9, 京都: 東洋文化社, 1974, 18쪽.

이 글에서는 크게 역사 연구·언론활동·독립운동 중에서 정치활동 중심의 독립운동을 검토하고자 한다. 다만, 그간 신채호의 독립운동에 대한 기존 연구가 적지 않아[3] 필자의 글은 기존 연구를 바탕으로 정리하는 수준에 머무를 수밖에 없다. 따라서 신채호의 구체적인 활동은 언급하지 않고 대체적인 윤곽만을 논의할 예정이므로, 이 점에 대해 먼저 양해를 구한다.

2. 1910년대 노령과 중국에서의 독립운동

『대한매일신보』의 주필로 국권 회복에 진력하던 신채호는 1910년 4월경 국외로 망명하게 된다. 국권 회복을 목적으로 한 비밀결사인 신민회는 국외 독립군 기지 창건을 위한 모임을 청도靑島에서 가졌는데, 신채호도 이 모임에 참석하였다. 이 모임에서 밀산현密山縣에 무관학교를 설립할 것을 결정하고, 신채호는 국사 및 한문 교사로 선임되었다. 신채호 등은 1910년 9월경에 노령의 블라디보스토크에 도착하였으나, 무관학교 설립은 계획된 자금문제가 해결되지 않아 수포로 돌아가고 말았다.[4]

블라디보스토크에 머물던 신채호는 1911년 6월에 창간된 청년근업회의 기관지인 『대양보』의 주필로 선임되었다.[5] 『대양보』는 『히죠(됴)신문』과 『대

---

3 본고를 작성하는 데 참고한 연구는 丁原鈺, 「丹齋先生의 海外에서의 抗日獨立運動」, 『申采浩의 思想과 民族獨立運動』, 螢雪出版社, 1986; 신용하, 『申采浩의 社會思想 硏究』, 한길사, 1984; 李萬烈, 「단재 신채호의 북경 중심의 독립운동」; 한시준, 「申采浩의 在中獨立運動」, 『韓國史學史學報』 3, 2001; 李浩龍, 「신채호의 아나키즘」, 『歷史學報』 177, 2003 등이다. 널리 알려진 사실의 경우에는 굳이 각주를 달지 않았다.

4 박현환 편, 『續篇 島山 安昌浩』, 三協文化社, 1954, 144~148쪽; 愼鏞廈, 『申采浩의 社會思想 硏究』, 26~30쪽.

5 『대양보』와 『권업신문』에 대해서는 박환, 「권업회의 조직과 활동」, 『러시아한인민족운동사』, 탐구당, 1995; 최기영, 「일제강점기 申采浩의 언론활동」, 『韓國史學史學報』 3, 2001; 「1910·1920년대 노령과 중국에서의 申采浩의 언론활동」, 『식민지시기 민족지성과 문화운동』, 한울, 2003을 참고할 것.

동공보大東共報』에 이어 노령에서 한인들이 발간한 세 번째 신문으로, 사장 최재형崔才亨·주필 신채호·총무 차석보車錫甫·발행인 김대규金大奎·노문 번역 유진율兪鎭律 등으로 구성되었다.[6] 신채호를 제외하면 대부분이 『대동공보』 간행에 참여한 인물들이었다. 노령의 귀화 한인세력들이 중심이 되어 『대양보』를 간행하면서 신채호를 주필로 영입한 것이었다.

당시 노령에는 러일전쟁 이전에 이주하여 경제적 토대를 마련한 귀화한인들, 국내와 간도에서 북상해 온 의병 계열, 그리고 러일전쟁 이후 국내외에서 망명한 독립운동자 계열 등이 출신 지방색까지 겹친 세력을 형성하고 있었다.[7] 이들 여러 계열이 1911년 6월 1일에 발기하여 창립한 것이 권업회勸業會 발기회였다. 청년근업회가 그해 7월 3일(러시아력) 권업회 발기회와 통합됨에 따라 『대양보』는 창간한 지 1개월 만에 권업회의 기관지로 전환되었다. 권업회는 12월 19일 러시아 당국의 허가를 얻어 공식적인 창립총회를 가졌다.[8]

『대양보』의 주필인 신채호는 논설을 담당하였을 것이다. 한국사의 인물에 관련된 사화를 간단히 소개하는 '금金과 옥玉'이라는 난과, 내용은 알 수 없지만 「신설례전申雪禮傳」이 실린 '담총談叢'이라는 난도 주제상 신채호가 담당하였을 것으로 짐작된다. 논설은 대체로 노령의 한인들을 대상으로 국권회복의 의지를 고취하고 계몽하는 내용이었다.[9] 그러나 노령 한인사회를 주도하는 세력 사이의 알력 때문에 창간 직후부터 분쟁이 끊이지 않아 신문 발간 관여자들의 사임이 속출하였다. 이러한 상황에서 안창호安昌浩와 가까웠던 신채호는 서북파로 분류되기도 하고, 또 이종호李鍾浩와도 일정한 관계를

6 『露嶺沿海州移住韓人ノ狀態』, 朝鮮駐箚憲兵隊司令部, 1912, 87~88쪽.

7 尹炳奭, 「勸業會의 성립과 勸業新聞의 간행」, 『近代 韓國民族運動의 思潮』, 집문당, 1996, 490~491쪽.

8 박환, 「권업회의 조직과 활동」, 120~126쪽.

9 『韓國獨立運動史』 資料 37, 國史編纂委員會, 2001, 3~33쪽.

유지해 서북 출신들의 비난도 받고 있었다.[10] 그러면서도 그는 자신의 의견을 꺾지 않았는데, 파당에 관여하지 않겠다는 뜻이었던 것 같다.[11] 신채호는 블라디보스토크에서 민족분열의 실상을 직접 체험하였던 것이다.

『대양보』는 1911년 9월 14일자로 제13호를 발간하고 더 이상 간행되지 못하였다. 더욱이 9월 17일 밤에 대양보사의 활자 가운데 3분의 2에 이르는 15,000개가 절취되는 사태가 일어났다. 일제의 보고에 의하면 밀정 엄인섭嚴仁燮이 활자를 절취하여 일본 영사관에 보관하였다고 한다.[12]

『대양보』가 간행되지 못하는 상황에서도 신채호가 블라디보스토크에 계속 머물렀던 것은 이종호의 만류 때문이었다. 신채호는 국내로 귀환하거나 상해 등지로 이동하기 위해 여러 방면으로 동정을 살피고 있었고, 미주의 안창호는 신채호의 도미를 종용하고 있었다. 이러한 상황에서 이종호는 권업회에서 새 신문을 발간하게 되면 신채호에게 그 일을 맡기고자 그를 붙잡았던 것이다.[13]

1911년 12월 19일 권업회가 러시아의 허가를 얻어 공식적으로 창립총회를 갖자, 권업회에서는 신문부를 설치하고 신문 간행을 준비하였다. 신채호는 신문부의 부장 겸 주필로 선임되어[14] 1912년 4월 22일자로 주간 『권업신문』 창간호를 간행하였다. 활자와 인쇄시설을 미처 마련하지 못하여 석판으로 인쇄하였지만, 이 신문은 노령 한인들의 권익보호와 계몽 및 민족의식의 고취를 목적으로 한 내용뿐만 아니라 항일 관련기사도 폭넓게 실었다.

신채호는 『권업신문』의 신문부장 겸 주필이었지만 주도적 위치에 있지는

10 『島山安昌浩全集』 2, 島山安昌浩先生紀念事業會, 2000, 713쪽(黃公道 등이 安昌浩에게 보낸 편지. 1911. 7. 18, 7. 21).
11 『島山安昌浩全集』 2, 155쪽(白元普가 安昌浩에게 보낸 편지. 1911. 9. 1).
12 『韓國獨立運動史』 資料 37, 30~31쪽.
13 『島山安昌浩全集』 2, 165, 168, 243쪽.
14 『露嶺沿海州移住韓人ノ狀態』, 94쪽.

않았다. 그것은 노령 한인사회에서 파당과 무관한 그의 위치가 공고할 리 없었고, 한인 사이의 알력과 대립이 계속되었기 때문이다. 하지만 그는 파당에 관여하지 않고 독자적 입장을 밝혔다.[15] 아무튼 그는 그해 9월경에 주필직을 사임한 것으로 보이며,[16] 이후 1913년 어느 시기까지 블라디보스토크에 잔류하며 신문사에 조력하였던 것으로 짐작된다.[17] 그가 노령에서 청도를 거쳐 상해에 도착한 때는 1913년 8월 19일이었다.[18] 신채호가 블라디보스토크에 거주한 기간은 2~3년에 지나지 않았지만, 한인들의 대립을 보고 경험하며 민족분열의 폐해를 직접 느꼈을 것으로 짐작된다.

신채호는 신규식申圭植의 도움을 받아 중국 상해로 갈 수 있었다. 당시 상해에 있던 홍명희洪命憙는

> 단재가 노령 해삼위海參威에서 고故 이종호 씨의 경영하든 신문을 주재하다가 이씨의 자금이 핍절乏絶되었든지 신문을 내지 못하게 되고 의식衣食조차 어렵게 된 것을 고 신규식申奎植 씨(예관睨觀)가 듣고 굶든 먹든 와서 같이 지내자고 상해로 다려 왔읍니다.[19]

라고 회고하였고, 정인보鄭寅普 역시 그렇게 기억하였다.[20] 신규식은 1912년 7월 상해에서 박은식朴殷植 등과 동제사同濟社를 조직하고, 1913년 12월에 박달학원博達學院을 설립하여 한인 청년을 교육하였다.[21] 신채호도 동제

---

15 『島山安昌浩全集』 2, 177쪽.

16 『권업신문』 1912년 9월 2일자(러시아력/제21호)부터 광고란에 명기되던 '쥬필 신치호' 가 빠졌다.

17 김주현은 1913년 7월까지 신채호가 『권업신문』의 주필이었다고 보았다(김주현, 「『권업신문』 논설 저자와 그 의미」, 『신채호문학연구초』, 소명출판, 2012, 80~81쪽). 필자 역시 그 가능성을 인정하지만, 주필이 아닌 위치에서 신문에 논설을 썼을 가능성도 배제하지 않는다.

18 鄭元澤(洪淳鈺 편), 『志山外遊日誌』, 探求堂, 1983, 76쪽.

19 洪命熹, 「上海時代의 丹齋」, 『朝光』 1936년 4월호, 212쪽.

20 鄭寅普, 「丹齋와 史學」, 『東亞日報』 1936년 2월 26일자.

21 金喜坤, 「同濟社와 상해지역 독립운동의 태동」, 『中國關內 韓國獨立運動團體硏究』, 지식산업사, 1995, 41~42, 57~59쪽.

사 창립에 참여하였다. 동제사는 "민주독립주의로 동제사란 비밀단체를 조직하야 동지를 규합함에 노력" 하였다거나,[22] "선생(신규식)은 과거 십여 년간 상해에 재在하야 동제사라는 독립운동단체를 훈련" 하였다는 기록으로 미루어[23] 독립운동을 위한 비밀결사였음을 알 수 있다. '동제'란 '한마음 한뜻으로 같은 배를 타고 피안에 도달하자'(동주공제同舟共濟)라는 뜻으로, 블라디보스토크에서 동족의 분열을 목도한 신채호에게는 남다르게 다가왔을 것이다. 그러나 신채호는 박달학원의 교사로 있으며 영어공부를 하였던 것을 제외하면 별다른 활동을 하지 않았다.

1914년 신채호는 대종교인 윤세복尹世復의 초청을 받아 서간도 환인현桓仁縣 홍도천興道川에 설립된 동창학교東昌學校의 교사로 활동하였다.[24] 서간도에서 그는 고구려와 발해의 유적을 답사하며 감격하여 역사연구에 보다 깊은 관심을 가지게 되었고, 동창학교의 교재로 『조선사朝鮮史』를 집필하였다.[25] 서간도에서 1년 남짓을 보낸 신채호는 이시영李始榮의 권고로 1915년 북경으로 이주하면서 본격적으로 역사 연구를 시작하였다.[26] 또한 북경 부근의 한국고대사 관련 유적을 답사하며, 『중화보中華報』와 『북경일보北京日報』 등 중국신문에 논설을 기고하였다.[27] 1921년 북경에서 신채호가 이윤재李允宰에게 보여준 원고더미인 『조선사통론』·『문화편』·『사상변천편』·『강역고』·『인물고』는 1915년 이후 북경에서 집필한 것이라고 믿어진다.[28] 그는 역사

22 『독립신문』 1919년 10월 14일자 「申法務總長」.

23 『독립신문』 1922년 9월 30일자 「申圭植先生長逝」.

24 한국독립유공자협회 편, 『中國東北지역 韓國獨立運動史』, 집문당, 1997, 250~251쪽.

25 愼鏞廈, 『申采浩의 社會思想 硏究』, 33~36쪽.

26 崔玉山, 「文學者 丹齋 申采浩論」, 인하대학교 국어국문학과 박사학위논문, 37쪽. 당시 李會榮은 국내에 밀입국하여 활동하였기 때문에 신채호를 북경으로 부른 이는 이시영이었고, 그 시기는 1914년 말이었으리라 추론하였다.

27 이 문제에 대해서는 김주현의 「『중화보』 논설 저자와 그 의미」와 「『중화보』 논설의 저자 보론」(『신채호문학연구초』)을 참조할 것.

28 李允宰, 「北京時代의 丹齋」, 『朝光』 1936년 4월호, 216쪽.

연구에 전념하면서 정치활동에는 일정한 거리를 두었던 것 같다. 예컨대 이상설李相卨·신규식·박은식 등이 1915년 3월에 조직한 신한혁명당新韓革命黨과 같은 단체에는 참여하지 않았다. 물론 신한혁명당의 성격상 신채호가 이 당에 관심을 갖기는 어려웠을 것이다. 신한혁명당은 고종을 당수로 추대하여 독일의 지원을 받아 중국과 동맹을 맺고자 하였고, 신규식이나 박은식 등은 일시적이지만 전략적으로 보황주의保皇主義를 받아들였다.[29] 하지만 신채호는 그리하지 못했던 것 같다. 다만 1917년 대한매일신보사에 함께 근무한 임치정林蚩正에게 양육을 부탁하였던 조카딸의 혼사문제 때문에 국내에 비밀리에 들어왔으나, 결국 신채호는 조카딸과 의절하였다고 한다.[30]

신채호는 1917년 7월 국내외 독립운동 세력들이 대동단결하여 임시정부를 수립하자는 「대동단결선언」에 서명하였으며, 1919년 2월 만주 길림에서 발표된 「대한독립선언서」에도 서명하였다. 비록 신채호가 역사연구에 전념하며 독립운동 전면에 나서지 않고 있었지만, 신규식 등 독립운동 세력과 전혀 연계되지 않은 것은 아니었다. 이 두 선언문은 조소앙趙素昂이 작성한 것으로 알려져 있다. 하지만 민족의 대동단결에 대한 신채호의 관심은 여전하였을 것이고, 대동단결과 임시정부 수립을 제창한 두 선언서의 내용을 지지하였을 것이다. 1916년에 집필된 「꿈하늘」을 보면,

> 싸우거던 내가 남하고 싸워야 싸움이지 내가 나하고 싸우면 이는 자살이요 싸움이 아니니라. …… 내란 범위는 시대를 따라 즐고 느나니, 가족주의의 시대에는 가족이 '내'요 국가주의의 시대에는 국가가 '내'라. 만일 시대를 앞서 가다가는 발이 찢어지고 시대를 뒤져 오다가는 머리가 부러지나니 네가 오늘 무슨 시대인지 아느냐? 끼리스(희랍)는 지방열로 강국의 자격을 잃고 인도는 부락사상으로 망국의 화

29 姜英心, 「新韓革命黨의 결성과 활동」, 『한국독립운동사연구』 2, 1988.

30 卞榮晩, 「丹齋傳」, 『山康齋文鈔』, 龍溪書堂, 1957; 實是學舍 고전문학연구회 역주, 『변영만전집』 상, 성균관대 대동문화연구원, 2006, 488쪽.

를 얻으니라.[31]

라고 한 부분이 있다. 노령에서 출신지역에 따른 파당의 대립을 목도한 바 있던 신채호가 무엇보다도 타파하여야 할 대상은 지역감정이었을 것이다.

3. 대한민국임시정부와의 갈등

1919년 3·1운동은 국내외 독립운동자들을 크게 고무시켰다. 신채호가 역사연구를 중단하고 다시 독립운동 전면에서 활동하게 된 것도 바로 3·1운동의 영향이었다. 국내에서 3·1운동이 발발하자 신한청년당新韓青年黨은 상해에 독립임시사무소를 설치하고, 국내외 독립운동자들과 연락하며 임시정부 수립을 추진하고 있었다. 신채호도 상해로 가서 국내외에서 모인 독립운동자들과 임시정부 수립을 논의하였다. 1919년 4월 10일 상해 불란서 조계 김신부로金神父路에서 29명이 회합하여 임시의정원을 구성하고, 임시정부 수립에 관련된 구체적인 문제들을 결정하였다. 임시의정원은 대한민국을 국호로 하고, 국무총리 중심의 내각책임제로 정부조직을 만들고 각료를 인선하였다. 이 자리에 신채호도 참석하였다.

제1회 임시의정원기사록을 보면,

> 국무총리는 한성에서 조직된 임시정부의 국무총리인 이승만李承晚으로 선거하자는 신석우申錫雨의 동의와 조완구趙琬九의 재청이 유有한 후에 신채호가 이승만은 전자前者에 위임통치 급及 자치문제를 제창하던 자이니 기其 이유로써 국무총리로 신임信任키 불능하다는 변론이 유한 후에 국무총리도 별別노히 선거하자

31 신채호, 『룡과 룡과의 대격전』, 조선문학예술총동맹출판사, 1966, 39쪽; 『丹齋申采浩全集』 하, 螢雪出版社, 1995, 185~186쪽; 『단재신채호전집』 7, 독립기념관 한국독립운동사연구소, 2008, 247쪽.

는 신채호의 개의改議와 한진교韓鎭敎의 재청이 가결된 후에 이승만과 기외其外에 후보자 삼인을 천薦하야 투표선거하자는 조소앙趙蘇昻의 동의와 이한근李漢根의 재청이 유하매 후보자 삼 인을 천하되 방법은 구두호천口頭呼薦하야 현 출석원 삼분지이의 가결로써 피천被薦케 하자는 최근우崔謹愚의 개의와 여운형呂運亨의 재청이 가결되야 후보자를 호천할새 ……… 신채호는 박용만朴容萬을 천하야 부결되고 …… 현창운玄彰運은 신채호를 천하야 부결되고…….[32]

라고 기록되어 있다. 신채호는 국무총리에 추천된 이승만을 위임통치와 자치문제를 제창하였으므로 국무총리에 신임하기가 불가하다고 밝혔다. 잘 알려진 대로 이승만은 1919년 2월 위임통치청원안을 미국대통령에게 제출하였는데, 신채호는 그 문제를 제기하였던 것이다. 이어 국무총리 후보를 추천할 때 신채호는 박용만을 추천하였으나 부결되었고, 현창운은 신채호를 국무총리에 추천하였으나 부결되었다. 결국 이승만·안창호·이동녕이 후보가 되어 선거한 결과 이승만이 국무총리에 당선되었다. 이에 신채호는 주위의 위협과 만류를 뿌리치고 "나를 죽이구려" 하며 벌떡 일어나서 유유히 회장을 떠났다.[33] 이 임시의정원 회의에 함께 참석하였던 이광수李光洙는 뒤에 신채호에게서,

이승만 박사의 맨데토리 문제는 대의상 용서할 수 없고, 안도산은 국민회장으로 이 박사를 대표로 임명 파견하였으니 그래서 사분私分으로 무척 흠모하건마는 찾지 아니하노라고 말하고 "우리가 이제 남은 것이 무엇이오? 대의大義밖에 있소? 절개節介밖에 있소?" 하고 절개의식의 마멸磨滅은 무엇보다도 무서운 것…….[34]

이라는 이야기를 들었다. 신채호는 개인적 친분보다 대의와 절개를 중시하

32 『대한민국임시정부자료집』 2, 국사편찬위원회, 2005, 17쪽.
33 李光洙, 「脫出途中의 丹齋印象」, 『朝光』 1936년 4월호, 211쪽.
34 李光洙, 「脫出途中의 丹齋印象」, 211쪽.

였기 때문에 대의상 용서할 수 없는 위임통치안을 제안한 이승만을 임시정부의 수반으로 받아들일 수 없었던 것이다.

그렇다고 하여 신채호가 임시정부 수립을 반대한 것은 아니었다. 그는 1919년 4월 국내에서 수립된 한성정부의 평정관評政官에 선임되었을 뿐 아니라[35] 1919년 7월 개최된 제5회 임시의정원 회의에서 충청도 의원으로 참석하였고, 전원위원회全院委員會 위원장으로 선임되어 활동하였다.[36] 그러나 그는 얼마 있지 않아 임시정부에서 해임되었다. 8월 임시의정원 회의에서 상해·국내·노령에 수립된 임시정부를 통합한 임시정부를 수립하고 대통령중심제를 채택하여 이승만이 대통령으로 선임되자 이를 격렬하게 반대하였기 때문이다.[37] 신채호는 이승만의 대통령 선임이 잘못된 일이었음을 1921년 4월에 작성한 「성토문」에서,

> 위임통치 청원에 대하여 재미 국민회 중앙총회장 안창호는 동의든지 묵인이든지 해회該會의 주간자로서 이, 정 등을 대표로 보내여 해該 청원을 올리었으니 그 죄책도 또한 용서할 수 없으며 상해 의정원이 소위 임시정부를 조직할 때에 발서 전파된 위임통치 청원 운운云云의 설說을 이李 등과 사감 있는 자의 주출做出이라 하여 철저히 사핵査核하지 않고 이승만을 국무총리로 추정推定함도 천만千萬의 경거輕擧이니와 제이차 소위 각원閣員을 개조할 때에는 환하게 해 청원의 제출이 사실됨을 알았는데 마침내 이승만을 대통령으로 선거한 죄는 더 중대하며…….[38]

라고 다시 준엄하게 지적한 바 있다. 이승만의 위임통치 청원문제를 임시의정원에서 철저히 조사하지 않고 국무총리로 이승만을 선임한 것만도 경솔한 행동이었는데, 통합임시정부에서 이승만을 대통령으로 선출하였음을 크게

35 『雩南李承晩文書』東文篇 4, 연세대 현대한국학연구소, 1998, 29쪽.
36 『대한민국임시정부자료집』 2, 30~31쪽.
37 李浩龍, 「신채호의 아나키즘」, 80쪽.
38 「聲討文」, 『雩南李承晩文書』 東文篇 8, 264쪽.

비판한 것이다. 따라서 그는 부적절한 인물이 수반을 맡은 통합임시정부를 반대하는 운동의 선봉에 설 수밖에 없었다. 위임통치 문제에서 보이듯, 신채호는 외교를 중심으로 삼은 임시정부에 실망하였기 때문일 것이다.

신채호는 1919년 10월 28일자로 주간 『신대한』을 창간하고, 이 신문을 통하여 임시정부 반대활동을 전개하였다. 『신대한』은 창간사에서 다음과 같은 입장을 밝혔다.

> 오인吾人이 비록 천변만화千變萬化의 세계에 처하엿스나 항상 강고한 민족주의를 가져 "태평양은 육지가 될지라도 우리가 일본은 잊지 말자 이천만의 해골을 태백산 갓치 싸흘지라도 일본과 싸호자"는 정신을 가지고 본보本報가 출현되엇노라. 독립을 기旣히 선언하엿스나 일 △지紙의 능력이 왜총독부를 철폐하고 대한강산을 재환再還하지 못한 것은 또한 사실이라. 이에 제제영재濟濟英才가 각기 의견을 토吐하야 전도前途를 꾀할세 혹은 가로대 "일본의 반성을 요구하자" 하나 일본이 반성한 결과는 무엇이 될가 아모리 하여도 자치나 참정권을 줌에 그칠지니 이는 이완용·송병준 등이 독립운동을 완화하랴고 주출做出한 자치론의 간책을 성수成遂케 하는 우론愚論이 될 뿐이라. 우리가 거론할 것도 업고 혹은 가로대 "외교에 신뢰하자" 하나 과거 써비아·몬트니그로와 근일 필난드·불난드 등의 외교관계로 독립한 실례가 없지 안하지마는 그러나 이는 시국의 대세나 렬국의 이해관계에 의하야 된 일이오 신포서申包胥의 칠일통곡七日痛哭으로 어던 바가 안이라. 오인의 주장을 들어 세계에 표백表白하는 경우에 항상 "오민吾民이 독립할 만한 소질이 잇고 오국吾國이 독립할 만한 지위에 잇다 하면 대한독립사가 출현할 날이 잇스리라"라는 신념을 가지고 진행할 뿐이니 만일 동양 구래 비사후례卑辭厚禮의 외교식을 습용하다가는 적국 일부의 식민으로 자처하고 독립 이하 제이의 조건을 몽상夢想하게 될지니 그러무로 외교에 전뢰專賴함은 우리의 취할 바 아니니라. 그러면 우리는 무삼 방법을 취할가 척토尺土의 소유가 업슨 즉 월왕越王 구천句踐의 십년 생취生聚도 꿈이 될 샌이며 일족편제一族編制의 실력이 업슨즉 부여복신夫餘福信의 배성일전背城一戰도 분말이라. 다만 대의로써 동포를 분려奮勵하야 "제일 독립을 못하거던 차라리 사死하리라는 결심을 공고케 하며 제이 적에 대한 파괴의 반면이 곳 독립건설의 터이라"는 이해를 명확케 하야 리상의 국가보다 선先

히 리상의 독립군을 제조할 주의를 가지고 본보가 출현하엿노라.[39]

즉, 외교 중심 독립운동의 한계를 언급하면서 '대의'로 독립군을 조직해야 한다는 점을 명확히 하였다. 이는 임시정부가 독립운동의 방략으로 외교를 중심으로 삼은 것에 대한 비판이었다. 또한 『신대한』은 전쟁을 민족전쟁과 계급전쟁으로 구분하고, "우리도 미래의 이상세계는 빈부평균을 주장"한 것으로 미루어, 당시 유행하던 공산주의에 대해서도 우호적인 관점을 갖고 있었다. 일본 정보문서에 따르면 『신대한』은 신대한동맹단의 기관지였는데, 남형우南亨祐가 단주인 이 단체는 박용만과 연결된 과격파로 40여 명이 동참하고 있었으며, 신채호는 부단주였다.[40] 신대한동맹단과 연계된 박용만은 임시정부 외무총장에 선임되었으나 취임하지 않고 임시정부의 편벽된 인사운용과 외교 중심 정책에 반대하여 무장투쟁을 강조하면서 임시정부를 비판하고 있었다. 신채호는 박용만을 국무총리 후보로 추천할 만큼 서로 가까운 관계였는데, 이들이 연계하여 반임시정부 활동을 주도하였던 것이다.

신채호는 1920년 4월 북경으로 활동무대를 옮겼다. 6월에 박용만 등과 연해주에서 독립운동을 타진하였으나 현실적으로 불가능하자 다시 북경으로 돌아왔다.[41] 그해 9월 신채호는 박용만·신숙申肅·이회영 등 반임시정부 세력들과 만주의 독립군 단체들을 통일시키기 위하여 북경에서 군사통일촉성회軍事統一促成會를 발족하였다.[42] 그들은 한인공산당과 러시아공산당의 후원을 얻어 군사단체를 통일하고 시베리아에 통일군사기관을 설립하려고 하였으나 실패하였다. 1921년 4월 17일 남북만주·시베리아·하와이·국내의

---

39 『韓國獨立運動史』 資料 37, 85~86쪽; 『단재신채호전집』 5, 4쪽.

40 『不逞團關係雜件: 朝鮮人의 部』 在上海地方 3, 「上海 不逞鮮人이 組織한 各種 團體」(1920. 11. 24): 국사편찬위원회 한국사데이터베이스.

41 『韓國民族運動史料』 三一運動篇 其三, 國會圖書館, 1979, 667~668쪽.

42 『韓國民族運動史料』 中國篇, 國會圖書館, 1976, 354~355쪽.

10개 단체 대표자들은 북경 교외의 삼패자화원三牌子花園에서 군사통일주비회軍事統一籌備會를 개최하였고, 4월 19일 그 명칭을 군사통일회의로 결정하였다. 군사통일회의 역시 상해의 한인공산당을 통하여 소비에트 러시아 정부의 군사적 지원을 받고자 하였으나 여의치 않았다.[43]

신채호는 북경에 와서 여러 가지 일을 병행하였다. 그 하나가 김창숙金昌淑·박숭병朴崇秉의 지원을 받아 『천고』를 간행하는 일이었다. 신채호와 함께 『천고』를 편집한 김창숙은 다음과 같이 회고하였다.

> (1920) 11월에 북경으로 갔다. 국내와 연락하는 데 북경이 상해보다 편리하기 때문이었다. 윤중수尹中洙가 정양문正陽門 밖 역두에 나와서 맞이하였다. 윤이 묵고 있는 집으로 가서 단재 및 족제 김창돈金昌敦과 함께 지냈다. 그때 단재는 박숭병朴嵩秉과 함께 잡지 『천고』를 운영하고 있었는데 나에게 같이 일하자고 요청하였다. 나는 본시 신문이나 잡지를 편찬하는 일에 익숙하지 못해서 매사를 단재와 상의하여 처리하였다. 성질이 단재는 급하고 나는 느린 편이어서 서로 보완할 수 있었다.[44]

김창숙은 북경에서 신채호와 박숭병이 1920년 11월경에 『천고』를 간행하였다고 하였는데, 아마도 11월 전후부터 잡지 창간을 준비하여 12월 중에 1921년 1월을 간기로 하여 간행하였을 것이다. 중국어로 간행된 이 잡지는 중국인을 대상으로 하였는데, 한국의 독립운동과 역사를 중국인에게 알리고, 일제의 만행을 소개하여 중국인의 각성을 촉구하는 것이 발간 목적이었다. 『천고』 창간사에는 중국도 위협하고 있는 일제의 학정과 한국민의 저항을 소개하고, 중국에 부분적으로 알려지고 일제에 의하여 왜곡된 한국사를 바로

43 이에 관해서는 조규태, 「北京 '軍事統一會議'의 組織과 活動」, 『한국독립운동사연구』 15, 2000 참조.

44 金昌淑, 「躄翁七十三年回想記」, 『心山遺稿』, 國史編纂委員會, 1973, 330쪽; 심산사상연구회 편, 『김창숙문존』, 성균관대학교 출판부, 1999, 274~275쪽.

잡아 알리며, 국내의 언론이 말살되어 일제의 만행을 해외에서 수집해서라도 알리기 위하여 잡지를 발간한다는 점이 명시되었다.[45] 즉 그것은 한중친선을 의미하고, 중국에 한국독립운동의 지원을 요청하는 취지라고 보아야 할 것이다.[46]

신채호가 북경에서 전개한 활동은 궁극적으로 독립운동 방략과 관련된 것이었다. 그것은 구체적으로 독립운동 세력의 통일과 새로운 임시정부의 조직이라는 주장으로 드러나지만, 신채호는 지속적으로 임시정부의 외교만능주의를 비판하였다. 특히 신채호가 보기에 위임통치 청원을 제안한 이승만은 매국노나 다름없었고, 독립운동 세력을 분열시키는 존재였다. 마침 1921년 2월 초에 박은식·원세훈元世勳·김창숙 등이 북경에서 「아我 동포에게 고함」이라는 성명서를 발표하고 국민대표회의의 소집을 요구하였다.[47] 신채호 역시 비슷한 시기에 독립운동 세력의 통일을 추진하기 위하여 통일책진회統一策進會를 발기하고,[48] 이승만을 비판하는 「성토문」을 작성한 바 있었다. 「통일책진회선언서」에서 신채호는 세 가지를 주장하였다.

> 통일책진회의 삼대주의
> 일 진정한 독립정신 하에서 통일적으로 광복운동을 할 일
> 이 정부문제를 근본적으로 해결하야 시국을 수습할 일
> 삼 군사 각 단체를 완전히 통합하야 혈전血戰을 도圖할 일[49]

45 「天鼓創刊辭」, 『天鼓』 제1호(1921. 1), 1~4쪽.

46 『천고』에 대해서는 최광식 역주, 『단재 신채호의 천고』, 아연출판부, 2004; 최기영, 「1910·1920년대 노령과 중국에서의 申采浩의 언론활동」; 김주현, 「『천고』 논설의 저자와 그 의미」, 『신채호문학연구초』 참조.

47 『韓國民族運動史料』 中國篇, 276~277쪽.

48 한시준, 「申采浩의 在中獨立運動」, 240~241쪽.

49 「統一策進會宣言書」, 『大同』 제5호(1921. 7. 27).

그는 독립운동 세력들의 통일, 특히 임시정부문제 해결과 군사단체 통합을 강조하고 있었다. 신채호는 임시정부의 수령이 위임통치 청원자인 이승만이라는 점과, 임시정부의 외교만능주의를 비판하며, 군사 각 단체가 제휴하여 독립운동의 보조를 맞추어야 한다고 이 선언서에서 주장하였다. 이승만의 위임통치 청원을 역적행위로 본 「성토문」도 동일 선상에서 작성된 것으로 생각된다. 군사통일회의에서는 5월 임시정부와 임시의정원을 부인하는 선언서를 발표하였다.[50] 군사통일회의에서 군사유일주의를 내세운 것도 외교만능주의의 임시정부를 배격하고, 새로운 임시정부를 조직하기 위한 움직임이었다. 군사통일회의에서 국민대표회의의 선전·촉진을 위하여 신채호를 주간으로 세워 주보 『대동』을 발간하기로 결정한 것도[51] 그러한 이유에서였다. 그뿐만 아니라 신채호는 박용만이 주도한 제2 보합단普合團이 대한민국군정부大韓民國軍政府을 조직하자 내임장內任長에 선임되기도 하였다.[52] 즉 신채호는 1921년 6·7월경에 중국어판 『천고』와 국한문판 『대동』을 함께 발간하였던 것이다. 『대동』에서도 임시정부를 크게 비판하였는데, 제7호(1921년 8월 17일자)에 게재된 「상해정부와 이승만의 대미색은對美索隱」을 보면,

> 대미對美 위임통치의 사건을 들어 우리가 이승만을 성토하며 상해정부의 이승만 옹호하는 죄를 선포하얏지만는 그러나 상해정부는 여전히 이李를 옹호하며 …… 차호嗟乎라 피등彼等이 대통령이니 정부이니 자처하야 이짜위 욕국辱國 행동을 속행續行하는도다.

라고 하여, 대통령과 임시정부를 함께 비판하였다. 이와 같은 정황으로 미루어, 신채호를 중심으로 한 독립운동 세력은 지속적으로 임시정부를 새로 조

50 「宣言書」, 『大同』 제3호(1921. 7. 9).
51 『韓國獨立運動史』, 愛國同志援護會, 1956, 368쪽.
52 金正明 편, 『朝鮮獨立運動』 Ⅱ, 東京: 原書房, 1967, 460~461쪽.

직하기 위한 움직임을 전개하였으며, 신채호는 그러한 목적의 성명서와 선언서의 상당 부분을 작성하는 등, 선전활동에 주력하였음을 알 수 있다.

아무튼 1923년 1월부터 6월까지 상해에서 개최된 국민대표회의는 창조파와 개조파로 대립하여 결렬되고 말았다. 북경의 군사통일회의 관련인사들은 새로운 정부를 조직하자고 주장하였고, 상해 중심의 임시정부 관련인사들은 기존 정부를 개조하자고 주장하여 그 간극을 좁히지 못하였던 것이다. 신채호는 국민대표회의에 직접 참여하지 않았지만 창조파의 대표적 인물이었다.

4. 아나키즘에의 경도

1923년 1월 신채호는 「조선혁명선언朝鮮革命宣言」을 완성하였다. 의열활동에 대한 정당성과 활동노선을 밝히고자 의열단장 김원봉金元鳳이 신채호에게 부탁하여 작성된 선언문이었다. 의열단은 1919년 11월 만주 길림성에서 김원봉·윤세주·이종암 등 13명이 창립한 독립운동단체로, 부산·밀양경찰서, 조선총독부 등에 폭탄을 던지는 등 의열투쟁을 전개해 왔었다. 김원봉은 신채호가 쓴 이승만 「성토문」에 서명한 인물이었으며, 신채호는 유자명柳子明·김성숙 등 의열단원과 관련을 맺고 있었다.[53]

「조선혁명선언」에서 신채호는 『신대한』과 『천고』에서부터 관심을 가져오던 무정부주의, 즉 아나키즘을 내세우며 테러적 직접행동론을 민족해방운동의 방법론으로 체계화하였다.[54] 그는 먼저 "일본의 강도정치 곧 이족異族 통치가 조선민족 생존의 적"임을 밝히고, 자치론·외교론·준비론을 비판한 다음, "조선민족의 생존을 유지하자면 강도 일본을 구축驅逐"해야 하는데 그 방법은 혁명뿐이라고 주장하였다. 따라서 민중·폭력에 의한 파괴가 필연적임

53 한시준, 「申采浩의 在中獨立運動」, 248쪽.

54 이에 대해서는 愼鏞廈, 『申采浩의 社會思想 硏究』와 李浩龍, 「신채호의 아나키즘」을 참조할 것.

을 밝히며, 이족통치·특권계급·경제수탈제도·사회적 불평균·노예적 문화사상을 민중적 폭력으로 파괴해야 한다고 보았다. 그 결과로 고유적 조선·자유적 민중·민중적 경제·민중적 사회·민중적 문화를 창조하고 건설할 것을 제시하였다. 신채호는 「조선혁명선언」의 마지막에,

> 우리 이천만 민중은 일치로 폭력 파괴의 길로 나아갈지니라.
>
> 민중은 우리 혁명의 대본영大本營이다. 폭력은 우리 혁명의 유일 무기이다. 우리는 민중 속에 가서 민중과 휴수携手하여 부절不絕하는 폭력—암살·파괴·폭동으로써 강도 일본의 통치를 타도하고, 우리 생활에 불합리한 일체 제도를 개조하야 인류로써 인류를 압박치 못하며 사회로써 사회를 박삭剝削치 못하는 이상적 조선을 건설할지니라.

라고 밝혔던 것이다. 같은 글에서 "우리의 민중을 환성喚醒하여 강도의 통치를 타도하고 우리 민족의 신생명을 개척하자면 양병 십만이 일척一擲의 작탄炸彈만 못하며 억천장億千張 신문·잡지가 일회 폭동만 못할지니라"라고 하며 암살·파괴·폭동의 정당성을 주장한 점에서도 그가 민중적 폭력을 합리화하고 있었음이 확인된다.[55] 민중주체의 민족혁명과 '민중적 경제·사회·문화의 건설'이라는 구체적이고 특정적인 수준으로 의열단운동의 이념적 지표가 정립되었던 것이다.[56] 「조선혁명선언」은 의열단 단원들의 사기와 자부심을 크게 앙양하였고, 단원 입단이 증가하였으며, 의열단의 활동에 대한 독립운동계의 비판적 시각을 불식하면서 독립운동의 주요 단체로 그 위상이 제고되었다.[57]

그러나 신채호는 「조선혁명선언」을 집필한 이후 국민대표회의의 결렬 등

---

55 『단재신채호전집』 8, 901쪽.

56 김영범, 『한국 근대민족운동과 의열단』, 창작과비평사, 1997, 103쪽.

57 김영범, 『한국 근대민족운동과 의열단』, 104쪽; 한시준, 「申采浩의 在中獨立運動」, 244~245쪽.

을 겪으면서 그가 북경에서 추구해 온 독립운동의 결과에 한계를 느꼈던 것으로 보인다. 개인적으로도 1920년 북경에서 이회영의 부인인 이은숙李恩淑의 중매로 연경대학燕京大學 의예과에 재학 중이던 박자혜朴慈惠와 결혼하여 가정을 꾸몄으나 생활고로 1922년 가족을 국내로 보내지 않을 수 없었으며,[58] 1924년에는 북경의 관음사觀音寺라는 사찰에 승려로 들어가기까지 하였다. 아마도 이러한 분위기에서 그는 그간의 독립운동을 되돌아보는 기회를 가졌을 것이다.

> 전일에는 또한 이 나라 운명의 절박함을 통곡하고 분연히 일어나 붓을 내던지고 몇몇 열사와 함께 나라를 위하여 죽음으로써 적과 싸우기를 기도하였더니 벌써 정세는 더욱 틀려지고 기회는 더욱 멀어져 안타깝게도 부질없는 머리만 어루만지는 동안 어느덧 천賤한 나이 사십을 지났습니다. 이러하여 무장 단투段鬪란 유생儒生의 능사가 아니고 국가흥망이란 일조一朝의 돌발이 아니하는 것을 비로소 알았으니 도연명陶淵明같이 비록 얼른 '오늘의 옳음'을 감히 자신할 수는 없다 하더라도 거백옥蘧伯玉과 같이 또한 '전일의 그름'은 자인합니다.[59]

신채호는 자신과 같은 문인이 북경에서 추진하였던 무장투쟁을 실천하기에는 일정한 한계가 있었음을 인식하였던 것으로 짐작된다. 그래서 그가 다시 찾은 일은 역사연구였다. "생각건대 오직 남은 바 역사 연구사업을 계속 진행하고 과거의 견문을 정리 편수하여 후진 학자들로 하여금 나라의 전통을 잊지 말게 하는 데 혹 만일의 도움이 될까 합니다"라고,[60] 역사연구에 대한 의지와 그 의의를 밝혔던 것이다. 이 편지는 북경대학 도서관장이던 이대교李大釗에게 도서 열람을 부탁하고자 쓰다가 마치지 못하였지만, 1924·1925

58 朴慈惠, 「가신 님 丹齋의 靈前에」, 『朝光』 1936년 4월호, 218~219쪽.
59 신채호, 「리수상에게 도서열람을 요청하는 편지」, 『룡과 룡과의 대격전』, 239쪽.
60 신채호, 「리수상에게 도서열람을 요청하는 편지」, 239쪽.

년에 신채호가 역사연구에 몰입하였음을 알려 준다. 이때 그는 『조선사』의 '총론'을 완성하는 등, 이미 집필해 둔 논문을 가필하거나 새로 집필하였으며 부분적으로 국내 신문에 발표하고 있었다.

역사연구에 진력하면서 신채호는 아나키즘에 경도되었다. 이미 그는 1910년대부터 아나키즘에 관심을 두었던 것으로 이야기되는데,[61] 문헌을 통해서 아나키즘을 자연스럽게 접하였을 것으로 생각된다. 적어도 그는 1919년 10월 『신대한』을 발간할 때 창간사에 "제일 독립을 못하거던 차라리 사死하리라는 결심을 공고케 하며 제이 적에 대한 파괴의 반면이 곳 독립건설의 터이라"라고 썼듯이, 아나키즘에 대하여 일정한 이해를 갖추고 있었다.[62] 이어 『천고』를 간행할 때에는 아나키즘 선전작업을 전개하였으며,[63] 「조선혁명선언」에서는 무정부주의의 영향이 뚜렷하게 드러난다. 신채호는 이회영, 유자명 등 아나키스트들과 활발히 교류하였으며, 아나키스트 청년들이 다물단多勿團을 조직할 때에도 그 선언문을 작성해 주었다.[64]

신채호가 직접 아나키스트단체에 관여한 시기는 대체로 1926년부터라고 짐작되며, 1927년 9월 북경에서 개최된 동방무정부주의자연맹 창립대회에 한국대표로 참석하였다가 재중국조선무정부공산주의자연맹을 결성하였다. 1928년 4월 천진에서 개최된 한국인 아나키스트대회에서는 신채호가 작성한 선언서가 채택되었는데, 이 선언서는 지배층이 정치·정부·법률·도덕률 등을 두어 민중을 약탈·착취·유린하고 있다고 지적하였다. 따라서 "일조에

---

61 1928년 일제에 체포되어 치러진 공판에서 신채호는 한말 황성신문사 재직 중 고토쿠 슈스이幸德秋水의 『長廣舌』을 읽은 후 무정부주의에 공명하였다고 답변하였다(『조선일보』 1928년 12월 28일자). 李浩龍은 이를 받아들였으나(「신채호의 아나키즘」, 72~73쪽), 愼鏞廈는 뒤의 공판에서 신채호가 고토쿠 슈스이의 영향을 부정하였음을 근거로 이를 인정하지 않았다(『申采浩의 社會思想 硏究』, 296~297쪽). 필자도 신채호가 한말부터 무정부주의를 수용하였다는 점은 수긍하기 어렵다.

62 李浩龍, 「신채호의 아나키즘」, 81쪽.

63 李浩龍, 「신채호의 아나키즘」, 84쪽.

64 李圭昌, 『運命의 餘燼』, 보련각, 1992, 74~75쪽.

영·법·일본 등 자본제국 경제적 야수들의 경제적 착취와 정치적 압력이 전속력으로 전진하여 우리 민중을 맷돌의 한돌림에 다 갈아 죽이려는 판인즉, 우리 동방민중의 혁명이 만일 급속도로 진행되지 않으면 동방민중은 그 존재를 잃어버릴 것이다"라며,[65] 제국주의에 대항하여 생존을 보존해야 한다고 강조하였다. 대회 참가자들은 주의선전과 기관파괴를 결의하였고, 신채호는 이와 관련된 자금을 외국환 위조로 해결하고자 하였다. 그러나 사전에 발각되어 그는 1928년 5월 8일 대만의 기룽항基隆港 수상경찰서에 체포되었다. 대련으로 호송되어 네 차례 공판을 받은 신채호는 10년형을 선고받고 여순 감옥에서 복역하다가 1936년 2월 18일 뇌일혈로 쓰러져 21일 순국하였다.[66]

신채호는 1927년 국내에서 홍명희와 안재홍 등의 요청을 받고 사양하다가 신간회의 발기인으로 참여한 바 있다.[67] 그렇다면 신채호가 1920년대에 아나키즘에 경도되면서 민족주의를 완전히 극복해 나갔던 것일까. 적어도 「조선혁명선언」에서는 아나키즘의 성격이 두드러진 가운데 민족주의적 요소가 어느 정도 혼재되어 있지만,[68] 이후 신채호는 무정부주의에 크게 경도되었다. 그렇지만 여전히 그는 한국사 연구에 관심을 가지고 있었으며, 비록 1920년대에 집필한 것이고 본인의 의지와 무관하게 발표되었지만, 『조선사(조선상고사)』와 『조선상고문화사』 등이 『조선일보』에 연재되었다. 그뿐만 아니라 신채호는 감옥에서도 "퍽 망념妄念된 생각이나 조선 사색당쟁사와 육가야사만은 조선에서 내가 안이면 능히 정곡正鵠한 저작을 못하리라고 밋고 잇습니다"라고 하여,[69] 여전히 한국사 저술에 깊은 관심을 보이고 있었다. 아나키스

65 「宣言書」, 『丹齋申采浩全集』 下, 47~50쪽.

66 愼鏞廈, 『申采浩의 社會思想 硏究』, 62~72쪽; 李浩龍, 「신채호의 아나키즘」, 87~91쪽.

67 安在鴻, 「嗚呼 丹齋를 哭함」, 『조선일보』 1936년 2월 27일자; 碧初, 「哭丹齋」, 『조선일보』 1936년 2월 28일자.

68 愼鏞廈, 『申采浩의 社會思想 硏究』, 53쪽.

69 申榮雨, 「朝鮮의 歷史大家 丹齋獄中會見記」 4, 『조선일보』 1931년 12월 23일자.

트의 시각에서 한국사를 다시 살피려는 것이었을까.

신채호가 순국하자 국내에서는 『조선일보』와 『동아일보』가 조사를 게재하고, 그 자매잡지인 『조광』과 『신동아』가 추모특집을 마련하여 애도하였다. 그리고 조선민족혁명당의 기관지인 『민족혁명』은 윤세주가 집필한 추도사를 실었다. 좌파세력이라고 인식되던 조선민족혁명당은 의열단 출신들이 주도하던 정당이었다.

5. 맺음말

신채호는 1910년 망명해서 1928년 5월 피체되던 순간까지 거의 20년간 노령과 중국에서 독립운동을 전개하였다. 그 가운데 2·3년을 제외하면 중국, 특히 북경과 상해에서 활동하였다. 그는 노령에서 『대양보』와 『권업신문』을 주재하는 가운데 동포사회의 분열을 직접 경험하였다. 중국에서도 『신대한』·『천고』·『대동』 등을 간행하였으며, 역사연구도 병행하였다. 그러면서도 정치활동을 중단하지 않았다. 따라서 신채호의 활동은 언론활동과 역사연구, 그리고 정치활동으로 대별된다고 하겠다. 그러나 그 모든 것은 독립운동이라는 전제하에서 이루어졌으므로, 서로 무관한 일이 아니었다.

그는 1910년대 노령과 중국에서 민족단결을 추구하였다. 일시 역사연구로 정치 일선에서 벗어나기도 하였지만, 그의 활동은 민족의 단결을 위한 움직임이었다고 생각된다. 1920년대 전반기에는 임시정부 수립에 직접 관여하였지만, 그가 매국행위로 인식하였던 위임통치 청원을 제기한 이승만이 임시정부의 수장으로 선임되자 반임시정부 활동에 적극적으로 참여하였다. 특히 그는 무장투쟁보다 외교만능주의에 경도된 임시정부의 활동을 비판하고, 『신대한』 등을 발행하며 신대한동맹단이나 군사통일회의, 국민대표회의 등 반임시정부 세력과 연계하였다. 신채호는 1923년 의열단을 위한 「조선혁명선언」을 집필하고 민중혁명을 주장하면서 점차 무정부주의에 경도되어 갔다. 하지만 여전히 역사연구에도 진력하였다. 그가 아나키즘에 관심을 보인 것은 오래된 일이었지만, 1920년대 후반기에 들어서서는 아나키스트단체에 직접 참여하여 민중혁명 이론을 더욱 강조하였다. 1928년 5월 대만에서 체포될 때까지 3년여 간 신채호는 아나키스트로 자임하였다. 그의 독립운동은 민족주의에서 아나키즘으로 옮겨 가고 있었다. 그가 순국하자 민족주의자와 아나키스트, 그리고 좌파세력까지 애도한 것은 그의 독립운동의 폭이 그만큼 넓었음을 보여 준다고 하겠다.

이회영의 북경 생활: 1919~1925

1. 머리말

우당友堂 이회영李會榮(1867~1932)은 1910년 중국 망명 이전부터 민족운동에 투신하여 상동청년회尙洞靑年會와 신민회新民會에 관여하였고, 일찍부터 만주에 독립군기지 건설을 준비하였다. 또 일제에 국권을 빼앗기자 경주 이씨 명문가 출신인 6형제가 중국에 망명하여 신흥강습소新興講習所와 경학사耕學社를 설치하여 독립운동에 나섰으며, 1913년부터 3·1운동 직전까지 국내에서 독립운동 자금을 모으며 동지들을 규합하였다. 북경北京에서 3·1운동을 맞은 이회영은 상해로 가 대한민국임시정부 수립에 참여하였다가 실망하고 북경으로 돌아왔다. 이후 1930년 말 상해로 옮길 때까지 이회영의 활동무대는 북경과 천진天津이었고, 특히 북경에는 1925년 천진으로 이주하기 전까지 7년 가깝게 거주하였다.

이 글에서 필자는 이회영의 북경 생활을 정리하고자 한다. 그는 독립운동을 전개하기 위하여 북경에 거주하였는데, 그간 이회영의 독립운동에 대한 관심에 비하여 북경 생활은 별달리 주목받지 못하였다. 사실 독립운동가의 간난한 생활이 새삼스러울 까닭은 없으나, 이회영의 경우는 그 기복이 심하였다고 생각된다. 이회영은 천진에서도 머물렀으나, 이 글에서는 시기상 앞선 북경 시기를 검토하고자 한다.

이회영에 관련된 자료는 생각만큼 찾아지지 않아, 그의 북경 생활에 대해서는 부인 이은숙李恩淑과 아들 이규창李圭昌의 회고에 주로 의존할 수밖에 없는 형편이다.[1] 일제의 정보보고에도 이회영 개인에 관련된 자료가 별로 없고, 이 시기 북경에서 생활한 분들의 회고 역시 많지 않다. 그러하다 보니 알려진 내용들에 시기적으로 착란이 없지 않아 그 부분을 바로잡아 보고자 하였지만 쉽지 않았다. 다행히 최근 1920년대 북경에서 전개된 민족운동에 대한 학계의 관심이 적지 않은 성과를 거두고 있고,[2] 이회영 개인에 대한 전기

---

1 李恩淑의 『民族運動家 아내의 手記: 西間島始終記』, 正音社, 1975와 『가슴에 품은 뜻 하늘에 사무쳐』, 人物硏究所, 1981은 내용이 동일하다. 다만 뒤의 저술에는 앞의 저술에서 삭제한 몇몇 부분이 포함되어 있다. 그리고 李圭昌, 『運命의 餘燼』, 普蓮閣, 1992은 2004년에 재간된 발행처 불명의 『運命의 餘燼』을 이용하였다. 이하 『民族運動家 아내의 手記』는 『手記』로, 『運命의 餘燼』은 『餘燼』으로 표기하겠다.

2 辛珠柏, 「1920, 30年代 北京에서의 韓人 民族運動」, 『한국근현대사연구』 23, 2002; 『1920~30년대 중국지역 민족운동사』, 선인, 2005를 비롯하여 박환, 「1920년대 전반 북경지역 한인아나키즘」, 『한국민족운동사연구』 37, 2003; 『식민지시대 한인아나키즘운동사』, 선인, 2005와 曺世鉉, 「1920년대 전반기 재중국 한인 아나키즘운동: 한·중 아나키스트의 교류를 중심으로」, 『한국근현대사연구』 25, 2003; 孫科志, 「1920·30년대 북경지역 한인독립운동」, 『역사와 경계』 51, 2004; 김영범, 「1920년대의 북경 한인사회와 의열투쟁」, 『혁명과 의열』, 景仁文化社, 2010 등의 연구가 있으며, 특히 아나키즘에 대한 관심이 돋보인다. 이와 더불어 曺圭泰의 1920년대 북경 독립운동에 관한 일련의 연구가 있는데, 다음과 같다. 曺圭泰, 「北京 '軍事統一會議'의 組織과 活動」, 『한국독립운동사연구』 15, 2000; 「1920년대 중반 재북경 創造派의 民族唯一黨運動」, 『한국민족운동사연구』 37, 2003; 「1920년대 북경지역 한인유학생의 민족운동」, 『한국독립운동사연구』 30, 2008; 「1920년대 북경고려기독교청년회의 종교활동과 민족운동」, 『한국기독교와 역사』 31, 2009; 「1920년대 재북경 대구·경북인의 국민당 활동」, 『대구사학』 100, 2010; 「1920년대 재북경 한인 革命社의 『革命』 발간과 혁명운동」, 『한국독립운동사연구』 36, 2010. 그리고 손염홍, 『근대북경의 한인사회와 민족운동』, 역사공간, 2010은 북경 한인사회 전반과 민족운동을 검토한 저술이다.

와 평전도 여러 권 간행되었다.[3] 이러한 자료와 연구를 기반으로 하여 이회영의 북경 생활을 더듬어 보고자 한다. 따라서 이 글은 이회영에 대하여 새롭게 논의한다기보다, 기존 연구를 기반으로 이회영의 북경 생활을 정리하면서 독립운동의 모습을 살펴보는 정도에 한정하고자 한다.

2. 북경 정착

서울에서 독립운동을 전개하던 이회영은 고종 인산因山 전인 1919년 2월 9일 전실 달성서씨達成徐氏 소생으로 맏형 이건영李健榮에게 출계한 이규룡李圭龍을 데리고 북경으로 떠났다.[4] 북경에서 동생 이시영李始榮과 이동녕李東寧·이광李光·조완구趙琬九·조성환曺成煥 등을 만났는데, 이들은 노령露領에서 상해로 가는 길이었다.[5] 이회영도 이들과 함께 상해로 가 임시정부 수립에 참여하였다. 그러나 그는 임시정부의 수립과정에서 실망하고 다시 북경으로 돌아왔다.

이회영이 북경으로 돌아온 시기는 언제였을까. 이정규李丁奎는 이회영이 1919년 5월에 상해에서 떠났다고 하였다.[6] 이은숙은 음력 3월 20일, 즉 양력 4월 20일경으로, 이규창은 1920년 1월로 기억하였다.[7] 우선 4월 20일보다는

---

3 李丁奎·李觀植, 『友堂 李會榮 略傳』, 乙酉文化社, 1985가 가장 일찍 간행된 전기이다. 『友堂 李會榮 略傳』에는 李丁奎의 「友堂 李會榮 略傳」과 李觀植의 「友堂 李會榮 實記」가 수록되어 있다. 최근 이덕일, 『아나키스트 이회영과 젊은 그들』, 웅진닷컴, 2001; 김명섭, 『자유를 위해 투쟁한 아나키스트 이회영』, 역사공간, 2008; 김삼웅, 『이회영 평전』, 책보세, 2011, 그리고 서중석, 『신흥무관학교와 망명자들』, 역사비평사, 2001 등이 출간되었다. 박환, 「李會榮과 그의 민족운동」, 『國史館論叢』 7, 1989; 『滿洲韓人民族運動史硏究』, 一潮閣, 1991이 이회영의 민족운동 전반을 검토하였다.

4 李恩淑, 『手記』, 39쪽. 이 책의 날짜는 음력으로 표기되어 있어 본문에서는 이를 양력으로 고쳐서 이용한다.

5 『朝鮮民族運動年鑑』; 『대한민국임시정부자료집』 별책 2, 국사편찬위원회, 2009, 18쪽.

6 李丁奎, 『友堂 李會榮 略傳』, 63쪽.

7 李恩淑, 『手記』, 39쪽; 李圭昌, 『運命의 餘燼』, 64쪽.

늦었을 것이다. 이회영은 4월 25일에 개최된 제3회 임시의정원 회의에 참석하였던 것으로 나타난다.[8] 그런데 이은숙과 이규창에 따르면 이회영이 북경에 도착한 지 며칠 후 이시영·이동녕·조완구·이광·조성환·박용만朴容萬 등이 북경에 와서 이회영의 집에 일시 유숙하였고, 이시영·이동녕·조완구는 1년간 유숙하다가 박찬익朴贊翊의 설득으로 임시정부로 복귀하였다고 한다.[9] 그러나 여러 자료를 대조해 보아도 이시영과 이동녕, 조완구가 임시정부를 떠나 함께 북경에 와 1년씩 상해를 비웠다는 기록은 보이지 않는다.

이시영과 이동녕은 1919년 5월 25일 안창호安昌浩가 상해에 도착하자 그 시기를 전후하여 상해를 떠났다. 이들이 다시 상해로 돌아온 때는 10월 27일이었고, 11월 3일 각기 재무총장과 내무총장에 취임하였다.[10] 이들은 5개월 정도 상해를 떠나 있었는데, 이후 1932년 4월 윤봉길의거가 일어날 때까지 이들이 함께 상해를 장기간 떠난 적이 있었는지는 모르겠다. 이때 이시영과 이동녕, 신규식申圭植이 항주杭州로 갔다는 소문이 있었다고 한다.[11] 그런 사실을 고려한다면 이시영과 이동녕이 안창호가 통합정부 구성을 주도하는 동안 상해를 떠나 있었고, 그 시기는 5월 말부터 10월 말까지였다. 이들이 이때 어디에 있었는지는 정확히 알 수 없지만, 이은숙과 이규창의 회고로 미루어 북경 이회영의 집에 있었을 가능성이 크다. 함께 있었다는 조완구는 8월 말에 열린 임시의정원회의에 참석하였으므로 그전에 북경을 떠났다.[12] 이회영이 5월 중순 북경으로 떠난 뒤, 이들은 안창호를 피해 항주를 거쳐 북경으로 옮겼을 것으로 짐작된다. 그러한 정황에 비추어 보면 이회영이 상해에서

---

8 『臨時議政院記事錄』 제3회(1919. 4. 25); 『대한민국임시정부자료집』 2, 국사편찬위원회, 2005, 32쪽.

9 李恩淑, 『가슴에 품은 뜻 하늘에 사무쳐』, 76쪽; 李圭昌, 『餘燼』, 80쪽.

10 『獨立新聞』 1919년 10월 28일자 「三總長의 來到 其他의 到任도 不遠」, 11월 4일자 「國務總理三總長 就任式의 光景」.

11 朱耀翰, 『安島山全書』, 三中堂, 1963, 197쪽.

12 『獨立新聞』 1919년 9월 2일자 「臨時憲法改訂案 臨時政府改造案 國務院提出」.

북경으로 돌아온 때는 이정규가 지적한 대로 1919년 5월 말 전후였을 것이다. 여기서 확인할 수 있는 사실은, 이은숙과 이규창의 회고는 대체로 일어난 일을 설명해 주지만 기억에 의존하였으므로 정확한 시기나 내용이 사실과 부합되지 않는 경우도 없지 않다는 것이다. 더욱이 1920년대 초 이규창은 10세 이전이었기 때문에 그의 기억은 이은숙의 회고록에 의지한 바가 적잖아 보인다. 이시영과 이동녕이 박찬익의 설득으로 임시정부로 귀환하였다고 하는데 오히려 박찬익을 이시영·이동녕·신규식이 광동廣東 방면으로 밀파하였다는 기록이 있다.[13]

북경에서는 이은숙이 자식들과 함께 셋집에서 생활하고 있었다. 그녀는 1919년 3월 16일 장남 이규학李圭鶴(달성서씨 소생)·조계진趙季珍 부부, 이규숙李圭淑·이규창 남매와 서울을 떠나 북경으로 왔다. 그들은 이시영의 장남 이규봉李圭鳳 부부와 이광 부부가 세를 낸 천단天壇의 북쪽, 이전에 합달문哈達門으로 불리던 숭문문崇文門 밖의 셋집에 정착하였다. 이은숙 가족이 머물게 되면서 이규봉 부부와 이광 부부는 다른 곳으로 옮겨 갔다.[14] 이 셋집에 이회영이 합류하였고, 이 집은 상해나 만주에서, 또 국내에서 오는 독립운동가들의 중간기착지와 연락처가 되었다.

그렇다면 이회영은 왜 북경에 정착하였을까. 우선 북경에는 그 일족의 일부가 먼저 자리 잡고 있었다. 이회영의 조카인 이규봉 부부가 그들이었다. 그리고 북경은 지리적으로 중요한 교통 요지였다. 국내나 만주에서 상해나 광주廣州로 이동할 때, 또 그 역으로 광주나 상해에서 만주나 국내로 이동할 때 거쳐야 하는 지점이었다. 따라서 독립운동가들의 중간연락처로 이용하기 좋았다. 이회영은 바로 국내와 만주, 그리고 중국 관내에서 활동하는 독립운동가들의 연락처와 중간기착지로 북경을 주목하였고, 그의 집이 바로 그러한

13 『安島山全書』, 690쪽; 「島山日記」 1920년 4월 27일조.

14 李恩淑, 『手記』, 39쪽; 李圭昌, 『餘燼』, 57~58쪽.

역할을 하였던 것이다. 그뿐만 아니라 북경에는 외국공사관만 설치될 수 있었고 영사관을 설치할 수 없었다. 즉 북경에서는 일본의 경찰권 행사가 허용되지 않았으며, 아울러 북경의 중국 관원당국이 한인의 민족운동에 동정적이었다. 물가도 저렴하였다.[15] 이러한 이유로 독립운동가들이 프랑스조계가 있던 상해와 마찬가지로 북경에 많이 거주하고 출입하였던 것이다. 이회영 또한 그러한 이점을 살려서 북경에 정착하였다.

이회영이 북경에 거주한 기간은 1919년 5월부터 천진으로 옮기는 1925년 11월까지 햇수로 7년, 만 6년 반이었다. 이 시기 북경의 한인 수는 얼마나 되었고, 그들의 동향은 어떠하였을까. 일제의 조사에 따르면 1921년 초 북경에 거주하는 한인의 수는 152명이었고, 그중 일본공사관에 신고한 인원은 83명이었다. 그 83명 가운데 학생이 38명이었다고 한다.[16] 물론 중국인으로 가장한 한인도 적지 않아 실제 한인 수는 조사된 수보다 많았고, 학생 수 역시 그러하였을 것이다. 특히 1922년 12월 조선총독부가 3·1운동 직후부터 시행하였던 여행증명제도를 철폐한 이후 북경에서 한인 수가 크게 늘었다.[17] 1924년 8월경에는 1,000명 정도의 한인이 거주하였고, 50호 300여 명이 세대를 이루고 있었다. 학생 수는 230~240명으로, 전체의 4분의 1을 차지하였다. 1,000명 가운데 200명 정도가 일본공사관에 등록하였다.[18] 북경의 한인 수는 상해에 거주하는 한인 수보다 적지 않았는데, 북경에 학생들이 많이 거주하였기 때문이다. 일본공사관에 신고 또는 등록하지 않은 한인들의 상

15 손염홍, 『근대북경의 한인사회와 민족운동』, 48~53쪽.

16 『不逞團關係雜件: 朝鮮人의 部』 在支那各地 1, 「朝鮮人에 관한 報告送付의 件」(1921. 4. 8): 국사편찬위원회 한국사데이터베이스; 신주백, 『1920~30년대 중국지역 민족운동사』, 173쪽; 孫科志, 「1920·30년대 북경지역 한인독립운동」, 82쪽; 손염홍, 『근대북경의 한인사회와 민족운동』, 47쪽.

17 『朝鮮人에 대한 施政關係雜件』 一般의 部 2, 「北京在住朝鮮人의 最近狀況報告의 件」(1924. 3. 6): 국사편찬위원회 한국사데이터베이스; 孫科志, 「1920·30년대 북경지역 한인독립운동」, 83쪽.

18 『不逞團關係雜件』 在支那各地 3, 「北京地方在住鮮人一般狀況」(1924. 9. 8).

당수는 독립운동과 관련되었을 것으로 생각된다. 그것은 일제가 북경에 거주하는 한국인의 열 중 여덟아홉을 '불량자'로 파악하였기 때문이다.[19] 북경에 유학생이 많았던 것은 독립운동가들이 북경에 많았던 이유와 다르지 않았다. 물가와 학비가 저렴하고, 국내나 일본에 비하여 각급 학교에 입학하기가 수월하였으며, 문화적으로 신학문의 중심지여서 사상적으로 자유로웠던 점은 유학생들에게 더욱 매력적이었다.[20]

하지만 중국은 내전 중이나 다름없는 곳이었다. 북경정부가 취약하여 북경을 차지하려는 군벌 사이의 전투가 계속되었으며, 광동과 상해를 중심으로 손문孫文의 중국국민당이 움직이고 있었다. 직예直隸 군벌인 오패부吳佩孚가 1920년 안휘安徽 군벌인 단기서段祺瑞를, 1922년 봉천奉天 군벌인 장작림張作霖을 패퇴시키고 북경을 장악하였다. 그러나 1924년 장작림이 풍옥상馮玉祥과 제휴하여 오패부를 북경에서 몰아내는 등, 1928년 국민혁명군이 북벌을 완성하기까지 북경은 군벌들이 지배하였던 곳이다. 직예군벌은 일제와 긴밀한 관계였고, 장작림 역시 북경을 장악하기 위하여 일제와 연계하려고 하였다. 따라서 북경이 안전하기만 한 지역은 아니었다.

3. 북경의 거주지와 경제생활

이회영은 7년 가깝게 북경에 거주하면서 여러 차례 이사하였다. 1920년대 초에는 손님들이 많아서 큰 셋집으로 옮겼다가 1920년대 중반 전후에 생활고 때문에 세를 내지 못하여 작은 집으로 옮겨야만 하였다. 기억에 따라 거주한 곳과 시기가 명확하지 않은 경우도 있지만, 이은숙과 이규창의 기억을 따

19 『朝鮮人에 대한 施政關係雜件』 一般의 部 3, 「北京天津附近在住 朝鮮人의 狀況報告書進達의 件」(1925. 3. 20).

20 孫科志, 「1920·30년대 북경지역 한인독립운동」, 82쪽; 손염홍, 『근대북경의 한인사회와 민족운동』, 49쪽.

라가는 것이 정확하다고 생각된다.

1919년 5월 북경에 돌아온 이회영이 머문 곳은 국내에서 북경에 온 이은숙과 가족이 거주한 숭문문 밖의 셋집이었다. 이규봉 부부와 이광 부부가 이회영 집안이 북경에 오기 전에 세를 내 살던 곳으로, 이회영 부부와 이규학 부부, 그리고 이규숙·이규창 남매가 거주하였다. 이미 언급하였지만, 이은숙과 이규창은 이시영·이동녕·조완구 등이 함께 거주하였다고 기억하였다.

> 만세 후에 상해에다 임시정부 건설했다는 소문이 사면에 파다하여 애국지사들이 매일 5·6명씩, 적을 때는 2·3인씩 오는 대로 대접하였다. 집안에 있는 사람이라고는 다 남자고, 며느리는 저의 오라범이 데려가고 여자라고는 9세 된 딸년과 나뿐인데…….[21]

이회영의 집에는 국내외에서 많은 지사들이 왔고, 이은숙은 그들을 혼자서 대접해야만 하였다. 이회영 가족은 중국인들에게 중국 방언인 민남어閩南語를 사용하는 복건성福建省 출신으로 처세하였다. 손님이 많아지는데 집은 좁았기 때문에 이회영 가족은 새로운 집을 얻어 이사하였다. 자금성紫禁城의 북쪽 후고루원後鼓樓園이라는 곳으로 거처를 옮기고, 이규봉의 소개로 일도 돕고 중국인들과의 교섭도 맡아준 중국인 노부인을 두게 되었다. 이규창은 그녀를 '노마마老媽媽'라 불렀다. 이회영은 서울 양반의 악센트가 드러나는 음성으로 그녀를 '이마李媽'라고 불렀다고 한다.[22] 이규창은 후고루원의 집에서 햇수로 세 해를 살았다고 기억하였다. 이곳에서는 이규학의 부인인 조계진과 이규룡의 소실인 송동집宋同集, 그리고 이회영 가의 가복 출신인

21 李恩淑, 『手記』, 39~40쪽. 1918년 고종의 망명 계획이 전개되던 시기에 閔泳達이 제공하였다는 5만 원이 중요한 경비로 쓰였을 것이다(李丁奎, 『友堂 李會榮略傳』, 53~56쪽).

22 沈熏, 「丹齋와 于堂」(下), 『東亞日報』 1936년 3월 13일자.

이관식李寬植 부부 등이 거주하며 이은숙의 손님 접대를 도왔던 것 같다.[23] 그러나 집이 협소하고 식구가 많아 다시 이안정二眼井이라는 동네로 이사하게 되었다. 이규창은 이 집을 서직문西直門 근처로 기억하였지만, 이안정은 북해 근처 경산景山 옆 북경대학 근처에 있다.[24] 이 집은 후원이 500평이 넘을 정도로 대단히 커서 채소를 심어 자급자족하였다고 한다. 그러나 매월 200근의 쌀을 먹을 정도로 소비 규모가 커서 1년에 500원 가까운 비용이 들었고, 1921년부터 1924년까지 보흥호寶興號와 보산호寶山號라는 큰 미곡상점과 거래하였다. 초기에 신용을 쌓아 외상거래도 할 정도였다.[25]

북경에 거주하거나 국내외에서 북경을 다녀가는 많은 한인들은 여러 이유로 이회영의 집에 출입하였다. 따라서 그의 집은 국내 혹은 중국에서 활동하던 독립운동가들의 중간기착지와 연락처의 기능을 할 수 있었다. 이회영 개인의 명망과 활동, 역할 때문에 많은 인사들이 출입하는 동시에, 손님 접대가 가능한 경제력과 인원을 갖춘 곳이 이회영의 집이었다. 많은 독립운동가들이 단신으로 북경에 있는 것에 비하여, 이회영의 집에는 가사노동이 가능한 부인과 며느리 등 가족이 있었다. 많은 인사들이 특별히 이회영의 집에 출입한 이유 가운데 하나가 이것이다.

그렇다면 이회영이 오가는 독립운동가들을 맞으며 사용한 막대한 비용은 어떻게 충당되었을까. 이은숙은 "경신 · 신유 1 · 2년간은 그럭저럭 손님 대접과 만세 소동에 동지들이 사업비와 생활비 겸하여 혹 보내 주더니, 그나마 3 · 4년 후에는 단 일 푼도 보내 주는 이 없었다"라고 하였다.[26] 즉 1920 · 1921년에는 이회영이 추진하는 독립운동 계획의 비용이나 손님 접대 등 집안에서 사용하는 경비를 여러 경로의 후원으로 유지할 수 있었으나, 1922년 이후부

23 李圭昌, 『餘燼』, 71~74쪽.

24 「新測北京內外城全圖(1921)」, 北京: 北京地圖出版社, 2008 참조.

25 후고루원에 대해서는 李圭昌, 『餘燼』, 58~92쪽 참조.

26 李恩淑, 『手記』, 40~41쪽.

터는 국내외에서의 후원이 끊어졌다는 것이다. 1920년 2월 기독교 관련 회의에 참가하기 위하여 북경에 들렀던 현순玄楯은 이승만李承晩에게 보낸 편지에서 다음과 같이 보고하였다.

> 폐회 후에 제弟는 북경에서 3주간을 유留하면서 중서인中西人을 방문하고 우리의 사정을 선전도 하며 일면으로 동지 등을 봉逢하야 국내 연락과 장래 방침에 대하야 토의하엿음다. 그런듸 박용만 형은 아즉도 상해에 도임치 아니ᄒᆞ고 군사준비를 한다 ᄒᆞᄂᆞ듸 리시영의 중씨 리회영이 박군의 경비를 공급ᄒᆞ옵듸다. 박군과 깁흔 통정은 업셧으나 호의로 교결交結하엿ᄉᆞ오며 박군의 동지 되ᄂᆞᆫ 안확安廓·조성환·이광 등과도 연락을 잘 매젓음니다.[27]

임시정부에 반대하여 북경에서 군사준비를 하고 있던 박용만의 자금을 이회영이 지원하고 있었다는 것이다. 반임시정부세력으로 군사활동을 중시하여 북경군사통일회의에 관여한 이들은 서로 일정하게 교류하였지만, 재정적으로 박용만을 지원하였는지는 알 수 없다.[28] 박용만은 하와이에서 설립된 대조선독립단의 지원을 받고 있었기 때문이다.

임시정부의 재무총장으로 있던 이시영은 1920년 7월 말, 상해에서 북경으로 이회영을 만나러 왔는데, 박용만이 이회영의 집에서 임시정부를 반대하는 기관을 꾸미는 것을 막기 위해서였다.[29] 아무튼 1920년에는 이회영의 자금동원력이 상당하여 박용만을 지원할 수 있었다. 특히 임경호林敬鎬가 국내에서 독립운동 자금을 모아 북경에 와서 이회영을 후원하였는데, 대개 재력가와 동행하였다고 한다. 예컨대 그는 1920년 9월 국내에서 이정렬李定烈과 함께 이회영을 찾아와 재정지원을 하였는데, 이회영 이외에 임시정부를 비롯

---

27 柳永益 외 편, 『李承晩 東文 書翰集』 下, 연세대학교 출판부, 2009, 383쪽(1920. 3. 12).

28 이에 관해서는 曺圭泰, 「北京 '軍事統一會議'의 組織과 活動」을 참고할 것.

29 『安島山全書』, 760쪽; 「島山日記」 1920년 7월 19일조, 764쪽; 7월 25일조.

하여 여러 독립운동가들도 지원하였던 것 같다. 그 과정에서 임경호는 북경의 조성환·이세영李世永·성주식成周寔 등과 분배와 관련하여 크게 다툰 뒤부터 중국에 출입하지 않았다고 한다.[30] 1922년 이후 임경호와 이정렬의 경우를 포함하여 국내외의 자금 지원이 끊기자 이회영 집안은 열악한 생활을 하지 않을 수 없었다. 이은숙이 1922년 6월 그 전해에 돌아간 모친의 소상小祥을 맞아 일시 귀국한 것의 저변에는 "생활비라도 도리"가 있을까라는 생각이 깔려 있었으나, 100원도 구하지 못하였다.[31] 그러한 상황에서 보홍호와 보산호에 쌓인 외상값이 1925년 전후에 2,000~3,000원에 이르러 이규창과 이규숙은 중국 상인들에게 곤욕을 당하였다가, 중국에 와서 독립운동을 하는 점을 높이 사 중국 상인들이 외상값을 감면해 주었다고 한다.[32]

생활고로 이회영 가족은 이안정에서 집세가 싸고 좁은 관음사호동觀音寺胡同으로 이사하지 않을 수 없었다. 현재 북경 동북쪽 옹화궁雍和宮 아래에 있는 관음사호동이 그곳으로 생각되는데,[33] 이규창은 이곳을 '북신교北新橋' 또는 '북신교 영정문永定門 내'라고 하였다.[34] 그런데 북신교와 영정문은 전혀 위치가 다르다. 북신교를 따르면 옹화궁 쪽이 맞는데, 북경의 남쪽 끝 영정문 안에도 관음사가 있었다.[35] 북경성 북쪽의 북신교 근처에 안정문安定門이 있

30 李恩淑, 『手記』, 41~42쪽; 李圭昌, 『餘燼』, 88~91쪽. 「北京天津附近在住 朝鮮人의 狀況報告書進達의 件」(1925. 3. 20)의 '韓民敎育會'에는 이회영이 이세영·조성환 등과 한민교육회를 1922년에 조직하였다고 기술되어 있다. 그렇다면 임경호와 관련된 이 사건은 1922년 이후에 일어났을 가능성이 크다. 그리고 『동아일보』 1962년 10월 12일자 「憂鬱한 憂國之士」에 의하면 천석군인 이정렬은 1921년 5월 북경에 와 2만 원을 이회영에게 헌납하였으며 조성환·이세영·김규식 등을 알게 되었고, 다음 해에도 이회영의 지령으로 국내에 있다가 체포되었다고 한다. 1924·1925·1929년에도 상당액을 임정에 헌납하였다고 보도되었다.

31 李恩淑, 『手記』, 42~46쪽.

32 李圭昌, 『餘燼』, 91~92쪽.

33 『국외 항일운동 유적(지) 실태조사 보고서』 1, 문화공보부·독립기념관·한국근현대사학회, 2002, 166~167쪽.

34 李圭昌, 『餘燼』, 76, 96쪽.

35 북경에는 관음사라는 이름의 사찰이 여러 곳 있었던 것 같은데, 영정문 근처에도 관음사가 있

는 것으로 미루어 이규창이 안정문을 영정문으로 잘못 기억하였을 가능성이 크다. 아무튼 관을 만드는 사람이 주인인 이 집은 독채 하나와 두 방으로 이루어져 있었는데, 독채에는 이회영과 이규창이, 다른 두 방에는 이은숙·조계진·이규숙·송동집이 거주하였다.[36] 이은숙은 뒤에 이 시기의 이회영의 생계를 이렇게 기록하였다.

> 내 지금도 역력히 생각나느니, 그때는 정말 뵙기 닥하고 가엾으시지. 하루 잘 해야 일중식日中食이나 하고 그렇지 않으면 절화絶火하기를 한 달이면 반이 넘으니 생불여사生不如死로다. 노소 없이 형용이 초췌한 중에 노인이 어찌 견디리요.[37]

1주일에 세 번 밥을 먹으면 재수가 대통한 생활이었기에, 최하급 잡동사니 곡물인 '잡두미雜斗米'로 죽을 쑤어 먹을 수밖에 없었다. 경사京師 제1소학교에 다닌 이규숙과 이규창은 교장의 호의로 면비생免費生이 될 수 있었다.[38] 이을규李乙奎·이정규·백정기白貞基·정화암鄭華岩 등이 몇 개월간 이곳에 머물렀다.[39]

1924년에는 생활난 속에 이규창이 절골되어 집안이 더욱 어려워졌는데, 1925년 3월 30일에 일어난 다물단多勿團의 일제밀정 김달하金達河 암살사건으로 우환이 중첩되었다. 김달하의 장녀와 동급생이던 이규숙이 다물단에 관여한 4촌 오빠인 이석영李石榮의 장남 이규준李奎駿의 부탁을 받아 김달하 집 사정을 알아와 알려 주었다는 혐의로 공안국에 상당 기간 유치당하였다.

었다. 즉 영정문과 右安門 사이 北京模範監獄 근처에 관음사가 있었으며(「新測北京內外城全圖(1921)」 참조), 1950년 1월에 간행된 「北京市街道詳圖」에서는 영정문 바로 앞 天壇과 先農壇 사이에 관음사가 위치해 있다. 충북대학교 朴杰淳 교수에 의하면 2013년 신채호 관련 유적지 조사에서도 관음사의 위치를 유보하였다고 한다.

36 李圭昌, 『餘燼』, 96쪽.

37 李恩淑, 『手記』, 41쪽.

38 李圭昌, 『餘燼』, 99쪽.

39 李圭昌, 『餘燼』, 106~108쪽.

이회영의 장남 이규학도 이 사건에 관여한 탓으로 상해로 피신하였다. 집 수색이 자주 일어나자 집주인은 집을 내놓으라고 재촉하였고, 이회영의 가족은 교도구交道口 근처 소경창小經廠에 있는 동생 이호영李頀榮의 집에 합류하기에 이르렀다.[40] 집안의 불행은 계속 이어져, 북경에 돈 전염병인 성홍열로 이규학의 두 딸과 젖먹이인 이규창의 남동생이 사망하고 말았다. 이어 이규창의 여동생인 이현숙李賢淑이 뇌막염에 걸려 고생하였다.[41] 이호영의 집에 기숙하던 한기악韓基岳이 이 집안의 우환을 처리하는 데 큰 도움을 주었다.[42] 이즈음 이은숙과 이규창이 김달하 집에 문상을 간 것을 문제로 삼아, 김창숙金昌淑과 신채호申采浩가 이회영과 절교한다는 편지마저 보내왔다. 이은숙은 이규창을 데리고 김창숙과 신채호에게 가서 '목숨을 걸고' 항의하여 사과를 받아내었다.[43]

> 을축년(1925) 반년은 이렇듯 심고를 겪고 나날을 굶으며 먹으며 지내 가는데, 생불이 아니고서야 어찌 부지하리요. 생각다 못해 고국에 다시 돌아가서 생활비라도 마련해 볼까 하고 내외 의논하던 차에 상해 가셨던 해관海觀〔이관직李觀植〕 선생이 북경 소문이 하도 요란해 오셨다 하며 오시니 오죽이나 반가우리요. 해관 선생과 같이 의논하고 을축년 7월 하순에 떠나서 왔다.[44]

결국 이은숙이 생활고를 해결할 방안으로 국내에 들어가 돈을 만들어 오고자 1925년 9월경 귀국하였던 것이다. 이정규는 그것이 운동자금을 마련하기 위한 밀사였다고 한다.[45] 이것이 이들 부부의 영원한 이별이었다. 귀국한 이

40 李恩淑, 『手記』, 49쪽; 李圭昌, 『餘燼』, 108쪽.
41 李恩淑, 『手記』, 50~51쪽; 李圭昌, 『餘燼』, 112~113쪽.
42 李圭昌, 『餘燼』, 109 · 117 · 119쪽.
43 李恩淑, 『手記』, 52~53쪽; 李圭昌, 『餘燼』, 114~117쪽.
44 李恩淑, 『手記』, 53~54쪽.
45 李丁奎, 『友堂 李會榮 略傳』, 83쪽.

은숙은 다시 중국으로 나올 기회를 만들지 못하다가, 1932년 11월 이회영의 갑작스런 순국을 맞았기 때문이다. 이규창은 이은숙이 귀국한 이후 이회영의 생활을 형수 조계진의 입을 빌어 이렇게 기록하였다.

> 그때의 생활을 형수가 말한 적이 있다. 쌀이 없어 하루 종일 밥을 못 짓고 밤이 되었다. 때마침 보름달이 중천에 떴는데 아버님께서 시장하실 텐데 어디서 그런 기력이 나셨는지 무슨 곳인지는 모르지만 하도 처량하여 눈물이 저절로 난다고 하며 퉁소를 불으시니 사방은 고요하고 달빛은 찬란한데 밥을 못 먹어서 배는 고프고 이런 슬프고도 처량한 광경이 어디 있겠는가. 시어머님도 안 계시는데 시아버님 진지를 종일 못 올리니 얼마나 죄송한가 생각을 하였다.[46]

이회영은 며느리를 아들이 있는 상해로 보냈다.

귀국한 이은숙은 국내에서 자금을 모으기가 쉽지 않았지만, 우선 급한 대로 이회영의 동지들이 주선한 돈을 북경에 보냈다. 이규창에 따르면 빚을 갚고 모아호동帽兒胡同으로 이사하였다고 한다.[47] 천진에 있던 이회영의 둘째 형 이석영 부부와 이규서李圭瑞가 이 집으로 옮겨 와 동거하였다. 이석영의 장남 이규준은 김달하 암살사건으로 이규학과 같이 상해로 피신해 있었다. 이때 이규창은 상해에서 온 이을규와 한 방을 사용하였다.[48] 그러나 이곳에서는 한두 달밖에 살지 않았다. 1925년 11월 말경 이회영 가족이 천진 프랑스 조계 대길리大吉里로 이사하였기 때문이다.

갑자기 이회영이 천진으로 이사할 수 있었던 것은 이광이 경비를 부담하였기 때문이라고 한다. 국민군 부사령 겸 제2군장으로 하남군무독판河南軍務督辦인 호경익胡景翼은 고문을 맡고 있던 이광과 신익희申翼熙에게 적대세력의

46 李圭昌, 『餘燼』, 121쪽.

47 모아호동은 후고루원과 이안정의 중간에 위치해 있었다. 王彬·徐秀珊 편, 『北京地名典』, 北京: 中國文聯出版社, 2001, 15~16쪽.

48 李恩淑, 『手記』, 55쪽; 李圭昌, 『餘燼』, 121~122쪽.

제거를 부탁하며 자금을 제공하였다.[49] 이광은 이에 대해 이회영에게 상의하였는데, 그 계획과정에서 동원된 자금을 천진에 집을 구하고 무기를 구입하는 데 사용하였다고 한다.[50] 그런데 호경익은 이미 1925년 4월 10일 개봉開封에서 사망하였으므로, 이광이 주선한 자금이 호경익이 요구한 거사와 관련된 것인지는 확실하지 않다. 이정규도 이 문제에 대해서는 언급하지 않았다. 그 자금이 호경익에게서 나왔을 가능성이 크지만, 시기 등의 문제가 명확히 해결되지는 않는다.

아무튼 이회영 가족은 천진으로 이사하였다. 집을 두 채 얻어 이회영 가족이 한 채를 사용하고, 다른 한 채는 거사동지들이 쓸 요량이었다. 이회영과 이규창, 그리고 이현숙과 송동집 네 식구였다. 이규숙은 학교를 졸업할 때까지 북경에 있는 이광의 집에서 살기로 하였기 때문이다. 이규창은 이때를 1926년 10월로 기억하였다.[51] 이회영 집에 유숙하던 이을규는 거사를 추진하기 위하여, 상해에 있던 이정규 등 아나키스트 동지들에게 편지를 보내 천진으로 오게 하였다. 연락을 받고 천진에 온 이정규는 이사 시기를 1925년 11월이라고 기록하였다.[52] 실제로 이사한 시기는 1925년 연말 전후라고 짐작되는데, 이는 상해에서 온 동지들이 그즈음 천진에 회집하였기 때문이다. 이 모임에는 이회영·이을규·이광 이외에 이정규·백정기·정화암·이상일李相日·이기연李基演·이영무李英茂·권기옥權基玉 등이 참석하였다.[53] 그 가운데 운남육군항공학교를 졸업한 이영무와 권기옥이 운남에서 상해에 도착

49 일제의 정보보고에는 호경익의 휘하에 있는 한인으로 신익희(諮議)·이광(직명 불명) 이외에 黃雲龍(군의소좌 상당)·徐日甫(參議·육군비행소좌)가 언급되었다. 「北京天津附近在住 朝鮮人의 狀況 報告書進達의 件」(1925. 3. 20).

50 李圭昌, 『餘燼』, 122~126쪽.

51 李圭昌, 『餘燼』, 124쪽.

52 李丁奎, 『友堂 李會榮 略傳』, 83쪽.

53 鄭華岩, 『이 조국 어디로 갈 것인가』, 자유문고, 1982, 69쪽; 李圭昌, 『餘燼』, 124쪽.

한 때가 1926년 1월 7일이었고, 북경으로 떠난 때가 1월 11일이었다.[54] 따라서 이들이 1925년 12월~1926년 1월경에 천진 프랑스조계 대길리의 이회영 집에 모였음을 짐작할 수 있다.

이회영은 1919년 5월부터 1925년 11월까지 7년 가까운 기간을 북경에서 보냈다. 초기 2~3년간은 동지들의 지원으로 경제적 여유가 있었지만, 그 후 4~5년 동안은 궁핍하게 생활하였다. 북경에서 6군데의 셋집을 전전하여, 이은숙의 표현대로 "1년에 수십여 번 이사한다 해도 과언이 아니" 었다.[55] 1919년 숭문문 밖의 셋집에 있다가 자금성 북쪽 후고루원으로 이사하였고, 1921년 전후 북경대학 옆 이안정의 큰 집으로 옮겼다. 1924년 안정문 안의 관음사호동으로 이사하였다가, 1925년 교도구 근처 소경창의 이호영 집을 거쳐서 모아호동에 세를 얻어 살았다. 대체로 동성東城 지역에서 옮겨 다녔던 것이다. 소경창과 모아호동에서 산 기간은 몇 달이 채 되지 않았다. 동성 지역은 당시 북경성의 중심지이자 관청가인 북해·중해·남해 호수의 동편에 있는 지역으로, 거주지가 많았다. 북경의 중심이면서도 거주지역인 동성에서만 이회영이 거주한 데에 특별한 이유가 있었는지는 알 수 없다. 그와 가까운 독립운동세력의 거주지역과의 인접성 등이 고려되었을 가능성이 크다.

7년간 북경에서 거주한 이회영이 천진으로 옮겨 간 이유는 경제적 문제와 무관하지 않지만, 그가 아나키즘을 수용하고 그 동지들과의 거사를 도모하는 과정에서 이루어진 일이었다. 이후 그는 천진에서 아나키스트로서 동지들을 지도하면서 여전히 간난의 세월을 보낸다.

---

54 『不逞團關係雜件』 在支那各地 4, 「飛行學校卒業鮮人來滬의 件」(1926. 1. 12).

55 李恩淑, 『手記』, 39쪽.

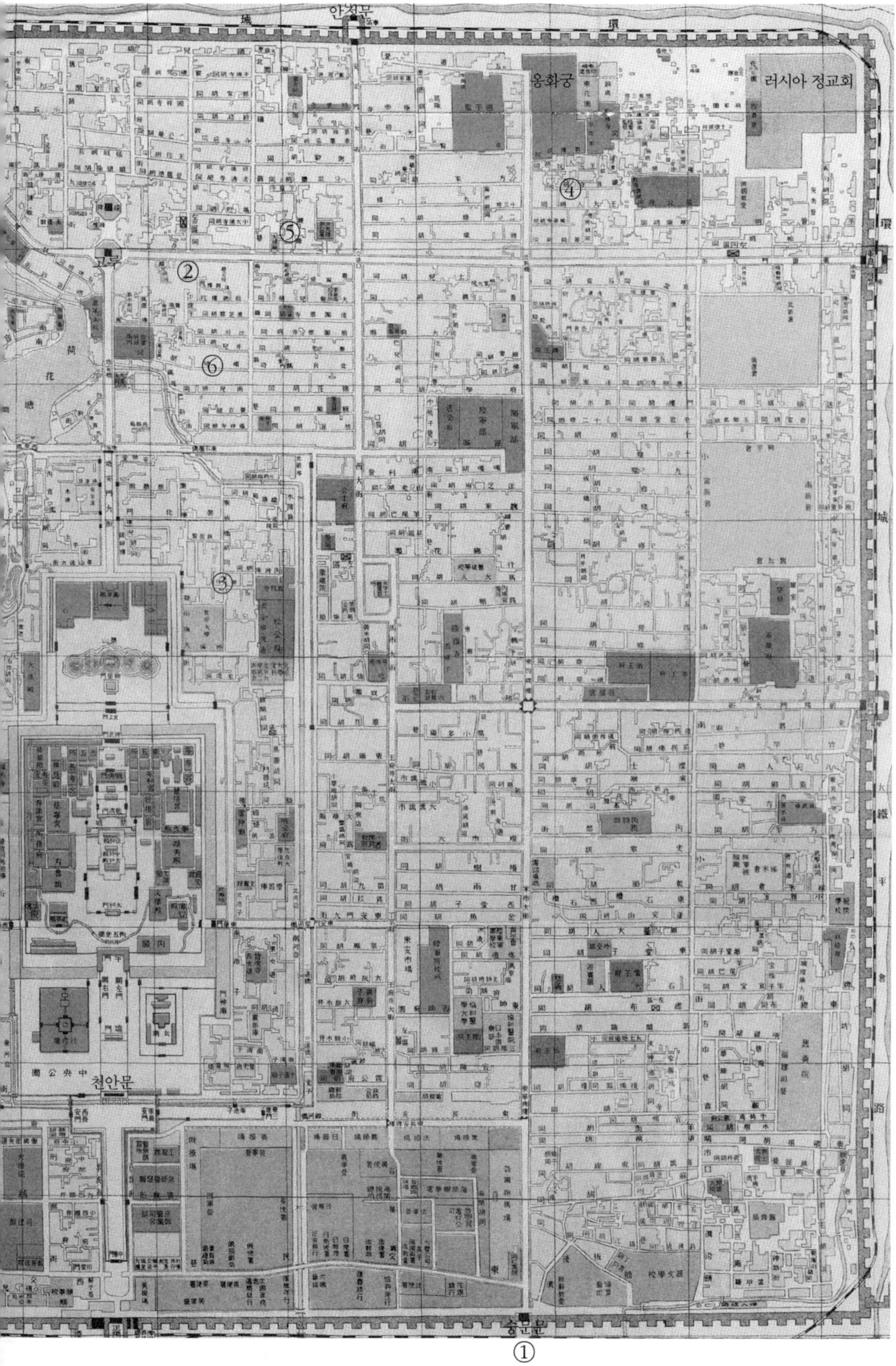

이회영의 북경 거주지 ① 숭문문 밖, ② 후고루원, ③ 북경대학 옆 이안정, ④ 관음사호동, ⑤ 교도구 근처 소경창, ⑥ 모아호동

4. 이회영과 북경 한인 독립운동세력

1919년 5월 이회영이 북경에 정착한 이후 국내외에서 이회영의 집을 찾는 이들이 많았는데, 그들은 대개 독립운동의 방략을 논의하였을 것이다. 그런데 상해에 임시정부가 수립된 이후 북경에 거주한 독립운동가들의 상당수는 임시정부에 불만을 가지고 참여하지 않은 부류였다. 특히 외교를 중시한 임시정부의 독립운동 방략에 반대하거나, 1920년 전후 안창호를 중심으로 한 서북 세력이 주도하는 임시정부에 불만을 가진 기호나 영남 출신 인물들이 많았다. 이회영은 당연히 그러한 세력의 중심이 되었다.

이미 살펴본 대로, 임시정부 수립 직후 이회영이 북경에 돌아온 직후에 북경에 온 것으로 짐작되는 이시영·이동녕·조완구·조성환·이광 등은 기호 출신이다. 그러나 이시영·이동녕·조완구는 상해로 돌아가 임시정부에 참여하였고, 이승만이 주도하는 기호파 내각에 참여하였다. 이회영은 북경에서 반임시정부세력을 결집하던 박용만과 연결되었다. 박용만은 1920년 9월 군사통일촉성회를 조직하고 세력을 규합하여, 1921년 4월 군사통일회의를 조직하였다. 이 세력은 소련의 군사지원을 받아 중러 국경지대에 통일군사기관을 수립하고자 하였으나 실패하였다.[56] 이회영은 여기에 참여하지는 않았으나, 그 준비 초기에 박용만과 함께 활동하였던 것 같다. 앞에서 현순의 편지를 통하여 1920년 초에 이회영이 박용만에게 자금을 지원하고, 이회영과 가까운 조성환과 이광이 박용만에게 동조하였다는 사실을 보았다. 이규창에 따르면 박용만은 이회영의 집에 유숙한 적도 있었다.[57] 그뿐만 아니라 이회영은 박용만과 함께 만주에 있던 이상룡李相龍을 군사통일촉성회와 관련하여

56 曺圭泰, 「北京 '軍事統一會議'의 組織과 活動」 및 「박용만의 중국에서의 민족운동」, 『한국민족운동사연구』 45, 2005 참조.

57 李圭昌, 『餘燼』, 79쪽.

북경으로 초청하였고, 1921년 초 이상룡이 북경에 올 때 기차역으로 마중을 나가고 자신의 집에 묵게 하였으며, 북경 유람도 시켜 주었다.[58] 이회영이 박용만이 주도한 군사통일회의에 직접적으로 참여하지 않은 이유는 명확하지 않지만, 혹 소련과의 연계에 대한 부정적 인식과 관련이 있었는지도 모르겠다. 그는 1921년 5월 유럽과 소련을 경유하여 북경에 도착한 조소앙趙素昂을 만나 러시아혁명의 득실을 듣고 공산주의에 대하여 회의하였다고 알려졌기 때문이다.[59] 그러나 조소앙은 소련 방문을 통하여 공산주의와의 연대 필요성을 인식하고 있었다.[60]

1921년 어간부터 이회영은 김창숙·신채호와 자주 만나 독립운동의 방략을 논의하였다. 뒤에 김창숙은 군사통일회의와 관련하여 박용만과 신숙申肅을 부정적으로 기억하였지만,[61] 일제의 정보보고에 따르면 북경에서 조직되어 박용만이 단장을 맡은 이른바 제2 보합단普合團의 부단장과 총무가 김창숙과 신채호였다.[62] 아무튼 이회영은 반임시정부세력의 중심적인 역할을 하던 두 사람과 친분이 두터웠고, 진정한 동지로 인식하고 있었다. 이회영은 신채호가 북경에서 간행한 『천고天鼓』의 발기인 중 한 사람이었다.[63] 신채호에게 박자혜朴慈惠를 소개한 이도 이회영의 부인 이은숙이었다.[64] 그런데 앞서 간단히 언급하였지만, 1925년 3월 김달하 암살사건 직후 이은숙의 문상문제

58 안동독립운동기념관 편, 『국역 石洲遺稿』 하, 경인문화사, 2008에 수록된 「燕薊旅遊日記」 참조.

59 李丁奎, 『友堂 李會榮 略傳』, 69~74쪽. 조소앙은 1919년 5월 상해를 떠나 유럽 각국을 거쳐 1920년 10월경 소련에 입국하였다. 그는 소련에서 여러 행사에 참여한 뒤 각지를 여행하면서 1921년 5월까지 6개월 이상을 머물렀다. 북경에는 1921년 5월부터 12월까지 체류하였다(『독립신문』 1922년 2월 20일자 「歐洲로부터 歸한 趙蘇昂氏의 談」).

60 김기승, 「조소앙」, 『한국사시민강좌』 47, 일조각, 2010, 171~172쪽.

61 金昌淑, 「自敍傳」 中, 『김창숙문존』, 성균관대학교 출판부, 1999, 276~277쪽.

62 『不逞團關係雜件』 鮮人과 過激派 5, 「北京에서의 鮮人團體의 組織에 관한 狀況雜件」(1923. 11. 1); 在支那各地 1, 「朝鮮人에 관한 報告送付의 件」(1921. 4. 8)

63 「北京天津附近在住 朝鮮人의 狀況報告書進達의 件」(1925. 3. 20).

64 李圭昌, 『餘燼』, 95쪽.

로 관계가 악화되자 이은숙이 이들을 찾아가 목숨을 걸고 항의하여 사과를 받아낸 적이 있다. 사실 1922년 북경에 온 이상재李商在에게서 김달하를 소개받고 절친하게 지내며 이회영에게 소개한 이는 김창숙이었다. 김창숙은 1925년 8월 내몽골에 독립운동기지 건설을 위한 자금 모집차 하얼빈을 거쳐 국내로 잠입하는 과정을 이회영과 상의하였다고 회고록에 기술한 바 있다.[65]

국내에서도 박승봉朴勝鳳·유진태兪鎭泰 등이 북경에 와서 이회영의 집에 머물렀고,[66] 심훈沈熏은 이광의 소개로 두어 달 유숙하였다. 이미 언급하였지만 임경호나 이정렬 역시 국내에서 자금을 모아 북경에 와서는 이 집에 머물렀다. 이규창은 조성환·이세영·성주식이 임경호 등의 자금 분배에 불만을 품어 행패를 부린 일로 이회영과의 관계가 끊어졌다고 회고하였는데,[67] 이는 북경 한인 독립운동세력의 동향과 관련된 부분으로 생각된다.

1923년경 이회영은 이을규·이정규 형제와 백정기·정화암 등 아나키스트들과 만났다. 이은숙은 이날을 극적으로 기술하였다.

> 여류한 광음은 임술년이 지나고 계해년(1923)을 당하니 …… 하루는 몽사夢事를 얻으니 가군께서 사랑으로 들어오시며 희색이 만면하여 말씀하시기를,
> "내 일생에 지기知己를 못 만나 한이더니 이제는 참다운 동지를 만났다."
> 하시며 기뻐하시기에 내가 무슨 말을 하려다가 홀연히 깨니 남가일몽南柯一夢이라. 곰곰 몽중에 하시던 말씀을 생각하며 또 어떤 사람이 오려나 하였더니, 그날 오정쯤 해서 이을규 씨 형제분과 백정기 씨, 정화암 씨 네 분이 오셨다.[68]

이을규·이정규·백정기·정화암이 이회영을 찾아와 교유하였다는 것이다. 시기적으로 이을규 형제와 백정기·정화암이 함께 왔다는 것은 착오로 생각

---

65 金昌淑,「自敍傳」中, 287~288쪽.
66 李恩淑,『手記』, 39~40쪽.
67 李圭昌,『餘燼』, 89~90쪽.
68 李恩淑,『手記』, 46쪽.

된다. 이규창의 기억은 이렇다.

> 어느 날 하오인데 나는 학교에서 하학하고 모친 방에서 조반 겸 점심을 먹는데 부친께서 방으로 들어오시며 말씀하시길 내가 수년 만에 참다운 사상과 독립운동의 동지를 얻었으니 참으로 내 맘이 기쁘시다며 모친께 환한 얼굴을 하시었다. 다름 아닌 이을규·이정규·류자명이며 신채호·김창숙 선생 들을 지목하여 말씀하시었다.[69]

이을규·이정규·류자명이 이회영을 비슷한 시기에 만나 아나키즘을 소개하였을 것이다. 이을규는 1923년 9월 이회영에게 중국 아나키스트들이 건설하고자 하는 호남성湖南省 한수현漢水縣 양도촌洋濤村의 이상농촌 계획을 설명하고 지도를 구하였는데, 이 자리에서 이회영은 아나키즘에 큰 관심을 보였다고 한다.[70] 류자명이 1923년 가을부터 얼마간 이회영의 집에 기숙하다가 상해로 갔다.[71] 이어 이을규 형제가 1924년 3월부터 이회영의 집에 유숙하였고, 백정기와 정화암은 이들보다 늦게 이회영 집에 합류하였다.[72] 아무튼 이들과의 만남에서 이회영은 아나키즘, 특히 자유연합의 이상에 공감하여 1923년 말에는 아나키스트로 자처하였다고 한다.[73] 이미 신채호가 의열단義烈團의 요청으로 작성한 「조선혁명선언」이 1923년 1월 발표된 바 있었으므로, 신채호와 가까웠던 이회영은 아나키즘을 어느 정도 이해하고 있었을 것이다. 1924년 4월 말 이회영과 유자명·이을규·이정규·백정기·정화암 등 6명이 재중국조선무정부주의자연맹을 결성하였다. 이 단체에서는 『정의공보正義公報』라는 기관지를 순간旬刊으로 간행하였는데, 이회영이 자금을 조달

69 李圭昌, 『餘燼』, 106쪽.
70 李丁奎, 『友堂 李會榮 略傳』, 77~79쪽.
71 류자명, 『나의 회억』, 심양: 료녕민족출판사, 1984, 60쪽.
72 李圭昌, 『餘燼』, 106~107쪽.
73 李丁奎, 『友堂 李會榮 略傳』, 79쪽.

하였다고 한다.[74]

많지는 않지만 청년들도 이회영의 집에 출입하였다. 1920년 가을 김종진金宗鎭이 이회영을 찾아와 독립운동의 방략을 지도받았으며, 이회영은 상해의 신규식과 이시영을 통해 김종진에게 무장투쟁을 위한 군관학교 입학을 주선해 주었다.[75] 1921년 초에는 심훈이 이광의 소개로 이회영을 찾아와 2개월여 간 유숙하였다.[76] 그해 7월에는 유석현劉錫鉉·어갑수魚甲洙·홍남표洪南杓가 머물렀고, 이어 성주식과 송호宋虎 등의 신흥무관학교 졸업생도 동거하였다.[77] 1925년 전후에는 한기악이 함께 거주하며 환난이 많던 이회영 집안을 도왔다.[78] 이들은 뒤에 민족주의·공산주의·아나키즘 등 여러 방향으로 경주하였지만, 모두 독립운동 일선에서 활동하였다. 이회영은 이들에게 적절한 가르침을 주었다. 심훈에게는 외교가의 재주가 있으니 어학 공부를 하라고 조언하였다. 한기악에게는 귀국하여 언론인으로 나아갈 것을 권유하여, 그는 귀국한 뒤 시대일보사와 동아일보사에서 크게 활약하였다. 소완규蘇完奎 역시 북경대학에 재학하며 이회영에게 지도를 받았고, 귀국한 뒤 일본유학을 거쳐 변호사로 널리 알려졌다. 이규창이 1935년 3월 상해 조선인거류민회 부회장 이용노李容魯 살해범으로 체포되어 국내에서 재판을 받을 때 소완규가 변호를 맡았다.[79]

이회영의 친족들도 북경에 많이 거주하였다. 둘째 형 이석영, 동생인 이시

74 李丁奎, 『友堂 李會榮 略傳』, 80쪽. 재중국조선무정부주의자연맹과 『正義公報』의 간행에 대해서는 이호룡, 「이회영의 아나키스트 활동」, 『한국독립운동사연구』 33, 2009, 208~210쪽 참조.

75 李乙奎, 『是也 金宗鎭 先生傳』, 李乙奎 간행, 1963, 8~16쪽.

76 沈熏, 「丹齋와 于堂」(下), 『東亞日報』 1936년 3월 13일자.

77 李圭昌, 『餘燼』, 68~71쪽; 劉錫鉉, 「刊行辭」, 『가슴에 품은 뜻 하늘에 사무쳐』, 14쪽. 홍남표는 1921년 6월 신의주경찰서에 체포되어 7월 신의주지청에서 2년 형을 선고받았으므로(『동아일보』 1921년 7월 28일자 「韓族會 所屬學校의 션생으로 잇던 홍남표는 공소」), 시기나 동행한 인물에 착오가 있는 듯하다.

78 李圭昌, 『餘燼』, 109·117·119쪽.

79 李圭昌, 『餘燼』, 119~120쪽.

영·이호영이 북경에 거주한 적이 있었다. 또 이석영의 아들 이규준·이규서, 이시영의 아들 이규봉 역시 북경에 거주하였다. 이회영의 직계로는 이건영에게 출계한 이규봉을 비롯하여 이규학·이규숙·이규창·이현숙이 부친과 함께 북경에서 생활하였다. 이규준과 이규학은 다물단에 관여하였으며, 이규서는 이회영의 만주행 정보를 일제에 누설하였다가 1933년 처단되었다.[80] 이규학의 부인 조계진은 대원군의 외손녀로, 부친 조정구趙鼎九와 오빠 조남승趙南升이 북경에서 거주하였다. 일제가 준 남작 작위를 거절하고 자결에 실패하여 금강산에 들어가 있던 조정구는 고종 인산 뒤에 북경으로 망명하였다가 1925년 귀국하였다.[81]

북경에서 이회영과 관련을 맺은 이들은 대체로 기호 출신이었고, 김창숙 등과 관련지어 보면 영남 출신도 적지 않았다. 종종 함경·강원 출신들도 보인다.[82] 그에 비하여 평안도나 황해도, 이른바 서북파 인사들과의 교류는 많지 않았던 것 같다. 1920년대 북경에서는 안정근安定根과 김승만金承萬 등 홍사단興士團 계열이 서직문 박 해전海甸 지역에서 농장을 운영하였고, 안창호 등이 관여하여 이곳을 방문하기도 하였다.[83] 그렇지만 안창호·안정근 등과 이회영의 직접적인 교류는 거의 없었던 것 같다. 안창호의 측근으로 홍사단 우이기도 한 유기석柳基石은 아나키즘을 매개로 이회영과 연결되었는데, 그는 1925년에야 북경 조양대학朝陽大學에 입학하였다. 따라서 이회영이 천진으로 이주한 이후에 교류한 것으로 보인다.[84] 이회영이 서북파나 홍사단 계열

80 韓相禱, 「獨立運動家 家門의 社會的 背景: 友堂 李會榮 一家의 事例研究」, 『한국독립운동사연구』 3, 1989, 624~629쪽 참조.

81 『동아일보』 1925년 5월 30·31일자 「韓末志士 趙鼎九氏 十六年間 過去」.

82 북경에서 경상도 출신자들의 활동에 대해서는 조규태, 「1920년대 재북경 대구·경북인의 국민당 활동」 참조.

83 『不逞團關係雜件』 在支那各地 3, 「興士團長安昌浩及海甸農場에 관한 件」(1924. 8. 2); 在支那各地 1, 「朝鮮人에 관한 報告送付의 件」(1921. 4. 8); 「北京天津附近在住 朝鮮人의 狀況報告書進達의 件」(1925. 3. 20).

84 李圭昌, 『餘燼』, 132~133쪽. 유기석에 관해서는 崔起榮, 「1920~30년대 柳基石의 재중독립운동

의 인사들과 교류가 없었다는 것은 기독교인들과의 관계도 마찬가지였으리라고 짐작케 한다. 북경에는 독립운동에 참여한 기독교인들뿐만 아니라 천도교인들도 적지 않았는데,[85] 신숙과 최동오崔東旿 등이 대표적인 천도교인이었다. 신숙은 박용만과 군사통일회의에 관여하면서 이회영과 관련을 맺었겠지만 밀접하지는 않았다. 그러한 점에서 북경 독립운동계에서 이회영은 기호세력과 뗄 수 없는 위상에 있었다고 생각된다.

이회영은 공산주의자들과도 연결되지 않았다. 그가 1921년 소련을 방문하고 돌아온 조소앙을 만나 공산주의 소련의 현실에 대하여 부정적으로 인식하였고, 이후 아나키즘을 수용하면서 공산주의자들과의 접촉이 없었던 것으로 생각된다. 뒤에 공산주의자로 널리 알려진 홍남표도 1920년대 초에는 공산주의와 무관하였다. 많은 북경 유학생들 가운데에서도 의외로 이회영과 연결되는 인물들이 많지 않다. 이을규·이정규 형제, 소완규 등이 보일 뿐이다. 이회영은 1920년대 초에 50대 중반이었으므로 청년들에게 널리 알려지지 못하였을 수도 있겠다. 그뿐만 아니라 그 스스로가 "일부 사람들의 말과 같이 내가 황실 중심의 보황파였다면"이라고 언급할 만큼[86] 보황파라는 소문이 돌고 있었다. 이은숙이 "우당장이 본시 고종황제를 사모하여 그분을 중심으로 독립운동할 것을 생각했기 때문에 임정에서 일하는 것에 불응하였다"라고 기억할 정도로, 이회영은 고종에 대한 의리를 지니고 있었다.[87] 따라서 유학생들에게 이회영은 보황파로 알려졌을 가능성도 생각할 수 있다.

이회영은 북경에서 조직된 여러 단체에 관여하지 않았다. 초기에 박용만을 지원하였지만 군사통일회의에도 참여하지 않았고, 오직 그가 참여한 것이 명

과 아나키즘」, 『한국근현대사연구』 55, 2010 참조.

85 천도교인에 관해서는 曺圭泰, 「天道教團과 大韓民國臨時政府」, 『한국민족운동사연구』 23, 1999를 참조할 것.

86 李乙奎, 『友堂 李會榮略傳』, 42쪽.

87 李恩淑, 『가슴에 품은 뜻 하늘에 사무쳐』, 76~77쪽.

확한 단체는 한민교육회와 재중국조선무정부주의자연맹이었다. 그러나 한민교육회는 별 활동 없이 해체되었던 것 같다.[88] 1924년 8월 국민대표회의에 참여하였던 창조파가 주도하여 북경한교동지회를 결성한 후, 이 단체에서는 북경경찰청과 보군통령아문步軍統領衙門에 회칙을 제출하여 양해를 구하였다. 이때 북경경찰청에서는 한교동지회에 '협잡배'를 제외한 독립운동가의 명단을 제출하라고 지시하였다. 이에 따라 한교동지회에서는 이회영·김대지金大池·박용만·신채호·안정근 등 이른바 '유력자'로 지목된 인사를 제외한 명부를 제출하였다. 이회영은 이때 중국당국으로부터 협잡배, 곧 공산주의자나 아나키스트로 파악되었던 것 같다.[89] 이처럼 이회영은 자의든 타의든 북경의 한인단체에 직접 관여하지 않았다. 그 밖에 알려지기로는 1923년 다물단의 결성을 지도하였다고 한다.[90] 이회영은 그가 직접 관여한 단체에도 불참하였는데, 이는 조직에 매이기를 싫어한 성품과도 무관하지 않았을 것이다. 또한 자신의 연배를 고려하여 자신보다 젊은 인물들이 단체를 주도하도록 하기 위해서였던 것이 아닐까 한다.

5. 맺음말

1919년 5월부터 1925년 11월까지 이회영은 북경에서 거주하였다. 이회영의 북경 집은 국내외 독립운동가들의 연락처이자 중간기착지였다. 그가 북경에 정착한 데에는 그 친족 일부가 먼저 자리 잡고 있었고, 교통의 중심지라

88 「北京天津附近在住 朝鮮人의 狀況報告書進達의 件」(1925. 3. 20).

89 『不逞團關係雜件』 在支那各地 3, 「在北京韓僑同志會의 組織과 그 後의 狀況에 관한 件」(1924. 11. 18); 『不逞團關係雜件』 在支那各地 1, 「朝鮮人에 관한 報告送付의 件」(1921. 4. 8); 손염홍, 『근대북경의 한인사회와 민족운동』, 63~64쪽. 북경한교동지회 전반에 대해서는 조규태, 「1920년대 중반 在北京 創造派의 民族唯一黨運動」을 참고할 것.

90 李丁奎, 『友堂 李會榮 略傳』, 82쪽. 박환, 「1920년대 중반 북경지역 多勿團의 성립과 활동」, 『한국민족운동사연구』 33, 2002; 『식민지시대 한인아나키즘 운동사』, 64쪽.

는 북경의 지리적 조건과 일제의 직접적인 탄압을 피할 수 있다는 점도 고려되었을 것이다. 그는 부인 이은숙을 비롯하여 가족들과 함께 생활하였지만, 경제형편에 따라 부인이 국내에 머물기도 하였다.

초기 2·3년간은 동지들의 지원으로 경제적 여유가 있었지만 그 후 4년 동안은 궁핍하게 생활하였다. 북경에서 6군데의 셋집을 전전하였는데 숭문문 밖, 자금성 북쪽 후고루원, 북경대학 근처 이안정, 안정문 안의 관음사호동, 교도구 근처 소경창, 모아호동 등에 살았다. 거주 기간은 두어 해부터 몇 달까지 불규칙했는데, 뒤로 갈수록 짧아졌으며 집도 좁아졌다.

이회영이 북경에 정착한 이후, 초기에는 임시정부에 불만을 가진 세력이 그의 집에 함께 거주하거나 자주 방문하였다. 기호와 영남 출신들이 많았다. 박용만·김창숙·신채호 등과 독립운동 방략을 논의하던 이회영은 1923년경 이을규·이정규 형제 등 아나키스트들과 연결되면서 그 자신도 아나키즘에 공감하여 1924년 재중국조선무정부주의자연맹을 조직하였다. 김종진·심훈·한기악·소완규 등 청년들이 그의 집에 출입하였고, 친족들도 적잖이 북경에 거주하였다. 대신 서북세력이나 흥사단계, 기독교도 등과 공산주의자들과의 교분은 크게 없었다. 유학생들과도 마찬가지였다. 이는 그가 보황파라는 소문과 무관하지 않았을 것 같다. 그는 재중국조선무정부주의자연맹을 제외하고는 북경에서 조직된 여러 단체에 관여하지 않았다.

북경에 거주한 7년 동안 이회영에게 가장 중요하였던 일은, 그가 아나키즘을 수용하여 아나키스트가 되었다는 사실이라고 생각된다. 비록 북경에서 어린 아들과 두 손녀를 잃는 등 간난한 생활이었지만, 그 나름의 독립운동 방략을 찾았고 동지들을 얻었던 것이다. 아나키스트로서 그의 활동과 역할은 북경보다 천진으로 옮겨 간 뒤에 더욱 두드러진다.[91]

91 아나키스트로서 이회영의 활동에 대해서는 이호룡, 「이회영의 아나키스트 활동」에 상세히 기술되어 있다.

1920~1930년대 유기석의 독립운동과 아나키즘

1. 머리말

유기석柳基石(1905~1980)은 1920~1930년대 중국에서의 한인 아나키즘운동을 대표하는 인물이었다. 그는 아나키즘에 관련된 많은 논설을 남긴 이론가인 동시에 일본병영에 폭탄을 투척하는 등 투쟁활동에도 직접 참여하여 줄곧 아나키즘운동의 지도자 역할을 하였다. 그러한 그가 지금까지 크게 주목받지 못한 것은 의외의 일이다.

그는 유기석이라는 본명보다 유서柳絮·유수인柳樹人이라는 이름으로 더 알려져 있으며, 국내보다도 중국에서 명성이 높았다. 1920~1930년대에는 유서로, 그 후에는 유수인이라는 이름으로 많은 논설을 국내외, 특히 중국에서 발표하였으며, 1920년대 말에 중국어로 저술과 번역서를 간행하였다. 그뿐만 아니라 재중국조선무정부공산주의자연맹在中國朝鮮無政府共産主義者聯盟과 남화한인청년연맹南華韓人靑年聯盟 같은 아나키즘운동 단체를 조직하고

한·중·일 아나키스트 연대에 적극 참여한 바 있었다.

유기석은 간도에서 3·13만세운동을 겪고 관내로 옮긴 뒤 중등·고등교육을 받았고, 흥사단興士團에 가입하여 안창호安昌浩의 지도로 민족주의운동에 참여하였다. 기독교 민족주의자로 독립운동에 참여한 그는 1920년대 중반부터 아나키즘에 경도되어, 제국주의를 타도하기 위한 아나키즘운동에 매진하였다. 중일전쟁 이후에도 지하공작과 무장유격대를 조직하여 활동하는 등, 해방 이전 그의 생애는 한국독립운동을 위한 투쟁의 연속이었다.

유기석뿐 아니라 그의 부친과 동생도 독립운동에 참여하였다. 부친 유찬희柳讚熙는 일찍부터 기독교에 입교하여 간도 지역과 연해주 지역의 민족운동 지도자로 활동하였고, 동생 유기문柳基文도 아나키스트로 활동하여 독립운동의 일익을 담당한 바 있다. 대한민국정부는 2008년에 유기석에게 독립장을, 2010년에 유찬희에게 독립장을, 유기문에게 애족장을 추서하였다.

필자는 유기석이 집필하거나 번역한 자료를 적지 않게 확인하고, 그의 회고록인 『삼십년방랑기三十年放浪記』를 볼 수 있었다.[1] 그러한 자료들을 이용하여 유기석의 독립운동을 정리해 보고자 한다. 다만 본고에서는 유기석의 다양한 활동이 전개된 1930년대 전반까지를 다루고자 한다. 그는 1933년 전후부터 중일전쟁 발발 시기까지 개봉開封에서 중국신문사의 주필을 맡았으며, 중일전쟁 이후에는 남화한인청년연맹에서 활동하였고, 1940년 전후부터는 중국유격대 등과 개별적인 항일활동을 전개하였다. 또 1943년 전후부터 제3전구에서 한교전지공작대韓僑戰地工作隊를 지도하여 한국독립운동전선에서 여전히 활동하였다. 하지만 이 시기의 활동에 대해서는 수집된 자료가 많지 않다. 따라서 유기석의 다양하고 역동적인 독립운동을 논의하는 과정

1 이 회고록은 『三十年放浪記: 유기석 회고록』, 국가보훈처, 2010으로 번역문과 함께 원문이 영인되어 간행되었다. 회고록은 1960년부터 1968년까지 약 10년에 걸쳐 집필되었다. 그 자세한 내용에 대해서는 같은 책에서 필자가 담당한 해제를 참고할 것.

에서, 먼저 그가 개봉에 정착하기 이전까지의 시기를 정리하는 작업이 필요하다고 생각된다. 그리고 미처 확인하지 못한 그의 저술이 적지 않아 그의 저술과 사상을 함께 다루기가 쉽지 않았다. 본고에서는 그의 생애와 활동을 논의하는 과정에서 간단히 소개하는 수준에서 그치고자 한다.

2. 기독교 민족주의자

유기석의 초기 교육과 활동에 대해서는 대개를 짐작할 수 있는 자료가 있다. 그가 1920년 안창호가 주도한 흥사단 원동위원부에 입단하면서 남긴 이력서가 남아 있기 때문이다. 「제170 단우 유기석」의 이력서를 보기 쉽게 옮겨 보면 다음과 같다.[2]

출생: 1905년
출생지: 황해도 금천군金川郡 합탄면合灘面 매후리梅後里 대동垈洞
거주지: 1905~1911년 황해도 금천군
1911~1913년 강원도 이천군伊川郡
1915~1920년 북간도 강청현江淸縣
직업: 1916~1917년 북간도 연길현延吉縣 국자가局子街 태광학교太光學校 수업
1917~1918년 북간도 화룡현和龍縣 창동학교彰東學校 고등소학 졸업
1918~1920년 길림성吉林省 연길도립延吉道立 제2중학교 2학년 수업
학예: 보통교육 관화官話
종교: 야소교 장로교
단체: 재북간도 한인학생회
최장기능: 한화漢話
所肯: 운동
가 족: 부 유찬희柳讚熙

2 『島山安昌浩全集』 10, 도산안창호선생기념사업회, 2000, 730쪽.

모　이안라李安羅
자姊 유신덕柳信德
제　유기문柳基文
매妹 유낙순柳樂順
입단일: 1920년 월 일

유기석은 1905년 1월 12일 황해도 금천군 합탄면 매후리 대동에서 출생하여[3] 간도로 이주하기 전까지 황해도 금천군과 강원도 이천군에서 거주하였다. 1911년부터 강원도 이천에 거주한 것은 그 부친인 유찬희가 교회를 맡아 운영하였기 때문이다. 유기석은 유찬희가 배재학당培材學堂에서 수학하고 의병에 참여하였다가 잠복활동을 하기 편리하도록 1910년 전후 기독교에 입교하였다고 밝혔다.[4] 유찬희가 기독교에 입교한 때가 언제인지는 알 수 없다. 그러나 1911년 『그리스도회보』의 '교중휘문' 이라는 난에서 유찬희가 이천군 내의 교회 발전과 관련하여 통신한 기사가 두 차례 보이고,[5] 모친도 이안라李安羅라는 성명으로 미루어 기독교 입교 시기가 유기석의 언급보다는 일렀을 것이며 신앙도 깊었을 것으로 짐작된다. 더욱이 그가 배재학당 출신이라면 더욱 그렇다. 이러한 배경은 유기석이 기독교적 분위기에서 성장하였음을 알려 준다.

부친 유찬희가 가족을 이끌고 간도로 이주한 시기는 1913년 전후였던 것 같다. 유찬희는 연길 국자가局子街에 정착하여 교회 전도사를 맡고 1914년경 태광학교太光學校라는 소학교를 설립하였다고 하며,[6] 1916년경부터 무악홍

3 應起鸞, 「柳樹人生平」(手稿本, 1991/국가보훈처 소장), 1쪽. 유기석의 호적에는 1907년 1월 12일 출생으로 되어 있으나(서울 종로구 弼雲洞 72), 1905년 출생이 맞다.

4 『三十年放浪記』, 335쪽 「선친 유찬희 약전」에는 1900년 전후 배재학당에 입학하여 1907년에 졸업한 것으로 기록되어 있다. 다만 배재학당을 마치고 의병에 참가하였다는 회고는 검토가 필요하다고 생각된다.

5 『그리스도회보』 1911년 4월 15일자 「긔도의 효력」, 8월 30일자 「즈미열심」.

6 『三十年放浪記』, 335쪽 「선친 유찬희 약전」에는 1912년에 국자가로 망명하였다고 나와 있는데, 홍사단 단우이력서에는 1915년부터 간도에 거주한 것으로 기록하였다. 아마도 1913년을 전후하여

업회사라는 무역상을 운영하여 경제적으로도 성공하였다.[7] 유기석의 회고에 따르면, 유찬희는 1914년 안전을 보장받기 위하여 중국적을 취득하였다고 하므로[8] 그 역시 중국적을 가졌을 것이다. 유기석은 태광학교를 거쳐 창동학교彰東學校를 졸업하고, 1918년 연길도립 제2중학교에 입학하였다. 창동학교는 1920년 경신참변으로 일제에 의하여 불타 버린 민족주의 학교의 하나였다. 그는 창동학교에서 민족주의 교육을 받았으며, 병식훈련도 받았다.[9] 기독교를 배경으로 민족주의를 수용한 그는 부친과 마찬가지로 기독교 민족주의자로 출발하였음을 알 수 있다. 그는 연길도립 제2중학에서 동급생으로 심용해沈容海(심여추沈茹秋)를 만났다. 그들은 1920년대 중반 북경에서 다시 만나 사활을 같이하는 동지로 활동하게 된다.

1919년 국내에서 3 · 1운동이 발발하자 간도에서도 3 · 13만세시위가 전개되었다. 유기석은 충렬단忠烈團에 가담하여 심용해 등과 전단 인쇄와 배부, 태극기 등을 제작하며 적극적으로 시위에 참여하였다.[10] 그의 부친 유찬희는 이 시위를 계획한 비밀조직인 대한독립기성총회에 재무부원으로 참여하여 독립운동 자금 조달을 맡았으며,[11] 만세시위를 주도하는 연설을 하였다.[12] 이후 블라디보스토크로 피신한 유찬희는 구춘선具春先이 회장인 국민회를 위해 노령에서 총기를 구입하는 임무를 맡았고,[13] 국민회의 재무부장 등을 역임

망명한 것으로 짐작된다.

7 『신한민보』 1917년 5월 3일자 「간도의 한인상업」.

8 『三十年放浪記』, 335쪽.

9 『三十年放浪記』, 49~53에서 유기석은 창동학교의 교사들을 정확히 기억하였고, 창동학교에서 받은 교육도 언급하였다.

10 『三十年放浪記』, 55~59쪽. 3 · 13만세시위에서 학생들의 활동에 대해서는 金東和, 「'三 · 一三'延邊青年學生的反日示威活動」, 『延邊歷史研究』 3, 延邊: 延邊歷史研究所, 1988을 참고할 것.

11 『不逞團關係雜件: 朝鮮人의 部』 在滿洲의 部 9, 「朝鮮獨立運動 情報送付의 건」(1919. 4. 4). 국사편찬위원회 한국사데이터베이스를 이용하였으며, 이하 『不逞團關係雜件』이라고 표기한다.

12 『三十年放浪記』, 57쪽.

13 『不逞團關係雜件』 在滿洲의 部 18, 「國外情報 — 國民會와 다른 단체와의 確執에 관한 건」(1920. 6. 5).

하였다.[14] 전형적인 기독교 민족주의 지도자로 활동하였던 것이다.

3·13만세시위에 참여하여 민족운동을 경험한 유기석은 학업을 계속하지 못하고 가족과 함께 일본세력을 피하여 독립군 활동지역인 왕청현汪淸縣 알아하嘎鴉河로 이주하였다가, 블라디보스토크로 피신한 부친의 지시에 따라 1920년 9월 25일(음력 8월 14일) 관내지역 상해로 떠났다.[15] 상해에서 그는 이동휘李東輝·여운형呂運亨·안창호 등의 지도를 받았다. 특히 그는 안창호의 영향을 크게 받아 1920년 흥사단 원동위원부에 입단하기에 이르렀다. 유기석의 연령이 만 15세에 불과하여 매우 이례적인 경우였다. 그만큼 안창호 등 흥사단의 지원을 받은 것으로 보인다.[16] 그는 남경의 화중공학華中公學에 편입하였는데, 1922년 7월 현재 2학년에 재학 중이었다.[17] 그렇다면 1921년 9월에 2학년에 편입한 것으로 짐작된다. 이 학교는 미국 기독교회에서 설립한 학교였으며,[18] 운동에 소질이 있던 그는 화중공학의 축구대장으로 활동하였다.[19] 그는 흥사단 원동위원부 활동에 적극적이었다. 1922년 6월 24일 남경단우회의 주석으로 회의를 주재하였고,[20] 1924년 2월 7·8일 남경의 협진회관協進會館에서 개최된 흥사단 제10회 원동대회에서 「우리는 활동하자」라는 주제로 약 30분간 강연하였으며, 운동 시범을 보여 1등을 하였고, 축구경기에는 한쪽 팀의 대장으로 참가하였다.[21] 그 자신이 뒤에 "남경에서 공부할 시기에 흥사단의 영향은 내게 매우 컸고, 동시에 도산의 나에 대한 신임과 기대 또한 컸다"라고 회고한 것도 그러한 점을 기억해서일 것이다.[22]

---

14 『不逞團關係雜件』 在滿洲의 部 25, 「大韓國民會의 각 機關紙 및 役員」(1920. 12. 20).
15 『三十年放浪記』, 67쪽.
16 『三十年放浪記』, 80~82쪽.
17 독립기념관 소장 흥사단자료 1-H00646-000 「재학단우의 상황 조사 보고의 건」(1922. 7. 20).
18 應起鸞, 「柳樹人生平」, 1쪽.
19 독립기념관 소장 흥사단자료 1-H00534-001 「흥사단 제10회 원동대회 경과상황」(1924).
20 독립기념관 소장 흥사단자료 1-H00620-000 「1922년 6월분 원동지방단우회 경과」.
21 독립기념관 소장 흥사단자료 1-H00534-001 「흥사단 제10회 원동대회 경과상황」(1924).
22 『三十年放浪記』, 85쪽.

유기석이 1924년 6월 화중공학을 졸업한 사실은 국내 신문에도 소개되었다.[23] 중학을 마친 유기석은 1924년 9월 북경의 조양대학朝陽大學 경제학과에 입학하였다. 그런데 유기석의 부인 응기란應起鸞은 그가 남경의 금릉대학金陵大學에 입학하였다가 조양대학으로 옮겼다고 증언하였다.[24] 그가 1924년 후반기에 이미 북경에 있었음이 여러 자료를 통해 확인되므로, 금릉대학에 입학하였다 하더라도 실제 재학하지는 않았다. 북경으로 옮긴 이유는 알 수 없지만, 종교문제는 아니었다. 금릉대학은 기독교 계통 학교였는데, 그는 이미 북경에서도 기독교 활동을 하고 있었기 때문이다. 조양대학은 법과로 이름 높아 법관을 많이 배출한 사립대학이었지만[25] 그의 관심은 관직에 있지 않았으므로 그는 경제학을 전공하였을 것이다.[26] 이즈음 유기석은 가족이 거주하던 노령지역을 일시 방문하였다고 한다.[27]

북경에서 유기석은 심용해와 재회하였으며, 여러 방면에서 활약하였다. 흥사단을 비롯하여 한인교회와 유학생회에서도 두각을 나타냈던 것이다. 그가 북경에서 처음 거주한 곳이 조양문朝陽門 대가大街에 위치한 북경조선인기독교회였던 사실로도 짐작되듯이,[28] 1924년 11월경부터 교회의 임원을 맡았다.[29] 북경고려기독교청년회의 기부금 모금위원으로도 활동하였는데, 여기에는 안창호의 흥사단 계열 사람들이 적지 않았다.[30] 교회의 임원이 정확히

---

23 『동아일보』 1924년 7월 2일자 「南京留學의 今年卒業生」.

24 應起鸞, 「柳樹人生平」, 1쪽.

25 熊先覺 · 徐葵 主編, 『法學搖籃 朝陽大學』, 北京: 燕山出版社, 1997 참조.

26 「江蘇師範學院教職員工登記表」(江蘇師範學院人事處, 1965. 2. 4; 국가보훈처 소장)에 따르면 유기석은 "北京朝陽大學經濟系 三年級 肄業"이라고 기록하였다.

27 柳絮, 「맑스 階級鬪爭說의 根據」, 『新民』 1927년 5월호, 38쪽.

28 『三十年放浪記』, 101쪽.

29 『기독신보』 1924년 11월 19일자 「북경죠션교회」, 1925년 1월 14일자 「북경죠션인교회의 정형」. 이 시기 북경기독교회와 관련해서는 조규태, 「1920년대 북경고려기독교청년회의 종교활동과 민족운동」, 『한국기독교와 역사』 31, 2009 참조.

30 『朝鮮人에 대한 施政關係雜件』 一般의 部 3, 「北京天津附近 在住朝鮮人의 狀況報告書」(1925. 3. 20).

어떠한 일을 하였는지는 알 수 없으나, 교회의 지도적 위치에 있었음은 틀림없다. 유기석이 미국교회에서 설립한 화중공학을 마치고, 교회에 거주하며 교회의 직임을 가진 사실로 미루어, 기독교는 그때까지 그에게 가장 큰 영향을 끼친 세계관이었다.

유기석은 홍사단 원동위원부 북경반장을 맡을 만큼 홍사단 일에도 열심이었다.[31] 홍사단의 북경반이 만들어지면서 그가 반장에 임명되었는데, 그는 20세로 반원 가운데 가장 어려 '개인적 영웅주의'를 느꼈다고 술회하였다.[32] 그가 북경에서 가깝게 따르던 인물은 북경 근교의 해전海甸에서 농장을 운영하던 안정근安定根 · 김승만金承萬 · 이탁李鐸 등이었다. 이들은 안창호의 측근으로 홍사단우였다. 심용해는 유기석의 소개로 이들과 가깝게 지내며 홍사단에 관여하고, 김승만의 딸 김근창金根昌과 결혼하였다.[33] 그는 북경고려유학생회의 체육부 임원으로도 활동하였고,[34] 1926년 북경고려유학생회가 약화되자 6월 중순 서왈보徐曰甫 등과 북경고려유학생회부흥회를 개최하여 그 부활을 도모하기도 하였다.[35]

북경에서 다양한 관심을 가지고 활동하던 유기석이 국내외에 그 이름을 알리는 사건이 일어났다. 1925년 6월 30일 북경 천안문天安門에서 열린 5 · 30 학살사건 규탄 국민대회에서 그가 장시간 연설로 군중을 크게 선동하여 명성을 얻었던 것이다. 『조선일보』 1925년 7월 10일자에 실린 「북경국민대회北京國民大會에서 대중을 홍분 식힌 동포; 조양대학에 재학 중인 류군 벽두에 등

31 독립기념관 소장 홍사단자료 1-H00536-000 「1925년도 遠東團友班 조직표」(1925).

32 『三十年放浪記』, 85쪽.

33 沈克秋, 「나의 회고」, 『20세기 중국조선족력사자료선집』, 중국조선민족문화예술출판사, 2002, 94~95쪽.

34 『동아일보』 1925년 1월 29일자 「北京高麗留學生會」.

35 『不逞團關係雜件』 在支那各地 4, 「在北京 朝鮮留學生復興會 開催에 關한 件」(1926. 7. 7). 이 시기는 유기석이 산서성 太原의 염석산 군대의 항공대에 있다가 심용해의 부상 문제로 북경에 와 있던 기간이라고 생각된다.

단하야 일장 연설」이라는 기사에 그 정황이 실려 있다.

> 지난 달 삼십일 북경 텬안문(北京 天安門)에서 열린 국민대회 때에 오백여 단톄 십여만 명의 어마마한 군중이 모혀든 가운데에는 조선, 인도, 대만, 토이기, 일본 등의 동양각국 사람들과 독일사람까지도 참가한 사람이 잇섯스며 그 참가한 외국인들은 각각 일장의 연설이 잇섯는 바 그중에서 외국사람으로 데일 먼저 등단한 사람은 류기석(柳基石)이라는 동포엿섯다 류군은 현재 조양대학에 재학 중인 학생으로서 이날 데일 먼저 등단하여서 침통한 사긔로 장시간의 연설을 시험하엿스며 연설이 끝나매 단하에 모혀 섯던 십만 군중은 비상히 흥분되야 중화민족 만세와 "○○○○ 타도 ○○ 뎨국주의"(○○○○ 打倒 ○○ 帝國主義)를 놉히 들려 만흔 중국인에게 흥분을 주엇고 그 담으로는 독일인, 일본인, 인도인, 대만인, 토이기인 등의 대표가 차제로 일장연설 시험하엿더라

그는 반제국주의 학생운동에도 적극 참여하였던 것이다. 또한 중국적을 가졌으나 외국 출신인 20세의 유기석이 중국인을 크게 선동할 만큼 중국어에도 능통하였음을 알 수 있다. 당시 흥사단의 한 북경단우는 국내에서 온 사회주의자 신일용辛日鎔이 유기석의 명함을 받고 바로 알아봤다고 증언한 바 있다.[36] 그만큼 유기석의 명성이 국내에도 널리 퍼졌던 것이다.

유기석의 북경시절과 관련하여 확인해야 할 문제 중 하나는 노신魯迅 형제와의 관계이다. 한국의 중국문학계는 유기석과 노신 형제의 관계가 1922년부터 시작되었을 것이라고 상정하고 있다. 그 이유는 노신의 동생인 주작인周作人이 『일기』 1922년 7월 24일자에 "조선 유군과 쓰지 다케오 군이 앞뒤로 방문하였다."[37]라고 하였고, 다음 날 일기에도 '유군'이 언급되었기 때문이다. '조선 유군'이 유기석이라는 해석하에 그와 노신의 관계가 논의되고 있

---

36 全柱漢, 「興士團 北京地區의 活動」, 『기러기』 1979년 10월호, 26쪽.

37 "朝鮮柳君 辻武雄君 先後來訪", 『周作人日記』 中, 北京: 大象出版社, 1996, 248쪽.

다.[38] 당시 노신은 주작인과 같은 집에 살았기 때문에, 유기석이 주작인을 만났다면 노신도 만났을 것이라는 추측이다. 하지만 유기석이 1922년 7월경에 북경에 있었을 가능성은 크지 않다. 비록 1개월 전의 일이지만 그해 6월 22일 남경 금릉대학에서 홍사단 원동위원부의 남경지방 단우회가 개최되었는데, 그는 그 모임의 주석으로 회의를 주관하였다.[39] 유기석은 이때 만 17세밖에 되지 않았는데, 북경에서 북경대학 교수인 주작인과 쉽게 만날 위치였는지가 의문스럽다. 여기에서 '조선 유군'은 유자명柳子明이 아니었을까 한다. 유자명은 1922년 4월에 국내에서 돌아와 북경에 있었으므로[40] 주작인과 연결되었을 가능성이 있다. 유기석은 1925년 여름, 북경에 처음 갔다고 회고하였는데,[41] 이는 1924년 여름을 혼동한 것이다. 따라서 유기석이 노신에게 관심을 가진 것은 사실이지만, 1922년 주작인과 노신을 만나는 것은 이루어질 수 없는 일이었다. 『노신일기』에도 1928년 9월 1일조에 유수인이 왔으나 만나지 못하였다는 기록이 있을 뿐이다.[42] 유기석이 뒤에 노신의 「광인일기狂人日記」를 번역하였으므로 일찍부터 노신과 관계를 맺었으리라 짐작하지만, 1920년대 중반이 지나서야 그와 관계가 있었을 것으로 생각된다.[43] 그가 노신을 존경하였다고 짐작되는 것은, 그가 뒤에 유수인柳樹人이라는 이름을 사용하였기 때문이다. 노신의 본명은 주수인周樹人이다.

유기석은 남경과 북경에서 기독교인으로서 교회활동에 열심이면서 민족

---

38 金時俊, 「魯迅이 만난 韓國人」, 『中國現代文學』 13, 1997; 「光復 以前 韓國에서의 魯迅文學과 魯迅」, 『中國文學』 20, 1998.

39 독립기념관 소장 홍사단자료(1-H00620-000) 「1922년 6월분 원동지방단우회 경과」.

40 유자명, 『나의 회억』, 심양: 료녕민족출판사, 1984, 57쪽; 『한 혁명자의 회억록』, 독립기념관 한국독립운동사연구소, 1999, 81~82쪽.

41 『三十年放浪記』, 101, 373쪽.

42 『魯迅全集』 14, 北京: 人民文學出版社, 1996, 725쪽 "午後時有恒 柳樹人來 不見".

43 李政文, 「魯迅在朝鮮人民的心中」, 『延邊大學學報』(社會科學版) 1981-3, 50쪽에는 1925년에 유기석이 노신을 만났다고 언급되어 있다. 그런데 이 논문에 유기석의 회고에 의거한 부분이 있는 것으로 미루어, 저자가 노신과의 관련을 유기석에게 문의하였던 것으로 보인다.

주의적인 흥사단 단우였으며, 유학생단체와 학생회 등에서 다양한 활동을 하고 있었다. 이처럼 기독교 민족주의자로 활동하던 그가 격변하는 북경에서 새롭게 만난 사조가 다름 아닌 아나키즘이었다.

3. 아나키즘의 수용

유기석은 북경에서 아나키즘에 깊은 관심을 가지게 되었다.[44] 그 스스로는 자신이 아나키즘에 경도된 시기가 1927년 후반기라고 회고하였지만,[45] 사실은 그보다 이른 1924년경이었다. 그가 남경 화중공학 시절부터 아나키즘에 관심을 가졌을 수 있지만, 북경에 와서 아나키즘을 보다 깊이 이해하게 되었다. 그는 시기가 일치하지 않지만 아나키즘에 관심을 가진 과정을 이렇게 회고하였다.

> 이 시기에 나는 방황하였으므로 사상과 행동이 확실치 않았다. 좌로 향하면 거기도 불평등하고, 우로 향하면 거기는 '금전만능'의 세계로 돈이 없는 가난뱅이는 여전히 학대받아야 했다. …… 도대체 어디로 가야 하나? 번뇌와 환상이 함께 섞여 밤낮으로 천 가지 길을 생각하였다.
>
> 이때 마침 상해에서 몇몇 친구를 만났는데, 그들의 사상은 여추茹秋와 비슷하였다. 아마도 여추보다 더 '좌경'이었다. 그들은 공개적으로 자신들을 '아나키스트'라 불렀다. 그들은 말할 때마다 자본주의를 반대하였고, 또 소련의 무산계급 독재

44 한국 아나키즘운동 전반에 관해서는 다음의 논저를 참고할 수 있다. 無政府主義運動史編纂委員會 編, 『韓國아나키즘運動史』, 螢雪出版社, 1978; 河岐洛, 『奪還: 百姓의 自己解放意志』, 螢雪, 1985; 오장환, 『한국 아나키즘운동사 연구』, 국학자료원, 1998; 이호룡, 『한국의 아나키즘: 사상편』, 지식산업사, 2001; 구승회 외, 『한국 아나키즘 100년』, 이학사, 2004; 박환, 『식민지시대 한인 아나키즘 운동사』, 선인, 2005; 이호룡, 『아나키스트들의 민족해방운동』, 독립기념관 한국독립운동사연구소, 2008; 김명섭, 『한국 아나키스트들의 독립운동: 일본에서의 투쟁』, 이학사, 2008; 王培文, 「中國境內朝鮮無政府主義運動史論(1919~1945)」, 廣西師範大學 석사학위논문, 2005. 王培文은 석사논문을 기초로 하여 한국 아나키즘운동사에 관련된 여러 편의 논문을 발표하였다.

45 『三十年放浪記』, 138~139쪽.

> 정치를 반대하였으며, 무권력·무정부의 공산사회를 주장하였다. 나의 머릿속에 개인영웅주의, 자유주의의 소자산계급의 환상이 충만해 있었기 때문에 바쿠닌과 크로포트킨의 아나키즘이 자연스럽게 스며들어 나 또한 아나키스트로 변하기 시작하였다. 도산 선생이 거듭 만류하였으나 나는 의연하고 결연하게 흥사단 탈퇴를 발표하였다. 이 한 번의 행동은 내가 이미 자산계급개량주의 정치생활을 포기하였음을 나타낸다.[46]

유기석이 자신의 행로를 고민하며 자본주의와 공산주의에 회의하다가, 그 두 이념을 반대하는 아나키즘에 경도되었다는 것이다. 그가 아나키즘에 경도된 데에는 무엇보다도 북경에서 재회한 심용해의 영향이 컸으리라 짐작된다. 심용해는 당시 아나키스트들의 기관지라 불리던 『국풍일보國風日報』의 부간副刊인 『학회學滙』를 편집하고 있었다. 심용해가 1926년 『고려청년高麗青年』이라는 잡지를 창간하자 일제가 "이전부터 (일본인 아나키스트) 오스기사카에大杉栄를 숭배하며 무정부당으로 자임하고 있어 분명 무정부주의를 고취할 것"이라고 판단할 만큼[47] 심용해는 이미 아나키즘에 경도된 인물이었다. 유기석이 남경에서부터 아나키즘에 관심을 가졌다고 하더라도, 북경에서 심용해를 만난 것이 그 관심을 더욱 촉진하였으리라 믿어진다. 아울러 유기석은 1924년 북경으로 옮겨 오기 전후에 일시 소련 땅을 밟고, "소위 무산계급전제 기실其實은 쏄쉬빅키의 전제가 민중의 자유의 가장 큰 구적仇敵임을 발견"하였던 것이다.[48]

그런데 1924년 10월경 유기석과 심용해 등이 중국 아나키스트 향배량向培良·파금巴金(이불감李芾甘)·고장홍高長虹·곽동헌郭桐軒·방종오方宗鰲 등과 중국 민국대학民國大學에서 흑기연맹黑旗聯盟을 조직하고, 아나키즘을 연

46 『三十年放浪記』, 139쪽.

47 『韓國獨立運動史資料』 37, 국사편찬위원회, 2001, 213~215쪽. 심용해에 관해서는 류연산, 『불멸의 지사 심여추평전』, 중국조선민족문화예술출판사, 2002를 참조할 것.

48 柳絮, 「맑스 階級闘爭說의 根據」, 『新民』 1927년 5월호, 38쪽.

구·선전하는 활동을 전개하였다는 기록이 있다. 그리고 이들이 1925년 봄부터 채원배蔡元培 등의 지원을 받아 기관지로 『동방잡지東方雜誌』를 발행하였다고 한다.[49] 이 내용이 다른 자료에서는 확인되지 않아, 시기가 정확한지는 알 수 없다.[50]

아무튼 유기석이 북경에서 활동하기 시작한 1924년에 이미 아나키즘에 관심을 가졌다는 사실은, 1925년 초 국내의 기독교 주간지인 『기독신보基督申報』에 '북경조양대학北京朝陽大學 유기석柳基石' 명의로 발표한 논설 「묵자墨子와 기독基督」에서도 확인된다.[51] 1925년 2월부터 6월까지 8회 연재된 이 글은 겸애설兼愛說을 주장한 묵자와 예수를 비교하여, 그들이 추구한 바가 다르지 않았다는 점을 밝히고자 하였다.

> 묵자墨子는 '겸상애교상리兼相愛交相利' 육자를 늘 말ᄒᆞ엿다 겸상애는 이론이요 교상리는 이 이론을 실행ᄒᆞ는 방법이다 또ᄒᆞᆫ 겸상애는 즉 그리스도의 애인주의愛人主義니 교상리는 구로풋트킨의 호조주의互助主義이다 그리ᄒᆞ야 묵자는 그리스도의 애인주의로 기其 근본사상을 작作ᄒᆞ고 구로풋트킨의 과학적 유물관으로 실행방침을 삼은 것이다[52]

묵자의 겸애설과 예수의 애인주의, 그리고 크로포트킨의 상호부조론이 다르지 않음을 설명한 것이다. 유기석이 예수의 사랑을 받아들이며, 그것을 크로포트킨의 주장을 실행하는 방침으로 이해하고 있다는 사실은, 그가 기독교

49 『韓國아나키즘運動史』, 296~297쪽.

50 巴金이 북경에 남경 東南大學 부속중학교를 마치고 북경대학 입시를 위하여 북경에 갔다가 심용해와 유기석을 만난 때가 1925년 여름인 것을 고려한다면(巴金, 「關于『火』」, 『巴金全集』 20, 北京: 人民文學出版社, 1993, 650~651쪽), 흑기연맹은 알려진 것보다 적어도 1년 뒤에 결성되었을지도 모른다.

51 『기독신보』 1925년 2월 25일자, 3월 25일자, 4월 8일자, 4월 29일자, 5월 6일자, 5월 27일자, 6월 10일자, 6월 24일자 「墨子와 基督」.

52 『기독신보』 1925년 4월 8일자 「墨子와 基督」.

인이면서도 크로포트킨의 학설을 수용하고 있었다는 뜻이다. 그리고 그러한 논지를 『기독신보』라는 국내의 기독교 신문에 발표하였다. 그가 기독교인으로 활동하면서 아나키즘을 연구하여 묵자와 크로포트킨에 관심을 보인 사실은, 그가 아나키즘을 수용하고 있었다는 것을 시사한다. 하지만 기독교와 민족주의에서 바로 벗어나지는 않았다. 그는 1928년 전후까지 흥사단과 기독교 활동을 계속하였는데, 「묵자와 기독」과 같은 글에서 보이듯 기독교와 아나키즘의 공통성을 찾고자 하며 그 합치를 시도하였던 것으로 보인다.

아무튼 그가 1925년 말부터 1927년에 걸쳐 국내 잡지에 아나키즘을 소개하는 글을 발표한 것도 그가 북경에서 아나키즘에 경도되었음을 보여 준다. 그가 참여한 북경고려유학생회 관여자들이 1925년 2월 해외순보사海外旬報社를 창립하였는데, 이 잡지사에서는 3월부터 『해외순보』라는 잡지를 중국어와 한국어로 간행하였다. 유기석은 편집위원 가운데 한 사람이었다. 『해외순보』는 "제국주의를 타파하고 조선민족 고유한 문명을 발휘식키며 동서 최신 학설을 소개하야 민중의 신문화를 건설하여 가지고 정치상 경제상 평등인 새 사회를 세우려는 것"을 목적으로 한 출판물로,[53] 일제는 『해외순보』를 아나키즘계 선전기관지로 파악하고 있었다.[54]

유기석과 중국 아나키스트들과의 접촉도 적지 않았다. 뒤에 중국의 저명한 작가가 되는 파금은 북경에서 유기석과 심용해를 만나 그들의 투쟁정신에 감동하였다고 밝힌 바 있다. 특히 유기석에게서 만주 일대에서 이루어진 한국독립군의 다양한 투쟁활동을 듣고 감명을 받았다.[55] 간도에서 독립군의 활동

53 『조선일보』 1925년 3월 11일자 「海外旬報創刊」, 3월 12일자 「海外旬報創刊」. 해외순보사는 창립 선언에서 독립운동과 사회운동을 아우르는 혁명운동을 지지하며, 타협적 · 의타적 방식이 아니라 폭력적 · 희생적 암살파괴운동 등을 지지한다고 밝혔다(조규태, 「1920년대 북경지역 한인유학생의 민족운동」, 『한국독립운동사연구』 30, 2008, 229~231쪽 참조).

54 『韓國獨立運動史資料』 37, 470쪽.

55 巴金, 「一封公開的信」, 『巴金全集』 18, 北京: 人民文學出版社, 2000, 78쪽.

을 듣고 보며 자란 유기석은 한국 독립군과 독립운동에 대한 신생 소비에트 소련의 태도에 큰 불만을 가지고 있었다. 그가 1925년에 중국잡지에 한국독립운동에 대한 소련과 공산당의 태도를 비판하는 글을 쓴 것도 그러한 이유에서였다. 즉 『민중民衆』이라는 반월간잡지에 발표한 「적아압박한국혁명당실황赤俄壓迫韓國革命黨實況」(제1기)과 「한국혁명당대열녕〔레닌〕당적태도韓國革命黨對列寧黨的態度」(제4기)가 그것이다.[56] 제목만으로도 내용이 짐작된다. 이뿐만 아니라 그는 심용해가 편집을 맡고 있던 『국풍일보』의 부간이자 자칭 아나키스트들의 기관지라는 『학회』에 흑하사변黑河事變과 소련의 적색제국주의를 비판하는 글을 실었다. 대체로 1925년 3월 전후의 일인 것 같다. 이 글이 발표된 뒤 공산주의자들이 발간한 『혁명革命』 제8호(1925. 8)에 실린 「본지本誌를 훼방毁謗하는 자에게 줌」이라는 논설은 『학회』에 '유서柳絮'가 기고한 글에 대한 반박문이다. 유서, 즉 유기석이 소비에트 러시아군대가 한국독립군을 학살한 이른바 자유시사변과 소비에트 러시아의 신경제정책을 문제 삼은 점을 비판한 것이다. 공산주의자들은 유기석이 "홍사단의 민족성개조론과 무정부주의의 자유결합을 동시에 변호"한다고 공격하였다.[57] 그러한 공격에 대응하듯, 그는 국내 잡지인 『신민』 1925년 12월호에 소련의 경제정책이 개인의 재산을 착취하여 국유경제를 증진한다는 내용의 「노농노서아勞農露西亞의 신경제정책新經濟政策」을 발표하였다. 그가 일시 천진에 있을 때였는지, 명의는 '천진天津 유기석'이었다.

1925년 말 전후에 유기석은 조양대학에서의 학업을 포기하였는데, 무엇보

56 柳絮, 「赤色帝國主義」, 『新民』 1926년 4월호, 33쪽. 심용해는 1925년 9월 상해민중사에서 발간한 『民衆』의 발기인이었다(「民衆社出版『民衆』半月刊宣言幷附投稿簡章」; 張允候 外 編, 『五四時期的社團』 4, 北京: 生活 · 讀書 · 新知三聯書店, 1979, 313~314쪽).

57 『韓國獨立運動史資料』 37, 139쪽. 이에 대해서는 조규태, 「1920년대 홍사단 북경단소의 조직과 활동」, 한국독립운동사연구소 연구발표회 발표요지문(2010. 7. 27), 8쪽 참조.

다도 경제적 이유가 컸다.[58] 마침 그는 북경으로 온 비행사 안창남安昌男을 안정근의 소개로 만나, 함께 산서성山西省 태원太原에 있는 염석산閻錫山 군대의 비행대에 입대하였다. 그는 통역을 맡으며 비행기술을 배우고자 하였던 것이다. 안창남은 상해에서 여운형을 통해 북경 청화대학清華大學 교장 조운상曺雲祥을 만났고, 조운상이 안창남을 염석산에게 소개하였다고 한다.[59] 염석산 군대는 1925년 겨울 산서항공병단을 20여 명의 인원으로 조직하고, 12월 15일 항공예비학교를 설립하였으며, 1926년 5월 1일 산서항공대의 성립을 선포하였다.[60] 산서항공대에 비행학생으로 유기석이 안창남과 함께 있었던 사실은 당시 국내신문에도 소개되었다.[61]

태원에서 유기석은 안창남의 지도로 비행기술을 배웠다. 그러나 부정부패로 인하여 낙후된 비행기나 장비를 사용하였기 때문에, 기계 고장으로 위험에 처한 경우도 적지 않았던 것 같다. 1930년 4월 안창남이 비행사고로 사망한 것도 그러한 이유였다.[62] 안창남에게 비행기술을 배우는 중에도 그는 국내 잡지에 원고를 보내고 있었는데, 그것은 『신민』 1926년 4월호에 실린 「적색제국주의赤色帝國主義」라는 글의 말미에 '1926, 2월 15일 우태원一九二六, 二月 十五日 于太原'이라고 명기된 것으로도 알 수 있다.[63] 이뿐만 아니라 1926년 3월 북경에서 창간된 『고려청년』의 편집에도 심용해와 깊숙이 관여하였을 것으로 생각된다. 이 잡지는 공산주의를 배척하고 아나키즘을 추구하였

---

58 『三十年放浪記』, 111쪽.

59 柳樹人, 「安昌男的一生」, 『中國的空軍』 96기, 1946, 9쪽; 『三十年放浪記』, 111, 115쪽.

60 華强 外, 『中國空軍百年史』, 上海: 上海人民出版社, 2006, 55~56, 276쪽.

61 『동아일보』 1926년 5월 21일자 「中國蒼空에 朝鮮의 鵬翼」. 『시대일보』 1926년 5월 21일자 「中國動亂을 中心으로 出沒自在의 朝鮮飛行家」. 『동아일보』에는 유기석이 안창남의 제자라고 언급되었다.

62 柳樹人, 「安昌男的一生」, 9쪽; 『三十年放浪記』, 116~117쪽.

63 필자는 『신민』 1926년 2월호의 柳絮, 「칼 맑스의 無產專政」과 1926년 3월호의 柳絮, 「露國革命의 經路와 그 將來」를 확인하지 못하였는데, 이 글들 역시 태원에서 써서 보냈을 가능성이 있다.

는데,[64] 1925년 북경에서 교류한 바 있던 파금에게 원고를 청탁하여 「일봉공개적신一封公開的信」을 실었다.[65]

그렇지만 유기석은 태원에 그리 오래 있지 않았다. 이미 언급한 대로 북경에서 유기석은 북경 근교의 해전에서 농장을 운영하며 거주하던 안정근·김승만·이탁 등과 가깝게 지냈다. 그런데 김승만의 조카인 문시록文時錄과 그 친구인 진국신陳國信이 일제의 밀정이 되어 이들을 괴롭히자, 그들을 혼내 주고 쫓아내었다.[66] 이 일이 있은 후 유기석은 안창남을 따라 산서항공대에 들어갔는데, 문시록 등이 해전을 습격하여 심용해가 총상을 입었다는 안정근의 전보를 받자 유기석은 휴가를 내고 북경으로 돌아와 그 밀정들을 처단하고자 하였다. 그러나 밀정들이 숨자 유기석은 북경과 천진에서 그들을 찾다가 실패하고 태원으로 돌아올 수밖에 없었다.[67] 태원에 돌아온 뒤, 그는 안창호의 길림吉林 방문을 수행하라는 심용해의 편지를 받았고, 이어 안창호의 편지를 받았다.[68] 그는 비행대에 휴가를 내고 북경으로 돌아와 안창호와의 동북지방 여행을 준비하였다. 잘 알려진 대로 안창호는 이때 대독립당 결성을 위하여 동북지방의 지지를 끌어내고자 하였다. 결국 유기석이 태원에 머문 기간은 1년이 채 되지 않았지만, 그 기간 동안에도 국내에 아나키즘을 소개하며 공산주의와 소련 체제에 반대하는 논설을 여러 편 발표하였던 것이다.

태원에서 북경에 돌아온 유기석은 1926년 11월 하순 안창호를 모시고 북경 교외 해전과 만수산萬壽山 뒤의 천주교수도원을 방문하였으며, 군벌 사이에 전투가 벌어진 남구南口 등지를 돌아보았다.[69] 그리고 심용해의 소개로 장

---

64 『韓國獨立運動史資料』 37, 213~215쪽.

65 巴金의 이 글은 창간호에 실리지 않았다. 제2호 이후에 게재되었을 것이다. 『高麗青年』 창간호는 상해도서관에 소장되어 있는데, 국사편찬위원회 金光載 박사의 후의로 복사본을 확인할 수 있었다.

66 『三十年放浪記』, 103~105쪽; 沈克秋, 「나의 회고」, 94~95쪽.

67 『三十年放浪記』, 105~110쪽.

68 『三十年放浪記』, 118쪽.

69 柳絮, 「燕京郊外雜觀, 東洋史上에 稀有한 南口戰蹟」, 『동광』 1927년 3월호. 이 글의 말미에는

학량張學良의 비서장 장원책張雲責를 알게 되어 협조를 받았다. 그는 아나키즘에 동조한 인물로, 1920년 전후 길림 육문중학毓文中學의 교사로 재직하며 연길도립 제1중학교로 옮긴 심용해에게 영향을 크게 미친 은사였다.[70] 장원책과의 연결은 이후 유기석이 '길림사건吉林事件'이 일어났을 때 처한 난관을 헤쳐 나가는 데 큰 도움이 되었다. 다만 1926년 9월에 그와 심용해·정래동丁來東·오남기吳南基 등이 크로포트킨 연구그룹을 만들었다는 기록이 있는데,[71] 유기석이 이 시기에 북경에서 직접 이 그룹에 참가하였는지는 모르겠다.

1927년 1월 안창호를 모시고 길림으로 간 그는 이른바 '길림사건'으로 중국관헌에 체포되었다. 1월 27일 최명식崔明植의 정미소에서 열린 안창호의 연설회를 중국과 일제의 관헌이 습격한 것이다.[72] 일제가 중국관헌에 안창호를 공산당으로 모함하여 비롯된 일이었는데, 마지막까지 40여 명이 조사를 받았다. 중국 구치소에 갇힌 유기석은 심용해를 통해 장원책에게 편지를 보내 움직이게 하고, 염석산 부대에 소속된 자신의 신분을 이용해 염석산과 항공대 상사들에게 구원을 요청하였다. 이러한 노력과 중국 여론에 힘입어 체포되었던 이들은 20여 일 만에 석방되었다.[73]

4. 아나키즘의 선전

길림사건 이후 유기석은 집안이 이주한 소련 우수리스크 지역을 거쳐

1926년 12월 11일에 작성하였다는 일자가 적혀 있다.

70 『三十年放浪記』, 118~119쪽.

71 『韓國아나키즘運動史』, 297쪽.

72 『동아일보』 1927년 2월 23일자 「百餘名은 講演會場包圍, 百餘命은 各處 住宅搜索, 軍警을 出動식힌 吉林當局의 處事, 安昌浩氏外 二百名同胞를 檢擧」.

73 이와 관련된 내용이 『三十年放浪記』, 118~137쪽에 상세하다. 1949년 5월 그가 귀국하였을 때 국내 신문에서 그를 안창호의 비서라고 소개한 것도 이러한 활동과 관련된다(『조선일보』 1949년 5월 8일자 「故 島山先生 秘書 柳基石氏 歸國」).

1927년 5월 북경으로 돌아왔다. 그의 회고에 따르면, 그는 이때 모스크바 동방노동대학에 입학할 생각을 하다가 공산주의의 현실을 목도하고 실망하여, 공산주의를 비판하며 미국유학을 시도하였다고 한다. 그러다가 아나키즘을 받아들였다는 것이다.[74] 그러나 이미 살펴보았지만, 그가 아나키즘에 경도된 시기는 1924년 전후이다. 1926년부터 1928년까지 유기석이 공산주의와 소련 체제를 비판하며 아나키즘의 선전에 진력하였음은, 그가 중국과 국내의 잡지 등에 발표한 논설로 짐작할 수 있다. 특히 『민종民鐘』 제16기(1926. 12. 15)에 「주장조직동아무정부주의자대연맹主張組織東亞無政府主義者大聯盟」이라는 논설을 발표하여, 아시아 아나키스트들의 연대조직 구성을 제의하는 등 아나키즘 이론가로서 자리를 차지하고 있었다. 그는 동아무정부주의자대연맹을 상해나 무창武昌에서 2년 이내에 개최할 것과, 대회 발기인으로 중국의 민종사民鐘社, 일본의 민중사民衆社, 그리고 조선흑치단朝鮮黑幟團을 세울 것을 제시하였다.[75] 1926년 현재 흑치단에 대한 내용은 찾아지지 않는데, 그와 심용해가 중심이 되어 조직한 아나키즘 단체로 짐작된다.[76] 혹 1924년 10월에 조직되었다는 흑기연맹이 흑치단과 관계되었을 수도 있겠다.[77]

유기석이 1920년대 후반 국내에 발표한 글은 주로 논설과 번역이었는데, 『신민』과 『동광東光』, 그리고 『중외일보中外日報』에서 확인된다. 『신민』의 경우 발행인인 이긍종李肯鍾이 흥사단 단우였던 점이 연결고리가 되지 않았을까 짐작되는데, 유기석은 1925년 12월호부터 약 2년에 걸쳐 11편의 글을 실었다.[78] 『동광』은 흥사단의 국내 기관지였으므로 그가 원고를 발표하기에 적

74 『三十年放浪記』, 138~142쪽.

75 이 자료는 張允候 外 編, 『五四時期的社團』 4와 高軍 編, 『無政府主義在中國』, 長沙: 湖南人民出版社, 1984에 수록되었고, 박환, 『식민지시대 한인아나키즘운동사』, 55~59쪽에 번역되어 있다.

76 이호룡, 『아나키스트들의 민족해방운동』, 142쪽에 의하면 1928년 조선무정부공산주의자연맹을 재조직할 때 기반이 된 단체가 흑치단이라고 한다.

77 이 점은 堀內稔, 「柳基石」, 『朝鮮民族運動史研究』 8, 1992, 121쪽에서도 언급한 바 있다.

78 현재 확인된 『신민』에 실린 유기석의 글은 다음과 같다.

합한 잡지였다. 1926년부터 1927년까지 1년 동안 6편의 글이 실리었다.[79] 대부분 '유서柳絮'라는 이름으로 발표되었다. 『신민』에 실린 글들은 주로 공산주의와 소련의 공산주의체제를 비판하는 내용이었던 데 비하여, 『동광』에는 아나키즘과 관련하여 크로포트킨의 학설을 소개하는 글이 많았다. 『중외일보』에는 1928년 4월 3일자부터 9일자까지 6회에 걸쳐 「무산계급예술신론無產階級藝術新論」이 연재되었으며, 1929년 3월 18일자에 「신흥시가新興詩家의 계급관階級觀」이 발표되었다. 프롤레타리아 문예이론을 반박하는 내용이었다.

특기할 것은 『동광』에 노신의 「광인일기狂人日記」를 번역하여 게재하였다는 사실이다. 유기석은 '청원青園'이라는 필명으로 노신의 작품을 처음으로 국내에 소개하였다.[80] 이러한 사실로 미루어 그는 중국에서도 국내의 신문이나 잡지를 관심 있게 보고 있었음을 알 수 있다. 예컨대 그가 1926년 1월에 발간된 『민종』 제4호에 실은 「조직전검거적흑기연맹—조선초유적무정부

제 8호(1925년 12월호), 「勞農露西亞의 新經濟政策」(柳基石)
제10호(1926년 2월호), 「칼 맑스의 無產專政」
제11호(1926년 3월호), 「露國革命의 經路와 그 將來」
제12호(1926년 4월호), 「赤色帝國主義」
제13호(1926년 5월호), 「쏄쉬빅키의 階級性」(번역)
제15호(1926년 7월호), 「無產階級專制의 쏘벳트」(번역)
제16호(1926년 8월호), 「쏘비엣트 露西亞와 朝鮮OO運動」(번역)
제18호(1926년 10월호), 「露西亞와 弱小民族」
제20호(1926년 12월호), 「프로文士와 唯物史觀」
제25호(1927년 5월호), 「맑스 階級鬪爭說의 根據」
제28호(1927년 8월호), 「怨恨의 바다」

79 『동광』에 수록된 유기석의 글이다.
제 4호(1926년 8월호), 「中國社會의 階級性」
제 5호(1926년 9월호), 「크로포트킨의 文藝觀」
제 6호(1926년 10월호), 「크로포트킨의 道德觀」(번역)
제10호(1927년 2월호), 「크로포트킨의 互助論槩觀」(번역)
제11호(1927년 3월호), 「燕京郊外雜觀, 東洋史上에 稀有한 南口戰蹟」
제16호(1927년 8월호), 「狂人日記」(青園, 번역)

80 青園이 유기석인 것은 『신민』 1927년 8월호에 실린 「怨恨의 바다」의 내용에서 확인된다.

주의자공판組織前檢學的黑旗聯盟一朝鮮初有的無政府主義者公判」은 『조선일보』의 기사를, 그해 6월에 간행된 같은 잡지 제15호에 게재한 「조선허무당원윤우열피포朝鮮虛無黨員尹又烈被捕」는 『동아일보』의 기사를 번역한 것이었다.[81] 그의 관심은 국내 아나키즘 관련 기사에 그치지 않았다. 그는 염상섭廉尙燮이 프롤레타리아 문학과 대립되는 견해를 밝힌 「문학상文學上의 집단의식과 集團意識과 개인의식個人意識」(『문예공론文藝公論』, 1929. 5)을 중국어로 번역하여 「문학상적집단의식여개인의식文學上的集團意識與個人意識」(『군중월간群衆月刊』 6, 1929)이라는 제목으로 중국에 소개할 만큼 국내 문단의 동향에까지 관심을 두었다. 그렇기 때문에 그는 국내에서 전개된 문학논쟁에 대한 글을 발표할 수 있었다. 유기석은 중국에서도 프롤레타리아 문예이론에 반대하는 아나키즘적 문예이론을 주장하였는데, 「무산계급예술신론無產階級藝術新論」(『문화전선文化戰線』 1, 1928. 5), 「검토마극사〔맑스〕주의적계급예술론檢討馬克斯主義的階級藝術論」(『민간문화주간民間文化週刊』), 「예술적이론투쟁藝術的理論鬪爭」(『현대문화現代文化』 1, 1928. 8) 등이 그것이다.[82] 「무산계급예술신론」은 『중외일보』에 실린 논설과 같을 것으로 생각된다.

동시에 유기석은 『약소민족적혁명방략弱小民族的革命方略』(中山書店, 1929. 6)이라는 저서와, 『자유사회학自由社會學』(中山書店, 1929)이라는 번역서를 출간하였다.[83] 『약소민족적혁명방략』은 중산서점이 발행하던 '신시대총서新時代叢書' 4권으로 간행되었으며, 76쪽이었다.[84] 상해의 중산서점은 『무정부주

81 中共中央馬克思 恩格斯 列寧 斯大林 著作編譯局硏究室 編, 『五四時期期刊介紹』 3-下, 北京: 生活·讀書·新知三聯書店, 1979, 706~707쪽.

82 李何林 編, 『中國文藝論戰』, 上海: 上海書店, 1930에 수록된 柳絮 관계 논설을 참조할 것.

83 『自由社會學』의 실물을 보지 못하여 저자와 간행 월을 확인하지 못하였다. 中國國家圖書館 목록에 따르면, 이 도서는 태원의 산서성도서관에 소장되어 있으며, 120쪽이라고 한다. 북경의 全國圖書館文獻縮微中心에서 2007년에 마이크로필름으로 만들어졌다. 필자가 확인한 바로는 중국국가도서관에는 소장되어 있지 않으며, 별도로 마이크로필름 복사를 주문해야 한다. 應起鸞의 「柳樹人生平」, 5쪽에 저술로 언급되어 있다.

84 이 서적은 상해 復旦大學 도서관에 소장되어 있다. 필자는 복단대학 역사계 박사과정에 재학 중

의연구無政府主義硏究』(瞿任俠, 1929)와 같은 아나키즘 계열 서적과 『청당운동개론淸黨運動槪論』(中山書店 편집, 1927)과 같은 반공서적을 출판하였다.[85] 그 내용을 확인하지 못하였으나, 『자유사회학』도 공산주의를 비판하는 내용이었을 것으로 짐작된다. 『약소민족적혁명방략』은 1928년 7월 9일에 완성되었으며, 약소민족의 혁명방략으로 자유연합조직과 총동맹파공 등을 강조하는 내용이었다. 결국 자본주의사회를 개조한 자유노동자 사회를 건설하는 데에는 폭력 이외의 방안이 없다는 것이다.[86] 이 저서는 아나키스트들 사이에서 제법 읽힌 것으로 보이는데, 중국 본토에서뿐만 아니라 대만에서도 읽히다가 압수되었다는 기록이 있다.[87]

이처럼 아나키즘에 경도되어 여러 방면으로 활동하던 유기석은 안창호에 대한 개인적 존경과 많은 대화에도 불구하고,[88] 흥사단의 방향을 회의하다 결국 1928년에 흥사단을 스스로 출단黜團하고 말았다.[89] 아마도 이를 전후하여 기독교와도 결별하였을 것으로 짐작된다. 일반적으로 아나키스트들이 종교를 부인한다는 점에서 그렇게 생각되는데, 1910년대 말부터 1920년대 후반

인 李相九 · 金秀勇 씨의 도움으로 복사본을 볼 수 있었다.

85 中國國家圖書館 목록에는 『淸黨運動槪論』, 『無政府主義硏究』 등과 함께, 1932~1933년 발행된 『拓報』라는 신문이 중산서점에서 발행된 것으로 나타나 있다.

86 『弱小民族的革命方略』의 목차는 弱小民族解放的目標와 殖民地革命的方略, 부록순이다. 殖民地革命的方略은 緖言 · 革命應有的傾向 · 殖民地革命黨不應該與統治國的勞働政策聯絡 · 弱小民族之解放須由弱小民族自己努力 · 革命的組織 · 組織的原則 · 戰略으로, 부록은 東方革命者的使命과 一個革命者的人生觀으로 구성되어 있다.

87 臺灣總督府 警務局 編, 『臺灣總督府警察沿革誌』 Ⅲ, 東京: 綠蔭書房, 1986, 902~911쪽에 그 초록이 실려 있다. 이 자료는 臺灣에서도 번역되었다. 王乃信 等譯, 『臺灣社會運動史: 1913年~1936年』 第4冊(無政府主義運動 · 民族革命運動 · 農民運動), 臺北: 創造出版社, 1989, 41~51쪽.

88 『三十年放浪記』, 86~100쪽에는 「안창호소전」이 실려 있다. 1960년에 집필된 이 전기에서 유기석은 안창호를 "조선민족자산계급과 소자산계급 지식인을 대표하는 전형적인 인물 중 하나"라고 비판적으로 인식하면서도 품격 있는 진정한 애국자임을 강조하였다. 그는 안창호에 대한 존경과 이해의 차원에서 자신의 회고록에 안창호의 전기를 붙였다. 『三十年放浪記』에는 안창호 외에 안창남의 전기도 수록되어 있다. 심용해와 부친 유찬희의 전기는 매우 소략한 데 비하여 안창호의 전기는 분량이 적지 않다.

89 독립기념관 소장 안창호자료(9-AH0834-000) 「遠東團友의 現況」.

까지 기독교 민족주의자로 다양한 활동을 전개하던 그는 아나키스트의 길을 선택하였다. 기독교와 민족주의를 아나키즘과 연결하고자 하였으나 결국 기독교와 민족주의보다 아나키즘을 택하였던 것이다.

5. 아나키즘 운동의 선봉

여러 기록에서 유기석이 1925년 전후부터 아나키즘 연구나 실천을 목적으로 한 조직에 참여하였다고 언급되고 있는데, 아나키즘 관련단체 이외에서도 다양하게 활동하였음은 앞에서 살펴보았다. 1925년 말부터 약 1년간 태원에서 비행기술을 배웠으며, 1927년 초에는 안창호와 함께 길림사건을 겪고 북경으로 돌아왔다. 이 시기에 한국과 중국의 많은 아나키스트들이 상해를 중심으로 활동하고 있었다. 1927년 6월 중국 아나키스트 진망산秦望山이 그의 고향 복건성福建省 천주泉州를 중심으로 무장자위조직을 만들어 농민들을 조직화하자고 제의하여, 이정규李丁奎를 필두로 한·중·일 아나키스트들이 이 일에 참여하게 되었다. 이들은 유기석에게 연락하여 그를 상해로 오게 하였고, 그는 1927년 후반부터 약 6개월 동안 복건성 하문厦門과 천주 등지에서 한·중·일 아나키스트들과 연합활동을 하게 되었다.

유기석은 8월에 하문에 도착하여 이미 설치된 선전양성소宣傳養成所에서 신경제학·사회학·봉건사회 및 자본주의사회 해부 등의 과목을 강의하였다. 이정규가 주도한 선전양성소는 9월 말까지 학과교육을 마치고 10월에는 농촌에서 실지활동을 진행하고자 하였다. 선전양성소의 사업이 끝나 가며 천주에서의 사업문제가 제기되는 동안, 남경에 간 진망산이 국민당 중앙당부로부터 복건성 당화교육훈련소黨化教育訓練所를 담당해 달라는 제의를 받았고, 한·중·일 아나키스트들은 논란 끝에 이를 수락하였다. 진망산이 소장을 맡고, 이정규가 정치주임을, 중국인 이양영李良榮이 훈련주임을, 이기환李基煥이 학생대장을 담당하기로 하고, 유기석은 교무주임을 맡았다.

그러나 국민정부군이 복건성 내의 공산군과 토비土匪를 소탕하며 이들에게 후방의 정지작업을 요청하자, 결국 11월에 천(주)영(춘)이속민단편련처泉(州)永(春)二屬民團編練處가 조직되었다. 진망산이 본부위원장을 맡고 이정규가 비서장을 맡았다. 한·중 아나키스트들이 각 부서에 배치되었는데, 유기석이 선전교육부에, 이을규李乙奎가 총무부에, 이기환이 훈련지도부에 소속되었다. 유기석의 회고로는 조직대장을 맡았다고 한다. 이 조직은 천주·영안永安 지역에 신농촌을 건설하자는 목적으로, 핵심 양성-민단 조직-토비 제거-신농촌 건설의 단계를 상정한 것이었다. 그러나 토비들의 공격과 극심한 자금난으로 1928년 2월 중순 이후 거의 모든 활동이 중지되었고, 이 운동에 참여한 인사들은 흩어질 수밖에 없었다.[90]

유기석과 이기환은 1928년 2월 말경 함께 상해로 돌아가기 위하여 하문에 머물렀다가, 여비 부족으로 유기석만 먼저 상해로 출발하였다. 그사이에 이기환을 비롯하여 하문에 있던 이강李剛 등 4명이 3월 2일 밤 일본경찰에 체포되어 하문 일본영사관에 구금되었다. 이정규를 비롯한 민단편련처 관계자들이 이기환을 구출하고자 중국 외교부를 동원해 항의하고, 천주 시민들이 시위를 하는 등 다각적으로 노력하였으나 이들은 결국 국내로 송환되고 말았다.[91]

천주에서 돌아온 직후부터 유기석은 아나키스트들의 조직체를 결성하는 일에 진력하였다. 그것은 1928년 3월 상해에서 한일원韓一元·윤호연尹浩然 등과 아나키즘에 공명하여 일제의 국체를 변혁하고 사유재산제도를 부정할

---

90 선전양성소와 泉永二屬民團編練處의 조직과 활동 등에 관해서는 李丁奎,「中國福建省 農民自衛運動과 韓國同志들의 活動」,『又觀文存』, 三和印刷出版部, 1974, 128~155쪽과『三十年放浪記』, 138~150쪽에 상세하다.『韓國아나키즘運動史』, 301~308쪽과 이호룡,『아나키스트들의 민족해방운동』, 214~217쪽에도 이에 대해 잘 정리되어 있다.

91『三十年放浪記』, 146쪽. 石源華·李輔溫 編,「廈門日警越界擅捕朝鮮人李箕煥等四人案」,『南京國民政府 外交部公報』제1권 제2호(1928. 6).

목적으로 재중국조선무정부공산주의자연맹在中國朝鮮無政府共產主義者聯盟을 조직하였고, 같은 해 6월 14일 상해 화광의원華光醫院에서 이정규와 일본인 아카가와 게이라이赤川啓來, 중국인 모일파毛一波 등과 협의하여 동방무정부주의자연맹東方無政府主義者聯盟을 조직하였다는 사실로도 확인된다.[92] 재중국조선무정부공산주의자연맹에서는 그 기관지로 『탈환奪還』을 간행하였는데, 유기석도 이에 관여하였던 것으로 보인다.[93] 이즈음 한국인 아나키스트들은 생계문제를 해결하기 위하여 안공근安恭根이 얻은 셋집에 아이스크림 가게를 열었는데, 유기석이 손님 접대를 맡았다는 회고가 있다.[94] 『약소민족적혁명방략』이 이 시기에 작성되었다.

이러한 움직임 속에서 유기석이 그해 가을 남창南昌의 중국국민당 성당부에서 일하다가 관련 증명서를 제출하지 못하여 면직되었다는, 그의 부인 응기란의 증언이 있다.[95] 응기란이 유기석을 처음 만났을 때의 회고이므로 시기는 정확해 보이지만 중국국민당과의 관련 문제는 검토가 필요할 것 같다. 그렇다면 그는 1928년 10월을 전후하여 이정규가 상해에서 일본총영사관에 체포된 직후에 상해를 떠나 남창으로 이동한 것으로 짐작된다. 일본인 아나키스트 아카가와 게이라이와 그가 소개한 시라야마 히데오白山秀雄 등이 일제의 계략에 속아 체포된 뒤 이정규가 일제의 계책에 말려 체포되었으므로 유기석이 상해를 떠난 것이 아닌가 한다. 그런데 1928년 10월 그가 정래동·오남기 등과 아나연맹을 조직하고 기관지로 『이튿날』을 간행하였다는 기록이

92 『중외일보』 1929년 2월 16일자 「'東方無政聯盟'의 李丁奎의 公判」. 국가기록원 소장 「이정규 판결문」(공훈전자사료관 원문정보 데이터베이스).

93 이에 대해서는 박환, 「1920년대 후반 재중국조선무정부공산주의자연맹의 결성과 『탈환』의 발행」, 『식민지시대 한인아나키즘운동사』 참조.

94 鄭華岩, 『이 조국 어디로 갈 것인가』, 자유문고, 1982, 92쪽.

95 應起鸞, 「往事縈懷」, 『壬辰抗倭戰爭』; 『延邊歷史硏究』 2, 延邊: 延邊歷史硏究所, 1987, 1쪽.

있어[96] 검토가 필요하다.[97] 그가 상해에 있을 때 9월 1일 노신을 만나러 갔다가 만나지 못하였던 사실은 이미 지적한 바 있다. 1929년의 행적도 그의 회고에 혼선이 있어 부정확하다. 그는 1929년 봄 남경에서 『동남일보東南日報』의 문화면 편집을 수개월간 맡았다가, 천진으로 가 『천진상보天津商報』에서 10여 일간 주필을 맡았다고 하였다.[98] 또한 『동남일보』에 관여한 기간에 상해에 있으면서 채원배蔡元培를 두 차례 만났다는 기록도 남겼다.[99] 아무튼 정확한 궤적은 알 수 없지만, 유기석은 1928년 10월 이후 남창에서 일시 체류하다가 남경의 신문사에 근무하였던 것 같다.

그의 회고에 따르면, 이 시기 전후에 유기석은 중국 동북지방에 거주하는 한국농민들을 하북성河北省 산해관山海關으로 이주시켜 조선독립운동의 근거지를 만들고 농사와 군사훈련을 하며 항일유격대로 조직하고자 하는 계획을 세웠다.[100] 이를 위하여 그는 채원배에게 지도를 청하였고, 두 차례 그를 만났다고 한다. 이 일로 미루어 보면, 비록 흥사단을 출단하였으나 안창호의 이상촌운동이나 아나키스트들의 농민자위운동에 일정한 영향을 받았던 것 같다. 채원배는 북양정부北洋政府 농광부장農鑛部長을 통하여 유기석을 지원하였고, 천진에 간 유기석이 건설청에 여러 차례 찾아가도 진전이 없자 남개대학南開大學 교장 장백령張伯苓에게 도움을 청하는 등 여러 방면으로 노력하였다. 그러나 하북성 정부와의 교섭이 지난하여 유기석은 결국 포기하지 않을 수 없었다.[101] 그는 장백령의 소개로 천진의 『익세보益世報』에 취직을 시도하였다가, 안양생安陽生의 도움으로 『천진상보』의 주필로 취직하였다. 하

96 『韓國아나키즘運動史』, 297쪽.

97 堀內稔, 「柳基石」, 122쪽에서도 이 점을 지적하고 있다.

98 『三十年放浪記』, 247쪽.

99 『三十年放浪記』, 159쪽.

100 『三十年放浪記』, 151쪽.

101 『三十年放浪記』, 164~165쪽.

지만 『천진상보』가 자본가의 이익을 대변하는 신문이었기 때문에 며칠 못 가 그만두었다.[102]

북경으로 돌아온 유기석은 심용해의 권유로 1929년 가을, 함께 연변을 방문하여 농촌 개발을 위한 자금 모집에 진력하였지만 성과는 없었다.[103] 다시 북경으로 돌아온 그는, 과정은 확인되지 않지만, 당시 염석산 계열의 북경시장 장음오張蔭梧의 비서로 취직하여 북경시 판공실에 근무하게 되었다. 응기란은 친구 주무림周茂林의 소개로 북경시정부 제3과원으로 일하였다고 밝히었다.[104] 주무림이 어떠한 인물인지는 알 수 없지만, 아나키스트인 유기석이 군벌정부의 관리로 일하였다는 사실은 특기할 만하다. 아무튼 그가 북경시 판공실에 근무하던 1930년에 많은 사건이 일어났는데, 그 일들에 대처하는 데 유기석의 지위는 큰 힘이 되었다. 먼저 2월 국내에서 호서은행사건湖西銀行事件이 일어났다. 아나키즘에 동조하던 신현상申鉉商이 국내로 들어가 최석영崔錫榮과 함께 호서은행에서 5만 8천 원의 거금을 인출하여 3월 북경에 나타나 유기석을 찾은 것이다. 이를 기화로 중국 내 한인 아나키스트들이 북경에 모여 여러 문제를 논의하였으나, 이들은 5월 초 일제의 사주를 받은 중국경찰에 체포되었다. 유기석도 일시 체포되었으나 북경시 판공실에 근무하는 지위를 이용하여 각 방면에 도움을 청하여 호서은행사건의 직접 관계자인 신현상과 최석영을 제외한 다른 인사들을 석방시킬 수 있었다.[105] 일제의 정보보고에는 이와 관련하여 남화한인청년연맹南華韓人青年聯盟이 4월 20일

102 『三十年放浪記』, 165~167쪽.

103 『三十年放浪記』, 167~179쪽.

104 應起鸞, 「柳樹人生平」, 2쪽.

105 『三十年放浪記』, 180~191쪽; 『一鳶實記』, 一鳶實記刊行委員會, 2005; 『동아일보』 1930년 3월 18일자 「船荷證券을 僞造 六萬餘圓을 詐取」; 『중외일보』 1930년 3월 18일자 「湖西銀行 橫領犯 北平서 8名 檢擧」; 『동아일보』 1930년 5월 2일자 「崔錫英 申鉉鼎 兩人에 一年役求刑」, 9월 26일자 「判決言渡는 오는 三十日 湖西銀行 無政府主義者들의 秘密結社 事件公判」.

상해에서 결성되었다고 나온다.[106] 이에 따르면 북경에서 신현상과 최석영이 유기석과 협의하여 이 자금을 테러활동자금으로 사용하기로 하고, 유기석이 동지를 규합하고자 상해로 가서 유자명·장도선張道善·정해리鄭海理 등과 함께 4월 20일 남화한인청년연맹을 결성하였다는 것이다. 그 규약과 강령에 따르면, 이들은 정치운동과 노동조합지상운동, 사유재산과 종교, 가족제도를 부인하고, 절대 자유평등의 이상적 신사회 건설을 목표로 삼았다.[107] 그리고 의열투쟁 계획을 세우기 위해 북경에서 무정부주의자동양대회를 열어 전 중국에 산재한 한국인 아나키스트들을 소집하여, 논란 끝에 만주에서 김종진金宗鎭·이을규 등이 전개하고 있던 민족해방운동기지 건설운동에 자금을 투입하기로 결정하였다고 한다.[108] 결국 관련자들이 체포되어 남화한인연맹은 1931년 9월경에 재정비되고, 의열투쟁 역시 그 이후에 본격화된다. 유기석의 회고록에는 그가 상해로 갔다거나 남화한인청년연맹을 결성하였다는 기록이 나오지 않는다. 그가 남화한인청년연맹의 결성에 중요한 역할을 하였지만, 상해에만 있지 않았기 때문에 그 중심에서 활동한 것 같지는 않다. 오히려 1937년 중일전쟁 이후 상해에서 지하공작을 하면서 이 단체에서 활동한 것으로 보인다.

유기석은 1930년 4월 2일에 비행기 추락사한 안창남의 사망을 알리는 전보를 받고 태원을 다녀왔다고 한다.[109] 그리고 4월 6일 심용해가 연변에서 암

---

106 남화한인청년연맹의 설립일은 일제 자료에 따라 다른데, 성주현, 「아나키스트 원심창과 육삼정 의열투쟁」, 『崇實史學』 24, 2010, 91~92쪽의 주 50)에 이에 대해 정리되어 있다. 남화한인청년연맹에 관해서는 孔基澤, 「南華韓人青年聯盟의 無政府主義 運動」, 국민대 대학원 국사학과 석사학위논문, 1991; 박환, 「1930년대 남화한인청년연맹의 결성과 활동」, 『식민지시대 한인아나키즘운동사』 등의 논문이 있다.

107 「在上海南華韓人青年同盟の綱領規約及宣言」, 『思想彙報』 5, 1935, 112쪽.

108 이호룡, 『아나키스트들의 민족해방운동』, 161쪽.

109 柳樹人, 「安昌男的一生」, 9쪽. 『중외일보』 1930년 4월 20일자 「安昌男氏 死因은 飛行 엔진의 故障」에서 안창남의 누나 安昌華가 안창남의 사인을 밝히고 있다.

살당하였다.[110] 그는 5월에 이 소식을 전해 들었으나, 유기석의 연변 행을 만류하는 편지가 와서 연변에는 가지 못하였다.[111] 그리고 여름에 부친 유찬희가 사망하였다. 소련에서 목회를 하던 유찬희는 발병하자 조국강산을 보고 싶어 하여, 배편으로 귀국하여 서울 세브란스병원에서 사망하였던 것이다.[112] 그에게 1930년은 사건도 많았을 뿐 아니라 그가 의지하던 세 사람이 운명을 달리한 해이기도 하였다.

그해 6월 천진에서 유기석이 대한대독립당주비회가 창간한 중국어 신문 『한국의 혈血』의 고문을 맡아 주간 박용태朴龍泰를 지원하였다는 일제의 정보보고가 있다.[113] 안창호의 대독립당운동을 지원하였던 것이다. 그리고 이 시기를 전후하여 정화암鄭華岩 등 아나키스트들이 자금을 얻기 위하여 유기석을 내세워 안창남의 누나 안창화安昌華가 산서성 정부로부터 받은 위자료를 운동자금으로 확보하고자 하는 시도가 있었다고 한다.[114] 1930년 9월 유기석은 북경시정부에 사직서를 제출하고 여러 곳을 돌아 상해로 갔다가 천주로 이동하였다. 북경을 둘러싸고 군벌과 국민정부군의 전투가 계속되는 등 정국이 어수선한 와중에 일제가 그에게 현상금을 걸고 체포에 나서자, 그는 북경을 벗어나지 않을 수 없었다.[115]

이미 1927~1928년 천주에서 민단편련처 활동을 한 바 있던 그는 한·중 아나키스트들이 설립한 여명고등중학黎明高等中學의 지리교사로 일하며 체육교사를 겸하고 교장대리까지 맡았다. 그러나 중국 아나키스트들 사이에서 분란이 일어나자 학교를 떠나려 했는데, 그에 대한 체포령이 일제의 압력에

110 『중외일보』 1930년 5월 4일자 「沈容海殺害事件 容疑者를 逮捕」.
111 『三十年放浪記』, 180쪽.
112 『三十年放浪記』, 337쪽.
113 『韓國獨立運動史資料』 3, 국사편찬위원회, 1973, 443쪽.
114 鄭華岩, 『이 조국 어디로 갈 것인가』, 107~114쪽.
115 『三十年放浪記』, 191~192쪽.

의하여 천주지역에 내렸음을 알게 되었다. 마침 채계석蔡季石이라는 경비대장의 도움으로 석사진石獅鎭이라는 곳으로 옮겼다가, 1931년 중반경에 상해로 돌아오게 되었다.[116] 이 학교에 재직하던 시절 어려서 헤어진 동생 유기문柳基文과 상봉하였고,[117] 유기문 역시 아나키스트로서 형의 길을 따르게 된다.

상해에 돌아온 유기석은 천주에서 함께 온 허추열許秋烈과 당시 강만江灣 입달농학교立達農學校 교원으로 있던 유자명이 주도한 아나키즘 연구단체인 불멸구락부不滅俱樂部에 11월을 전후하여 참여하였다.[118] 이후 그는 북경에서 지방군대와 일부 동북의용군을 재편성한 동북민중항일구국군東北民衆抗日救國軍의 별동대 20여 명의 지휘관으로 있었다.[119] 따라서 1932년 4월 29일 윤봉길의거가 있던 시기에는 상해에 없었다. 그는 1932년 11월 북경에서 상해로 와 원심창元心昌과 이용준李容俊을 프랑스조계 서문로西門路 무릉공우武陵公寓에서 만났다. 이 자리에서 유기석은 자신이 상해를 방문한 목적을 밝혔다.

> 나는 북경에서 항일운동에 종사하며 그 자금으로 복건의 항일단체로부터 7천 원을 받았는데, 그 잔금 3천 원이 있다. 이것을 가지고 북경 또는 천진에 있는 일본군부 또는 일본영사관에 폭탄을 던지면 다시 광동, 복건 방면의 항일회로부터 수만의 자금을 얻어낼 수 있으니 그 자금을 무정부주의운동에 쓰라. 나는 그와 같은 동지를 모집하기 위해서 왔다.[120]

---

116 이 과정은 『三十年放浪記』, 192~200쪽에 상세히 기술되어 있다. 여명고등중학에 관해서는 辜也平, 「泉州民衆運動中的黎明高中與平民中學」, 『泉州師範學院學報』 2006-5도 참고할 수 있다.

117 『三十年放浪記』, 201~213쪽. 沈克秋, 「浮沉在硝烟弥漫的時代浪潮中—記柳樹人的一生」, 『懷念集』 5, 泉州: 泉州平民中學 · 晋江民生農校校友會, 1990, 36쪽에 따르면 유기문은 1930년대에 형과 함께 開封에 있다가 신경병으로 黃河에서 투신자살하였다고 한다. 이 글은 沈克秋, 「나의 회고」, 215~ 227쪽에 번역되어 실려 있다.

118 『韓國獨立運動史資料』 3, 546~547쪽.

119 『三十年放浪記』, 235쪽.

120 「判決文」, 『義士 元心昌』, 원주원씨종친회, 1979, 78~79쪽.

그는 북경에서 항일운동을 전개하고 있었으며, 복건성의 항일단체로부터 자금을 받았고, 북경이나 천진의 일본기관에 폭탄을 투척하는 것을 목적으로 하고 있었다. 이들은 북경으로 가 재중국조선무정부공산주의자연맹 북경연맹의 정래동·오남기·국순엽鞠淳葉·유기문 등과 협의하고 유기석이 준비한 수류탄 3개를 가지고 11월 14일 천진으로 이동하였다. 16일 저녁 이용준은 일본총영사관 관저에, 유기석은 일본군사령부에, 유기문은 법조계 부두에 정박 중이던 일본 기선에 각각 수류탄을 던졌다. 일본총영사관 관저에서는 외곽의 벽돌담 일부가 파손되었으나, 사령부에 던진 수류탄은 불발되었고 기선에 던진 수류탄은 바다에 떨어지고 말았다.[121] 유기석은 1개월 뒤 천진의 니혼쇼킨은행日本正金銀行과 해광사海光寺에 주둔한 일본병영을 파괴하기 위하여 나섰다. 그의 애인 응기란이 폭탄 운반을 도왔으나, 은행 계단에 설치한 시한폭탄이 발각되었다. 병영 발전소에 던진 수류탄은 폭발하였지만, 그 피해 정도는 밝혀지지 않았다.[122]

1933년 1월 일제의 정보망은 유기석이 상해에 와 동지들과 투쟁계획을 세운 것으로 파악하고 있었는데,[123] 그는 1932년 겨울 응기란과 결혼하여 상해를 떠난 것으로 보인다.[124] 이후 그는 하북성 장가구張家口 근처 선화宣化의 성립 제2사범학교의 교사로 재직하였고, 1933년 3월 17일에 일어난 주중국 일본공사 아리요시 아키라有吉明 암살미수사건의 소식을 전보로 전해 받았다. 원심창·백정기白貞基·이강훈李康勳이 일제에 체포되었으니 주의하라는

121 성주현, 「아나키스트 원심창과 육삼정 의열투쟁」; 村田生, 「上海及南京方面ニ於ケル朝鮮人ノ思想狀況」, 『思想彙報』 7, 1936, 177쪽. 『三十年放浪記』, 235~240쪽에 의하면 유기문이 던진 폭탄은 난요마루南洋丸의 갑판에 떨어졌지만 선원이 배 밖으로 차냈다고 한다. 유기석이 일본병영에 폭탄을 투척하였다는 회고는 없다.

122 『三十年放浪記』, 241~242쪽.

123 在上海總領事館, 「有吉公使暗殺陰謀無政府主義者檢擧ノ件」, 『外務省警察史－支那ノ部(未定稿)』; 『日本外務省特殊調査文書』 28, 高麗書林, 1989, 828쪽.

124 應起鸞, 「往事縈懷」, 2쪽에 4년 연애 끝에 결혼하였다고 한 점으로 미루어, 1932년 겨울 정도가 아닐까 생각된다. 堀內稔, 「柳基石」, 123쪽에도 그렇게 추정하고 있다.

내용이었다.[125] 아마도 그가 이 사건의 계획과 무관하지 않았기 때문에 주의하라는 전보가 왔을 것이다.[126] 그가 어떠한 경위로 선화의 사범학교 교원이 되었는지는 알 수 없지만, 이 역시 결혼과 무관하지 않았을 것이 틀림없다. 그는 1933년 7월 내몽고지역인 포두包頭에서 반일·반만反滿 테러를 목적으로 한 중한호조회조직회中韓互助會組織會에 참여하였다.[127] 그리고 개봉開封에 정착하여 1937년 중일전쟁이 발발할 때까지 『하남일보河南日報』의 주필로 활약하면서 중학과 대학에서 강의하였다.[128] 일시 한국독립운동과 아나키즘운동 선상에서 벗어나 있게 된 것이다.[129]

6. 맺음말

유기석은 중일전쟁이 발발한 뒤, 김구와 안공근의 명의로 합작을 제안하는 전보를 받고서 개봉을 떠났다. 이후 그는 상해에서 지하공작에 참여하며 남화한인청년연맹과 행동을 같이하여, 상해지역 일본외교의 책임자인 다니마사유키谷正之 공사의 암살기도에 관여하였으나 실패하였다.[130] 상해를 탈출한 그는 1938년 소북蘇北 지역으로 옮겨 가 중국 유격대에 합류하였으며,

---

125 『三十年放浪記』, 231쪽.

126 『國外ニ於ケル容疑朝鮮人名簿』, 朝鮮總督府 警務局, 1934, 330쪽에는 上海에서 有吉明 암살계획에 관계하고 도주하였다고 기록되어 있다.

127 金正明 編, 『朝鮮獨立運動』 Ⅱ, 原書房, 1967, 502~503쪽.

128 『三十年放浪記』, 244~258쪽. 沈克秋, 「浮沉在硝烟弥漫的時代浪潮中一記柳樹人的一生」, 36쪽에 의하면 開封師範學校와 河南大學에서 강의를 하였다고 한다. 일제도 그가 개봉에서 『河南日報』의 주필직에 있음을 확인하고 있었다(佐藤欽一, 「南京陷落後の在支不逞鮮人團體の動靜」, 『思想情勢視察報告集』 5, 京都: 東洋文化社, 1974, 121쪽).

129 그렇지만 아나키스트들과의 연결이 끊어지지는 않았다. 沈克秋, 「浮沉在硝烟弥漫的時代浪潮中一記柳樹人的一生」, 40쪽에 따르면 심극추는 병으로 중국인 아나키스트 伍禪과 巴金의 금전적 지원을 받아 1936년 개봉에 가 있었다고 한다.

130 堀內稔, 「柳基石」, 123쪽.

1940년 이후 소북 지역에서 교육사업에 종사하였다.[131] 1943년에는 강소성 상요上饒에서 조선민족혁명당 계열의 한국광복군 제1지대 구대와 한국독립당 계열의 제3징모분처의 대립을 중재하고, 제3전구 한교전지공작대를 조직하여 지도하였다. 이 공작대는 1944년과 1945년에 걸쳐 적 점령지인 남경을 중심으로 지하공작활동을 벌였다.[132] 공작대 통합과정에서 이들은 1944년 3월 1일 조선민족혁명당에 입당하였는데, 유기석은 1944년 4월 제8차 조선민족혁명당 대회에서 명예주석단의 일원으로 중앙집행위원에 선출되었다.[133] 미군의 조사에 따르면, 그는 Korean National League(한족동맹회韓族同盟會)의 회장으로 징모 3분처 대장이었다.[134]

해방이 되자 유기석은 중한문화협회의 동남분회 주비위원으로 선임되었고,[135] 1946년 초에는 상해에서 『중한문화中韓文化』의 편집을 맡았다. 이어 1946년 8월부터 2년간 남통학원南通學院의 경제학 부교수로 있었고, 1948년 7월부터는 산동성山東省 청도青島의 화북초연공사華北草煙公司 고문을 1년 가깝게 지냈다.[136] 1949년 5월 3일, 생애 처음으로 서울을 방문하여 가족들을 만나고 7월 1일에 중국으로 되돌아갈 때까지 만 2개월간 머물렀다.[137] 중국에 돌아와서는 1952년까지 상해에서 상업에 종사하다가, 1952년 11월 강소사범학원江蘇師範學院 역사계 교수로 취임하였다. 그는 강소사범학원이 소주대

---

131 『三十年放浪記』, 276~303쪽.

132 柳樹人, 「韓國獨立運動的回顧與前瞻」, 『中韓文化』 2, 1946, 8쪽; 『三十年放浪記』, 305~321쪽.

133 『독립』 1944년 5월 24일자 「재중국 우리 동포의 활동경형」. 통합과 관련하여 유기석은 조선혁명청년연맹의 맹원으로 나오고 있다.

134 『韓國獨立運動史資料』 22, 국사편찬위원회, 1993, 573쪽. 『獨立新聞』(重慶版) 1945년 7월 20일자 「被解放的韓人 熱烈擁護臨時政府」에 따르면 한족동맹회라는 민중단체가 조직되어 임시정부를 지지하며, 한교공작대원도 150명에 이르러 한국광복군의 1개 지대로 개편될 수 있다는 내용으로 유기석 명의의 전보가 임시정부와 광복군 앞으로 왔다고 한다(『韓國獨立運動史料—楊宇朝篇—』, 國家報勳處, 1999, 582쪽).

135 『中韓會訊』 5, 1946, 6쪽; 秋憲樹 編, 『資料韓國獨立運動』 2, 延世大學校出版部, 1972, 349쪽.

136 柳長青 외 작성, 「獨立有功者平生履歷書(柳基石)」(국가보훈처 소장).

137 柳樹人, 「憶漢城」, 『旅行雜誌』 25-12, 1951, 35 · 38쪽.

학蘇州大學 사회학원으로 개편된 이후에도 계속 재직하여, 사망할 때까지 재임하였다.[138]

한국전쟁 중에는 친북노선을 걸어 북한을 지지하는 논설을 발표하였고, 황건黃健 등 북한작가들의 작품을 중국어로 번역하여 『연소적월미도燃燒的月尾島: 조선단편소설집朝鮮短篇小說集』(新文藝出版社, 1953)을 출간하였다. 이어 한설야韓雪野의 작품을 번역하여 『재궤도상在軌道上』(新文藝出版社, 1955)이라는 제목으로 간행하였다. 일시 조선노동당의 광주판사처廣州辦事處에 관여하여 북한의 대외선전과 연락 일을 맡기도 하였으며,[139] 1973년에는 북한을 방문하여 황해도의 친척들을 만났다고 한다.[140] 1950년대에 조선 국적을 회복하고 공산주의체제의 중국에서 살아간 그에게 다른 선택의 여지는 없었을 것이다. 그는 1950년대부터 한국역사와 관련된 적지 않은 논문을 발표하거나 번역하였다. 안중근·홍경래, 제국주의의 한국침략 등에 관한 글도 있었지만 임진왜란에 관한 논문이 많았다. 사후에 간행된 『중국을 찾아온 조선의 옛사람들』(료녕인민출판사, 1984)과 『임진항왜전쟁壬辰抗倭戰爭』(『연변역사연구延邊歷史研究』 제2집, 연변역사연구소, 1986)은 그러한 작업의 결과물이다. 유기석은 1980년 11월 27일 심장발작으로 75세의 일생을 소주의 자택에서 마무리하였다.

유기석은 1920년대 이후를 풍미한 아나키스트였다. 그는 기독교 가정에서 태어나 기독교적 분위기에서 민족주의 교육을 받으며 성장하였다. 3·13만세시위에도 적극 참여한 그는 1920년 관내로 옮겨온 이후 기독교 계통 학교인 남경의 화중공학을 졸업하고 북경의 조양대학으로 진학하였다. 그는 상

---

138 應起鸞, 「柳樹人生平」, 4쪽.

139 應起鸞, 「柳樹人生平」, 4쪽. 아마도 그 시기는 1950년 전후였던 것 같다. 대만에 있다가 한국으로 귀국하려던 유자명이 홍콩에서 한국전쟁 발발로 중국에 정착하게 되면서 광주에 1개월간 머물렀는데, 그때 유기석을 만났다고 한다(유자명, 『나의 회억』, 185쪽).

140 沈克秋, 「浮沉在硝烟弥漫的時代浪潮中—記柳樹人的一生」, 40쪽.

해와 남경에서 흥사단에 가입하여 활동하였으며, 안창호의 지도를 받았다.

1924년 북경에 간 이후 그는 아나키즘에 경도되면서도 기독교인이자 흥사단원으로서 활동하고, 유학생회와 학생운동에도 적극적이었다. 그는 문필활동도 활발히 전개하여 아나키즘을 선전하고 소련 체제와 공산주의를 배척하는 글을 중국과 국내에서 발표하였다. 동시에 아나키즘운동 단체에도 주도적으로 참여하여, 이론과 행동을 겸비한 아나키스트로 알려지게 되었다. 흥사단을 출단한 후에는 기독교와도 결별한 것으로 생각된다.

1925년 중국 국민대회에서 한 뛰어난 연설은 국내외에 그의 명성을 널리 알렸다. 길림사건과 호서은행사건 등을 처리하는 데에서 뛰어난 능력을 보였으며, 재중국조선무정부공산주의자연맹·남화한인청년연맹과 같은 아나키즘운동 단체의 조직 운영이나 자금 모집 등의 면에서 지도자로서의 면모를 과시하였다. 그러면서도 비행기술을 배우고, 운동에도 능력을 보이며, 잡지 편집과 문필에도 열심이었다. 일제가 그를 한국 아나키스트들의 대표자로 여긴 것은 그의 출중한 능력과 무관하지 않았다.

독립운동가 중 기독교 민족주의자에서 아나키스트로 전환한 유기석과 같은 예는 많지 않았던 것으로 보인다. 일제강점기 기독교 민족주의자에서 공산주의자로 전환하는 경우는 적지 않았지만, 아나키즘에 경도되는 경우는 적었다. 따라서 유기석의 적지 않은 논설들을 계속 수집하여 검토함으로써 그의 사상적 궤적을 상세히 밝히는 작업이 필요하리라 생각한다.

유기석의 아나키즘 수용과 활동은 크게는 제국주의를 반대하여 평등과 호조의 사회를 건설하는 것이었지만, 구체적으로는 일본제국주의 아래에서 신음하는 조국의 독립을 위한 방책이었다. 그가 회고록 『삼십년방랑기』에서 사랑이나 가족과 같은 개인적 문제는 전혀 논의하지 않고 오직 반일투쟁만을 서술한 것은 망국민의 비애를 되씹고자 하였기 때문이었다. 그는 회고록을 마무리하며,

나이가 칠순이 되어 오랜 한을 회상하니 한마디로 다 설명할 수 없고, 한 번에 다 쓰기 어려웠다. …… 나 자신의 수십 년간의 고통스러운 회상에 근거하여, 마음속의 말 한마디를 나의 장래의 유언으로 삼고자 한다.

"망국민이 되고 싶지 않으면, 반드시 자신의 조국과 민중을 열렬히 사랑하고, 국가의 독립과 자유를 소중히 여겨야 한다."[141]

라고 소회를 밝히었다. 아나키스트로서 조국해방을 위해 30년간 투쟁한 유기석이 유언으로 남기고자 한 주제는 조국과 민중, 그리고 국가의 독립과 자유였다. 문화혁명이 전개되던 시기의 언급이어서 아나키스트였던 사실을 드러내기 어려운 상황을 감안해야겠지만, 그러한 점에서도 그에게 민족적 아나키스트라는 표현을 사용하는 것이 그리 잘못된 평가는 아니라고 생각된다.

141 『三十年放浪記』, 334쪽.

제2부

관내에서의 무장투쟁과 독립운동가

이상정의 중국 망명과 한중연대활동

1. 머리말

이상정李相定(1897~1947)은 대중적으로 널리 알려진 독립운동가는 아니지만, 1920년대 중반부터 해방에 이르기까지 중국에서 중국군에 복무하거나 대한민국임시정부에 참여하며 항일독립운동 전선에서 적극 활약한 인물이다. 그는 중국군에서 참모직으로 장관급將官級 대우를 받았으며, 임시정부 임시의정원 의원으로서 두드러지게 활동하였다. 그를 언급할 때에는 흔히 그의 형제들이 함께 논의된다. 4형제가 각기 한국근대사에서 일정한 위상을 갖춘 전문가이며 문필가로 알려졌기 때문이다. 맏이인 이상정에 이어 둘째 이상화李相和(1901~1943)는 일제강점기에 활동한 이름 높은 저항시인이고, 셋째 이상백李相佰(1904~1966)은 역사학자인 동시에 사회학자이며 체육인으로도 저명하였다. 넷째 이상오李相旿(1905~1969)는 수렵가이면서 저술가로 알려져 있다. 이상정은 군인이자 독립운동가이면서도 학자요, 시·서·화

에 조예가 깊은 예술인이었다. 그의 영결식장에서 이상화의 친구인 시인 백기만白基萬이 읽은 조사에,

> 장군이 국민정부의 초청에 응하였음은 오로지 항일전에 조력하기 위함이오 항일전에 진력하였음은 또한 조국해방을 기期한 까닭이니 장군은 조국해방의 일념을 조차造次, 전패顚沛에도 떠나지 아니하야 항상 조국 동지의 원조에 진력 갈력하였나니 장군의 공로는 실로 청사에 빛날 바입니다. …… 장군의 시, 서, 화는 전문 대가를 능가하였고 장군의 전각예술은 근역槿域 오천 년을 통한 거장임을 청남인보晴南印譜가 말하는 바입니다.
>
> 장군은 일즉이 사학으로 천명闡明하였고 특히 궁정비사, 야사에 있어서는 사계의 권위였습니다.[1]

라고 한 것에서도 이상정의 다양한 활동을 짐작할 수 있다.

이상정은 임시의정원 활동을 제외하면 주로 중국군에서 활동하였고, 해방 이후에는 중국에서 한인 귀환에 힘쓰다가 1947년 9월에 귀국하였으나, 10월에 뇌일혈로 사망하여 해방공간에서 활동할 기회가 없었다. 또 적잖은 그의 저술들을 1930년대 이상화가 중국에서 받아 국내로 가지고 왔으나, 일제의 조사를 받는 과정에서 압수당해 소재가 확인되지 않으며, 1950년에 발간된 『중국유기中國遊記(표박기飄泊記)』라는 유고집이 남아 있을 뿐이다. 그러한 이유들로 인해 그간 이상정은 크게 주목받지 못하였던 것으로 생각된다.[2]

본고는 이상정의 재중독립운동 활동을 살펴보고자 작성되었다. 자료가 많지 않아 그의 활동을 주로 밝히는 데 그치고, 사상이나 이념에 대해서는 제대로 논의하지 못하였으나, 민족수난시기를 극복해 나간 한 지식인의 모습은 드러날 것으로 생각된다.

---

1 白基萬, 「哭吊 李相定 將軍」; 李相定, 『中國遊記(飄泊記)』, 靑丘出版社, 1950, 155쪽.

2 이상정을 주목한 연구로는 申東根, 「晴南 李相定將軍考」, 『承南李重熙教授回甲記念 隨筆 및 學術論文選集』, 承南李重熙教授回甲記念 論文集發刊委員會, 1979가 있을 뿐이다.

2. 국내활동과 중국 망명

이상정은 호를 청남晴南 또는 산은汕隱이라 하였고, 직문直文과 연호然晧라는 이름을 쓰기도 하였다.[3] 1897년 음력 6월 10일(양력 7월 9일) 대구에서 상당한 재력을 갖춘 경주이씨 가문에서 출생하였다.[4] 흔히 그의 가문이 대구의 명문가로 이야기되지만, 여러 대에 걸쳐 융성한 가문이었던 것 같지는 않다. 경주이씨 익재공파益齋公派 중 소경공파少卿公派인 그의 가문은 6대조 이래 벼슬에 나아간 적이 없었고, 조부인 동진東珍 대에 와서 재산을 축적하고 '휼빈제궁恤貧濟窮'하며 문중을 위해 많은 일을 하면서 널리 알려졌던 것 같다.[5] 이상정의 부친인 이시우李時雨가 1908년 사망하여,[6] 그와 형제들은 조부와 백부 이일우李一雨의 슬하에서 성장하였다고 한다.

이일우는 대구에 우현서루友弦書樓라는 도서관을 설립하고 당대의 우국지사들과 교류하였다. 그곳은 1920년대에 교남학교嶠南學校로 발전하였고, 오

3 『慶州李氏少卿公派譜』 하, 발행처 불명, 1982, 179쪽.

4 이상정의 생년에 대해서는 1894 · 1896 · 1897 · 1898년 등 여러 주장이 있다. 일제시기 편제된 호적에는 明治 31년(1898) 6월생으로 기재되었다가, 해방 뒤 단기 4231년으로 바뀌어 기재되었다. 이 호적에는 이상화의 생년이 明治 35년(1902), 이상백의 생년이 明治 37년(1904), 이상오의 생년이 明治 39년(1906)으로 기재되어 있다. 『慶州李氏五刊世譜』, 발행처 불명, 1958, 乙編 乙卷之五와 『慶州李氏少卿公派譜』 하에는 '丁酉'(1897년)로 기록되었고, 형제들도 모두 1년 앞서 출생한 것으로 나타난다. 金德亨, 『韓國의 名家』, 一志社, 1976에는 이상정만 1896년 출생으로 되어 있으며, 형제들의 출생연도는 족보의 것과 같다. 유고집 『中國遊記』에 수록된 약력에도 단기 4229년(1896)으로 되어 있다. 『國外ニ於ケル容疑朝鮮人名簿』, 朝鮮總督府 警務局, 1934, 286쪽에 李相完이라는 인물에 대한 조사가 수록되어 있는데, 그 내용은 이상정의 이력이다. 完은 定의 誤字이며, 여기에는 생년이 明治 27년(1894)으로 되어 있다. 필자는 干支로 된 족보의 기록이 맞을 것으로 생각하여 이상정의 생년을 1897년으로 보았다. 이상정의 호적으로는 국가보훈처에 보관된 공훈심사용 호적을 이용하였으며, 慶州李氏益齋公派大宗會 李大熙 회장의 후의로 『慶州李氏五刊世譜』의 복사본을 얻을 수 있었다. 지면을 통하여 감사드린다.

5 『慶州李氏少卿公派譜』 하, 176~177쪽에는 "早孤家貧 養崔夫人〔모친〕 誠孝勤儉力產 四十成家 恤貧濟窮 損財設李氏庄 宗內諸需 多賴於此 宗族慕議 竪碑伏賢岩先塋下"라고 하였다. 이상정의 가계에 대해서는 朴蒼巖, 「家系, 家族的 背景」, 『想白李相佰評傳』, 乙酉文化社, 1996 참조.

6 『慶州李氏少卿公派譜』 하, 179쪽.

늘날의 대륜중고등학교大倫中高等學校가 되었다.[7] 1906년에 우현서루를 소개한 글을 보면,

> (1906년 8월) 대구정거장에 도착ᄒᆞᆷ미 당지 유지신사 수십 인이 김선구金善久 씨의 예선통지預先通知ᄒᆞᆷ을 인ᄒᆞ야 정거장에 출영ᄒᆞ야 광학회廣學會 사무소로 전도前導ᄒᆞ니 즉 소위 우현서루요 해該 서루ᄂᆞᆫ 당지 유지 이일우 씨가 건축경영ᄒᆞᆫ 빈니 동변에 서고가 유ᄒᆞ야 동서서적 수백 종을 저치儲寘ᄒᆞ고 도서실 자격으로 지사의 종람縱覽을 허ᄒᆞ야 신구학문을 수의隨意 연구케ᄒᆞᆫ 처處이라.[8]

라고 한 것처럼, 상당량의 동서양 서적을 구비한 도서관이었음을 알 수 있다. 아마도 이상정은 이러한 배경에서 백부가 운영하던 사숙私塾에서 신구학문을 수학하였을 것이다.[9]

이와 관련하여 이상정의 도일유학 시기가 언제였는지가 궁금하다. 집안에서는 그의 일본유학이 1912년의 일로 알려져 있다.[10] 1930년대 일제의 정보자료에는 그가 1909년부터 일본에 유학한 것으로 기록되어 있다.

> 메이지明治 42년(1909) 도쿄東京 세이조成城학교 3개년 수학, 다이조大正 원년(1912) 9월 도쿄 고쿠가쿠인國學院에 입학하여 동 4년(1915) 8월 졸업 후 사립 대구 계성학교啓聖學校, 평북 오산학교五山學校, 평양 광성고보光成高普 등에서 교편을 잡았다.[11]

1909년부터 도쿄 세이조학교에서 수학한 후 고쿠가쿠인을 졸업한 때가

7 大倫六十年史編纂委員會 편, 『大倫六十年史』, 大倫中高等學校, 1981 참조.

8 『大韓自强會月報』 4(1906. 10), 「本會會報」, 42쪽.

9 1908년 9월 대구에서 達成親睦會가 조직되고, 1913년 講義院이라는 교육단체가 설립된 것으로 미루어, 그는 私塾에서 교육을 받은 것으로 보인다.

10 金德亨, 『韓國의 名家』, 535쪽; 申東根, 「晴南 李相定將軍考」, 16쪽.

11 『國外ニ於ケル容疑朝鮮人名簿』, 286쪽.

1915년이라는 것이다. 그런데 그의 유고집인 『중국유기』에는 1919년에 고쿠가쿠인대학을 졸업하였다고 나와 있다.

1919년	일본 고쿠가쿠인대학 졸업
1919~1921년	대구 계성학교와 대구 신명여학교新明女學校의 교원
1921년	대구에서 양화洋畵 개인전람회 개최
1921~1923년	경성 경신학교儆新學校와 정주 오산학교의 교원

이상정이 세이조학교와 고쿠가쿠인대학에서 수학한 것은 틀림없는 사실이지만, 그 시기가 이처럼 상이하게 나타나므로 좀 더 검토할 필요가 있다. 그가 1909년에 동경의 세이조학교에 입학하였다면 1908년쯤에는 국내에서 보통학교 이상의 학교를 마치고 일본에 가 예비학교를 다녔어야 하는데, 13세에 불과한 나이로 일본유학이 가능하였을까. 그리고 그해 음력 8월 부친상이 있었음을 고려한다면, 정황상 빨라도 1909년이나 1910년 이후에 일본유학을 갔을 것이다. 따라서 1912년 일본유학을 떠난 것으로 이야기되는 집안의 회고가 더 타당해 보인다. 그리고 1910년 전후 세이조학교는 중학교로 5년제였다.

세이조학교는 본래 육군사관학교 진학을 위한 예비학교로 만들어진 사립 특수교육기관이었으나 1897년 이후 일반 중학교로 개편되었고, 1901년부터는 1899년에 반포된 중학교령을 적용받았다. 그러나 현역 육군대장인 고다마 겐타로兒玉源太郎가 교장을 겸임하는 등, 예비 군사교육기관의 기능이 남아 있었다.[12] 설사 이상정이 1909년에 입학하였다 하더라도 5년간 교육을 받아야 하였는데, 그렇다면 1913년에나 졸업이 가능하였다. 따라서 그가 1912년에 고쿠가쿠인에 입학하였다는 정보는 부정확한 것으로 생각된다. 그리고

12 成城學校八十年編纂委員會 편, 『成城學校八十年』, 東京: 學校法人成城學校, 1965, 1~40쪽; 李基東, 『悲劇의 軍人들』, 一潮閣, 1982, 10~11, 56~57쪽.

어떤 이유에서 이상정이 세이조학교에 진학하였는지는 알 수 없다. 고다마 교장이 1906년에 사망하였지만, 세이조학교에는 여전히 예비군사학교로서의 명성이 남아 있었다.[13] 뒤에 이상정이 중국에 망명한 이후, 별다른 군사경력도 없는 상태에서 풍옥상馮玉祥의 서북군西北軍을 비롯한 중국군에 복무할 수 있었던 데에 세이조학교에서 수학한 것이 일정하게 도움이 되지 않았을까 짐작된다.

일제의 정보자료에는 이상정이 1912년 9월 도쿄 고쿠가쿠인대학에 입학하여 1915년 8월 졸업하였다고 기록되어 있고, 유고집에는 1919년 졸업한 것으로 기록되어 있다. 그런데 고쿠가쿠인대학의 졸업생 명부에는 이상정이 나타나지 않는다.[14] 우선, 그가 고쿠가쿠인대학에 재학하였지만 졸업한 것은 아니었다고 보인다. 이 학교는 본래 1890년 고텐고큐쇼皇典講究所에 국사·국문·국법 연구와 교육을 목적으로 설치된 고쿠가쿠인이 1904년 전문학교로 승격된 학교로, 1906년부터 사립 고쿠가쿠인대학이라고 이름하고, 일본 국학과 관련하여 일본사와 일본문 등을 가르치던 곳이었다. 고텐고큐쇼는 일본 신도神道의 제관을 양성할 목적으로 만들어진 기관이었기 때문에, 그 뒤를 이은 고쿠가쿠인대학은 국수적 성격이 두드러진 교육기관이었다.

이상정은 이 대학에서 역사학을 전공하였다고 하는데, 1910년대 고쿠가쿠인대학은 대학부와 사범부, 그리고 전수부로 구성되어 있었다. 대학부는 일본사·일본문을 깊이 연구하기 위한 예과 1년(1912년부터 2년이 1년으로 단축), 본과 3년의 과정으로 구성되었고, 사범부는 중등학교 교원을 양성하는 3년제 과정으로 구성되었으며, 전수부는 일본사·일본문을 공부하는 과정으로 구성되었고 3년 연한이었다. 단기에 일본사와 일본문을 수학하는 속성과도

13 소설가로 이름 높은 玄鎭健도 1916년부터 1918년까지 세이조중학교에서 수학한 것으로 알려져 있다.

14 『(創立百周年記念) 院友名簿』, 東京: 國學院大學, 1982. 다이쇼大正 연간의 졸업생 전체를 확인하였지만 이상정은 명단에 없었다.

있었다. 사범부에 설치되었던 역사과는 1912년 폐지되었으므로, 이상정이 입학한 과정은 대학부라기보다 전수부 또는 속성과라고 생각된다.[15] 그러나 그는 일시 고쿠가쿠인대학에서 수학하였을 뿐, 졸업하지 않았다. 그리고 그가 귀국한 시기는 1917년 전후였던 것으로 짐작된다. 1917년부터 1919년 3·1운동 전후까지 이상정이 대구계성학교의 도화교사였다는 기록이 있기 때문이다.[16] 또한 이상정이 그사이에 미술학교와 상업학교에서 수학하였다는 증언도 있다.[17] 특히 그가 귀국하여 도화교사를 하고 서양화 개인전람회를 개최하였다는 점으로 미루어, 미술학교에서도 수학하였을 것이다.

다만 이상정이 세이조학교와 고쿠가쿠인대학에서 수학하였다는 사실은 쉽게 납득되지 않는다. 두 곳 모두 군국주의 일본의 정신적·실제적 교육기관이기 때문이다. 혹 그가 일본을 극복하기 위해서 가장 일본적인 교육기관을 선택하였을 가능성이 있지만, 그의 연령에는 쉽지 않은 결정이었을 것이다. 뒤에 그가 중국군에서 활동할 수 있었던 배경의 하나로 뛰어난 일본통이었음이 거론될 만큼, 일본에서 그는 일본을 제대로 인식하고자 하였던 것 같다. 하지만 그에 관련된 자료를 남기지는 않았다. 그렇다면 이상정은 1912년부터 1917년 전후까지 일본에 유학하며 역사학과 미술, 상업, 그리고 군사학 등을 수학한 셈인데, 이렇게 다양한 분야를 정규과정에서 공부하기는 어려웠을 것이다.

호적에 의하면 1913년 5월 이상정은 경북 청도淸道 출신의 한 살 위인 한문이韓文伊와 혼인신고를 하였다. 다음 해 1월 숙희淑熙라는 딸이 태어났으

15 『國學院大學一覽』, 東京: 國學院大學, 1925, 1~6쪽; 『國學院大學八十五年史』, 東京: 國學院大學, 1970, 378~387쪽.

16 『계성80년사』, 계성80년사편찬위원회, 1989, 107, 688쪽; 『계성100년사』, 계성100년사편찬위원회, 2006, 92쪽.

17 『韓民族獨立運動史資料集』 7, 國史編纂委員會, 1988, 44쪽. 權基玉, 「나의 履歷書」 19, 『한국일보』 1978년 2월 21일자에도 이상정이 미술학교와 상업학교에서 수학하였다고 지적한 바 있다.

나 그해 12월 사망하였고, 1916년 8월 선희善熙라는 둘째 딸이, 1918년 12월 외아들 중희重熙가 태어났다.

1917년부터 대구에서 교사생활을 하던 이상정의 3·1운동 전후 움직임은 확인되지 않는다. 1919년 3·1운동 직후, 이상정은 대구에 있었다. 계성학교 미술교사로 재직하던 그는 3·1운동 전후에 학교를 사임하였던 것 같다. 3·1운동에 직접 참가하였는지는 알 수 없지만, 그의 백부 이일우가 그해 6월 제령制令 7호 위반사건과 관련되어 신문을 받으며 이상정을 언급하였다.

> 죽은 동생의 아들 이상정이란 자는 일본에서 부기 공부를 했다는데, 그는 원래가 방탕무뢰하여 항상 내가 감독은 하고 있으나 지금부터 한 달쯤 전에 가출하여 현재 행방을 알 수 없는 상태인데, 혹은 그와 신문하는 것과 같은 말이 있었는지는 모르겠다. 그도 3·4만 원의 재산이 있다.[18]

이일우의 언급에서 이상정이 1919년 5월 전후 가출하여 행방을 모른다는 것과, 그의 재산이 3·4만 원에 달한다는 것을 알 수 있다. 백부는 이 신문에서 이상정이 '방탕무뢰'하다고 표현하였는데, 그의 성격을 일부 보여 주는 대목이다. 이상정은 대구에서 서양화 개인전을 열었고, 『개벽開闢』 1922년 7월호와 8월호에 시조를 발표하기도 하였다. 비록 개화에 관심을 두고 도서관과 학교를 설립하고 경제적으로도 개명하여 은행 등 근대기업에 투자한 백부였지만, 조카의 예술적 자유분방함을 '방탕무뢰'로 보았던 것이다.

이상정은 1920년대 초 평안도 등지에서 교사생활을 하였으리라 짐작된다. 일본의 정보보고와 유고집 모두에서 정확한 시기는 알 수 없지만, 정주의 오산학교와 평양의 광성고보, 서울의 경신학교 등에서 교편을 잡은 것으로 나타난다.[19] 『개벽』 1922년 8월호에 게재된 이상정의 시조에 "패강浿江"·"청

18 『韓民族獨立運動史資料集』 7, 44쪽.

19 이상정이 오산학교와 광성고보에 재직하면서 백부 이일우에게 보낸 안부 편지가 개인 소장으로

류벽清流壁"·"모란봉牧丹峯"·"부벽루浮碧樓"·"관서關西 승지勝地" 등의 표현이 나타나는 것으로도 그러한 사정을 알 수 있다. 그는 역사·지리·수학·한문·습자·도화 등을 담당하였다고 한다.[20] 특기할 점은 이상정이 재직하였다고 알려진 이 학교들이 모두 기독교 계통 종교학교였다는 것이다. 그가 기독교 신자였는지는 확인되지 않지만, 적어도 기독교와 무관하지는 않았으리라 생각된다.

흔히 이상정이 1923년 전후 중국으로 망명하였다고 이야기되지만,[21] 서북지방과 서울 등지에서의 교사활동은 적어도 1924년 전후까지 계속되었던 것 같다. 1925년에는 대구에서 조직된 용진단勇進團의 위원장으로 활동하였음이 확인되기 때문인데, 이 단체는 사회주의를 지지하는 성격이 강하였다.[22] 이상정은 교육·사회활동보다는 적극적인 항일활동을 추구하였던 것 같다. 결국 그는 알려진 것과는 달리 1925년 5월경 중국 망명길에 나섰는데, 일제는 이상정이 손문孫文의 삼민주의三民主義에 공명하여 중국으로 망명하였다고 해석하였다.[23]

그런데 이상정이 망명하기 직전인 1925년 4월 말에 용진단의 사업부위원 서상욱徐相郁이 대구경찰서에 체포되어 서울로 압송된 일이 있었다. 서상욱이 체포된 것은 4월 20일 개최 예정이던 민중자대회가 해산당하자 서울 종로에서 적기赤旗를 흔들며 만세를 부른 이른바 적기사건에 연루된 혐의였다.[24] 용진단 위원장인 이상정이 적기사건에 관련되었는지는 확인되지 않으나, 서

남아 있다.

20 金鳳箕, 「跋文」, 『中國遊記』, 151쪽.

21 白基萬, 「哭吊 李相定 將軍」, 『中國遊記』, 154쪽; 金德亨, 『韓國의 名家』, 535쪽; 申東根, 「晴南 李相定將軍考」, 17쪽 등에 그렇게 언급되어 있다.

22 『東亞日報』 1925년 1월 4일자 「勇進團 새해의 새 組織」를 보면, 강령 가운데 "階級的 絶對解放의 完成을 期함"이라는 것이 포함되어 있다. 『時代日報』 1925년 1월 8일자 「勇進團創立式」과 『朝鮮日報』 1925년 1월 10일자 「勇進團의 部署」 등 참조.

23 『國外ニ於ケル容疑朝鮮人名簿』, 286쪽.

24 『동아일보』 1925년 4월 28일자 「大邱警察署 勇進團 檢束」.

상욱이 체포되자 그는 바로 망명한 것으로 짐작된다.[25] 망명을 전후한 시기에 이상정의 정신세계를 짐작할 수 있는 자료는 없지만, 다음 시구에서 중국에 망명한 이상정의 심정을 엿볼 수 있다.

> 부모님의 생각과 나라 생각에
> 더운 눈물 여침旅枕을 적실 뿐이네
> 병든 몸이 이향異鄕에 십년 손 되니
> 아! 나의 속 타는 것 뉘라 알써나[26]

3. 중국에서의 항일활동

이상정은 망명 직후부터 중국 동북지방에서 민족교육에 참여하였다. 그는 하얼빈 근처의 한국인 학교를 맡았던 것이다.[27] 시기적으로 이상정이 서상욱의 체포와 관련하여 망명한 것으로 보이지만, 망명 준비는 그 이전부터 해왔던 것 같다. 그가 하얼빈에서 중국인 지인들을 만나고 바로 교육활동에 참여하였던 사실에서 짐작되는 일이다. 아마도 중국어를 학습하고, 중국에서 활동하던 독립운동세력과도 연락하였을 것이다.

그러나 이상정은 한국인 교육의 현실에 만족하지 못하고,[28] 독립운동에 참여할 기회를 찾았던 것 같다. 그가 40여 일간 동북지역 3,700리를 여행하고,[29] 1926년에 하북성河北省 장가구張家口에서 유동열柳東說 부부 등과 신영

---

25 서상욱은 재판 결과 집행유예 3년의 판결을 받고 석방되었다. 『시대일보』 1925년 6월 17일자 「徐安兩氏慰勞宴」; 국가기록원 독립운동관련 판결문(1925. 6. 8) 관리번호 CJA0000282 참조. 이 사건에 대해서는 권기옥에 관한 평전소설 『날개옷을 찾아서』, 하늘자연, 2015를 집필한 정혜주 씨의 교시에 힘입은 바 크다.

26 李相定, 「南北滿一萬里踏査記」, 『彗星』 1931년 10월호, 95쪽.

27 李相定, 「T縣에서」, 『中國遊記』, 14쪽.

28 李相定, 「T縣에서」, 15~16쪽.

29 李相定, 「北滿四千里」, 『中國遊記』, 18쪽.

삼申榮三이 운영하는 병원에 기숙하였다는 증언이 이를 말해 준다.[30] 장가구 지역을 관할하던 풍옥상의 서북군은 봉계군벌奉系軍閥에게 밀리자 내몽고內蒙古의 수원綏遠으로 이동하였는데, 바로 이 시기에 국민혁명군의 북벌이 시작되었다. 이상정도 유동열 등과 함께 장가구에서 수원으로 이동하였고, 신영삼은 풍옥상군의 군의관으로 취직하였다고 한다.[31] 정확하지는 않지만, 이상정 역시 이때 풍옥상군 참모부의 막료로 취직하였을지도 모른다.[32] 그리고 이상정은 장가구에서부터 평양 출신의 권기옥權基玉(1901~1988)이라는 여성과 교제하였던 것 같다. 권기옥은 3·1운동에 참여하여 실형을 산 투사로서,[33] 중국에 망명하여 항주杭州의 홍도여학교弘道女學校를 마친 뒤[34] 1925년 운남雲南 육군항공학교를 졸업하고 풍옥상 군대의 항공대에서 복무하고 있었다.[35] 수원으로 이동한 지 2개월 만에 풍옥상군이 해산되자 권기옥과 신영삼은 퇴직하였다. 그 직후인 1926년 10월 이상정과 권기옥은 유동열 부부 등을 모시고 간단한 혼례식을 치르고 동거에 들어갔다.[36] 이들은 해방될 때까지 함께 중국군에 관여하거나 임시정부에 참여하며 항일운동에 투신하였기 때문에 단순한 부부로서가 아니라 동지로서 함께하였던 것으로 이해된다. 예컨대 1930년대 후반까지는 권기옥의 비행사 활동이 이들 생활의 중심이 되었고, 1940년대에는 이상정의 중국군 또는 임시정부 활동을 위주로 생활하였다.

이상정은 권기옥과 내몽고에서 나와 북경에 거주하였다. 북경으로 이주하

---

30 權基玉, 「나는 韓國最初의 女流飛行士」, 『新東亞』 1967년 8월호, 298쪽.

31 權基玉, 「나는 韓國最初의 女流飛行士」, 298쪽.

32 「將軍의 略歷」, 『中國遊記』에 "1926~1927 馮玉祥의 國民革命軍 參謀部 幕僚"라고 기록되어 있다.

33 『東亞日報』 1928년 5월 25일자 「戰塵의 中國上空에 翶翔하든 朝鮮女鳥人 護送」.

34 『獨立新聞』 1923년 7월 21일자 「我留學生界狀況」.

35 권기옥의 생애에 대해서는 權基玉, 「나는 韓國最初의 女流飛行士」와 金永柱, 「韓國最初의 女流飛行士 權基玉」, 『실학사상연구』 32, 2007; 尹善子, 「한국독립운동과 權基玉의 飛翔」, 『한국근현대사연구』 69, 2014 참조.

36 李相定, 「S兄에게」, 『中國遊記』, 28~29쪽; 權基玉, 「나는 韓國最初의 女流飛行士」, 299쪽.

기 전, 이상정은 안창호安昌浩를 만났던 것으로 짐작되나 자세한 내용은 확인되지 않는다.[37] 1927년 3월, 상해에 진입한 국민혁명군은 동로항공사령부東路航空司令部를 상해에 설치하고 사령에 유패천劉沛泉을 임명하였다. 그는 권기옥이 운남육군항공학교에 재학하던 시절 학교장이었는데, 권기옥은 그에게 편지를 내어 동로항공사령부의 비행대 비행원으로 임명될 수 있었다.[38] 따라서 이상정도 상해로 이주하였다. 그 후 비행대가 항공서로 개편되어 권기옥이 남경판사처로 전임되자 부부는 남경 진회하秦淮河 부근 과수원에 작은 양옥을 짓고 살았다.[39] 이 시기에 이상정은 항공사령부의 특별문관 등으로 활동하였던 것으로 짐작된다.[40] 그는 동북지방과 내몽고, 북경 부근을 비롯하여 자신이 여행한 곳에서 빠짐없이 고적답사를 하였다. 그러한 습관은 이후 중국군에 관계한 1920년대 후반 두어 해 동안 상해 · 항주 · 남경 · 진강鎭江 · 소주蘇州 · 서주徐州 · 구강九江 등 강소성江蘇省과 절강성浙江省을 오가는 과정에서도 이어졌다. 그는 해박한 역사지식과 풍경을 유감없이 발휘한 기행문을 남겼다. 특히 남경과 그 주위에 대한 「남경에서」, 「명승고적순례」, 「남경과 태평천국太平天國」과 같은 기행문은 고적과 그에 얽힌 사화 등에 그가 얼마만큼 조예가 깊었는지 짐작케 한다. 그는 「포의천자布衣天子들의 전설」에

37 권기옥기념사업회 소장 자료 가운데 이상정이 안창호와 함께 찍은 사진이 남아 있다. 안창호가 1926년 말부터 유일당 운동을 전개하며 이상촌 운동의 후보지를 탐색하던 과정과 관련하여, 이상정과 안창호의 만남을 검토할 필요가 있을 것으로 생각된다.

38 權基玉, 「나는 韓國最初의 女流飛行士」, 299쪽; 關中人, 「中國航校第一位女飛行畢業生權基玉」, 『航空史研究』 1995-3, 西安: 西北工業大學, 1995, 2~3쪽.

39 關中人, 「中國航校第一位女飛行畢業生權基玉」, 3쪽.

40 李相定, 「越水吳山」, 『中國遊記』, 37쪽에 "劉司令이 杭州로 가게 되어서 나를 强請하기에 나도 一行에 參加하였다"라고 한 것으로 미루어 군직이 아닌 문관이나 민간인 자문직을 맡았으리라 짐작된다. 權基玉, 「나의 履歷書」 16, 『한국일보』 1978년 2월 16일자에는 이상정과 권기옥이 1927년 군벌 孫傳芳의 비행기를 접수하기 위하여 杭州를 방문했을 때 찍은 사진이 수록되어 있다. 「淮陰日記」, 『中國遊記』, 51~55쪽에서도 고위 將官을 수행하여 揚州 등지를 순행하였다는 내용이 보인다.

서도 중국의 야사를 잘 소개하였다.[41]

이 시기 이상정의 근황은 『동아일보』 1928년 6월 1일자에 실린 「여조인女鳥人 권양과 의열단원 호송」이라는 기사에 나타난다.

> 긔보 중국 광동정부廣東政府의 참모부에 잇다가 모스크바를 다녀와 남경南京에 잇든 녀류비행가 권긔옥權基玉 양과 손두환孫斗煥과 의렬단義烈團원 주취텬朱翠天 리상뎡李相定 조념석趙念錫 등 다섯 명이 중국 남경에서 지난 삼월 십팔일에 공산당 혐의로 중국관헌의 손에 톄포되어 일본령사관을 거처 평양平壤으로 호송되어 불일간 평양에 도착되리라는데…….

1928년 3월 이상정과 권기옥, 그리고 손두환孫斗煥 등이 공산당 혐의로 중국관헌에 체포되어 남경 일본영사관에 넘겨졌다는 것이다. 권기옥에 의하면, 친구 장례식에 참석하고 돌아오다가 일본영사관원들에게 체포되었다고 한다.[42] 일본 메이지明治 대학 법과 출신인 손두환은 임시정부 군법국장軍法局長과 경무국장을 거쳐 황포군관학교黃埔軍官學校 교관으로 재직하다가, 1927년 3월 모스크바에 일시 갔다가 중국으로 돌아와 활동하고 있었다. 그는 의열단 계열의 황포군관학교 입학을 적극 지원하였으며, 친공적 관점을 지니었지만 장개석蔣介石과 연계되어 있었던 것으로 알려져 있다.[43] 조염석은 금릉대학金陵大學 학생으로 화동한국유학생연합회華東韓國留學生聯合會 간부였다.[44] 위 신문기사에서 권기옥과 손두환이 모스크바를 다녀온 것으로 보도되었으나, 실제로는 손두환만 다녀왔다. 이들은 40여 일간 일본영사관

---

41 『中國遊記』에 수록된 글들의 대부분이 기행문과 답사기를 겸하였고, 단순한 답사기가 아니라 역사상 관련자료들을 소개한 글이다.

42 『中外日報』 1928년 7월 3일자 「權基玉孃 無事白放」.

43 한상도, 「손두환의 항일민족주의 탐색과 민족운동관」, 『한국민족운동사연구』 36, 2003 참조.

44 『中外日報』 1929년 4월 11일자 「南京서 歸來한 靑年 引致」; 『韓國獨立運動史資料』 37, 국사편찬위원회, 2001, 248~250쪽.

에서 조사를 받았으나 증거불충분으로 석방되었다고 한다.[45] 권기옥 등의 석방은 중국 유력인사들의 도움으로 가능하였다.[46] 이상정은 중국 수사기관의 조사를 받았던 내용을 기록으로 남겼다.[47] 이 사건으로 미루어 보면, 이상정과 권기옥은 의열단과 관련되었으며, 친공적 인물들과도 교류하고 있었다고 하겠다. 권기옥은 의열단의 여자부 연락원으로도 언급된 바 있다.[48]

석방된 뒤 권기옥은 남경항공서에 복직하였다. 이즈음 이상정과 권기옥은 기독교인으로 지내고 있었다. 1928년 11월 초 남경을 방문하고 있던 동아일보사 특파원 주요한朱耀翰은 '기독장군'으로 알려진 장지강張之江을 면담하고자 하였는데, 그 집에서 열린 가족예배에 참석하기 위해 온 이상정 부부를 만났던 것이다.[49] 이상정은 국내에서 기독교 계통 학교의 교사로 있었고, 권기옥은 평양과 항주의 기독교 계통 여학교를 졸업하였다. 그들과 장기강과의 관계를 고려하더라도,[50] 부부가 기독교인으로 지낸 것은 틀림없다.

1929년 남경에 거주하던 이상정은 지인의 간청으로 서주 주둔 국민정부군 사단 훈련처 책임자로 배속되었다가 며칠 만에 휴가를 내는 형식으로 사임하고 남경으로 돌아왔다. 이때 국민정부군이 일시 국민정부와 대립한 풍옥상의 서북군을 비난하는 격문을 만들자 크게 난감해 하였음이 그의 글에서도 확인된다.[51] 아마도 이후 그는 1938년까지 중국군에 직접 관여하지 않았던 것으로 보인다. 이상정이 국민정부군 군법처장 직에 있었다는 언급도 있

45 『中外日報』 1928년 6월 28일자 「孫權兩氏의 押送은 虛說」.

46 『中外日報』 1928년 7월 3일자 「權基玉孃 無事白放」.

47 申東根, 「晴南 李相定將軍考」, 20쪽의 주 6), 이 부분은 간행된 『中國遊記』에는 빠져 있다.

48 「軍官學校事件ノ眞相」; 韓洪九 · 李在華 편, 『韓國民族解放運動史資料叢書』 3, 京沅文化社, 1988, 66쪽.

49 朱耀翰, 「新中國訪問記」 7, 『동아일보』 1928년 11월 23일자.

50 1926년 4월 20일 권기옥이 항공처 副飛航員에 임명될 때, 그 임명권자가 張之江이었다(정혜주, 『날개옷을 찾아서』, 297쪽에 수록된 「委任狀」).

51 李相定, 「徐州日記」, 『中國遊記』, 120쪽.

지만 신빙성 있는 견해는 아니다.[52] 이상정이 1930년 12월경에 북평대학北平大學에 청강생으로 있었다는 일제의 정보보고도 그러한 추측을 뒷받침해 준다.[53] 다만 이상정이 중국 망명 후 광동정부廣東政府의 항공대 통역생을 맡았다는 일제의 기록이 있고,[54] 1932년에는 이상정이 남창항공협진회南昌航空協進會 위원을 맡는 등 중국군 항공 관련 업무에 관여하였던 것으로 보이는데,[55] 이는 권기옥과 무관하지 않았다. 하지만 군인 신분은 아니었으리라 짐작된다. 이때 권기옥이 남경에서 남창으로 이동한 항공협진회 산하의 공군도서관을 맡았기 때문이다.[56] 그렇기 때문에 그가 국내 잡지 『혜성彗星』에, 망명 직후에 돌아본 중국 동북지방과 몽고의 여행기를 발표할 수 있었을 것이다.[57] 또 확실하지는 않지만 상해에서 상점을 운영하였다는 기록이 보인다.[58]

이상정과 권기옥은 1920년대 후반부터 남경에 거주하다가, 1933년 7월 권기옥이 항주항공국으로 발령이 나 그곳으로 부임하였다. 이상정은 항주를 자주 오갔던 것으로 보이는데, 현재 남아 있는 이상화에게 보낸 편지에 자신이 3주 정도 항주에 머문다고 하였다.[59] 그가 항주에 자주 머물러서였는지, 1933년 12월 항주에 소재한 임시정부에서는 이상정을 임시의정원의 경상도

52 關中人, 「中國航校第一位女飛行畢業生權基玉」, 2쪽. 이 글에서 언급된 이상정에 관한 서술은 사실과 많이 다르다. 예컨대 이상정이 1944년 중경에서 사망하였다는 것은 오류이다.

53 『國外ニ於ケル容疑朝鮮人名簿』, 286쪽.

54 『國外ニ於ケル容疑朝鮮人名簿』, 286쪽.

55 「將軍의 略歷」, 『中國遊記』.

56 權基玉, 「나는 韓國最初의 女流飛行士」, 300쪽.

57 『彗星』은 개벽사에서 발행한 잡지였는데, 이상정은 1922년 『開闢』에 시조를 발표한 바 있었다. 그런 인연으로 국내에서 시인으로 활동하던 이상화를 통하여 기행문을 발표하지 않았을까 짐작해 본다. 『혜성』 1931년 10월호에 「南北滿一萬里踏査記」가, 11월호에 「東洋의 神秘國 蒙古探險記」가 게재되었다.

58 『國外ニ於ケル容疑朝鮮人名簿』, 347쪽에 廉溫東이 "上海 陶爾裵司路 錦歸坊 4號에서 李然浩의 점원이 되어 從業 中임"이라는 정보보고가 기재되어 있는데, 이연호는 이상정의 이명이었다는 점에서 그 개연성을 인정할 수 있다.

59 『李相和誕生 百周年記念 特別展 圖錄』, 대구광역시, 2001, 21쪽에 수록된 이상정의 편지. 다만 정확한 연도는 확인되지 않는다.

의원으로 보선하였다. 그러나 그는 의정원 회의에 참석하지 않았다.[60] 그러한 이유에서 1934년에도 의정원 의원에 추천되었다가 철회되었다.[61] 임시정부와 관련된 문건에는 그가 이연호李然晧라는 이름으로 나타난다. 특기할 점은 이때 그의 직업이 '학계'로 나타난다는 것이다. 아무튼 이상정이 임시의정원에 참여하지 않은 것이 한국인과의 교제에 제한을 두어서였는지, 아니면 그가 의열단 계열 인물들과 가까워 임시정부에 참여하지 않아서였는지는 확실하지 않다. 그가 남경에 주로 거주하였음은 남경에서 동향 후배인 정유택鄭裕澤을 만났다는 사실로도 알 수 있다.[62] 의열단원인 정유택은 1934년 전후에 남경 부근에 있었다.[63] 이상정이 1933년 전후 소련 톰스크에 있다가 중국으로 돌아온 마점산馬占山군의 귀환을 교섭한 중국대표단의 일원으로 소련을 비롯하여 유럽을 여행하였다는 증언이 있다고 하나,[64] 자료를 확인하지는 못하였다. 아무튼 이상정은 이 시기에 관직보다 은일의 삶을 지향한 것으로 보인다. 그는 1929년, 일시 맡았던 군직을 버리고 집으로 돌아와 다음과 같은 시조를 지었다.

> 내 집을 도라드니 청방靑尨이 꼬리 친다
> 석정石亭에 발을 씻고 죽창竹窓에 누웠을 제
> 왕王 첨지 술병을 들고 날 찾는다 하옵내

60 『대한민국임시정부자료집』 2, 국사편찬위원회, 2005, 281, 287쪽.

61 『대한민국임시정부자료집』 2, 287쪽. 朴蒼巖, 「家系, 家族的 背景」, 64~65쪽에는 임시정부에서 이상정의 사저를 청사로 징발하려 하자 그가 불응하였다는 불확실한 傳聞이 기록되어 있다. 정혜주 씨의 조사에 의하면 이상정 부부는 남경에 집을 가지고 있었고, 항주에는 공군관사에서 거주하였다고 한다. 이 일이 남경에서 있었다면 혹 김구특무대 독립단 등의 움직임과 무관하지 않았을 것 같다.

62 『李相和誕生 百周年記念 特別展 圖錄』, 21쪽에 수록된 이상정의 편지.

63 『國外ニ於ケル容疑朝鮮人名簿』, 228쪽.

64 정혜주, 『날개 옷을 찾아서』, 200~202쪽에 소개된 이 여행에 관해서는 정혜주 씨가 대한민국임시정부기념사업회장 김자동 씨와의 면담(2014. 9. 22)에서 들었다고 한다. 1942년 중경에서 3·1절 기념행사가 끝난 뒤, 이상정이 그 자리에 있던 청소년들에게 이 여행을 회고하였다는 것이다.

지화자 좋을시고 벗님이 날 찾다니
화단花壇에 낙엽 깔고 맛앉어 권하노라
청파초靑芭蕉 우줄 춤추니 첨지 장단 치구려[65]

1936년 하반기에 이상정 부부는 일본의 간첩이라는 모함을 받아 8개월 동안 감옥에 수감되었다. 권기옥의 회고에 따르면 이 사건은 이들 내외를 시기한 동포의 무고로 비롯되었는데, 주위의 도움으로 석방되었다고 한다.[66] 그런데 석방된 직후인 1937년 3월경 이상정의 동생인 이상화가 형을 찾아서 남경에 나타났던 것이다. 이상화의 미망인의 증언에 의하면 이상화가 이상정이 만경滿京, 즉 신경新京이 된 장춘長春에 구금되었다는 소식을 듣고 중국에 갔다고 하는데,[67] 이는 착오이다. 아마도 이상정의 구금이 인편으로 국내에 알려진 것으로 짐작되는데, 이상화가 남경에 온 것은 그 문제 때문임에는 틀림없을 것이다. 그렇기는 하지만 이상정은 이에 앞서 이상화의 중국행을 제의한 바 있었다. 즉 정확한 시기는 확인되지 않지만, 이상정이 항주에서 이상화에게 보낸 편지에서 본인의 북방여행을 밝히며 원고 출판문제 등을 이유로 만날 것을 제의하였기 때문이다.[68] 1930년대 중반부터 이상정은 본인이 집필한 원고를 국내에서 출판할 의사를 가지고 있었고, 그와 관련하여 이상화에게 중국 방문을 요청하였던 것 같다. 아무튼 1937년 3월부터 6·7월경까지 약 3개월간 이상정은 이상화를 데리고 남경뿐 아니라 북경 등지로 여행을 하였다.[69] 이상화는 이상정의 원고를 가지고 귀국하였으며, 이 일로 일제의 조

65 李相定, 「徐州日記」, 121쪽.

66 權基玉, 「나는 韓國最初의 女流飛行士」, 300쪽.

67 金澤東, 「尙火 李相和論」, 『震檀學報』 34, 1972, 124~125쪽; 『韓國 近代詩人 硏究』 I, 一潮閣, 1974, 190~191쪽.

68 『李相和誕生 百周年記念 特別展 圖錄』, 21쪽.

69 권기옥기념사업회가 소장한 자료 가운데 권기옥이 찍은 이상정·이상화 형제의 사진이 20매에 가깝게 남아 있다. 남경과 북경을 배경으로 한 것들이다.

사를 받게 되었고, 그 과정에서 압수된 원고가 분실되었다고 한다.[70]

이러한 일이 있은 직후인 1937년 7월 7일 이른바 노구교사건蘆溝橋事件으로 중일전쟁이 발발하였다. 이상정은 중일전쟁의 발발을 기화로 민족전선통일운동의 선두에 섰던 것으로 보인다. 7월 말 한국국민당 · 한국독립당 · 조선혁명당과 미주교포단체 등 우파세력은 한국광복운동단체연합회를 결성하였고, 이어 11월 한국광복운동단체연합회에 대항하기 위하여 조선민족혁명당 · 조선민족해방운동자동맹 · 조선혁명자연맹 · 조선청년전위동맹 등 좌파세력이 조선민족전선연맹을 결성하였다. 조선민족전선연맹의 결성에 앞서 이들 단체는 남경에서 민족전선 결성에 대한 의견을 나누었는데, 그 자리에 이들 단체에 소속되지 않은 개인 자격으로 손건孫建(손두환) · 김철남金鐵男 · 이연호(이상정)가 참석하여 선언문을 발표하고 통일문제 관련 간담회를 개최하였다.[71] 이를 기반으로 각 방면의 대표인사 15명이 조선민족전선결성촉진회를 만들고, 남경한족회南京韓族會가 주도하여 재중국조선민족항일동맹在中國朝鮮民族抗日同盟을 조직하였으며,[72] 조선민족전선결성촉진회와 재중국조선민족항일동맹이 연합하여 조선독립운동자동맹을 조직하였다. 그리고 이 단체는 1937년 11월 조선민족전선연맹이 성립되면서 해체되었다.[73] 바꾸어 말하면 이상정은 조선민족전선연맹의 출발이 되는 움직임을 주도한 것이다. 그렇기 때문에 이상정 등의 이름이 조선민족전선연맹의 결성 경위를 알리는 글에 직접 거명되었으리라 생각된다. 손두환은 이미 1920년대 말 이상정, 권기옥과 함께 공산당 관련 혐의로 중국관헌에 체포된 바 있었다. 그러한

70 金澤東, 『韓國 近代詩人 硏究』 I , 190~191쪽. 金鳳箕, 「跋文」, 『中國遊記』, 152쪽에 따르면 이상화가 중국에서 가져온 원고를 김봉기가 보관하고 있다가 1950년 유고집을 만들었다고 한다. 따라서 김봉기가 보관한 것 이외에 원고가 남아 있을 가능성을 배제할 수 없다.

71 柳子明, 「朝鮮民族戰線聯盟結成經過」, 『朝鮮民族戰線』 1, 1938, 4쪽.

72 『韓民族獨立運動史資料集』 46, 國史編纂委員會, 2001에 수록된 「증인 李尙奎 신문조서」에 따르면, 南京韓族會는 南京鮮人居留民會였다.

73 柳子明, 「朝鮮民族戰線聯盟結成經過」, 4쪽.

경력에 비추어 보면, 이상정이 좌파세력 연합에 직접 관여한 것이 특별한 일은 아니다. 그리고 이미 이 시기에 이상정과 권기옥은 조선민족혁명당 당원이었다.[74]

1937년 중일전쟁 발발 전후, 남경 동린촌東隣村 40호 이상정의 집에 윤기섭尹琦燮 · 김홍일金弘壹 · 임득산林得山 등이 출입하고 있었는데, 이들은 민족혁명당 당원이었다. 1937년 11월 남경 철수 시에도 이상정과 권기옥은 김원봉金元鳳 등과 함께 구강–의창宜昌–한구漢口 등으로 이동하였다.[75] 그리고 조선민족전선연맹의 창립선언도 12월 한구에서 공표되었다.[76] 일제는 이 단체가 손두환 · 김철남 · 이연호 · 유홍식柳興湜(유자명)과 같은 혁명단체와 무관한 인사들을 합류시켜 통일된 외형을 갖추고자 하였다고 말하였지만,[77] 그전부터 이상정과 권기옥은 민족혁명당에 참여하고 있었던 것이다. 그런데 이상정 내외는 김원봉 등과 같이 계림桂林 방향으로 이동하지 않고 곤명昆明으로 향하였다.[78] 두 사람은 국민정부의 교섭을 받고 1938년 중경重慶에 도착하여 군사 관련 직책을 맡은 것으로 보인다. 이상정은 상교上校로 임관하여 육군참모학교의 교관을 맡았고,[79] 이어 소장少將교관으로 승진하였으며, 아울러 화중군사령부華中軍司令部의 막료직도 겸하였다.[80] 중국군은 이상정이 일본통이고 중국역사에도 정통하였다는 점에서 그를 필요로 한 것으로 보인다. 일본이 항복한 직후 중국군이 일본에 진주할 계획을 세우고 이상정을 진주군사령부 중장막료中將幕僚로 내정하였다는 증언은[81] 그만큼 그가 일본통

74 『思想에 關한 情報綴』 4, 「民族革命黨員 李初生의 送局에 관한 건」(1939. 12. 9): 국사편찬위원회 한국사데이터베이스.

75 『韓民族獨立運動史資料集』 46, 141~145쪽.

76 柳子明, 「朝鮮民族戰線聯盟結成經過」, 4쪽.

77 『特高外事月報』 1938년 6월호, 100쪽.

78 『韓民族獨立運動史資料集』 46, 145쪽.

79 권기옥기념사업회에 소장된 사진 가운데 이상정이 상교 계급장을 부착한 것이 여럿 있다.

80 徐良, 「李相定將軍을 追慕함」, 『中國遊記』, 157쪽.

81 徐良, 「李相定將軍을 追慕함」, 159쪽.

으로 알려져 있었음을 보여 준다고 하겠다. 이상정은 일본의 패망으로 중국이 전쟁에 승리하면 조국혁명이 성공하게 되므로, 중국혁명에 협력하는 것이 곧 조국혁명을 위한 노력이라고 밝혔다고 한다.[82]

4. 대한민국임시정부 참여

1934년 1월 항주의 대한민국임시정부 임시의정원에서는 경상도의원으로 이상정을 선출하였다. 그러나 이상정은 임시의정원에 참석하지 않아 '불도원의원不到院議員'으로 분류되어, 의원 선출이 무효가 되었다.[83] 이 시기에 그가 임시정부에 참여하지 않은 이유는 알 수 없지만, 한국인과 관련을 맺는 일에 소극적이었던 것으로 보인다. 그러나 독립운동세력이 중경에 집결한 1940년대에 이르러서는 임시정부에 적극 참여하였다. 그간 임시정부에 참여하지 않던 민족혁명당 등 좌파세력도 1940년 전반부터 임시정부에 참여하였던 것이다. 이상정은 남경에 있던 1920년대 후반부터 의열단과 무관하지 않았으며, 1930년대 후반에 민족혁명당에 직접 참여한 바 있었다. 그러나 이상정이 임시정부에 참여한 1942년에도 민족혁명당 당적을 유지하였는지는 확인되지 않는다. 그것은 그가 민족혁명당 출신인 이건우李健宇 즉 최창익崔昌益과 함께 1939년 4월 중경에서 『청년호성青年呼聲』이라는 잡지를 발간하였는데, 그 잡지는 민족전선 통일문제에 대하여 김구金九와 김원봉의 단일당 조직을 반대하고 연맹체 조직을 주장하였다고 알려져 있기 때문이다.[84] 사실 1937년 조선민족전선연맹의 결성에 앞서 이상정이 손두환이나 김철남과 민족전선 통일운동에 적극 나선 것도 이 문제와 무관하지 않았다.[85]

---

82 徐良, 「李相定將軍을 追慕함」, 158쪽.

83 『대한민국임시정부자료집』 2, 280~281, 286~287쪽.

84 金正明 편, 『朝鮮獨立運動』 Ⅱ, 東京: 原書房, 1967, 640~641쪽.

85 柳子明, 「朝鮮民族戰線聯盟結成經過」, 4쪽.

그렇지만 이 시기 임시의정원의 경상도 의원직을 김원봉·김상덕金尙德·이정호李貞浩·유림柳林·한지성韓志成 등 민족혁명당 등 좌파 계열이 장악하고 있었으므로,[86] 이상정도 이들과 크게 다른 성격을 지니지 않았으리라 생각된다. 재미있는 것은 이상정이 의정원의원에 선임된 이유로 "증재국내조의용단활동曾在國內組義勇團活動"이라고 기재된 일이다.[87] 국내에서 의용단 활동을 전개한 사실이 지적되었는데, 의용단은 용진단의 착오였다. 그것은 그동안 그가 임시정부와 무관하게 지내 왔다는 증거이기도 하다. 아무튼 이상정의 임시정부 참여는 그간 15년 이상 중국에 있으며 일정한 거리를 두어 온 임시정부를 인정하고 그 안에서 독립운동을 전개해 나갔다는 점에서 의미를 찾을 수 있다.

이상정은 1942년 8월 임시정부 외무부 외교연구위원으로 선임되었으며,[88] 이어 10월 경상도 지역 의정원의원에 선출되었다.[89] 그는 이보다 일찍 1941년 육군참모학교에서 귀주성貴州省 식봉현息烽縣에 소재한 유격대훈련학교 소장교수少將教授로 전임되었음에도[90] 임시정부의 직임을 맡고 적극 활동한 것으로 미루어, 중국군에 재직하며 임시정부 활동을 병행한 것이 아닌가 생각된다. 그의 이력에 1942년부터 1945년까지 유격대훈련학교 교수직을 맡은 것으로 기록되어 있고, 동료 장성의 회고가 있기 때문이다.[91] 휴직 등의 조치가 있지 않았을까 생각된다.

의정원의원에 선출된 직후 1942년 10월 말에 개최된 제34회 의정원회의에서 이상정은 제2과위원회 위원으로 선임되었으며,[92] 비판적 관점에서 국무

86 『대한민국임시정부자료집』 5, 51쪽.

87 『대한민국임시정부자료집』 6, 45쪽.

88 『대한민국임시정부자료집』 1, 261쪽; 『大韓民國臨時政府公報』 제75호(1942년 8월 20일자).

89 『대한민국임시정부자료집』 3, 27쪽.

90 徐良, 「李相定將軍을 追慕함」, 157쪽.

91 「將軍의 略歷」, 『中國遊記』.

92 『대한민국임시정부자료집』 3, 32쪽.

위원들에게 질문을 던졌다. 그는 민족혁명당과 연계되었을 것으로 짐작되지만, 1945년 2월 신한민주당新韓民主堂에 참여할 때까지 당적을 보유하지 않은 것으로 보인다. 그는 의정원에 참여한 직후인 10월 28일자로 의정원에서 "아我 대한민국임시정부는 최단기간 내에 중·미·영·소 등 연합 각국정부에 향하여 정식으로 아 대한민국임시정부 승인을 요구할 것"이라는 주문의 '임시정부 승인에 관한 건' 제의의 대표제안자로 나섰다.[93] 그리고 같은 날짜로 "대한민국임시정부는 최단시일 내에 대중화민국 국민정부 군사위원회에 향하여 현하 해회該會에서 한국광복군에 행용하는 소위 행동준승行動準繩 9개 조항을 즉시 취소하고 절대적으로 국제간 평등적 입장에 처하여 우의적으로 적극 원조하기 요할 것이며 단 중국 영토 내에서 침략국가에 대하여 공동작전을 계속하는 기간 내에 있어서는 해군該軍의 지도를 임시로 태평양전구 중국구 사령장관에게 위임함이 타당하다 인함"이라는 주문의 '광복군에 관한 건'에도 대표제안자로 서명하였다.[94]

임시의정원에서 이상정은 1943년에도 임시의정원 제2분과위원, 의정원법 개정위원,[95] 제1과위원장 등으로 활약하였다. 1943년 8월 19일 국무회의에서는 이상정과 권기옥을 공군설계위원에 선임하였다.[96] 임시정부에서도 공군 설치와 관련하여 이들의 전문성을 인정하였던 것이다. 1944년 6월에는 외무부 외교연구위원으로 재선임되었다.[97] 1944년 그는 의정원의 제4분과위원에 김원봉·이청천李青天·유동열·조성환曺成煥과 함께 선임되었는데,[98] 군무·교통을 담당한 이 분과위원회 구성으로 미루어 그가 임시정부 내 군사

93 『대한민국임시정부자료집』 5, 6~7쪽.

94 『대한민국임시정부자료집』 5, 4~5쪽.

95 『대한민국임시정부자료집』 5, 53쪽.

96 『대한민국임시정부자료집』 1, 293쪽; 『大韓民國臨時政府公報』 제79호(1943년 10월 8일자).

97 『대한민국임시정부자료집』 1, 324쪽; 『大韓民國臨時政府公報』 제82호(1944년 9월 10일자).

98 『대한민국임시정부자료집』 4, 123쪽.

부문의 대표 전문가로 인식되었음을 알 수 있다. 그리고 의정원에서 한 여러 발언으로 미루어 보면, 그는 한국민족에 대한 자부와 자존을 크게 강조하였다. 특히 그는 중국군직을 가지고 있으면서도 한국광복군의 자주적 활동을 위한 9개준승의 취소를 여러 차례 강조하였으며, 9개준승을 취소하고 중국과 평등조약을 체결하자고 주장하였다.[99] 또한 일본군 탈주 한적사병韓籍士兵에 대해서도 '부로俘虜'나 '감화感化'라는 표현이 사용되는 것에 강력하게 반발하고 있었다.[100] '가출금假出金'이나 '신수비薪水費'와 같은 일본용어 사용이 잘못되었음을 지적하며, 우리말의 사용을 강조하였다.[101] 이러한 사실로 그의 자주적이고 독립적인 의지를 살필 수 있다.

사실 이상정과 권기옥은 중국군에 복무하면서 무엇보다도 한중연대에 관심을 가지고 있었다. 일찍부터 중국군과 관련을 맺었던 것이 한중연대의 필요성에 대한 그의 의지를 보여 준다. 하지만 한국광복군의 9개준승 문제 등 한국독립과 관련된 문제를 중국이 적극 지원하지 않자, 그는 자주적 관점에서 이를 강력하게 비난하였다.[102] 한국과 중국이 평등한 관계를 유지해야만 한중연대가 제대로 이루어질 것이라고 믿었기 때문일 것이다. 그런 반면 이상정은 국민당정부의 첩보조직인 남의사藍衣社의 책임자인 대립戴立과 깊은 관계를 맺고 있었던 것 같다. 1945년 5월 서안西安에 소재한 미군 OSS 책임자의 보고에 따르면, 대립은 OSS와 공동군사작전을 전개하는 한국광복군 제2지대장 이범석李範奭의 협력을 구하기 위하여 중경에서 서안으로 2차례 이상정을 파견하였다고 한다.[103]

99 『대한민국임시정부자료집』 3, 50~51쪽.
100 『대한민국임시정부자료집』 4, 30~31쪽.
101 『대한민국임시정부자료집』 3, 149, 161쪽.
102 이 사안에 대해 손두환도 중국을 비난했는데, 이상정과의 교류로 미루어 두 사람은 동일한 관점을 가졌던 것으로 보인다. 손두환에 대해서는 한상도, 「손두환의 항일민족주의 탐색과 민족운동관」 참조.
103 『대한민국임시정부자료집』 13, 62~63쪽.

1945년 2월 이상정은 신한민주당 창당에 참여하였다. 이 정당은 한국독립당 1당 위주의 임시정부 개조와 임시정부 내부의 대립과 갈등을 비판하는 세력들이 주도하였다. 한국독립당 지도부에 불만을 지닌 세력과 민족혁명당의 비의열단 계열이 연합한 형태로 조직된 신한민주당은 홍진洪震·유동열·김붕준金朋濬이 주석단을 맡고, 신영삼·손두환·김철남 등이 중앙집행위원에 선임되었다. 이상정도 중앙집행위원으로 신한민주당에 참여하였다.[104] 신영삼과 손두환은 이미 1920년대부터 이상정과 관련이 있던 인물들이고, 김철남과 손두환은 1930년대 후반기 민족전선 통일운동에 힘을 합친 바 있었다. 신한민주당은 반한국독립당의 기치 아래 임시정부와 임시의정원 개혁, 독립운동자대표대회 소집을 주장하고 있었다.[105] 이상정과 손두환 등은 대개 중국군에 복무한 경력이 있고 민족전선 통일운동의 선두에 나섰다는 공통점을 가지고 있다. 또 임시정부에서도 의정원 의원으로 한국독립당에 대립하기도 하였다. 그렇다면 이상정의 정치노선을 민족주의 좌파 또는 중간파로 이해해도 좋지 않을까 한다.[106] 권기옥은 1943년 2월 중경에서 재건된 한국애국부인회에 참가하여 사교부 주임직을 맡는 등, 여성독립운동에 나섰다.[107]

이뿐만 아니라 이상정은 1945년 5월 중경에서 흥사단興士團의 예비단우로 입단하였다.[108] 그는 남경에 거주하던 1931년 1월 상해에서 거행된 흥사단 제17회 원동대회遠東大會에 참여하여 기부금을 낸 바 있었고,[109] 흥사단 원

104 秋憲樹 편, 『資料 韓國獨立運動』 2, 延世大學校出版部, 1972, 189~191쪽.

105 신한민주당에 대해서는 裵慶植, 「중경시기 '반한독당세력'의 임시정부 개조운동」, 『대한민국임시정부수립80주년기념논문집』 상, 국가보훈처, 1999 참조.

106 이 점에 대해서는 손두환의 경우를 분석한 한상도, 「손두환의 항일민족주의 탐색과 민족운동관」이 지표가 될 수 있을 것이다.

107 『新韓民報』 1943년 6월 3일자 「한국이국부인회 지건선언」.

108 독립기념관 소장 흥사단자료 1-H00892-000 「흥사단 이사부 회의록」(1945. 6. 27).

109 독립기념관 소장 흥사단자료 1-H00734-001-000 「흥사단 제17회 원동대회 경과 상황」(1930).

동위원부에 서적과 잡지 등을 기부할 만큼 흥사단에 관심을 두어 왔다.[110] 그리고 마침내 중경에 있던 1945년에 흥사단에 입단한 것이다. 1945년 흥사단에 입단한 예비단우는 이상정 이외에 신영삼 · 이광제李光濟 · 이웅李雄 · 김윤서金允敍 · 이석화李錫華 등과, 찬성단우로 추대된 홍진 · 유동열이었다.[111] 이들은 모두 신한민주당의 간부들이었다. 아마도 신한민주당 주석단의 김붕준과 선전부장 안원생安原生, 재무부장 유진동劉振東 등이 흥사단 단우였던 것과 무관하지 않았을 것으로 생각된다. 권기옥은 흥사단에 입단한 것 같지는 않지만, 1945년 3월 안창호 서거 7주기 기념식에서 합창에 참여하였다.[112]

1940년대에 임시정부에 참여한 이래 이상정은 임시정부의 개조와 통합을 통하여 독립운동 노선을 변화시키고자 노력하고 있었다. 그는 중국이 삼민주의를 따라 민주주의에 계획경제를 실시하고 사회주의 노선으로 갈 것 같다는 중국군 장성의 견해를 수긍하면서,

> 다만 우리나라의 혁명지사들의 의견이 너무 분기分岐 대립적이므로 극좌에서 극우까지 수십 종의 의견과 십수 종의 당파가 있다. 장래 우리나라의 노선은 대중의 자각만이 그를 결정할 것이오 정치유희적인 일부 당파가 좌우치 못할 것이며 대중을 대변하는 정당만이 대중과 함께 신시대를 건설할 것이다. 대개 노선의 혼란은 고루한 소주관小主觀을 고집하야 대국적 견지를 몰각하는 인사들이 있고 한편 지위, 명예, 사리를 탐하는 정치협잡배들의 도량跳梁이 용허되는데 주인이 있는 것으로 대중의 자각과 비판이 그들을 숙청할 것이니 현실에 입각하고 역사를 정당히 파악한 민족의 진로가 탄탄대로와 같이 장차 명백해질 것이다.[113]

110 독립기념관 소장 흥사단자료 1-H00731-000 「흥사단 원동임시위원부 공문 279호」(1931. 10. 10).

111 「흥사단 이사부 회의록」(1945. 6. 27).

112 독립기념관 소장 흥사단자료 1-H01063-000 「한국 흥사단 원동위원부 보건위원회 공문」(1945. 4. 1).

113 徐良, 「李相定將軍을 追慕함」, 159쪽.

라는 의견을 개진한 바 있었다. 대중의 자각과 비판하에서 대중을 대변하는 정당의 필요성을 강조하였던 것이다. 이러한 견해는 임시정부의 정치형태에 대한 완곡한 비판으로 보인다. 그러한 관점에서 이상정은 일제의 항복이 알려진 1945년 8월 13일 임시의정원에서 신한민주당과 조선민족혁명당이 임시의정원의 권한을 장차 성립될 전국통일적 임시의회에 봉환封還할 것을 요구하는 제안에 참여하였다. 이어 8월 23일에는 내각 총사직을 통한 '간수내각看守內閣'의 조직을 주장하는 제안에도 동참하였다.[114] 그는 한국독립당이 주도하던 임시정부가 좌우합작 형태로 개조되자 임시정부에 참여하였으나, 대중성이 결여된 임시정부의 한계를 인식하고 대중을 기반으로 한 새로운 정치활동을 해야 한다고 생각했던 것 같다. 임시정부 내에서 좌우세력이 전개한 권력투쟁에 적극적이지 않았던 이상정은, 1930년대 이래 관심을 가져온 민족전선 통일운동의 관점에서 권력투쟁보다 대중을 우선하는 노선을 해방 이후 정치적 지향으로 삼았다고 이해해도 좋지 않을까 한다. 바꾸어 말하면, 이상정의 정치노선을 민족주의 좌파 또는 중간파로 보는 시각이 이러한 점에서 타당성을 갖는다고 할 수 있다.[115]

5. 맺음말

이상정은 한국독립운동사에 뚜렷한 족적을 남긴 인물이라고는 할 수 없다. 그러나 1925년 중국 망명 이전에는 교육과 사회운동으로 민족운동을 전개하였고, 중국 망명 이후에는 중국군과 임시정부에 참여하여 항일전선의 선두에 섰다. 특히 중국군에서 그를 장관급 참모나 교관으로 대우하였다는 사실로

114 『대한민국임시정부자료집』 5, 26~27쪽.

115 그러한 점에서 1920년대부터 관계를 맺어 1940년대까지 유사한 정치노선을 걸은 것으로 보이는 이상정과 손두환을 보다 적극적으로 검토할 필요가 있다.

써 군사전문가로서 그의 위상을 짐작할 수 있다.

그러나 이상정은 군사전문가에 그치지 않았다. 예술가적 소질을 지닌 그는 풍류를 즐겼고, 전각篆刻과 문예에 조예가 깊었다. 그의 유고집인 『중국유기』를 통해서도 그가 중국사와 문예에 정통하였음을 알 수 있다. 이상정은 적지 않은 저술을 남긴 것으로 알려져 있으나 현재 확인되지 않는다. 따라서 이상정의 사상이나 독립운동 이념 등을 살피기는 쉽지 않다. 하지만 일제강점기 조국의 독립을 위하여 중국으로 망명하여 중국군과 임시정부에서 활동한 궤적만으로도 역사를 직면하고자 한 지식인으로서의 모습을 볼 수 있다.

무엇보다도 이상정은 1930년대 후반 민족전선통일운동에 적극적으로 나섰으며, 1940년대에는 임시정부의 개조와 통합을 통해 독립운동 노선을 변화시키고자 노력하였다. 아울러 한국민족의 자주적이고 독립적인 발전에 바탕이 될 자부와 자존을 크게 강조하였으며, 대중정당의 필요성을 인식하였다. 그가 조선민족혁명당과 신한민주당, 그리고 조선민족전선연맹에 관여하며 드러낸 정치노선을 보건대, 그는 민족주의 좌파 또는 중간파로 분류될 수 있을 것이라고 생각한다. 그러나 자료가 부족하여, 이 글에서는 정치관이며 사상, 독립운동방략 등을 제대로 검토하지 못하였다.

이상정은 해방 후 즉각 국내에 들어오지 않고 1946년 1월 상해로 가서[116] 한인의 권익보호에 진력하였다. 그는 전후 중국의 일본진주군사령부의 중장 막료로 내정되었다가[117] 중국의 일본진주가 중지되자 중국 거주 한인문제에

116 독립기념관 홍사단소장자료 1-H01775-000 「홍사단 원동위원부 위원장이 홍사단 이사장에게 보낸 공문」(1947. 5. 27)에 "李然浩 重慶서 中國軍隊小將任으로 在職하다가 一九四六年 一月歸滬함"이라 하였다. 또 권기옥기념사업회에 소장된 국민정부 군사위원회 발행의 '군용증명서'는 少將顧向 李然皓를 공무로 重慶에서 上海를 거쳐 서울까지의 군용기 사용을 허가하는 내용으로, 1946년 1월 30일자로 발행되었다. 그런데 李炳注는 1945년 10월 중순 이상정이 상해로 와 장개석의 고문으로 있었다는 기록을 남기었다. 이병주, 「변명」, 『마술사』, 한길사, 2006, 98쪽. 단 이 소설에는 李相天으로 표기되어 있다.

117 徐良, 「李相定將軍을 追慕함」, 159쪽.

전념하였던 것으로 보인다. 1947년 7월 그는 모친상을 맞아 9월에 귀국하였다가,[118] 10월에 뇌일혈로 별세하였다. 20년 만에 돌아온 해방된 조국에서 건국을 준비하기도 전에 이승을 버렸던 것이다. 대한민국정부는 이상정에게 1968년에 건국훈장을, 1977년에 독립장을 추서하였다.

118 『광복 이후 재중한인의 귀환 관련 사료』 I , 국사편찬위원회, 2012, 212쪽에는 '林森中路 1376號' 거주의 李然皓가 1947년 8월 27일 상해에서 출발하여 귀국한 것으로 나타난다.

이두산의 재중독립운동과 항일언론활동

1. 머리말

삼천만 대중 부르는 소리에
젊은 가슴 붉은 피는 펄펄 뛰고
반만년 역사 씩씩한 정기에
광복군의 깃발 높이 휘날린다
칼 짚고 일어서니 원수 치떨고
피 뿌려 물든 곧 영생탑 세워지네
광복군의 정신 쇠같이 굳세고
광복군의 사명 무겁고 크도다
굳게 뭉쳐 원수 때려라 부셔라
한 맘 한 뜻 용감히 앞서서 가세
독립 독립 조국광복 민주국가 세워보세[1]

'광복군 행진곡'이라는 독립운동 시기의 군가이다. 1940년대에 불린 이 군가의 작사·작곡자는 우리에게 매우 낯선 이두산李斗山(1896~?)이라는 인물이다. 그는 이 군가 이외에도 '선봉대가'라는 군가의 작사·작곡자로 알려져 있다.[2]

그러나 이두산은 군가와 관련해서만 언급될 인물은 아니다. 그는 1910년대부터 해방될 때까지 30년 가깝게 독립운동에 진력하여, 대한민국임시정부를 비롯하여 한국독립당·민족혁명당·조선의용대·한국광복군에 참여하였다. 해방 후 환국할 때 그의 직함은 한국광복군총사령부 정훈처장이었고, 대한민국임시정부의 법무부 차장과 내무부 차장을 역임하였다. 그가 이러한 이력에도 불구하고 널리 알려지지 않은 이유로 여러 가지를 상정해 볼 수 있다. 그 하나는 이름을 여러 개 사용하여 그의 활동이 정리되지 않았다는 것이고, 또 하나는 주로 광동성 광주廣州 등 중국 남부를 중심으로 활동하며 1930년대 후반부터 좌파 계열에 참여하였다는 것이다. 그리고 그는 무장활동이나 조직활동보다 문필·선전활동에 두각을 나타내었다. 더욱이 해방 이후에는 조선대중당이라는 군소정당을 만들어 단독정부 수립반대운동을 전개하다가 6·25 때 납북되거나 월북하였으므로, 현대사에서 족적이 잘 드러나지 않았다.

이두산은 『한성韓聲』과 『동방전우東方戰友』와 같은 기관지·잡지를 주재하였고, 『최근한국의사열전最近韓國義士列傳』 등과 같은 저술을 남긴 바 있다. 아울러 중국어와 영어에 능숙하였던 그는 자신이 주재하는 잡지 등에 수십 편의 글을 발표하여 1930년대 이후 독립운동계의 대표 논객 역할을 하였다. 1930년대 후반에 조직된 조선의용대에서 유일하게 3부자가 함께 활동하였고, 1940년대에 대한민국임시정부와 한국광복군사령부의 요직을 역임하였다. 이러한 점으로 미루어, 이두산은 문필·선전활동을 매개로 독립운동의

---

1 독립군가보존회 편, 『광복의 메아리』, 독립군가보존회, 1991, 93쪽.
2 『광복의 메아리』, 91쪽.

중심에 섰을 뿐 아니라 최일선에서 활약한 인물이라고 할 수 있다. 더욱이 그는 광주와 계림 등 중국 남부지방에서 항일문필활동을 하여, 한국인보다 중국인들에게 더 알려지기도 하였다.

본고는 이처럼 다양한 활동을 하였지만 그동안 주목받지 못한 이두산의 독립운동을 정리하고자 작성되었다. 그가 주로 중국에서 활동하며 한중연대, 나아가 아시아 약소국들의 반제 연대투쟁을 주장하였으므로 그러한 부분에 관심을 가져야겠지만, 본고에서는 주로 그의 생애와 활동에 천착하고 사상적 궤적은 다음 기회에 다루고자 한다. 특히 이두산이 광주 등지에서 활동한 점에 주목하면, 그간 관심이 적었던 광동지역의 독립운동사를 어느 정도 정리할 수 있으리라 믿어진다.

2. 임시정부 국내특파원: 상해上海·국내

이두산의 본명은 이현수李賢壽로, 1930년 전후부터 이두산이라는 이름을 사용하였다. 1940년대에는 이두산과 이현수李顯洙를 같이 사용하였다. 「사립계성학교학적부私立啓聖學校學籍簿」에는 이현수李賢守로 기재되어 있다.[3] 그 외에 이삼광李三光·이일정李一淨·이우봉李宇峯·장일봉莊一峰·김항金恒·황신국黃信國 등의 이명도 사용한 것으로 나타난다.[4] 그는 경상북도 달성군 화원면花園面 명곡동椧谷洞 686을 본적으로 1896년 7월 26일 태어났다.[5] 이

3 전 계성중학교 교사 권영배 선생의 후의로 이 학적부의 사본을 얻을 수 있었다.

4 『思想情勢視察報告集』 3, 京都: 東洋文化社, 1976, 429쪽; 독립운동사편찬위원회 편, 『독립운동사 자료집』 9, 독립유공자사업기금운용위원회, 1975, 1129쪽.

5 경상북도 경찰부 편, 『高等警察要史』, 고려대학교 민족문화연구소, 1967, 212~214쪽. 『國外ニ於ケル容疑朝鮮人名簿』, 朝鮮總督府 警務局, 1934, 298쪽에는 慶尙南道 密陽郡 密陽面 內2洞 905가 본적이라고 되어 있으나 이는 1920년대 거주지였다. 「私立啓聖學校學籍簿」에는 생년월일이 1896년 7월 26일로 기재되었는데, 『國外ニ於ケル容疑朝鮮人名簿』에는 6월 17일로 기록되었다. 이는 6월 16일의 음력이어서 하루 차이가 난다.

두산은 본인이 비교적 부유한 가문에서 개화된 조부와 부친 슬하에서 12형제가 자라났다고 회고하였는데,[6] 중소지주 집안이었으리라 짐작된다. 특히 그의 부친 이기모李基模가 기독교 세례를 받은 점으로 미루어[7] 개화된 집안이었음이 틀림없다. 그러한 이유로 이두산도 달성(대구) 조암교회租岩敎會에서 학습세례를 받은 것으로 짐작되고, 북장로교가 설립한 대남학교大南學校를 3년 다니고 1911년 졸업하였다.[8]

그는 향제鄉第에서 수십 리 떨어진 도회지에 집을 짓고 학교를 다녔다고 회고한 바 있는데,[9] 학교까지 20km가 넘는 거리였기 때문에 취한 조치였을 것이다. 대남학교 재학 중에 국권이 일본에 빼앗기는 것을 보았다. 대남학교는 1912년 현재 학생 수가 70명 전후, 교사 수가 3명인 소규모의 종교학교로,[10] 1916년 이전에 폐교되었다.[11] 이두산은 1911년 9월 사립계성학교 고등보통과 3학년에 편입하여 4학년을 마치고, 이어 별과別科에 진학하여 1915년 3월 별과 2학년을 졸업하였다. 계성학교에서 3년 6개월을 수학하였고, 각 학년 평균점수는 80점 전후였다.[12] 그리고 계성학교 입학 이전이나 재학 중에 결혼하였다. 늦어도 1912년에는 결혼하였을 것으로 생각되는데, 부인은 나주羅州가 본관인 정선이丁先伊였다.[13]

계성학교를 마친 이두산은 아마도 숭실전문학교崇實專門學校에 진학하였

6 李斗山,「憶」1,『東方戰友』2(1939. 2), 11쪽.

7 「私立啓聖學校學籍簿」.

8 「私立啓聖學校學籍簿」. 車載明 편,『朝鮮예수敎長老會史記』, 朝鮮基督敎彰文社, 1928, 281쪽에 의하면 조암교회는 1907년에 설립되었다.

9 李斗山,「憶」3,『東方戰友』4(1939. 3), 9~10쪽.

10 『朝鮮人敎育私立學校統計要覽』, 朝鮮總督府 內務部 學務局, 1913, 71쪽.

11 『朝鮮人敎育私立學校統計要覽』, 朝鮮總督府 內務部 學務局, 1916, 103~104쪽에서 대구부와 달성군의 종교학교 목록에서 대남학교는 빠져 있다.

12 「私立啓聖學校學籍簿」.

13 『石泉李貞浩博士離任紀念論文集』, 螢雪出版社, 1978, 17쪽 '石泉李貞浩博士略曆'. 이두산의 장남 李貞浩가 1913년 3월 1일생인 것으로써 짐작된다.

을 가능성이 크다. 그것은 해방 이후 그의 이력에 '숭전崇專 졸업'이라고 나오고,[14] 또 계성학교와 같은 기독교 학교를 졸업하고 상급교육기관인 숭실전문학교에 진학하는 것이 특별한 경우가 아니라고 생각되기 때문이다. 이두산은 1917년 중국으로 떠났으므로 이 학교를 마치지는 못하였을 것이다.[15] 중국에서 그는 영어로 적잖은 논설을 발표하였는데, 숭실전문학교에서 수학한 것이 큰 도움이 되었을 것으로 짐작된다.

1917년부터 1923년까지 이두산의 움직임은 일제가 편찬한 『고등경찰요사高等警察要史』에 수록된 '독립공채모집 및 화부(워싱턴) 회의 독립청원사건獨立公債募集及華府會議獨立請願事件'에서 잘 드러난다. 그 기록에 의하면, 그는 1917년 9월 상해로 갔다가 홍콩香港·광동廣東·하문厦門·산두汕頭 등지를 다니면서 독립운동가들과 교류하였다. 1919년 3월 국내에서 전국적으로 3·1운동이 전개되던 시기에 모친상으로 귀국한 이두산은 상해에 대한민국임시정부가 조직되었다는 소식을 듣고 다시 상해로 망명하여, 임시정부 재무차장 윤현진尹顯振의 주선으로 1920년 1월 6일자로 재무부 서기를 맡았다.[16] 이뿐만 아니라 장래에 무력투쟁으로 독립이 완성될 것으로 생각하고, 1920년 1월 임시정부에서 설립한 무관학교에 학도대장인 도인권都寅權의 소개로 입학하여 약 6개월간 훈련을 받고 5월 8일에 졸업하였다. 졸업식장에서 졸업생 19인의 대표로 나선 그는 답사에서,

> 오날은 우리에게 가장 영광스러운 날이오, 오날이 우리에게 영광스러운 날일수록 우리의 책임이 더욱 중하고 대大함을 깨닷습니다.
>
> 우리는 우리나라가 망할 때부터 우리 밧해 우리 손으로 씨를 색려 우리 손으로 수확하야 우리 소반에 올녀 놋는, 금수강산 안에서 맛당히 향유할 우리 민족의 아

14 『朝鮮年鑑』(1948년판), 朝鮮通信社, 1947, 463쪽.

15 현재 숭실대학교에는 1910년대 졸업생이나 재학생에 관련된 학적 기록이 없다고 한다.

16 『대한민국임시정부자료집』 1, 국사편찬위원회, 2005, 67쪽.

름다운 생활을 하기를 맹서하엿습니다. 작년 삼월 일일에 독립운동이 시작됨으로부터 우리는 우리에게 당한 이 책임을 다하지 아니하면 천만대 후손에게 죄를 짓는 것으로 싱각하엿습니다. 그리하고 조국을 광복하는 사업은 우리에게 희생을 요구하는 줄을 혈血을 요구하는 줄을 깨다랏습니다. 이에 우리는 결심하고 본교에 드러왓습니다. 학교에 드러온 후 교장 이하 여러 교관의 힘쓰심으로 '압흐로 갓'에 발을 드는 데싸지 니르럿습니다. 일로부터 우리는 포연탄우중砲煙彈雨中에 서서 팔이 끈허지고 다리가 써러질지라도 주저하지 아니하고 압흐로 나가서 우리의 국민성을 세계에 나타내며 쏘한 일로써 교장 이하 제諸 선생 고은高恩의 보답에 하는 길을 삼으려 함니다.[17]

라고 조국광복의 의지를 다짐하였던 것이다.

수개월 후인 1920년 8월 이두산은 국내로 잠입하였다. 임시정부의 교통차장 김철金澈, 재무총장 이시영李始榮, 차장 윤현진 및 도인권으로부터 국내에 들어가 인쇄물 배포를 통한 인심 동요, 독립공채 모집, 국내연락기관 설치 등을 지시받았던 것이다. 또 그에게는 내한이 예정되어 있던 미국의원단에게 한국인의 독립의지가 왕성함을 알리라는 임무도 부여되었다. 이에 따라 임시정부는 이두산을 달성·경주·성주 3개 군의 공채모집위원과 경북교통사무 특파원에 임명하고 독립공채 증권을 배부하였다. 그는 상해에서 암호문과 주비단단제籌備團團制 등과, 국내에 배포할 경고문·『자유신보自由申報』·물품불구매고지서物品不購買告知書·납세거부서·독립공채 모집에 관한 인정서 등을 휴대하고 국내로 들어왔다. 동지들을 규합한 이두산은 이 문서들을 등사하여, 1921년 2월 말까지 경북 일대의 관공리와 자산가들에게 우송하였다. 아울러 대구 시내의 상점과 도로에 문서를 살포하여 항일민족의식의 고취와 군자금 모집에 힘쓰며, 대구뿐 아니라 안동·영천·경주 등지까지 그 활동범위를 넓혔다. 또한 이두산 등은 식민통치의 부당성을 알려 각국의

17 『獨立新聞』 1920년 6월 10일자. 이 기사에는 '李賢秀'로 기록되었다.

여론을 환기할 목적으로 워싱턴회의에 독립청원서를 제출하고자, 대구·평양·전주 등지의 외국인 선교사 등에게 독립청원서를 우송하였다. 그가 계성학교와 숭실전문학교에서 수학한 기독교인이었다는 점 때문에 외국인 선교사들을 대상으로 독립청원서를 보내기가 쉬웠을 것이다. 동시에 워싱턴회의에 즈음하여 독립운동을 촉구하는 내용의 『자유』를 인쇄하여 동아일보사와 조선일보사 및 국내 각지에 배포하였다.[18] 그는 군자금 모집을 위하여 동지들과 금산지역의 유지를 위협하기도 하였다.[19]

1923년 1월 9일, 이러한 활동에 대한 일제경찰의 수사가 확대되자 신변의 위험을 느낀 이두산은 경북 경찰부에 자수하고 말았다. 그는 동지들과 함께 1월 24일 제령制令 제7호 위반으로 검찰에 송치되었으며,[20] 4월 30일 전주지방법원에서 공갈미수와 안녕질서 방해 등의 죄목으로 징역 3년을 언도받았다.[21] 이두산은 이에 불복하여 상고하였고, 7월 6일 대구복심법원에서 1년형을 선고받고 복역하다가 1924년 5월 '은사출옥恩赦出獄'으로 석방되었다.[22] 어떠한 이유로 '은사출옥' 처분을 받았는지는 알 수 없다. 1923년 재판 중에 그의 거주지가 밀양군 밀양면 내이동內二洞으로, 직업이 '교원'이라고 되어 있는 점으로 보아,[23] 국내에 들어와 밀양에서 교원으로 취직하였던 것 같다. 출옥 후 이두산은 여전히 밀양에 머무르며 사립 집성학교集成學校에서 교편을 잡았는데,[24] 아마 군자금을 모집할 때에도 이 학교에 재임한 것으로 보인다. 집성학교는 밀양 유림들에 의하여 1922년에 설립된 교육기관이다.[25] 기

18 『高等警察要史』, 212~213쪽.

19 『독립운동사자료집』 9, 1129~1133쪽.

20 『高等警察要史』, 212~213쪽.

21 『독립운동사자료집』 9, 1129쪽.

22 『독립운동사자료집』 9, 1133쪽; 『不逞團關係雜件: 朝鮮人의 部』 在上海地方 5, 「孫冕植誘致其他에 관한 건」(1925. 8. 6): 국사편찬위원회 데이터베이스.

23 『독립운동사자료집』 9, 1129쪽.

24 「孫冕植誘致其他에 관한 건」(1925. 8. 6).

25 『동아일보』 1924년 3월 9일자 「集成高等復活」.

독교인으로서 유림이 설립한 학교에 교원으로 재임하였던 사실도 특기할 만하다.

이두산이 복역한 사건의 관련자 가운데에는 기독교 목사 3명을 비롯하여 기독교 신자들이 상당수 포함되어 있었다. 임시정부 관여자를 제외한 사건 관련자 38명 가운데 21명이 기독교 신자로 표기되었으며, 독립청원서도 외국인 선교사들을 대상으로 우송하였다. 관련자 중 상당수가 이두산보다 연령이 높았고, 출신지역은 대부분이 경북이고, 경남이 2명, 서울과 전북이 1명이었다.[26] 그렇다면 이두산이 경상도 지역 기독교 세력의 협력을 배경으로 임시정부 지원 활동을 전개하였다고 볼 수 있겠다.

이두산은 집성학교 교사로 있을 때인 1925년 3월 밀양청년회의 사회부장으로 선출되었다.[27] 그러나 그의 밀양생활은 그리 길지 않았다. 1925년 4월, 이두산은 장남 이정호李貞浩를 대동하고 상해에 나타났다. 그가 상해로 가게 된 것은, 영어를 배우러 상해로 가려는 부유한 밀양 청년인 손면식孫冕植이 그에게 안내를 부탁하며 모든 비용을 부담하였기 때문이다.[28] 혹 상해로의 망명을 계획하면서, 경찰의 관심을 돌리기 위해 밀양청년회에 관여하였는지도 모르겠다.

상해에서 이두산의 활동은 잘 드러나지 않는다. 현재 확인되는 활동은 병인의용대丙寅義勇隊에 참가한 정도이다.[29] 1926년 1월 당시 임시정부 경무국장 나창헌羅昌憲이 주도하여 조직된 병인의용대는 국권회복과 임시정부의 권위를 옹호하기 위하여 결성된 임시정부 외곽단체이다. 따라서 일제 밀정이나 주구배의 처단, 일제의 주요 관공서 폭파 등 철저한 의열투쟁 노선을 견

26 『高等警察要史』, 213~217쪽.
27 『동아일보』 1925년 3월 13일자 「密陽青年活動」.
28 「孫冕植誘致其他에 관한 건」(1925. 8. 6).
29 『厦門鮮人逮捕事件並同事件ニ因ル排日關係一件』(일본외무성사료관 문서 A-5-3-0-13), 「要注意鮮人在留增加傾向ニ關スル件」.

지하고 있었다. 대체로 평안북도 출신 청년들이 중심이었는데,[30] 아마도 이두산은 임시정부가 설립한 무관학교 출신이어서 참여할 가능성이 없지는 않다. 다만 이 정보가 상해가 아니라 하문 일본영사의 보고이고 다른 자료에서는 찾아지지 않기 때문에, 그의 병인의용대 참여문제는 유보적이다.

1928년 1월 이두산은 장남 이정호를 대동하고 복건성福建省 하문으로 이주하였다. 이주 즉시 일제 영사관에서 그에 관한 조사가 이루어졌는데, 1928년 2월 말 현재 그의 주소는 하문대학厦門大學 기숙사로 되어 있었다.[31] 그는 하문대학에 재학 중이던 김인수金仁洙라는 인물의 기숙사에 기식하면서 하문대학 입학을 고려하였던 것 같다. 연령 등의 문제가 있어 실제 입학하였는지는 알 수 없으나, 적어도 일시 수학이나 청강을 하였을 것이다. 하문대학 영문과를 졸업하였다는 기록이 있지만,[32] 그가 3년 이상 걸리는 본과를 마쳤을 가능성은 적다. 이두산이 하문으로 이주한 것은 무엇보다도 경제적 이유에서였을 것으로 생각된다. 그가 대학을 다니기 위하여 일부러 상해를 떠나 하문으로 이주하였을 가능성은 적고, 인삼 행상을 하여 경제문제를 해결하고자 이주하였던 것 같다. 1930년대 중반의 일제자료에서 그가 태국 방콕에 거주하며 인삼 행상을 하고 있다는 내용이 찾아지기 때문이다.[33] 또 광동으로 이주한 이후에도 그가 인삼 행상을 크게 하였다는 증언이 있다.[34] 그렇다면 그는 하문과 광동, 홍콩 등지에 그치지 않고 태국 등지까지 오가며 인삼 행상을 하였던 것으로 보인다. 그러는 과정에서 기독교인이던 그는 점차 기독교와 무관해져 버린 것 같다. 기독교인을 중심으로 국내에서 독립군자금을 모

30 병인의용대에 관해서는 趙凡來, 「丙寅義勇隊硏究」, 『한국독립운동사연구』 7, 1993을 참조할 것.
31 『厦門鮮人逮捕事件並同事件ニ因ル排日關係一件』, 「要注意鮮人在留增加傾向ニ關スル件」.
32 『朝鮮年鑑』(1948년판), 463쪽에는 慶門大學으로 기록되어 있는데, 厦門大學의 오자로 보인다.
33 『國外ニ於ケル容疑朝鮮人名簿』, 298쪽.
34 「重慶으로부터 당지에 잠입한 민족혁명당원 李初生의 조사상황에 관한 건」, 『韓民族獨立運動史資料集』 46, 국사편찬위원회, 2001, 167쪽.

집한 바 있던 그가 1925년 중국으로 망명한 이후에는 기독교와 연관된 점이 전혀 보이지 않고, 기독교와 관련된 분위기도 느껴지지 않기 때문이다.

이두산은 인삼 행상을 하면서도 하문에 있던 이강李剛 · 이기환李基煥 · 유기석柳基石 · 김유광金有光 · 안유재安維才 등 독립운동가들과 가깝게 지냈다. 김유광 · 이기환 · 안유재는 의열단원이었으며,[35] 이강과 유기석은 흥사단원이기도 하였다.[36] 이두산이 독립운동의 방안을 모색하면서 인삼 행상을 하며 하문대학에서도 일시 수학하던 1930년, 장남 이정호는 하문대학 교육학원에 입학하였다.[37]

3. 한국독립당 · 민족혁명당: 광주廣州

1930년대 이두산의 활동무대는 광동성 광주였고, 중일전쟁이 발발한 1937년 이후에는 전선 확대에 따라 일시적으로 이동하였다가, 1939년에 광서성 계림桂林에 정착하였다.

이두산이 하문에서 광주로 옮겨 정착한 것은 이정호가 중산대학中山大學 문학원 영문학과로 전학한 1931년의 일이었을 것이다.[38] 그러나 이정호의 전학은 이두산이 광주에서 독립운동에 적극 참여하였기 때문에 이루어졌으리라 믿어진다. 1930년대에 접어들면서 상해에서 민족주의 계열이 한국독립당을 결성하였는데, 그 역시 이 정당에 적극 참여하였던 것이다. 1930년 1월 조직된 한국독립당은 1920년대 중반 전개된 민족유일당운동이 결렬된 이후 민

35 『厦門鮮人逮捕事件並同事件ニ因ル排日關係一件』,「要注意鮮人在留增加傾向ニ關スル件」.

36 도산안창호선생전집편찬위원회 편, 『島山安昌浩全集』 10, 도산안창호선생기념사업회, 2000, 730, 750쪽.

37 「이정호가 중산대학 교장 許崇淸에게 보낸 서한」(광동성당안관 자료).

38 少碧, 「史的으로 본 廣州에 우리 留學生界」 『勇進』 1(1935), 31쪽. 廣州韓國留學生會에서 발간한 이 잡지는 도산안창호선생기념사업회 · 도산학회 편, 『미주국민회자료집』 21, 경인문화사, 2005에 수록되어 있다.

족주의 계열에서 임시정부를 중심으로 전선을 통일하기 위하여 결성한 정당이다. 한국독립당은 결성 직후 광동에 지부를 세우고자 하였다.

1920년대 중반 광주에는 한국 독립운동가들과 유학생들이 운집해 있었다. 광주는 중국국민혁명의 발원지이자 황포군관학교黃埔軍官學校·중산대학과 같이 혁명세력을 양성하는 기관들이 있어, 한국인들이 모여들 수 있었던 것이다. 이미 1921년 여월한인동향회旅粤韓人同鄕會가 조직되었고, 1926년경에는 유월한국혁명동지회留粵韓國革命同志會 등이 결성되었다. 그러나 국민정부의 실권을 장악한 장개석蔣介石은 1926년 7월 북벌을 시작한 뒤, 1927년 4월 쿠데타로 남경南京에 국민정부를 수립하자 용공분자를 숙청하는 '청당운동淸黨運動'을 전개하였다. 그해 12월 중국공산당의 광동 지도부는 군인·노동자·농민 등을 동원하여 '광주봉기廣州蜂起'를 일으켰고, 이 봉기에 유학생을 비롯한 다수의 한국인들이 호응하였다가 희생을 치렀다. 이후 1931년 만주사변이 발발하여 중국 동북지방이 일제 점령하에 놓인 이후에야 광주에서 다시 한국인들이 증가할 수 있었다.[39]

한국독립당이 결성된 직후인 1930년 봄 김구金九는 왕억王億과 이석李石을 파견하여 재광동한국국민혁명당전위총부在廣東韓國國民革命黨前衛總部를 조직하였다. 아마도 그 과정에서 이두산이 광주로 이주하지 않았을까 짐작된다. 그는 총부의 상무위원으로 선임되었던 것이다.[40] 1932년 9월 총부는 한국독립당 광동지부가 되었고, 11월에 중국국민당 광동당부와 협의하여 중한협회를 조직했다가 중한연합원조동북의용군대회中韓聯合援助東北義勇軍大會로 개편했는데, 이두산은 김구·양명진楊明鎭(양우조楊宇朝, 소벽少碧)과 함께 7인 위원 가운데 한국 측 위원으로 선임되었다. 이 단체는 중국국민당의 재정

---

39 崔起榮, 「1930년대 中山大學과 한국독립운동」, 『震檀學報』 99, 2005, 75~80쪽.

40 「韓國獨立黨廣東支部設置と機關紙發行」, 『高等警察報』 1, 朝鮮總督府 警務局 保安課, 1933, 176쪽; 朝鮮總督府 警務局 편, 『最近に於ける朝鮮治安狀況』(昭和八年版), 東京: 巖南堂書店, 1966, 246~247쪽.

지원을 받았다.[41] 1932년 4월 윤봉길尹奉吉의 홍구공원虹口公園 폭탄 투척이 있은 후 중국국민당의 재정지원을 받았고, 이를 기반으로 한국독립당 광동지부는 기관지로 『한성韓聲』을 발행할 수 있었을 것이다. 이두산은 이 기관지를 주재하였다. 그런데 일제의 정보자료 가운데 이두산이 의열단이 남경에서 운영한 조선혁명군사정치간부학교朝鮮革命軍事政治幹部學校 제1기 졸업생으로 언급된 부분이 있다.[42] 제1기의 교육과정은 1932년 10월 20일에 입교하여 1933년 4월 20일에 졸업하는 과정이었다.[43] 바로 이 시기에 이두산은 광주에서 『한성』을 편집하고 있었으므로 남경의 조선혁명군사정치간부학교의 교육을 받을 수 없었다.[44] 그리고 광주에서는 차남 이동호李東浩가 함께 거주하였는데, 이동호가 하문과 광주 어느 곳에서 부친과 합류하였는지는 알 수 없다.[45]

한국독립당 광동지부의 책임자는 임시정부에서 활동하며 한국독립당의 결성에 참여하였던 김붕준金朋濬이었고, 양명진과 이두산 등이 주요 역할을 맡았다. 1934년 6월 현재 광동지부는 책임대표 김붕준, 간사 이경산李景山·양명진·이두산·김창국金昌國·김웅金雄·채원개蔡元凱·김종화金從華·이일봉李一峯으로 구성되었다.[46]

『한성』은 영문 제호를 'The Voice of Korea'로 정하고, 중국어로 간행하되 매호 이두산이 집필한 영문 논설을 한 편씩 실었다. 제1호는 1932년 11월에 발간되었을 것으로 보인다. 제2호가 12월에, 제3호가 1933년 1월에 간행되었기 때문이다.[47] 특히 제1호에는 「조사단보고서 중의 '만주의 조선인문제'

---

41 「韓國獨立黨廣東支部設置と機關紙發行」, 『高等警察報』 1, 176쪽.

42 『思想情勢視察報告集』 3, 429쪽; 『思想情勢視察報告集』 5, 90쪽; 金正明 편, 『朝鮮獨立運動』 Ⅱ, 東京: 原書房, 1967, 685~688쪽.

43 韓相禱, 『韓國獨立運動과 中國軍官學校』, 문학과지성사, 1994, 264~265쪽.

44 韓相禱, 『韓國獨立運動과 中國軍官學校』, 278쪽에 조사된 1기생 명단에도 이두산은 없다.

45 1936년 현재 이동호가 광주의 중학에 재학하고 있음은 확인되지만, 언제부터 부친과 동거하였는지는 알 수 없다. 「李初生 신문조서」, 『韓民族獨立運動史資料集』 46, 108쪽.

46 『韓國獨立運動史資料』 3, 국사편찬위원회, 1973, 572~573쪽.

47 『韓聲』 제3호, 32쪽 「本刊啓事」(一)에 '本刊第二號(十二月號)'라는 기록이 있다. 『韓聲』도 『勇進』

調査團報告書中之'滿洲之朝鮮人問題'」라는 논설이 수록되었는데, '조사단보고서'란 국제연맹에 보고된 리턴조사단Lytton Commission의 '보고서'를 의미하는 것이었다. 리턴보고서가 중국과 일본에 전달되어 알려진 시기가 1932년 10월 초임을 감안한다면,[48] 제1호가 11월에 발간되었다고 볼 수 있다.

현재 『한성』은 1933년 1월 20일자로 출간된 제3호만이 남아 있지만, 창간호와 제2호의 목록이 실려 있어 대개의 내용을 짐작할 수 있다. 이 기관지는 동방 약소민족과 한국민중의 연합, 일본제국주의 타도와 독립자주를 종지宗旨로 삼았다.[49] 따라서 한국혁명운동의 현상과 장래, 일제침략의 현상, 그리고 한중연대가 수록된 글의 주된 내용이었다. 제3호는 38쪽으로 간행되었는데, 창간호나 제2호도 크게 다르지 않았을 것이다. 이두산은 주간 자격으로 매호 여러 편의 논설을 작성하였다. 창간호에 「한국의 일명관韓國的日命觀」·「금후 중한의 실제문제今後中韓之實問題」, 제2호에 「한국혁명방략의 관견韓國革命方略的管見」·「한국혁명의 근거지문제韓國革命的根據地問題」, 제3호에 「송구영신送舊迎新」·「전송 1932년餞送一九三二年」·「한국혁명방략의 관견韓國革命方略的管見」(전속前續)을, Lee Doo San이라는 이름으로 「Koreans Crs」(창간호)·「How to accomplish our Independence」(제2호)·「Hope Springs For The Better In Our Struggle」(제3호)이라는 영문 논설을 게재하였다. 그 밖에도 '기자'·'편자'라는 이름의 논설이 4편 보인다. 그와 함께 매호 (이)석천(李)石川이라는 필자가 「일본제국주의 아래의 한국현상日本帝國主義下之韓國現狀」이라는 논설을 창간호부터 제3호까지 연재하였다. '석천'은 이두산의 장남 이정호로, 뒤에는 '석천石泉'이라는 호를 사용하였다. 그 밖에 중국인들과 필자를 확인하기 어려운 필명의 한국인들이 쓴 글이 수록되었다. 한국독

과 함께 『미주국민회자료집』 21에 수록되어 있다.

48 朴永錫 역, 「역자 서문」, 『리턴 보고서』, 탐구당, 1986, iii.

49 『韓聲』 제3호, 32쪽 「本刊徵稿簡章」.

립당 광동지부가 중국국민당과의 연대를 중시하였음은 『한성』에 국민당 광동성 당부 위원, 화교의용군華僑義勇軍 총사령, 광주특별시당부, 광주시 참의회參議會 등의 제자題字를 받아 수록한 것으로도 짐작된다. 수록된 논설의 내용도 한중연대를 중시하는 것이 많았는데, 이후 이두산은 이 점을 특별히 강조하는 관점에서 『동방전우』라는 잡지를 발간하였다.

그런데 한국독립당 광주지부에서 이두산은 김붕준·양명진이 주도하는 세력과 대립하고 있었던 것으로 보인다. 이에 대해 일제의 정보보고가 참고된다.

> 광동지부는 간부 간에 이두산과 김붕준과의 파벌 항쟁에 의하여 기관지 『한성』도 제3호 발간 후에는 휴간하고 분규 중 동년 9월 하순 이사장 송병조宋秉祚가 동지同地에 출장하여 차此의 해결에 노력하였다.[50]

1933년 1월 『한성』 제3호를 발간하고 휴간에 들어간 이유가 두 세력의 파쟁이라면, 그 대립은 광동지부가 설립된 1932년부터 시작되었을 것이다. 김붕준과 양명진은 모두 평안도 출신의 흥사단원이었고, 이두산은 경상도 출신이었다. 사실 한국독립당 광동지부의 기관지로 발간된 『한성』에 김붕준이나 양명진의 글이 한 차례도 실리지 않은 것은 범상치 않은 일이었다. 양명진은 미국에 유학하였을 뿐만 아니라, 손문孫文이 저술한 『삼민주의三民主義』(1933)와 『손문학설孫文學說』(1935)을 국문으로 번역하여 출간하였고, 광주에서 혁신사革新社라는 출판사를 운영하기도 하였다.[51] 그러한 양명진이나 광동지부 책임대표 김붕준의 글이 한 편도 실리지 않았다는 사실은, 이두산과 그들이 협조적이지는 않았음을 알려 준다.

그런데 1935년 2월 항주에서 개최된 한국독립당 제7차대회 기록을 수집한

50 『韓國獨立運動史資料』 3, 국사편찬위원회, 1973, 572~573쪽.

51 양명진에 대해서는 李在鎬, 「少碧 楊宇朝의 생애와 독립운동」, 『史學志』 36, 2003을 참조할 것.

일제의 정보보고에는, 일찍이 광주에서 발기된 한대혁명동맹韓臺革命同盟에 이두산 등이 참가한 사실을 밝히고, 이 일로 김붕준 세력 등이 이두산 등을 제명하자 이두산 일파가 크게 분개하여 1934년 말 동향회同鄕會를 조직하여 대항하다가 광동지부의 신용이 더욱 올라가자 당에 귀의하였다는 내용이 주기되어 있다.[52] 한대혁명동맹 문제의 구체적 내용은 알 수 없지만, 이 단체가 좌파와 관련된 조직이 아니었을까 짐작된다. 그리고 이두산이 동향회를 조직하였다는 사실은 적어도 그 대립의 한 부분이 출신지와 무관하지 않았음을 알려 준다. 또 일제의 정보보고에 이두산이 1934년경 태국 방콕에 거주하고 있다는 기록이 있는데,[53] 혹 그의 태국행이 이런 문제와 관계가 있을지도 모르겠다. 아무튼 한국독립당 광동지부의 내분은 한국독립당 이사장인 송병조宋秉祚가 중재하기 위하여 광주까지 내려와야 할 정도였는데, 그만큼 광주에서 이두산이 주도한 세력이 미미한 존재가 아니었음을 알 수 있다.

그리고 그러한 배경을 살필 때 이두산 개인의 활동과 함께 장남 이정호의 위상도 고려하여야 할 것이다. 이정호는 1934년 중산대학을 졸업하고, 1935년부터 한국유학생들을 관리하는 조교로 재임하고 있었다. 한국독립당은 중산대학과 협의하여 한국유학생의 학비와 기숙사비 등을 면제받게 하고 최소한의 생활비를 지원하였으며, 학생지도 책임자로 조교를 두게 하였다. 그 일을 추진한 이가 김붕준이어서, 1933년 봄부터 1935년 봄까지 상해에서 온 흥사단 계열의 구익균具益均이 조교를 맡았다. 그런데 구익균이 상해에 갔다가 일제에 체포되어 국내로 압송된 이후 이정호가 조교를 맡고 있었다. 1935년 6월 창간된 광주한국유학생회의 기관지 『용진勇進』의 편집책임자도 이정호였다.[54] 그것은 중산대학 유학생들이나 청년들에게 이정호의 영향력이 컸음

52 『思想情勢視察報告集』 2, 53쪽.

53 『國外ニ於ケル容疑朝鮮人名簿』, 298쪽.

54 崔起榮, 「1930년대 中山大學과 한국독립운동」 참조.

을 의미하고, 1935년 7월 민족혁명당이 조직되면서 한국독립당이 분열될 때도 이정호가 일정한 영향력을 발휘하였으리라 짐작된다.

1935년 7월 민족혁명당이 남경에서 조직되었다. 민족혁명당은 중국에 산재한 좌·우익 독립운동단체들이 통일정당을 목적으로 연합하여 결성한 것으로, 한국독립당·의열단·신한독립당·조선혁명당·미주대한인독립단 등이 참여하였다. 이들은 이미 1932년 11월 한국대일전선통일동맹韓國對日戰線統一同盟을 결성하였던 세력이었는데, 줄곧 임시정부의 해체를 주장하여 왔었다. 민족혁명당에 참여한 국무위원 가운데 주석 양기탁梁起鐸을 비롯한 한국독립당 계열의 국무위원 5인이 사임한 것은 그러한 이유에서였다. 겨우 송병조와 차리석車利錫만이 국무위원직을 유지하였다. 이에 반발하여 민족혁명당에 불참한 한국독립당 내 임시정부 고수파는 1935년 11월 김구 주도하에 한국국민당을 결성하여 임시정부를 개편하였다. 그들은 의열단이 주도한 민족혁명당에 좌파적 색채가 농후하다고 인식하고 있었다. 이두산은 이러한 정국에서 민족혁명당에 합류하였고, 그와 대립 관계에 있던 김붕준과 양명진 등은 민족혁명당 참여를 반대하다가 한국국민당에 합류하였다.

민족혁명당은 결성 직후인 1935년 9월 초 중국 남부 독립운동세력의 중심지인 광동성에 15명의 당원을 파견하고, 이어 강창제姜昌濟를 파견하여 화남지부華南支部와 광동구廣東區를 설치하였다.[55] 이때 광주에 머물던 유학생들을 비롯한 상당수의 한국인들이 민족혁명당에 참여하였고,[56] 민족혁명당 화남지부의 중앙집행위원으로 이경산李景山과 송면수宋冕秀 같은 유학생들이 선임되었다.[57] 이들은 대부분 한국독립당에서 민족혁명당으로 옮겨 갔다. 이두산은 민족혁명당의 당직을 맡지는 않았지만, 광동지역에서의 활동을 주도

55 『韓國統治史料』 10, 東京: 韓國史料硏究所, 1971, 785~786쪽.
56 『韓國統治史料』 10, 786쪽; 『思想情勢視察報告集』 5, 32쪽.
57 『韓國統治史料』 10, 785~786쪽.

하였던 것으로 보인다.

> 당시 민족혁명당 본부로부터는 김세호金世湖 외 1명을 광동으로 파견하고 이두산 일파의 민족운동자와 연락을 하고, 경상남도 출신을 중심으로 하는 남조선 방면의 혁명분자로서 민족혁명당의 광동구당부를 결성하고, 이두산·이정호·이동호·김창국·김유집金柔輯·이경산·정원형鄭元衡·한금강韓金綱 등이 활동하고 있는 중이었다.[58]

즉 광동지역의 중심인물인 이두산이 경상남도 출신자들을 중심으로 광동구당부를 결성하였다는 것이다. 민족혁명당을 주도한 김원봉金元鳳이 경상남도 출신임은 잘 알려진 사실이다.

광동지역에서는 1936~1937년에 민족혁명당과 한국국민당의 세력 경쟁이 계속되었는데, 자금이 풍부한 한국국민당이 1936년 9월 이후 확고한 위치를 차지하였다고 한다. 그리고 두 세력의 합작도 있었던 것 같다.[59] 그 과정에서 이두산의 움직임을 확인할 수 있는 자료는 찾아지지 않지만, 광동지역의 청년들에게 일정한 영향력을 발휘하고 있었음은 중일전쟁 발발 이후 그의 활동으로 알 수 있다. 그리고 민족혁명당 화남지부는 1935년 11월부터 1936년 6월까지 중산대학 문학원 또는 교직원 기숙사에서 매월 2~4회 모임을 가졌는데,[60] 모임 장소로 미루어 이정호가 깊이 관여한 것으로 짐작된다. 비록 당직을 맡지는 않았지만 이두산과 이정호 부자가 민족혁명당 광동구당부를 주도하였다고 보아도 좋지 않을까 한다. 이두산의 차남 이동호도 이 시기에 사립중원중학私立中阮中學에 재학 중이었으며, 역시 민족혁명당에 참여하고 있

58 「李初生 신문조서」(제3회), 『韓民族獨立運動史資料集』 46, 153쪽.
59 「李初生 신문조서」(제3회), 153쪽.
60 金正明 편, 『朝鮮獨立運動』 Ⅱ, 632~633쪽.

었다.[61] 1936년, 민족혁명당 화남지부에서 중앙당이 임명한 지부장을 배척하고 지부 당원을 지부장으로 임명하는 등 중앙당에 반대하는 일이 일어나, 8월 이후 최동오崔東旿·이청천李青天·윤세주尹世胄(석정石正) 등이 사태 수습을 위해 차례로 파견된 적이 있었다.[62] 혹 이 문제가 이두산이나 이정호와 관련되었을 수도 있으나 정확한 사실은 알 수 없다.[63]

이두산은 광주에 있던 1935년 2월『최근한국의사열전』을 신조선사라는 출판사 명의로 발간하였다.[64] 이 책에서 이두산은 '합병 전의 의사와 순절인사合併前之諸義士及殉節士'로 민영환閔泳煥·장인환張仁煥·안중근安重根·이재명李在明·김정익金貞益을, '합병 후의 의사와 순절인사合併後之諸義士及殉節士'로 안명근安明根·박상진朴尙鎭 등을, '삼일운동 후의 여러 의사三一運動後之諸義士'로 강우규姜宇奎·김익상金益相·김상옥金相玉·박재혁朴在赫 등을, '중일사변 후의 여러 의사中日事變後之諸義士'로 이봉창李奉昌·윤봉길尹奉吉·최흥식崔興植·남자현南慈賢·백정기白貞基·이강훈李康勳 등을 선정하여 그들의 애국활동을 소개하였다. 그가 중국어로 이러한 열전을 만들었던 것은 중국인들에게 한국인의 반일애국 의열활동을 부각시키기 위해서였다. 물론 중국어를 해득한 한국인들도 대상 독자였다.

광주에서 한국독립당과 민족혁명당 활동을 전개하면서도 이두산은 여전히 인삼 행상으로 경제문제를 해결하였던 것 같다. 대규모 인삼상이었던 이재상李載祥(이초생李初生)에 의하면, 광동에 거주한 한국인들, 특히 중산대학 유학생들이 학비와 생활비를 인삼 행상으로 변통하였다고 한다. 학생 이외

61 「李初生 신문조서」, 108쪽. 다만 金正明,『朝鮮獨立運動』Ⅱ, 718쪽에는 중산대학 부속중학에 재학한 것으로 기록되어 있다.

62 金正明 편,『朝鮮獨立運動』Ⅱ, 572쪽;『思想情勢視察報告集』5, 32쪽.

63 『石泉李貞浩博士離任紀念論文集』, 18쪽에는 이정호가 1935년 9월부터 1937년 11월까지 민족혁명당 화남지부 책임자였다고 기재되어 있다.

64 필자가 이용한 이 책의 사본은 광주 私立嶺南大學 도서관 장서인이 찍힌 것으로, 전 국민대학교 한국학연구소 金勝一 교수의 후의로 참고할 수 있었다.

에 인삼 행상을 한 대표적인 사람이 이두산이어서, 이재상은 그에게 상품을 맡기고 판매를 의뢰하였다고 한다.[65] 그것은 그가 1920년대 후반기 이래 인삼 상인으로 복건과 광동, 홍콩뿐 아니라 멀리 태국에까지 장사 영역을 넓힌 바 있고, 또 그만큼 장사 수단이 있었음을 의미한다고 볼 수 있겠다.

4. 『동방전우』와 조선의용대: 계림桂林

1937년 7월 중일전쟁이 발발하자 이두산은 10월 광동지역에 거주하던 중산대학 유학생과 청년 20여 명을 이끌고 남경으로 이동하였다.[66] 중국군사위원회가 중일전쟁 개전 직후인 9월 한국국민당·한국독립당·조선혁명당이 참가한 한국광복운동단체연합회와 민족혁명당에 한국 청년들을 선발하여 특별군사훈련을 시킬 것을 제의하자, 민족혁명당은 즉각 중국 각지에서 대일 공작에 종사하는 청년들을 남경에 소집하였다.[67] 이두산은 이 소집에 응하여 10월 중순경 중산대학 유학생을 포함한 광동지역의 청년들을 인솔하여 남경으로 이동하였던 것으로 생각된다. 여기에 참가한 인물의 회고에 따르면, 광주의 청년·학생들은 초당적 대동단결을 약속하고 남경에 도착하였으나, 도착 직후 대부분이 민족혁명당으로 옮겨 갔다고 한다.[68] 즉 청년들의 남경행을 이두산 등 민족혁명당 계열이 주도하였고, 한국국민당 계열이 일부 동참하였던 것으로 짐작된다. 이때의 상황을 아는 인물의 증언을 보자.

이와 같은 시기를 이용하여 광동에서는 국민당 수령 이두산이 시국이 요청함을

65 「重慶으로부터 당지에 잠입한 민족혁명당원 李初生의 조사상황에 관한 건」, 167쪽.

66 「증인 李尙奎 신문조서」, 『韓民族獨立運動史資料集』 46, 122~123쪽.

67 「在支朝鮮義勇隊の情勢」, 『思想彙報』 22, 朝鮮總督府 高等法院檢事局 思想部, 1940, 158~159쪽; 金榮範, 「朝鮮義勇隊 硏究」, 『한국독립운동사연구』 2, 1988, 476쪽.

68 安炳武, 『七佛寺의 따오기』, 汎友社, 1988, 100~101쪽.

깨닫고, 광동 국민당원으로서 자기의 지배하에 있던 광동 중산대학에 재학 중인 학생 및 그곳의 조선인 청년을 합하여 20여 명을 데리고 시급히 남경으로 와서 김구·김원봉 등에 대하여, "현재의 시국정세하에서는 각각 분리하여 산재하는 것보다는 1개소에 집합하고 단결하여 중요한 공작을 서로 협력하면 어떠하냐"라고 하면서 합병할 것을 제안하여 왔던 바, 남경 국민당 수령 김구가 마침내 반대의 소리를 내어서 국민당과 조선민족혁명당과의 합병은 이루어지지 못하고 말았는데, 이두산은 김구를 배척하고 김원봉의 조선민족혁명당에 합류 입당한 것이다. 그리하여 그 당시 김구는 자기의 단체로서는 아무것도 한 사실은 없었다. 그리하여 강택康澤의 제의를 받아들인 김원봉은 조선민족혁명당원으로 광동 이두산이 데리고 온 조선인 청년 20여 명과 상해로부터 온 사람 및 이전부터 남경에 있던 자기의 지배하에 있던 동 당원을 합하여 합계 90여 명을 모집하여 중화민국 군사기관 주임 강택에 그 신병을 인도하였으므로, 강택은 이 사람들로써 특별훈련반을 조직하고, 구강九江으로부터 산속 방향으로 90리가량 간 곳, 즉 강서성 성자星子라는 곳으로 데리고 가서 특별훈련을 시킨 것이다.[69]

남경에 광동지역의 청년들을 인솔하고 온 이두산은 김구와 김원봉에게 한국국민당과 민족혁명당의 합병을 주장하였으나, 김구의 반대로 합병이 이루어지지 않았다는 것이다. 내용으로 미루어 한국국민당과 민족혁명당이 공동으로 군사훈련을 실시하고자 하였으나, 한국국민당 측에서 반대하여 민족혁명당 단독으로 훈련하게 된 것으로 짐작된다. 이것이 바로 1937년 12월부터 시작된 중국 중앙육군군관학교 성자분교星子分校 특별훈련반 교육이었다. 이 군사훈련은 일본군의 남경 점령으로 곧 호북성湖北省 강릉江陵으로 옮겨 1938년 5월까지 6개월간에 걸쳐 이루어졌다.[70]

이두산은 남경에서 12월경 다시 광주로 돌아왔다.[71] 11월 1일 장남 이정호

69 「증인 李尙奎 신문조서」, 122쪽.

70 韓詩俊, 『韓國光復軍研究』, 一潮閣, 1993, 37~41쪽.

71 李斗山, 「憶」(11), 『東方戰友』 13(1940. 1), 14~15쪽.

가 상해에서 한진교韓鎭敎의 차녀 한태은韓泰恩와 결혼식을 올렸지만,[72] 일본군이 상해를 점령하며 시가전이 계속되던 시기였으므로 참석할 수 있었는지 모르겠다. 이정호는 강릉에서 진행 중이던 군사훈련의 교관으로 부임하였다.[73] 광주에 돌아온 이두산은 방송국에 나가 일본제국주의 타도를 내용으로 1938년 2월 19일부터 10월 중순까지 120여 회의 방송을 하였는데, 그 원고량만도 60만 자에 이르렀다.[74] 또한 그 시기에 『동방전우』라는 잡지의 간행을 준비하였다. 그의 회고에 따르면, 잡지 창간을 준비하다가 1938년 10월 21일 일본군이 광주가 함락될 때까지 원고들을 급하게 챙겨 겨우 탈출하였다고 한다. 그 과정에서 원고와 민족혁명당 관련 서류가 든 상자 21개 가운데 15개를 동지에게 맡겼는데, 결국 동지에게 맡긴 상자를 분실하고 말았다.[75] 그는 10월 28일 오주梧州에 도착하여 잡지 발간을 다시 준비하였고, 1939년 1월 15일자로 『동방전우』 제1기를 간행할 수 있었다. 반월간인 이 잡지의 발행사는 동방전우사였고, 사장은 이두산이었다. 동방전우사의 주소가 '오주 광서성당부梧州廣西省黨部 주오판사처駐梧辦事處 전동방전우사轉東方戰友社'였던 것으로 보아, 중국국민당의 지원을 받았던 것으로 생각된다. 제1기의 「편후編後」에서 이두산은 곤명昆明 · 귀양貴陽 · 안남安南 · 홍콩 등지와 같이 전선이 아닌 곳에 가서 잡지를 간행할 생각이었으나, 오주가 적에 맞서 투쟁하는 지역이어서 선전효과의 극대화를 기대한다고 토로하였다. 『동방전우』의 영문 제호는 'The Orient Comrade'였다.

이처럼 이두산이 『동방전우』의 발간을 준비하는 동안, 1938년 10월 한구漢口에서 조선의용대가 결성되었다. 1937년 12월 민족혁명당을 중심으로 무

72 『石泉李貞浩博士離任紀念論文集』, 18쪽.

73 『石泉李貞浩博士離任紀念論文集』, 18쪽. 당시 교관이었던 金弘壹의 「賀序」에도 이정호가 교관으로 재임하였다고 나와 있다(같은 책 7~8쪽).

74 李斗山, 「憶」(11), 14~15쪽.

75 李斗山, 「離開了淪陷的廣州」, 『東方戰友』 1(1939. 1), 12~15쪽; 李斗山, 「憶」(11), 14~15쪽.

정부주의 단체인 조선혁명자연맹과 공산주의 계열인 조선민족해방동맹이 남경에서 좌파연합인 조선민족전선연맹을 창립하였다. 이 연맹의 군사조직이 조선의용대였는데, 성자분교를 거쳐 강릉에서 군사훈련을 받은 청년세력이 기반이 되었다. 이정호와 이동호는 창립 시부터 조선의용대에 참가하였지만,[76] 이두산은 광주에서 탈출하여 오주에 정착한 이후에 참가하였던 것 같다. 그러나 『동방전우』 제1기부터 '조선의용대근황朝鮮義勇隊近況'을 실은 것으로 보아, 이두산은 두 자식이 참가하고 민족혁명당이 주도하던 조선의용대에 특별한 관심을 가지고 있었다고 하겠다.

이두산은 1939년 6·7월경에 동방전우사를 계림으로 옮겼다.[77] 이미 그해 초부터 조선의용대 총대總隊는 계림에 정착해 있었고, 그도 계림을 오가며 조선의용대와 민족혁명당과 연결되어 있었다.[78] 그는 반월간이던 『동방전우』의 간기를 월간으로 변경하고, 각종 강연에 나서 동방약소민족의 연대를 강조하였다. 그가 직접 조선의용대에 참가한 시기는 계림을 방문한 때인 1939년 3월경으로 추측되며, 6월에는 조선의용대를 대표하여 강연을 하였다.[79] 1940년 2월 현재 그는 조선의용대 편집위원회 주임이었다.[80] 조선의용대에서는 활동지역이 다른 부대 단위, 즉 총대뿐 아니라 각 지대 혹은 분대별로 중국어판이나 한국어판의 소식지 등을 간행하고 있었다.[81] 따라서 총대의 편집위원회 주임이 전체 간행물 편집에 직접 관여하기는 어려웠겠지만, 계림

76 「在支朝鮮義勇隊の情勢」, 162~163쪽의 조선의용대 명단에 제1구대원으로 이동호가 나온다. 이정호는 기록이 없지만, 『石泉李貞浩博士離任紀念論文集』, 18쪽에 지도훈련조장으로 被命되었다고 한다.

77 1939년 7월 15일자 『東方戰友』 제10기가 계림에서 발간되었다. 다만 6월경에 발간되었으리라 짐작되는 제9기가 현재 남아 있지 않아 정확한 시기를 알 수 없다.

78 『朝鮮義勇隊通訊』 제6기(1939. 3)에 실린 「你是義勇的戰士」라는 이두산의 시 말미에 "一九三九三月五日於桂林"이라고 쓰여 있다.

79 『東方戰友』 10(1939. 7), 15쪽 「朝鮮義勇隊本部及本社消息」.

80 金正明 編, 『朝鮮獨立運動』 Ⅱ, 686쪽.

81 『朝鮮義勇隊』 34(1940. 5), 10쪽 「本隊發行刊物一覽表」.

에서 간행되는 기관지의 편집은 책임지지 않았을까 생각된다. 한문간韓文刊과 중문간中文刊으로 구분된 편집위원회에는 각기 윤세주·김두봉金枓奉·이영준李英駿·김상덕金尙德·한지성韓志成·유자명柳子明·김규광金奎光·이달李達·한일래韓一來 등 민족혁명당과 조선의용대의 원로 또는 간부급들이 포진하였고, 이 모두를 총괄하는 이가 주임인 이두산이었다. 그만큼 편집책임자로서 이두산의 위상을 인정받았던 것이다. 조선의용대 총대에서는 1939년 1월부터 순간旬刊으로 『조선의용대통신朝鮮義勇隊通訊』이라는 잡지를 발간하고 있었는데, 이두산은 편집위원회 주임으로 『조선의용대통신』 편집에도 관여하며 시와 논설을 여러 편 발표하였다. 1939년 9·10월경 동방전우사는 일본군의 폭격으로 계림의 시가원施家園이라는 곳으로 이전하였는데, 조선의용대 총대의 주소와 호수만 달랐다. 따라서 『동방전우』는 외형적으로 조선의용대나 민족혁명당과 직접적 관련이 없는 듯 보이지만, 실제로는 밀접한 관련하에 제작되었던 것으로 짐작된다. 『조선의용대통신』이 조선의용대의 기관지 역할을 하였다면, 『동방전우』는 일본제국주의 타도를 위한 한중연대와 동방피압박 약소민족의 연대를 지향한 잡지였다.[82] 따라서 조선의용대와 민족혁명당이 타국과의 연대활동을 뒷받침하였다고 이해할 수 있다.

그러한 점은 동방전우사의 창립 목적에서도 잘 드러나는데, 즉 중국을 비롯한 한국·대만·베트남 등 동방 피압박 약소민족이 연대하여 중국항전에 참여하여 일본제국주의를 타도하고, 각 민족의 해방과 동아시아의 평화 건설을 지향하는 것이 첫 번째 목적이었다.[83] 따라서 이두산은 『동방전우』에서 한국독립·한국혁명 문제에 주제를 국한하지 않고, 중국혁명·동아평화에 대

82 조은경, 「『東方戰友』를 통해 본 李斗山의 국제연대 인식과 활동」, 『한국독립운동사연구』 37, 2010을 참조할 것.
83 『東方戰友』 7(1939. 4), 2쪽 「東方戰友社徵求社友簡則」 제1조.

한 의견까지 개진하였던 것이다. 그는 제32기(1942. 4)까지 잡지를 발행하는 동안 매호 중국어로 또는 영어로 논설과 문예작품을 발표하였다. 그는 한국어 자모를 사용할 수 없었는지, 창간호부터 '본이용本刊用: 조선문간편체朝鮮文簡便體'라고 하는 알파벳 표기체를 만들어 한자와 함께 사용하였다. 국제음성기호를 원용하였던 것으로 보인다. 예컨대 '조선동포朝鮮同胞nɔn 고告arə'은 '조선동포에게 고함'이 되는 것이다. 영어와 한국어를 사용한 것은 중국어를 해득하지 못하는 독자층을 고려한 조치로 생각된다.

이두산은 『동방전우』 제16 · 17기(1940. 5) 이후 제32기까지 「조선적진상朝鮮的眞相」이라는 글을 연재하였다. 이 글은 그가 출판한 『동아적진상東亞的眞相』의 제2장으로, 한국문제만을 다룬 부분이었다.[84] 연재된 내용은 '조선재동아적지위朝鮮在東亞的地位' · '쇄국정책적피타파鎖國政策的被打破' · '피왜탄병전야지동태被倭吞併前夜之動態' · '피왜탄병후지동태被倭吞併後之動態' · '왜적재조선적시정倭敵在朝鮮的施政'이었고, 각 절 아래에 여러 항목으로 나누어 설명을 달았다. 「조선적진상」은 개항 전후의 한국근대사를 다룬 글이다. 그는 『동아적진상』 이외에도, 비록 출간하지는 못하였지만, 200만 자가 넘는 분량의 『조선역사』를 편집까지 마쳐둔 상태였다.[85] 그 밖에 동방전우사의 총서로 출판이 예고된 서적 3종이 있었는데, 모두 그의 저작으로 생각된다. 즉 『산중사십천山中四十天』 · 『조선적진상』 · 『중한고금항왜영웅열전中韓古今抗倭英雄列傳』이 그것이다.[86] 아마도 『산중사십천』은 『동방전우』에 연재한 「억憶」이었을 것이다.[87] 그가 현실정치뿐 아니라 역사에도 깊은 관심을 가지고 있었음은 1935년 『최근한국의사열전』을 간행한 것에서도 확인되지만, 「조선적진상」과 『중한고금항왜영웅열전』이라는 저술로도 알 수 있다.

84 李斗山, 「朝鮮的眞相」 1, 『東方戰友』 16 · 17(1940. 5), 3쪽.
85 李斗山, 「憶」 11, 15쪽.
86 『東方戰友』 28 · 29(1941. 5), 11쪽.
87 『東方戰友』 8(1939. 5)에 게재된 「憶」의 부제가 '山中四十天'이었다.

아무튼 이두산은 『동방전우』의 발간 목적에서 밝힌 대로, 중국항전 및 한국·대만·베트남·인도 등 피압박민족운동의 현황과 국제연대를 내세운 논설들을 많이 게재하였다. 특히 대만의용대臺灣義勇隊, 일본인반전동맹日本人反戰同盟의 주장과 활동을 종종 소개하였다. 베트남의 독립운동에도 큰 관심을 나타내었는데, 「월남피법탄병사화越南被法呑倂史話」 같은 연재 기사를 통하여 베트남이 망국에 이른 과정을 소개하였다. 1940년 9월 일본이 베트남에 진주하면서 베트남과의 반일연대가 가능해진 것이 이러한 움직임과 무관하지 않았을 것이다.

『동방전우』의 필자들은 대부분 중국인이었다. 이름이 한자로 표기되어 있지만 베트남인도 적지 않았을 것이다. 장남 이정호는 『조선의용대통신』에 많은 논설을 발표했지만 『동방전우』에는 글을 쓰지 않았다. 『동방전우』에는 「조선적진상」같이 일제의 침략과 그 죄상을 폭로하는 글이 상당수 실렸다. 그리고 제1기부터 고정란을 두어 조선의용대의 근황이나 활동상을 소개하였다. 조선의용대나 민족혁명당 인사들과 주고받은 서신도 적잖이 게재되었다. 이두산의 자서전이라고 할 수 있는 「억」이 제2기부터 제13기까지 11회에 걸쳐 연재되었으며, 이두산의 연설이나 강연, 방송 등의 내용도 빼놓지 않고 실렸다. 특기할 점은, 소설·희곡·시가 등 문예작품들도 꾸준히 수록되었다는 것이다. 『동방전우』는 정치잡지에 그치지 않고 '동방전우급동방문단징고간장東方戰友及東方文壇徵稿簡章'에서 산문·시가·문예비평 등을 모집하여 종합문예잡지를 지향하였는데, 이는 이두산의 문예적 경향과 무관하지 않았다. 그러나 문예작품들의 주제는 대체로 항일전과 직접 관련되었다.[88]

계림에 정착한 뒤 이두산은 재혼하였던 것으로 짐작된다. 중국으로 망명할 때 장남 이정호만을 데리고 왔던 그는 1930년 전후에 차남 이동호를 국내

---

88 『東方戰友』의 전체적인 내용에 대해서는 김광재, 「『東方戰友』 해제」, 『동방전우』, 국가보훈처, 2005 참조.

에서 불러들였다. 국내 가족과의 연결은 이때부터 끊어지지 않았나 생각되는데, 1940년을 전후하여 진덕심陳德心이라는 20대 중반의 여성과 결혼한 것으로 나타난다.[89] 일제의 정보보고에 의하면, 1940년 2월 현재 조선의용대 총무조 회계주임을 맡고 있던 진덕심은 광동 순농중학順農中學을 졸업한 22세의 여성이었다.[90] 그러나 1945년 해방 직후의 자료에는 진덕심이 31세로 기재되어 있어, 1914년 전후 출생으로 짐작된다. 이두산과 진덕심 사이에는 1945년 현재 5세인 이철호李哲浩라는 아들과 2세인 이문숙李文淑이라는 딸이 있었다.[91]

진덕심은 이두산이 계림에 정착한 직후부터 『동방전우』에 여러 편의 글을 발표하였다.[92] 그 내용은 일본을 비롯하여 필리핀 · 인도 · 인도네시아에 이르기까지 주로 여러 민족의 민족운동을 논의한 것이었다. 이로 미루어 중학 출신이지만 상당한 지식을 지닌 여성이었던 것으로 보인다.

5. 임시정부 · 한국광복군: 중경重慶

이두산은 1942년 전후 계림에서 중경으로 이동하였다. 조선의용대 총대가 1940년 3월에 중경으로 이동함에 따라 『조선의용대통신』도 『조선의용대』로 개제하여 중경에서 간행되고 있었다. 따라서 『동방전우』를 계림에서 발간

89 이름으로 미루어 중국인이 아닐까 생각되었는데, 이정호의 손아래 처남인 韓泰東 씨(연세대학교 명예교수)에 의하면 한국인이라고 한다(2007년 10월 16일 전화 인터뷰).

90 金正明 편, 『朝鮮獨立運動』 Ⅱ, 686쪽.

91 「韓國臨時政府職員暨眷屬僑民名冊」, 『大韓民國臨時政府와 韓國光復軍』, 國家報勳處, 1996, 253~254쪽에 '光復軍政訓局長李斗山家屬'이라고 표기되어 있다. 1944년 9월에 작성된 「旅渝韓僑名冊」, 『大韓民國臨時政府와 韓國光復軍』, 174쪽에도 이들의 연령이 동일하게 나온다.

92 제11 · 12기(1939. 10)의 「叫苦連天的日本農民」을 시작으로, 「倭寇在韓 · 菲 · 印碰頭的剪影」(제13기, 1940. 1), 「紀念'五四'的意義」(제16 · 17기. 1940. 5), 「朝鮮義勇隊誕生二週年」(제22기, 1940. 10), 「略論遠東諸民族之解放問題」(제28 · 29기, 1941. 5), 「荷印民族運動的概況」(제30기, 1941. 6) 등을 발표하였다.

하던 이두산은 중경을 오가며 활동하다가 1942년 전후로 중경에 정착하였을 것이다. 『동방전우』는 제31기가 1941년 8월에 발간되었고, 제32기는 거의 8개월 만인 1942년 4월에 발간되었다. 제31기는 재정 부족으로 2개월 만에 16쪽으로 발간되었는데, 제32기도 재정 부족을 이유로 8개월 만에 겨우 8쪽으로 간행하는 데 그쳤다. 그 후에는 간행되지 못한 것으로 보인다. 그러나 여전히 동방전우사의 주소는 계림에 두고 있었던 것 같다. 혹 이두산 역시 『동방전우』 제31기를 간행한 후 중경으로 이동하였을 가능성도 있다. 그렇지 않더라도 제32기를 발간한 1942년 4월 이후에는 중경으로 그 활동무대를 옮겼을 것이다. 이때는 임시정부에 대해 불관不關을 내세우던 민족혁명당과 조선의용대가 임시정부와 한국광복군에 참여하기로 결정한 이후였기 때문이다.

1941년 3월부터 5월에 걸쳐 조선의용대의 주력이 화북華北 중국공산당 팔로군 지역으로 진출하게 되자, 중국군사위원회는 조선의용대를 한국광복군에 편입시킬 것을 지시하였다. 그 결과 1942년 5월 조선의용대는 한국광복군 제1지대로 편제되었고, 7월 「조선의용대개편선언」이 발표되었다.[93] 민족혁명당도 1941년 12월 임시정부 참여를 결정하였다. 따라서 이두산도 계림에 머물 필요가 없었다. 장남 이정호는 조선의용대 총대의 이동으로 중경에 가 있었으며, 차남 이동호는 화북 지역으로 진출한 조선의용대에 소속되어 있었다.

중경에서 이두산은 민족혁명당의 당직은 맡지 않고 임시정부의 직임을 맡았다. 1942년 8월 임시정부에서는 외교연구위원으로 신익희申翼熙·장건상張建相·이현수李顯洙·이연호李然浩를 선임하였다.[94] 이현수가 바로 이두산이다. 중경에서 그는 이현수라는 본명을 쓰되 다른 한자를 사용하였다. 외교

93 韓詩俊, 『韓國光復軍研究』, 162~166쪽.
94 『대한민국임시정부자료집』 1, 261쪽.

연구위원회는 "외교에 관한 일반원칙과 정책 및 방침을 연구 제공하기 위하여" 외무부에 설치된 기구였다. 구체적으로 임시정부 승인문제에 관한 일반적 연구, 조약에 관한 국제정세 연구, 전후 동방민족 및 일반문제 연구, 국제동태 보고가 업무였다.[95] 외무부장의 추천으로 국무위원회에서 선임하는 외교연구위원에 이두산 등이 임명된 것은 민족혁명당 측이 적극 나섰기 때문으로 짐작되는데, 이는 그만큼 이두산이 국제정세에 밝았음을 의미한다. 하지만 외교연구위원들의 실제 활동이 나타나지는 않으므로, 민족혁명당 세력이 임시정부에 진입하는 단계에서 비롯된 인사였으리라고 보인다. 외무부장은 조소앙이었다.

1943년 3월 임시정부는 각부 부장의 추천으로 차장을 선임하였다. 김성숙이 내무부 차장, 신익희가 외교부 차장, 윤기섭尹琦燮이 군무부 차장, 이현수가 법무부 차장, 신환申桓이 재무부 차장, 김철남金鐵男이 교통부 차장, 유흥식柳興湜(유자명)이 학무부 차장에 임명되었다.[96] 임시정부가 통합정부로 개편되며 좌파세력을 껴안기 위하여 국무위원과 행정부서를 증설하고 차장제를 신설하였던 것이다. 이미 1942년 11월 증설된 국무위원에 김규식·장건상 등 민족혁명당 계열 인사들이 당선되었고, 1943년 1월에는 김규식이 선전부장에, 4월에는 장건상이 학무부장에 선임되었다.[97] 당시 법무부장은 한국독립당 계열의 박찬익朴贊翊이었다. 이두산은 1944년 3월 해임될 때까지 만 1년 동안 법무부 차장으로 재임하였다.[98]

1945년 1월 이두산은 내무부 차장에 임명되었다.[99] 내무부장은 신익희였는데, 외교연구위원으로 함께 근무한 적이 있었다. 이두산은 내무부 차장으

95 『대한민국임시정부자료집』 1, 274~275쪽.

96 『대한민국임시정부자료집』 1, 277쪽.

97 『대한민국임시정부자료집』 1, 262~263, 292쪽.

98 『대한민국임시정부자료집』 1, 308쪽.

99 『대한민국임시정부자료집』, 6, 155쪽.

로 몇 개월 재임하지 않고, 그해 5월 개편된 한국광복군총사령부 정훈처장으로 보임되었다.[100] 광복군 참모장에 김홍일金弘壹이 임명되면서 정훈처장에 임명된 이두산은 참장參將 계급도 부여받았다. 1944년 12월에 공포된 '한국광복군총사령부 잠행편제표潛行編制表'에 의하면 정훈처는 처장이 참장이었고, 훈련과와 선전과로 구성되었다.[101] 김홍일은 민족혁명당 계열의 인물이었으므로, 군사경험이 일천하지만 이두산에게 정훈 업무를 맡긴 것으로 보인다. 이두산은 1920년에 6개월 단기 과정으로 임시정부 무관학교를 졸업하였을 뿐 군사 경험은 없었지만, 『한성』과 『동방전우』를 주재하고 저술을 발간한 경험이 있었다. 그러한 점이 고려되어 정훈처장직을 맡을 수 있었을 것이다. 하지만 3개월 뒤에 해방을 맞게 됨에 따라 특별히 활동할 기회는 없었다.

해방 직후인 1945년 8월 17일 중경에서 개최된 한국혁명운동자대회에서 이두산은 주석단의 1인으로 선임되었다.[102] 그는 11월 비행기 편으로 상해로 이동한 임시정부 요인 그룹에 선발되지 못하고, 중경에서 배편으로 한구를 거쳐 상해로 이동하였다. 1946년 2월 한구에 도착한 임시정부 직원과 그 가족들은 225명이었는데, 이두산도 포함되어 있었다.[103]

이두산의 장남 이정호는 1942년 현재 한국광복군 제1지대 정훈조에 배치되었고,[104] 1942년 10월 임시의정원 의원(경상도)에 선출되었다.[105] 1943년에는 외무부 총무과장과 선전부 선전위원을 겸하였고,[106] 1944년에는 외무부

100 『독립운동사』 6, 307~310쪽. 『獨立新聞』(重慶版) 1945년 7월 20일자 「韓國光復軍的飛躍的發展」.

101 『대한민국임시정부자료집』 1, 341쪽.

102 『大公報』(重慶) 1945년 8월 18일자.

103 「임시정부 환국 관계 申榮三 전보」(1946. 2. 4, 독립기념관 소장자료 1-003630-045). 다만 그가 가족과 함께 이동하였는지는 확인되지 않는데, 韓泰東 씨에 의하면 가족은 함께 귀국하지 않았다고 한다(2007년 10월 16일 전화 인터뷰).

104 『대한민국임시정부자료집』 6, 67쪽.

105 『대한민국임시정부자료집』 1, 268쪽.

106 『대한민국임시정부자료집』 1, 278~279쪽.

정보과장, 외교연구위원 등,[107] 임시정부에서 민족혁명당의 대표적 소장인사로 활동하였다. 이두산과 이정호는 모두 임시정부와 한국광복군의 요직을 맡았던 것이다. 이에 비하여 차남 이동호는 화북으로 진출한 조선의용대에서 활동하였다. 해방 후 장남은 이두산과 같이 남한으로 귀국하였으며, 차남은 조선의용군과 함께 북한으로 귀국하였다. 3부자가 함께 민족혁명당과 조선의용대에 참가하였는데, 해방으로 20년 만에 귀국하면서 이산가족이 되고 만 것이다.

6. 맺음말

이두산은 1946년에 환국하였다. 대구에 거주하던 부인이 서울에 올라와 맞이하였다고 한다.[108] 이두산이 6·25 직후 밝힌 해방 이후의 활동은 이렇다.

> 1945년 팔월 십오일 조선인민의 숙원이든 조국의 독립을 복득復得케 되여 1946년 조국에 환국하여 계속 조국통일 완전독립 전취戰取를 위하여 꾸준이 투쟁하여 왔었다. 제일차 전정회의全政會議 당시 시일관계로 참가치 못하였다가 조선민주주의인민공화국 최고인민회의 대의원 선거에 당수 이두산 이하 제諸 동지가 참가케 되자 이승만 반반도당反叛徒黨은 본당을 불법화시키고 해산싴기였든 것이다.
>
> 기후 지하조직체를 강화하며 이승만 괴뢰정부 타도에 적극투쟁하여 오다가 1950년 육월 이십오일 영명하신 조선인민에 수령 김일성 장군의 총진군으로 우리 조국의 수도 서울은 인민군의 손으로 해방되였다. 이리하여 과거 지하조직체로서 이승만 매국도당들에게 가진 탄압과 억압을 당하고 있든 본당은 드디에 합법화되여 조선인민의 복리를 위하여 김일성 장군 지휘하 미약한 투쟁을 계속케 되었다.[109]

107 『대한민국임시정부자료집』 1, 317, 324쪽.

108 韓泰東 씨 전화 인터뷰(2007년 10월 16일).

109 『1950년 9월 서울市 臨時人民委員會 政黨·社會團體登錄綴』, 韓國安保敎育協會, 1990, 214~

귀국한 뒤 이두산은 조선대중당이라는 정당을 조직하였다. 위의 기록에 의하면 1939년 중국에서 조직되었다고 하나, 근거 자료가 없다. 아무튼 그는 1947년 현재 조선대중당 중앙집행위원장(당수)이자 동방문화협진사東方文化協進社 사장으로 재임하고 있었다.[110] 국내에 들어와 세력이 약화된 민족혁명당과 별도의 정당을 만들었던 것이다. 동방문화협진사는 1946년 10월 월간 종합잡지를 간행하고자 동방전우사의 신발족新發足 형태로 세운 기관이었다. 이두산이 사장을 맡고, 고문으로 김규식과 장건상, 그리고 중국의 손과孫科를 추대하였다.[111]

1948년 4월, 이른바 남북협상에 참석하고자 하였으나 입북을 거부당한 정당·사회단체 대표 목록에 이두산과 조선대중당·동방문화협진사 대표들의 이름이 올라 있다.[112] 그의 이름은 같은 해 7월에 조직된 통일독립촉진회 발기주비위원과 중앙집행위원,[113] 8월 말 북한에서 선출한 남한지역 조선최고인민회의 제1기 대의원 명단에서도 확인된다.[114] 즉 해방 이후 이두산은 군소정당을 이끌면서 단독정부 수립반대운동에 참여하였고, 그 때문에 남한에서 정치적으로 운신이 어려웠던 것으로 짐작된다.

이정호는 귀국 이후 비상국민의회 의원을 거쳐, 능통한 영어실력을 배경으로 미군정청의 군정장관 비서장과 비서처 차장을 역임하였고, 정부 수립 직후부터 총무처 상훈국장賞勳局長을 맡았다.[115] 이두산이 당수로 있던 조선대중당에 참여하지 않고 군정청과 대한민국 정부에 참여한 것으로 미루어, 이정

215쪽.

110 『朝鮮年鑑』(1948년판), 444, 463쪽.

111 『자유신문』 1946년 10월 14일자 「東京文化協進社 機關紙 刊行準備」.

112 『조선일보』 1948년 4월 27일자.

113 『조선일보』 1948년 7월 10일자, 7월 28일자.

114 金南植, 『南勞黨研究』, 돌베개, 1984, 530쪽.

115 『石泉李貞浩博士離任紀念論文集』, 19쪽. 『朝鮮日報』 1953년 9월 23일자에도 그가 러치 군정장관의 비서실장과 총무처 상훈국장을 역임한 것으로 나온다.

호는 부친과는 정치적으로 다른 길을 걸었다고 생각된다. 이동호는 북한으로 귀국하여 인민군 대좌로 재임하였다고 알려져 있으므로,[116] 6·25 전쟁 중에 서울에서 부친을 만났을 가능성이 높다. 그뿐만 아니라 조선의용대의 많은 전우들이 인민군 간부로 6·25 전쟁에 참전하였다. 이두산이 6·25 전쟁 중 납북되었거나 월북하였다고 생각되는 것은 이 때문이다.[117]

이두산은 평생 동안 독립운동에 공헌하였다. 또한 문필활동에도 적극적이었다. 그러나 민족혁명당에서 활동하였고, 해방 뒤 군소정당을 조직하여 단독정부 수립반대운동에 참여하였으며, 이명으로 활동하는 등 여러 이유로 인해 지금까지 주목받지 못하였다.

1920년 이두산은 임시정부의 공채모집위원과 경북교통사무 특파원에 임명되어 귀국하여 활동하다가 옥고를 치르고 1925년 다시 중국으로 와, 이후 인삼 행상으로 경제문제를 해결하며 독립운동에 참여하였다. 1930년대 초 한국독립당 광동지부 기관지 『한성』을 주재하였고, 1935년 이후에는 민족혁명당에 참가하였다. 1938년 10월 조직된 조선의용대에 참여하여 편집주임을 맡았으며, 1939년부터 계림에서 중국항전과 동방약소민족의 해방을 기치로 내세운 『동방전우』를 발간하였다. 1940년대에는 중경으로 옮겨 민족혁명당 계열로 임시정부 법무차장·내무차장과 한국광복군 정훈처장 등으로 재임하였다.

이두산은 중국어로 저서를 간행하고 많은 논설을 남겼다. 그는 중국항전 참여와 일본제국주의 타도를 통하여 동방약소민족의 해방과 동아평화를 건

116 강만길·성대경 편, 『한국사회주의운동 인명사전』, 창작과비평사, 1996, 327쪽.

117 『조선일보』 1953년 9월 23일자에 따르면 이정호가 간첩혐의로 검찰에 송치되었다고 한다. 그가 민족혁명당의 후신인 人民共和黨의 비밀당원이라는 혐의였는데, 혹 이 사건이 부친과 관련된 일인지도 모르겠다. 이 기사에 따르면 이정호는 6·25 당시 인민공화당의 신문과장으로 있다가 9·28 수복 이후 고향인 경북 달성군 화원면 檢谷里에 피신 중이었다고 한다. 檢谷里는 楡谷洞의 오자이다.

설할 수 있다는 관점에서 논지를 전개하였다. 좌파적 경향을 보였지만 민족주의에 기반에 두었던 그는 해방 이후 단독정부 수립 반대와 통일운동에 적극 관여하였다.

이두산은 동방피압박 약소민족의 반파시스트 연대를 통한 항일전선 구축을 크게 강조하였다. 또 많은 논설과 문예작품, 연설 등으로 그러한 주장을 실천하고자 노력하였다. 따라서 그의 생애·활동과 아울러 사상적 궤적도 밝혀져야 마땅하다. 본고는 이두산의 생애와 활동에 천착하여, 그 부분은 검토하지 못하였다.[118] 다른 기회에 논의하고자 한다.

118 이두산의 국제연대와 관련해서는 조은경, 「『東方戰友』를 통해 본 李斗山의 국제연대 인식과 활동」을 참고할 수 있다.

이복원의 미국 유학과 재중독립운동

1. 머리말

이복원李復源(1881?~1950)은 널리 알려진 독립운동가는 아니다. 50대인 1930년대부터 중국에서 독립운동에 투신한 그는 민족혁명당과 조선혁명당에 참여하였다가, 1940년 중경重慶에서 통합된 한국독립당의 간부로 활동하면서 대한민국임시정부 임시의정원 의원을 맡았다. 동시에 그는 임시정부 군사위원회 위원과 한국광복군 총사령부 참모 및 제3지대 부지대장을 역임한 군사전문가이기도 하였다.

사실 이복원은 매우 특이한 경력의 소유자였다. 대한제국의 장교 출신인 그는 일본 유학을 거쳐 1910년대 중반 도미하여 1930년대 초까지 거의 20년간 미국에서 생활하였다. 미국에서 정규 군사학교를 마친 그는 50이 넘은 나이에 중국에 와서 독립운동에 참가하였던 것이다. 국외에서만 거의 30년간 근대학문과 군사학을 공부하고 독립운동에 적극 참여하였지만, 그 기간이나 활동이 두드러지지 못하여 오늘날 그 이름이 널리 알려지지 못하였다.

따라서 이복원은 한국광복군이나 임시의정원에 대한 논의에서 언급되었지만, 그 개인에 대한 학계의 관심은 없었다.[1] 더욱이 그의 활동이나 독립운동 방략을 논의할 자료도 별달리 남아 있지 않다. 그러나 그가 대한제국 무관 출신으로 오랜 기간 일본과 미국에서 유학하고 중국에서 독립운동에 참여한 지식인이라는 점에서, 독립운동뿐 아니라 유학의 관점에서 특별한 위치를 차지할 수 있으리라 믿어진다.

2. 대한제국 무관에서 일본 유학생으로

이복원의 생애 전반을 알려 주는 자료가 있다. 1937년 7월 30일자 『한민』 제15호에 임시정부 군사위원에 선임된 인물들의 약력이 게재되었는데, 그중 '이복원 선생'이라는 제하의 기사가 그것이다. 『한민』은 임시정부를 주도한 한국국민당 선전부에서 간행한 기관지이다.

> 군사 인재가 바른 오늘 우리에게 리복원씨 같은 숨은 장재將材가 있는 것은 크게 기쁜 일이다.
>
> 선생의 호는 미숙未熟. 그는 함남 북청 출생으로 4230년붙어 이 년간은 당시 북청에 설립하였든 지방륙군무관학교를 마추고 4232년붙어 이 년간은 경성륙군무관학교를 필업한 후 다시 두 해 동안 견습생으로 있다가 소대장이 되어 삼 년간 경향 각 군대에서 군대를 령솔하였다.
>
> 4238년에 일본 도쿄에 가서 십 년 동안 공부하야 중학과와 경응의숙 리재과를 필업한 후 다시 미국으로 가서 4248년붙어 4267년까지 〔십〕구 년 동안에 중학교와 V. M. I. 군관학교를 필업하고는 제륙군구 병영에서 실습하고 계속하야 포병사

1 필자가 확인한 바로는 김우전, 「광복군 제3지대 부지대장 미숙 이복원 장군을 추모하면서」, 『월간 독립기념관』 1989년 8월호가 이복원을 회고한 유일한 글이다.

격과와 고급군사훈련과를 공부하여 큰 그릇을 일우워갖이고 삼 년 전 원동으로 와서 민족혁명당의 요임을 띠고 있다가 얼마 전 개조된 죠선혁명당에서 역시 중앙간부의 책임을 갖이고 있으면서 이번 림시정부의 군사위원이 되었는대 당년이 오십오 세이시다.

이 기사에 따르면 이복원은 함경남도 북청 출신으로 1882년생이다. 그의 생년은 기록에 따라 달라, 정확하지 않다. 국가보훈처의 포상기록에도 1881년, 1882년으로 기록되어 있다.[2] 『신한민보』의 한 기사에는 1920년 현재 45세로 기록되어 있어 1875년생이 된다.[3] 그는 대한제국 군부에 소속된 장교였지만 이력서가 남아 있지 않아 정확한 생년이 확인되지 않는다. 대체로 1880년 전후, 아마도 1881년이나 1882년에 출생하였으리라고 생각된다. 서투르다는 뜻의 미숙이라는 호를 쓴 것으로 그의 성품을 짐작할 수 있다.

이복원의 출신배경에 관해서는 알려진 바가 없다. 함경도 출신이라는 점으로 미루어, 전통적인 양반계층은 아니었을 가능성이 크다. 확인되는 사실은 20대 전후부터 대한제국 군부의 장교로 근무하였다는 점이다. 『한민』에 소개된 약력에 의하면, 이복원은 1897년부터 2년간 북청에 설립된 지방의 육군무관학교에서 수학하고, 1899년부터 2년간은 육군무관학교에서 수학하고 졸업하였다. 그 후 2년간 견습사관으로 있다가 소대장이 되어 3년간 군에 근무하였다고 한다. 북청에 설치되었다는 지방 육군무관학교에 관해서는 알 수 없지만, 혹 그가 사관으로 임관하기 이전에 병졸로 군대에 재직한 것은 아닌지 모르겠다.[4] 그렇다면 그는 함경도의 평민 출신이었을 것이다.

아무튼 이복원이 육군무관학교를 졸업하고 육군 보병참위로 임관된 때는

2 『獨立有功者功勳錄』 5, 국가보훈처, 1988, 1020~1021쪽에는 1881년으로, 공훈전자사료관(http://e-gonghun.mpva.go.kr)에는 1882년으로 기재되었다.

3 『신한민보』 1920년 6월 4일자 잡보 「리복원씨의 듕학졸업」.

4 『독립신문』 1897년 4월 27일자 광고란에서 독립협회에 보조금을 연조한 친위 제1연대 제2대대 병졸 가운데 '리복원'이라는 인물이 보인다. 하지만 동명이인일 가능성도 있다.

1902년 1월 11일이었다.[5] 참위로 임관된 그는 바로 보직을 받지 못한 것 같고, 임관된 지 1년 6개월이 지난 1903년 7월 2일자로 진위 제1연대 제1대대 부附로 발령되었다.[6] 2년간 견습생으로 있다가 소대장에 임명되었다는 『한민』의 소개와 일치한다. 이후 그는 육군무관학교 교관, 친위 제1연대 제3대대 부, 진위 제1연대 제1대대 중대 부, 진위 제5연대 제2대대 부, 육군연성학교 교관 등으로 재임하다가,[7] 1907년 8월 군대해산 이후 9월 3일자로 해임되었다.[8] 1904년의 기록에 육군보병부위로 표기된 적이 있으나[9] 이는 오기가 아니었나 싶다. 왜냐하면 이후 그의 군 인사 관련기록뿐 아니라, 군대해산으로 해임될 때도 육군보병참위로 나오기 때문이다. 그가 대한제국 육군보병참위로 재임한 기간은 5년 7개월이었고, 주로 교육과 하급부대의 소대장이나 참모 직임을 맡았다.

1907년 3월에 간행된 『대한유학생회학보』 제1호를 보면, 유학생들이 1906년 11월 민영환閔泳煥의 순국 1주기 추도회에서 찬조금을 걷어 학보를 발간하고자 하였는데, 찬조금 납부자 명단에 이복원의 이름이 들어 있다.[10] 도쿄에서 열린 민영환 추도회에 참석할 수 없던 그가 학보 발간 찬조금을 냈다는 사실로 미루어, 그는 군직에 있으면서도 일본 유학에 관심을 가지고 있었던 것 같다. 육군연성학교에 소속되어 있던 그는 1906년 12월 8일자로 휴직명령을 받았는데,[11] 혹 유학을 준비하기 위한 조치가 아니었을까 하는 생각이 든다.

1907년 8월 일제에 의하여 대한제국 군대가 해산되고, 군문을 떠난 이복

5 『구한국관보』 1902년 1월 14일자 '敍任及辭令'.

6 『구한국관보』 1903년 7월 7일자 '敍任及辭令'.

7 『구한국관보』 1904년 3월 8일자, 1904년 10월 4일자, 1905년 4월 22일자, 1906년 12월 13일자 '敍任及辭令'.

8 『구한국관보』 1907년 9월 14일자 '敍任及辭令'.

9 『구한국관보』 1904년 10월 4일자 '敍任及辭令'.

10 『大韓留學生會學報』 1(1907. 3), 96쪽.

11 『구한국관보』 1906년 12월 13일자 '敍任及辭令'.

원은 곧바로 일본 유학의 길을 택하였다. 1908년 3월에 발간된 『대한학회월보』 제2호를 보면, "본회 회원 이복원씨ᄂᆞᆫ 유학의 장지壯志를 포抱ᄒᆞ고 연전에 도래하야 열심수학홈으로 인계人皆 칭송ᄒᆞ더니"라고 하여,[12] 그가 '연전'에 일본에 왔다고 하였다. 군대해산 직후에 일본 유학을 택하였다는 사실은, 그가 군에 있으면서도 일본 유학을 준비해 왔음을 보여 준다. 그러나 학비가 확보된 상태에서 일본에 건너온 것은 아니었다. 일본에 온 지 몇 달 되지 않던 1908년 3월 이전에 귀국하였다가, 유지들의 학비 지원으로 6월에 다시 도쿄로 돌아온 것이 그러한 사정을 알려 준다.[13] 그의 여비와 학비를 지원해 준 유지는 이복원의 고향 친지인 조동원趙東元이었다.

> 북청군 거 이복원씨가 일본 도쿄셔 유학하ᄂᆞᆫᄃᆡ 학비가 무로無路하야 곤난이 태심太甚하더니 해씨該氏의 친지 조동원씨가 기其 정황을 문지聞知ᄒᆞ고 여비 급及 학비금을 담당 연조捐助ᄒᆞᆫ다니 오제吾儕ᄂᆞᆫ 교육계를 위ᄒᆞ야 찬하贊賀홈을 불이不已ᄒᆞ노라[14]

그러나 이복원의 재정상태는 나아지지 않았다. 1908년 겨울에 재정문제로 다시 귀국하였다가, 박석훈朴석勳 등 북청 유지의 지원으로 1909년 3월 도쿄로 돌아올 수 있었다.[15] 두 해 내내 재정 부족으로 겨울방학이 시작되는 시기에 귀국하였다가, 고향인 북청의 유지들의 지원으로 새 학기가 시작할 시기에 도쿄로 돌아와 유학을 지속하였던 것이다. 그만큼 그의 재정 상태는 빈약하였지만, 북청의 유지들이 여러 차례 학비와 여비를 지원한 사실로 보건대 그에 대한 신뢰가 두터웠던 것으로 생각된다. 또한 그 스스로 학업에 대하여

12 『大韓學會月報』 2(1908. 3), 59쪽「會員歸國」.

13 『大韓學會月報』 2(1908. 3), 59쪽「會員歸國」, 5(1908. 6), 65쪽「在到東京」.

14 『皇城新聞』 1907년 12월 1일자 잡보「擔當學費」.

15 『大韓每日申報』 1909년 4월 16일자 학계「北士青靑」.

강력한 의지가 있었던 것이다. 그는 학업에 진력하는 와중에도 대한협회와 대한흥학회의 간사원 등으로 선출되어[16] 유학생단체에도 적극 참여하였다.

이복원이 도쿄에서 처음 수학한 학교는 확인되지 않고 있지만, 『한민』에 소개된 약력에는 명칭이 나오지 않는 중학교였다. 중학교를 마친 이복원은 게이오의숙慶應義塾 이재과理財科를 졸업하였다고 한다. 일제의 정보보고에는 이복원이 1914년 3월 게이오의숙에 재학하다가 귀국한다고 하고서는 곧바로 상해로 갔다고 하였다.[17] 그렇지만 그는 상해에서 오래 머무르지 않았다. 1914년 6월, 그는 샌프란시스코에 나타났는데, 그러려면 3월에 상해에 도착한 후 적어도 5월에는 미국으로 떠나야 하였다. 즉 이복원은 독립운동을 전개하거나 공부하기 위해서가 아니라 미국에 가기 위하여 상해에 왔던 것이다.

군대해산 이후부터 국권을 일제에 빼앗긴 이후에도, 즉 1907년부터 1914년까지 만 6년 이상을 이복원은 도쿄에서 면학에 열중하였다. 게이오의숙 이재과에서 수학한 만큼, 그는 군인의 꿈을 접어야만 하는 현실에서 경제계나 교육계에 진출하여 고국의 경제나 교육 발전을 도모하였을지도 모른다. 그는 일본에 유학하는 동안 방학을 이용하여 몇 차례 귀국하였지만, 미국에 갈 때에는 고향을 들르지 않고 도쿄에서 상해를 거쳐 샌프란시스코로 떠났다. 혹 국내에 가족이 없었던 것은 아닐까. 식민지가 된 조국으로 돌아가지 않고 그가 미국으로 유학을 떠난 이유는 무엇일까.

3. 미국에서 군사학 전공

이복원이 상해에서 샌프란시스코에 도착한 때는 1914년 6월 13일, 시베리

16 『大韓學會月報』 6(1908. 7), 91쪽 「任員會錄」, 『大韓興學報』 7(1909. 11), 「會錄」 3쪽.

17 『不逞團關係雜件: 朝鮮人의 部』 在上海地方 1. 「通報 朝鮮人排日運動企劃狀況에 관한 件」(1914. 7. 15): 국사편찬위원회 한국사데이터베이스.

아호 편이었다.[18] 그는 미국 입국자들이 거치는 대로 '천사도'Angel Island에서 이민국의 심사를 거쳐 6월 19일 샌프란시스코에 상륙하였고, 상항한인청년회에서는 6월 22일 저녁에 이복원 등 도착 청년을 위한 환영회를 개최하였다.[19] 샌프란시스코에 도착한 이후 그의 행적이 잘 나타나지는 않지만, 그는 캘리포니아 남부 지역에서 노동과 학업을 하였던 것 같다. 이복원이 1916년 6월 클레몬트 근처 업랜드 관립소학교를 졸업하였다는 기록을 보면,[20] 그의 행동반경은 캘리포니아 남부 일대였음이 틀림없다. 이복원은 대한인국민회나 동포 행사 등에 적지 않은 기부금을 냈다. 1915년에만 사망 동포의 부조로 1원, 5월에 국민의무금 2원 50전, 6월에 다뉴바(디누바)지방회관 건축금 10원을 납부하였던 것이다.[21] 미국에 유학을 오기 위해 재정 준비를 하였는지, 적극적으로 기부금을 납부할 만큼 여유가 있었다. 그는 소학교 때부터 미국 이름으로 윌리엄을 썼으리라 생각된다.[22]

1916년 6월 업랜드 관립소학교를 졸업하였을 때 그의 나이는 30대 중반이었다. 인근 온타리오중학교에 진학한 그는[23] 재학 중 국민회 클레몬트지방회의 국민회 창립기념행사에서 연설을 하기도 하였다.[24] 3·1운동 직후 독립의연금으로 50원이라는 많은 금액을 기부하였고, 한인교회공의회에도 구제금으로 10원을 기부하였다.[25] 이복원이 온타리오중학교를 졸업한 때는 1920

18 『신한민보』 1914년 6월 18일자 「두 션편에 입항ᄒᆞᆫ 동포」.

19 『신한민보』 1914년 6월 25일자 「청년회환영회」.

20 『신한민보』 1916년 6월 22일자 「한인학싱一람표」, 7월 20일자 「남가쥬슌헹긔」(챵히쇼년).

21 『신한민보』 1915년 4월 29일자 「됴부인의 쟝비연조」, 5월 13일자 「국민의무금」, 6월 17일자 「짠유바디방회의 열셩」.

22 독립기념관 소장 미주흥사단자료 1-H00030-000 「이복원이 흥사단에 보낸 편지」(1931. 12. 8)에 따르면, 이복원은 1931년에 'Billy Lee'라는 이름을 쓰고 있었다. Billy는 William의 애칭이므로 그는 미국에 와서 윌리엄이라는 이름을 사용하였으리라 생각된다.

23 『신한민보』 1916년 11월 23일자 「한인학싱一람표」.

24 『신한민보』 1918년 2월 14일자 「창립긔념졀 각디방」.

25 『신한민보』 1919년 5월 1일자 「독립의연」, 5월 27일자 「구제합시다!」.

년 6월이었다.[26] 『신한민보』에서 그의 졸업을 기사로 알리며, 45세의 나이에 중학을 마쳐 모범이 된다고 축하하였다. 실제로 그는 나이는 40 직전이었다. 중학교 교내 웅변대회에서 이복원은 '어떤 사람이 애국자이냐'라는 연설로 2등상을 수상한 적도 있었다.[27] 이러한 여러 사실로 미루어 보건대, 그는 매우 늦은 나이에 소학교와 중학교를 마쳤지만 미국 생활과 교육에 잘 적응하였던 것 같다. 그와 미국에서 함께 유학한 최희송崔熙松의 회고를 참고할 수 있다.

> 그 후 나는 '엎플랜드'로 갔다. 이복원군이 그곳 장로교 예배당에서 쨰니터—소제부—로 일하면서 중학교를 필畢하고 동방으로 간다 해서 그 일자리를 대신하게 된 것이다. 매월 45불을 받아서 자취하면서 소학교에 다니었다. 그 일은 매일 화초원花草園에 물주기와 풀 깎는 것과 예배당을 청소하고 종 치는 일이었다. 학교에 다니면서도 충분히 할 수 있었다.[28]

교회에서 잡역부janitor로 일하며 매월 45달러를 받았던 만큼, 혼자 자취하던 그는 금전적 여유가 생겨 상당한 금액을 동포사회에 기부할 수 있었다. 그 일을 최희송이 이어서 할 수 있었던 것도, 그가 그 일에 충실하여 한국인에 대한 신뢰를 높였기 때문일 것이다.

중학교를 마친 이복원은 동부로 가서 군사학교에 입학하고자 하였다. 그는 사우스캐롤라이나주 찰스타운에 소재한 시타델군사학교에 입학하기 위하여 1920년 9월 7일 샌프란시스코를 떠났는데, 곽림대郭林大와 최윤호崔允鎬도 켄터키군사학교에 입학하려고 샌프란시스코를 함께 떠났다.[29] 그러나 이복

---

26 『신한민보』 1920년 6월 4일자 「리복원씨의 듕학졸업」,

27 『신한민보』 1920년 6월 15일자 「리복원씨의 연셜」.

28 崔熙松, 『氷世界七十年』, 大成文化社, 1964, 42쪽.

29 『신한민보』 1920년 9월 9일자 「병학을 연구하려난 학싱들」.

원은 시타델군사학교에 입학하지 않고 버지니아주 렉싱턴에 있는 버지니아 군사학교에 입학하였다.

> 리복원씨난 씨다델 밀리타리 칼레지에 입학지 안히허고 버지니아 밀리타리 칼레지에 입학허여 지금 공부 듕인딕 그의 학비난 윌로우스에 잇난 우리 동포 듕 사업가인 김죵림씨가 담당어엿스며 그 학교난 보병, 포병, 탐병 三과로 분허엿난대 모단 셜비와 그 교육방볍이 왜스드 포인트와 갓치 허난 고로 각도에 잇난 군인학교 듕에난 유명헌 학교라더라[30]

버지니아군사학교VMI는 미국에서 가장 오래되고 이름 높은 군사학교였다. 이복원의 학비는 이 시기 윌로스의 대농장주 김종림金宗林이 지원하였는데, 켄터키군사학교에 입학한 곽림대와 최윤호의 학비도 김종림과 이재수가 부담하고 있었다.[31] 잘 알려진 대로 김종림은 캘리포니아에서 쌀농사로 크게 성공하여 미주한인사회에 기여하였으며, 특히 1920년 윌로스의 비행사양성소 설립을 지원한 바 있었다. 김종림은 그에 그치지 않고 군사학 전공자들을 지원하고 있었던 것이다. 이복원이 어떻게 김종림의 지원을 얻었는지는 알 수 없으나, 김종림도 함경도 출신이어서 연결되지 않았을까 짐작된다. 그러나 1920년대 초 제1차 세계대전 종전 이후 쌀 수요 감소와 계속된 홍수 등으로 인한 흉작으로 1921년 3월경 비행사양성소가 폐쇄되었으므로,[32] 이복원 등에 대한 지원도 계속되기는 어려웠을 것이다.

그런데 이복원이 어떻게 버지니아군사학교에 입학할 수 있었을까. 군사학교는 10대 후반에서 20대 초반의 청년들이 진학하는데, 이미 40 전후인 그의

---

30 『신한민보』 1920년 10월 28일자 「리씨의 버지니아병학교에 입학」.

31 『신한민보』 1921년 2월 3일자 「곽최 량씨의 무육」; 郭林大, 『못 잊어 華麗江山』, 大成文化社, 1973, 144~147쪽.

32 洪允靜, 「獨立運動과 飛行士 養成」, 『國史館論叢』 107, 2005 참조.

입학이 가능하였을까. 그가 30대에 소학교에 입학한 것으로 미루어, 미국에 입국한 이후 소학교에 입학하면서 연령을 크게 줄인 것이 아닐까 하는 생각이 든다. 그렇지 않고서는 특별한 자격으로 입학해야 할 터인데, 가능한 일이 아니었다. 그의 키는 50대에 5척 1촌,[33] 153cm 정도의 작은 체구였다. 그렇다면 연령을 줄이기가 더욱 수월하였을 것이다.

앞서 인용한 『한민』 제15호의 이복원 관련기사 가운데 미국에 관련된 부분을 다시 보면, "V. M. I. 군관학교를 필업하고는 제륙군구 병영에서 실습하고 계속하야 포병사격과와 고급군사훈련과를 공부하여 큰 그릇을 일우워갖이고"라고 하였다. 버지니아군사학교를 마치고 군사실습과 고급과정도 이수하였다는 것이다. 그가 언제 군사학교를 마치고 고급과정을 이수하였는지 정확한 시기는 확인할 수 없다. 그러나 1924년 독일의 한국 유학생을 돕는 모금에 동참한 뉴욕 거주동포 명단에서 그의 이름이 보이는 것으로 미루어,[34] 그는 1920년 10월 전후부터 1924년 전후까지 만 3년 동안 버지니아군사학교에 적을 두고 있었다고 하겠다. 이름 높은 버지니아군사학교를 정식으로 마쳤다 하더라도 그가 미국 내에서 군직을 얻을 수는 없었다. 또 그의 나이는 이미 40대 중반이었다.

이복원은 1924년부터 1926년까지 뉴욕에 머물다가 시카고에 정착하였다. 뉴욕에 살던 1925년 12월에는 흥사단 제12회 대회에 참석하여 기부금을 냈는데,[35] 흥사단에 입단한 것 같지는 않다. 1926년 1월 1일 뉴욕의 한인교회에서는 교회 건립을 위한 기본금모금위원회 위원으로 11명을 선출하였는데, 이복원도 그중 1명이었다.[36] 그가 기독교인으로 교회활동을 하였음을 알 수 있다. 그러나 뉴욕에서 그가 무슨 일을 하였는지는 알 수 없다. 기본금모금위

33 社會問題資料硏究會 편, 『思想情勢視察報告集』 9, 京都: 東洋文化社, 1974, 82쪽.

34 『신한민보』 1924년 5월 22일자 「뉴욕동포의 유덕학싱 구졔」.

35 독립기념관 소장 미주흥사단자료 1-H01901-000 「제12회 흥사단대회 보고」.

36 최병현, 『강변에 앉아 울었노라: 뉴욕한인교회 70년사』, 깊은샘, 1992, 415쪽.

원에 선임된 것으로 보아, 적어도 경제적으로 크게 궁핍하지는 않았으리라 짐작될 뿐이다.

이복원이 1927년 초 국민회 시카고지방회 서기로 선임된 사실로써[37] 1926년 말부터 시카고에 거주하였음을 알 수 있다. 그는 이 시기에 서북대학, 즉 노스웨스턴대학 '특별생'이었는데,[38] 그 자격이나 위치, 전공 등에 대해서는 확인할 수 없다. 그가 노스웨스턴대학에 적을 둔 기간은 1931년까지 4년간이었다.[39] 1932년 『신한민보』에 "쉬카고에서 대학을 필한"이라고 언급된 것으로 미루어,[40] 노스웨스턴대학에서 정식 학위과정을 밟지 않았지만 대학과정을 수료하지 않았나 생각된다. 그가 1930년 3월 시카고한인학생회의 회계로 선임된 사실이나,[41] 6월 중서부유미학생대회에 적극 참여한 점에서도 그렇게 짐작된다.[42] 그는 12월 위원제로 바뀐 학생회의 재정부 위원으로 선임되었다.[43] 이미 나이 50이 된 노학생이 거의 자식뻘인 학생들과 동락하고 있었다고 하겠다. 그가 한국 노래를 잘 불러 모임에서 종종 노래한 것도 그러한 면에서 이해되는 일이다.[44]

그는 국민회 시카고지방회 활동에도 참여하였다. 1927년 지방회 서기를 잠시 맡았던 그는 1930년 지방회에서 공동회 존속협의회의 대표로 선임되었

37 『신한민보』 1927년 2월 17일자 「國民會各地方會報」. 이복원은 5개월 후인 6월에 사임청원을 하였고, 사표가 수리되었다(『신한민보』 1927년 6월 16일자 「國民會各地方會報」).

38 『신한민보』 1927년 5월 26일자 「북미류학싱一람표」.

39 『신한민보』 1931년 3월 5일자 「쉬카고사회소개」.

40 『신한민보』 1932년 8월 18일자 「리복원씨 상항에 안착 체류즁」.

41 『신한민보』 1930년 4월 3일자 「쉬카고학싱회에서 임원 기션」.

42 『신한민보』 1930년 6월 26일자 「즁셔부 뎨八회 류미학싱대회」.

43 『신한민보』 1931년 1월 1일자 「쉬카고학싱회 위원제」.

44 『신한민보』 1930년 6월 26일자 「즁셔부 뎨八회 류미학싱대회」. 유미학생대회에서 부른 노래는 판소리 水宮歌 가운데 '토끼 화상 그린다'였다(*The Korean Student Bulletin*, Ⅷ-3, October 1939, p.3).

으며,[45] 신입회원 모집위원으로도 활동하고 있었다.[46] 또 3·1기념적립금과 국민회 총회 회관 수리비, 장인환 장례비 모금에도 참여하였으며,[47] 장인환의 추도회에서는 추도사를 작성하였다.[48] 시카고한인교회에도 출석하였는데,[49] 샌프란시스코한인교회 신축과 시카고한인교회의 성탄 준비에도 기부하였다.[50] 1931년 2월에는 시카고한인교회의 교회유사부원과 교인모집부장을 맡아 봉사하였다.[51] 그는 뉴욕이나 시카고에서도 교회에 계속 출석하였던 것이다.

여전히 이복원은 소액이라도 국민회나 학생회, 그리고 교회 등이 모금하는 일에 빠지지 않고 기부하였지만, 그의 경제생활이 어떠하였는지는 알 수 없다. 그러나 기부와 학생회 재정부 위원을 맡을 정도라면 궁핍하지는 않았을 것이다. 그가 시카고에서 노스웨스턴대학을 다니면서 무슨 일을 하였는지 전혀 확인되지 않는다.[52] 1930년 11월 1일자로 시카고에 신한민보사 지국이 설립되었을 때 이복원이 방문기자로 참여한 것은 의외의 일이었다.[53] 비록 기

45 『신한민보』 1930년 4월 3일자 「쉬카고 국민회 디방회에서」.

46 『신한민보』 1930년 12월 18일자 「各地方會報」.

47 『신한민보』 1930년 4월 3일자 「쉬카고 국민회 디방회에서」, 5월 8일자 「총회 가옥 듕슈비 긔부」. 총회 회관 수리비 기부자 명단에는 '리복'으로 기재되었지만 이복원이 틀림없다.

48 『신한민보』 1930년 6월 5일자 「쟝의사추도」.

49 이윤모, 『칠십년사 1923~1993』, 시카고한인제일연합감리교회, 1995, 83쪽과 97쪽에 이복원이 시카고한인교회의 신자였다고 하였다. 그가 임시정부에서 활동하다가 미국에 와 노스웨스턴대학에 재학하며 ROTC 프로그램에 참여하였고, 졸업 후 상해로 돌아가 독립군 양성을 목표로 하였다고 기록되어 있다.

50 『신한민보』 1930년 5월 15일자 「남감리교회에 긔부금」, 12월 18일자 「쉬카고 셩탄 축하 준비」.

51 『신한민보』 1931년 3월 19일자 「쉬카고교회의 신셔광」.

52 혹 시카고에서 성공한 金慶의 워싱턴 카페테리아나 姜永大·姜永韶 등 강씨 형제가 운영하던 카페테리아에서 일한 것은 아니었을까(『신한민보』 1931년 2월 12일자 「쉬카고 한인사회 소개」). 이복원이 시카고에서 개최된 유미학생대회 야유회에서 비빔밥을 만들었다는 기록으로 미루어, 요리를 잘한 것으로 보이기 때문이다(『신한민보』 1930년 6월 26일자 「즁셔부 데八회 류미학싱대회」).

53 『신한민보』 1930년 12월 11일자 「신한민보 쉬카고지국 창립축하회 대셩황」.

자 일을 2~3개월 정도밖에 하지 않았지만,[54] 문필활동과 무관하게 지내온 그로서는 특별한 선택이었다.

홍미로운 사실은 시카고에서 이복원과 가깝게 지냈다고 생각되는 인물이 김호철金浩哲이었다는 점이다. 김호철은 함남 홍남 출신으로 숭실중학과 숭실전문학교에서 수학하고 1927년 도미하여, 무디성서학원을 거쳐 시카고의 루이스대학에 재학 중이었다.[55] 1905년생인 김호철과 이복원은 연령 차이가 20년 이상 났지만 같은 함경도 출신이었다. 1930년 6월 22일 유미학생대회 야유회에서 이복원과 김호철이 함께 비빔밥을 만들고,[56] 시카고학생회에서 함께 임원으로 활동하였으며,[57] 신한민보사 시카고지국에서 함께 방문기자를 하였다는 사실을 보면, 두 사람은 가까운 관계였던 것 같다. 이복원은 본래 신한민보사 시카고지국 직원 명단에는 없다가, 김호철 혼자 맡았던 방문기자에 추가되었다.[58] 따라서 시카고지국은 지국장 강영소姜永韶, 총무 변준호卞埈鎬, 영업부원 나재원羅在瑗, 통신기자 한세광韓世光, 방문기자 김호철·이복원으로 구성되었던 것이다.[59]

김호철은 시카고에서 1930년 10월 10일에 창립된 사회과학연구회의 핵심회원이었다. 이 모임은 공산주의 연구를 목적으로 한 단체였는데, 확인되는 구성원 가운데 함경남도 출신이 많았고, 특히 단일 도시로는 북청 출신이 제일 많았다.[60] 시카고지국의 변준호와 한세광 역시 사회과학연구회의 핵심회

54 『신한민보』 1931년 3월 12일자 「支局廣告」. 1931년 2월 20일자에 그의 사퇴 공고가 나왔다.

55 김호철에 관해서는 方善柱, 「金浩哲과 社會科學硏究會—경제공황기의 美유학생 사회주의운동—」, 『在美韓人의 獨立運動』, 翰林大學校 아시아文化硏究所, 1989와 高珽烋, 「1930년대 미주 한인사회주의운동의 발생 배경과 초기 특징—시카고의 재미한인사회과학연구회를 중심으로—」, 『한국근현대사연구』 54, 2010을 참고할 것.

56 『신한민보』 1930년 6월 26일자 「즁셔부 데八회 류미학싱대회」.

57 『신한민보』 1931년 4월 2일자 「學生總會特別號」.

58 『신한민보』 1930년 11월 27일자 「쉬카고 유지인사들이 신한민보 지국 셜시」.

59 『신한민보』 1930년 12월 11일자 「신한민보 쉬카고지국 창립축하회 대셩황」.

60 高珽烋, 「1930년대 미주 한인사회주의운동의 발생 배경과 초기 특징」 참조.

원이었다. 김호철은 1931년 12월 19일 시카고한인교회 도서실에서 개최된 사회과학연구회의 만주문제 관련 토론회에서 '한 공산주의자로 본 만주문제'라는 제목으로 발표하였듯이[61] 공산주의자를 자처하고 있었다. 그는 1932년 3월 이민국에 유학생의 노동문제를 이유로 체포되었다가 1개월 만에 김경金慶을 비롯한 시카고 한인유지들의 도움으로 석방되었으나, 출국령으로 6월에 출국할 수밖에 없었다.[62] 그의 추방은 1931년 3월 앨라배마주 스코츠버러에서 일어난 흑백문제 사건에 대한 흑인아동 사형 반대운동에 참가한 일과 무관하지 않았다고 한다.[63] 아무튼 이복원이 공산주의자를 자처하던 김호철과 가깝게 지냈다는 사실을 주목할 만하다. 그가 사회과학연구회에 직접적으로 관여하였다는 자료는 찾아지지 않지만, 김호철이나 변준호 등과 가깝게 지내며 공산주의에 어느 정도 관심을 가졌을 가능성은 있다. 함경도, 특히 북청 출신 유학생들이 많았던 사회과학연구회의 구성원들과도 일정한 교류가 있었을 것이다.

이복원이 시카고를 떠나 로스앤젤레스로 이주한 것은 1931년 8월 전후의 일이었다. 그는 8월 23일 로스앤젤레스의 31국어학교 방학식에 참석하여 찬성금 5원을 기부하였다.[64] 그는 1910년대 후반 서부에서 유학할 때부터 알던 오랜 친구인 홍사단 서무원 최희송을 만났다. 그것은 홍사단에 그가 보낸 편지에서 확인된다.

> 홍사단 사무 보시는 니에게 고하옵ᄂᆡ다
> 제송除誦. 금년 9월까지 최희송씨께서 사무보신 거슨 아오나 기후其後로 엇던

61 『신한민보』 1932년 1월 7일자 「사회과학연구부 주최」.
62 『신한민보』 1932년 4월 7일자 「쉬카고 김호쳘씨 감금 즁에」, 4월 21일자 「김호쳘씨 히방후 귀국케 되어」, 6월 9일자 「김호쳘씨 맛참ᄂᆡ 츌국」.
63 方善柱, 「金浩哲과 社會科學硏究會」, 336~342쪽.
64 『신한민보』 1931년 9월 24일자 「라셩 三一국어학교」.

분이 기其 사무을 계속하시는지 부지不知하와 여차히 실례하옵니다.

감감監監 앙탁仰托하옵난 거슨 제弟에게 온 서신이 잇삽거든 우기처右記處로 보닉 쥬시옵기를 절절切切 대망大望이옵닉다.

12월 8일 이복원 백

Billy Lee
c/o Mrs. C. N. Tenny
Box 32
Redland, Calif.[65]

이 편지를 보면, 우선 이복원이 1931년 12월 전후에 로스앤젤레스 부근 레드랜드로 옮겨 왔다는 사실을 알 수 있다. 그리고 그해 9월까지 최희송이 홍사단의 서무원을 맡아 본 사실을 아는 것으로 미루어, 그는 9월에 최희송을 만나 우편물 수신을 부탁하였던 것이다. 아마도 12월 이전에 거처할 곳을 구하면서, 우편물의 수신처로 홍사단을 지정하였던 것 같다.

1932년 8월까지 이복원은 1년간 로스앤젤레스 부근에서 지냈다. 김호철이 추방될 때에도 시카고에 갈 수 없었을 것이다. 그가 어떠한 이유에서 서부로 이주하였는지는, 또 무슨 일을 하였는지는 확인되지 않는다. 국민회에서 주도한 상해사변, 즉 윤봉길尹奉吉 의거 관련 활동비와 대한민국임시정부 지원금 모금에 참여한 것이 드러난 활동이었다.[66]

로스앤젤레스에서 1년간 머문 이복원은 샌프란시스코로 옮겨 갔다.

쉬카고에서 대학을 필한 후에 금년 봄에 라셩으로 이릭하야 쳬류하던 리복원씨는

65 독립기념관 소장 미주홍사단자료 1-H00030-000 「이원복이 홍사단에 보낸 편지」(1931. 12. 8).
66 『신한민보』 1932년 5월 19일자 「상히사변을 듯은 라셩 한인사회」, 5월 26일자 「두 곳 공동회 림정 후원」.

동양으로 향하는 길에 지난 구 일에 상항에 안착하야 지금까지 류련즁이라더라[67]

1932년 8월 9일 샌프란시스코에 도착한 그는 '동양으로 향하는 길'이었다. 그렇다면 그가 시카고에서 로스앤젤레스로 이주한 목적은 동양으로 가는 것이었다고 볼 수 있지 않을까. 그가 흥사단을 수신처로 삼아 편지를 기다린 것이나, 특별한 일을 하지 않고 1년간 지낸 것이 모두 동양에서의 연락과 무관하지 않았던 것 같다. 10월 16일 국민회 상항지방회 주최로 개최된 이봉창 의사 추도회에서 몇 마디 추도사를 한 그는[68] 국민회나 교회 등의 일반 행사에도 참여하였을 것이다. 그러다 그가 1933년 1월 27일 출항한 프레지던트 쿨리지호를 타고 환국하였다는 신문기사가 보인다.[69] 그러나 그는 귀국하지 않았다.

4. 군사학 전문가로 재중독립운동 참여

(1) 조선혁명간부학교와 의열단

1933년 1월 27일 프레지던트 쿨리지호 편으로 미국을 떠난 이복원은 30대인 1914년 미국에 온 지 20년이 지나 50이 넘은 나이였다. 그의 목적지는 한국이 아닌 중국이었다. 쿨리지호는 샌프란시스코에서 하와이와 일본을 경유하여 홍콩과 상해를 거쳐 미국으로 돌아오는 정기선이었다. 그는 중국으로 가기 위해 일본 기선이 아닌 미국 기선을 탔던 것이다. 어떠한 경로를 취하였는지는 알 수 없으나, 그는 1933년에 중국에서 활동하고 있었다. 다만 한국을 거쳐 중국으로 건너간 것으로는 생각되지 않는다. 그가 한국을 거쳤다면

67 『신한민보』 1932년 8월 18일자 「리복원씨 상항에 안착 체류즁」.
68 『신한민보』 1932년 10월 20일자 「리봉창의사 추도회」.
69 『신한민보』 1933년 2월 2일자 잡보 「三人이 동힝하야 二十七日 귀국」.

일본영사관에서 여권을 발급받아야 하였겠지만, 그랬을 가능성은 없다. 가능성은 낮지만, 그가 1914년 미국에 입국할 때 사용한 중국여권을 소지하였거나, 중국영사관을 통하여 중국입국 허가를 얻어낼 수도 있었을 것이다. 프레지던트 쿨리지호가 상해까지 운행한 사실로 미루어, 그는 상해를 통하여 중국에 들어갔을 것이다.

중국에 온 이복원은 어디에서 활동하였을까. 그는 1933년에 만주에서 한국독립군 이청천李靑天의 막료로 활동하다가, 이청천 등이 그해 말 관내로 옮겨 올 때 함께 북경을 거쳐 남경으로 이동하였다고 알려져 있다.[70] 그러나 이복원은 이때 동행하지 않았다는 주장도 제기되었다.[71] 중국에 도착한 때가 1933년 2월 말 전후인데, 만주에서 활동하다가 그해 말에 관내로 옮겨 오기가 현실적으로 쉽지 않았을 것이다.

몇 해 후인 1937년의 내용을 전하는 일제의 정보자료 가운데 이복원에 관한 부분에서 다른 단서가 보인다. 이복원李復元으로 표기된 항목을 보면, 이명으로 이상지李相之와 이말숙李末熟을 사용하는 58세, 153cm 키에 안경을 쓰고 알맞은 몸집에 하이칼라 머리를 한 둥근 얼굴의 인물로 기록되었다.[72] 이말숙은 그의 호인 미숙未熟의 오기로 생각된다. 이상지는 1933년 조선혁명간부학교의 교관 가운데 찾을 수 있는 이름이다.[73] 남경 교외에 위치한 조선혁명간부학교는 의열단義烈團의 김원봉金元鳳이 중국국민당의 지원을 받아 '한국의 절대독립'과 '만주국의 탈환'을 목표로 설립한 조선혁명군사정치간부학교를 지칭한다. 한국청년들에게 정치과목과 군사과목, 그리고 실습

70 韓詩俊, 『韓國光復軍硏究』, 一潮閣, 1993, 43쪽; 韓詩俊, 『의회정치의 기틀을 마련한 홍진』, 탐구당, 2006, 201쪽.

71 지복영, 『역사의 수레를 끌고 밀며』, 문학과지성사, 1995, 291쪽의 주 8).

72 『思想情勢視察報告集』 9, 82쪽.

73 『軍官學校事件ノ眞相』, 朝鮮總督府 警務局, 1934; 韓洪九 · 李在華 편, 『韓國民族解放運動史資料叢書』 3, 京沅文化社, 1988, 189~190쪽.

과목을 교육한 이 학교는 1932년 10월부터 1935년 9월까지 운영되었다.[74] 바로 이 학교에서 이복원이 이상지라는 이름을 사용하며 교관으로 재임하였던 것이다. 1933년 9월 16일에 입교한 제2기를 교육한 교관 가운데 '간이측도'와 '축성학'을 교수한 이상지가 이복원이라는 피교육생의 증언도 있다.[75] 일제의 정보문서에서도 조선혁명간부학교의 교관 가운데 이상지 이외에 '이모李某'로 표기된 이도 이복원을 지칭한다.[76] 연령이나 출신지가 상이하지만 미국사관학교 출신이었기 때문이다.[77] 제3기생 중 한 사람이 일제에 체포된 뒤, 기관총학·축성학·간이측도·대수기하를 함경도 출신인 50세 정도의 이상지가 교수하였다고 증언한 심문 결과도 보인다.[78]

이복원은 1933년 2월 말 상해에 도착한 뒤 바로 남경으로 이동하였던 것 같다. 그는 4월 23일 남경 교외 탕산湯山에서 열린 조선혁명간부학교 제1기생 졸업식에 교관으로 참석하였다.[79] 3월 어느 시기부터는 제1기생 교육의 일부를 담당하였던 것 같다. 제1기생들이 졸업하고 5월부터 남경 교외 효릉孝陵에 거주하게 되자 교관 일부도 함께 이전하였는데, 그 역시 이전하였다.

74 이에 관해서는 한상도, 『韓國獨立運動과 中國軍官學校』, 문학과지성사, 1994와 김영범, 『한국근대민족운동과 의열단』, 창작과비평사, 1997에 상세하다. 이복원이 조선혁명간부학교의 교관으로 활동한 사실 또한 두 연구에서 이미 밝혀진 바 있다.

75 한상도, 『韓國獨立運動과 中國軍官學校』, 272~273쪽에 따르면 제2기생 黃民, 즉 전 광복회장인 故 金勝坤 선생의 증언이라고 한다.

76 이복원의 별명이 '李某'였다(『思想情勢視察報告集』 3, 20쪽).

77 『軍官學校事件ノ眞相』, 59쪽. 이 기록에는 평북 정주 출신의 '李某라는 李遠'이라고 되어 있는데, 그 적요는 이복원의 것이다. 제1기생 중에도 李遠이 있어 두 사람의 이력이 잘못 기록되는 경우가 없지 않았다. 『思想情勢視察報告集』 2, 253쪽에는 미국사관학교 출신 교관 '李某'가 기록되어 있다.

78 「中央軍官學校 政治研究訓練班 第三期 卒業生 檢擧의 건」(京鍾警高秘 제16357호, 1936. 10. 28), 『警察情報』(昭和 11년): 국사편찬위원회 한국사데이터베이스.

79 「金公信 신문조서」(제2회), 『韓民族獨立運動史資料集』 31, 國史編纂委員會, 1997, 148쪽. 『軍官學校事件ノ眞相』, 172~173쪽에는 미국 군관학교를 졸업하고 제2기 교관을 맡은 '京城人 李遠'(40세)이 내빈으로 참석하였다고 나와 있다.

이때 그의 별명은 '미국영감'이었다고 하는데,[80] 미국에서 온 50대 교관에게 걸맞은 별명이었다. 일제의 정보보고에는 그가 윤세주尹世胄의 권유로 교육생들과 함께 거주하다가, 9월부터 교육이 시작된 제2기생부터 교관으로서 가르쳤다고 한다.[81] 제3기생이 1935년 10월 4일 졸업하였으므로, 그는 적어도 만 2년간 조선혁명간부학교의 교관으로 활동하였던 것이다. 그는 군대내무와 육군예식·지형학·축성학·기관총학·군사간이측도·기하·사격 등 대부분의 군사학 과목을 맡아[82] 군사전문가로 대접받고 있었다.

이러한 사실로써 이복원이 1933년 3·4월부터 조선혁명간부학교와 관계를 맺고 있었음이 확인된다. 이뿐만 아니라 그는 의열단과도 무관하지 않았다. 일제에 체포된 의열단원들이 이상지가 의열단의 군사위원이었다고 밝혔으며,[83] 일제도 그를 '의열단파'로 분류하였다.[84] 과연 의열단에서 단지 미국에서 군사학교를 마쳤다는 이유로 중국에 온 지 얼마 되지 않은 이복원을 의열단 군사위원과 조선혁명간부학교 교관으로 받아들였을까. 오히려 이복원이 미국을 떠날 때부터 중국의 조선혁명간부학교에 합류할 계획이 있었다고 보아야 하지 않을까. 바꾸어 말하면, 그가 중국에 오자마자 조선혁명간부학교에 합류할 수 있었던 것은 그가 미국에 있을 시기부터 의열단과 어떤 형태로든 연결되었기 때문에 가능하였다고 믿어진다. 그가 시카고를 떠나 로스앤젤레스와 샌프란시스코에서 1년 5개월 동안 머물며 특별한 활동 없이 지냈던 것은, 중국에서 올 연락을 기다리며 중국으로 떠날 준비를 하기 위해서

80 「金公信 신문조서」(제2회), 150~151쪽.

81 『軍官學校事件ノ眞相』, 59쪽.

82 『韓國民族運動史料(中國篇)』, 國會圖書館, 1976, 863쪽에 담임교관이 '이○○'으로 표기된 경우를 다른 자료와 대조해 본 결과, 이복원으로 생각된다. 예컨대 『軍官學校事件ノ眞相』, 189~190쪽에는 이상지가 간이측도와 축성학을 강의하였다고 기록되어 있는데, '이○○'도 이 과목을 맡았다.

83 「金邦佑 신문조서」(제2회), 『韓民族獨立運動史資料集』 30, 國史編纂委員會, 1997, 188쪽; 「洪加勒 신문조서」(제5회), 『韓民族獨立運動史資料集』 31, 53쪽.

84 『思想情勢視察報告集』 3, 20쪽.

였던 것 같다. 중국에서 활동한 의열단과 같은 독립운동단체와 연결된 과정은 확인되지 않는다. 다만 그가 시카고에서 로스앤젤레스로 이주한 것이 중국으로 가기 위한 준비였다면, 시카고나 로스앤젤레스에 거주하던 인물이 연결고리가 아니었을까 생각된다.

(2) 민족혁명당과 조선혁명당

1935년 7월, 김원봉의 주도로 의열단·한국독립당·신한독립당·조선혁명당·미주대한인독립단이 통합하여 민족혁명당이 창당되자, 이복원은 민족혁명당에 자연스럽게 참여하였다. 창당 초기에 그는 당직으로 검사위원을 맡았으며,[85] 1936년 5월 현재 민족혁명당 중앙감찰위원회 위원과 군사학편찬위원회 위원이었다.[86] 1935년 10월 조선혁명간부학교가 중지된 후, 그는 남경의 당 본부에서 군사학 편찬에 종사하였다. 그는 의열단 계열로 분류되고 민족혁명당의 당직도 맡았지만, 의열단이나 민족혁명당의 주류일 수는 없었다.

민족혁명당 군사학편찬위원회는 당 군사부장인 이청천과 군사부원 윤기섭尹琦燮·성주식成周寔·김창환金昌煥을 포함하여,[87] 이복원과 신악申岳·남모南某 등 7명이었다.[88] 당 군사부가 만주에서 무장투쟁을 한 신한독립당 계열로 짜여 있었고, 이복원과 신악은 조선혁명간부학교의 교관을 함께 한 의열단 계열이었다. 이청천과 김창환은 만주 한국독립군의 총사령과 부사령이었는데, 김창환은 대한제국 군부 장교 출신이었고, 이청천은 대한제국 육군무관학교에서 수학하다가 일본육군사관학교를 졸업하였다. 김창환은 이복

85 『思想情勢視察報告集』 9, 6쪽.

86 『思想情勢視察報告集』 3, 20쪽.

87 『思想情勢視察報告集』 2, 36쪽.

88 『思想情勢視察報告集』 3, 32쪽 뒤의 '民族革命黨組織一覽表'.

원보다 거의 10년 정도 연상이었고, 이청천은 6·7년 연하였다.[89] 대한제국의 군인이었다는 공통점으로 이복원은 이청천·김창환과 연대감을 가지고 밀접한 관계를 유지할 수 있었을 것이다.

1937년 2월 12일 김창환이 사망하였지만, 여러 차례 김원봉 세력과 대립하고 있던 이청천 계열은 그해 3월 29일 민족혁명당의 당권 장악을 목적으로 '한국민족혁명당비상대회선언'을 발표하였다. 그러나 4월 초 김원봉 계열은 당 간부회의를 소집하여 이청천 계열 11명을 민족혁명당에서 제명처분하였다. 이때 이복원도 이청천 계열이라 하여 제명되었고, 결국 4월 하순 이청천 계열이 주도한 조선혁명당 결성에 동참하기에 이르렀다.[90] 조선혁명당은 1929년 남만주에서 조직된 정당으로, 현익철玄益哲과 최동오崔東旿 등이 당을 주도하다가 민족혁명당에 합류한 바 있었다. 현익철과 최동오 등은 이청천과 함께 민족혁명당에서 이탈하여 조선혁명당 재건에 동참하였다. 이복원은 조선혁명당의 직임을 맡은 것으로 보이나 중앙집행위원에 선출되지는 못하였다.[91] 이복원은 미국에서 중국으로 옮겨 온 뒤 김원봉과 관련을 맺어 2년 이상 조선혁명간부학교 교관과 의열단 간부직을 맡았고, 민족혁명당에 참여하였다. 그러한 그가 민족혁명당에 참여한 지 2년이 채 되지 않아 김원봉을 배척하는 반대세력에 동조하여, 결국 이청천이 주도하는 조선혁명당에 참여하였던 것이다. 이는 이복원이 김원봉이 추구한 노선보다 이청천의 노선을

89 김창환에 대해서는 『한민』 1937년 3월 1일자 「秋堂金昌煥先生別世」를, 이청천에 대해서는 지복영, 『역사의 수레를 끌고 밀며』를 참고할 것.

90 金正明 편, 『朝鮮獨立運動』 Ⅱ, 原書房, 1967, 602~603쪽 「一九三七年の在支不逞朝鮮人の不穩策動狀況」. 趙凡來, 『韓國獨立黨硏究 1930~1945』, 선인, 2011, 164쪽에 제명처분된 11명의 명단이 실려 있다. 『思想情勢視察報告集』 9, 9쪽에서도 이복원이 조선혁명당 창당에 참여한 것이 확인된다.

91 『한민』 제15호(1937. 7. 30)의 「李復源 先生」에서 "죠선혁명당에서 역시 중앙간부의 책임을 갖이고 있으면서"라고 한 것으로 그가 간부직을 맡은 사실은 확인된다. 그러나 金正明 편, 『朝鮮獨立運動』 Ⅱ, 603쪽 「一九三七年の在支不逞朝鮮人の不穩策動狀況」이나 『思想情勢視察報告集』 5, 14쪽의 중앙집행위원 명단에는 이복원의 이름이 없다.

지지하였다는 것을 의미한다. 그는 왜 이청천을 지지하게 되었을까. 이청천 계열이 김원봉을 비판한 내용을 살피지 않을 수 없다.

민족혁명당은 이미 창당 3개월 만에 조소앙 등의 한국독립당 계열이 1935년 10월 이탈하여 한국독립당을 재건하는 분열을 겪은 바 있었다. 이청천 계열은 김원봉이 주도하는 의열단 계열과 여러 형태로 당권 투쟁을 벌여 왔다. 그러한 과정에서 이청천 계열은 한국독립당 재건파와 마찬가지로 의열단 계열이 공산주의 노선을 수용하였다고 파악하였다. 즉 조선혁명당을 설립하면서 발표한 선언서에서 의열단 일파가 공산주의로 장식하고 공산당의 경험이 있어 한국광복운동과 무관하다고 비판하였던 것이다.[92] 의열단 계열이 모두 공산주의를 수용하지는 않았겠으나, 민족혁명당에서 이탈한 세력은 적어도 그러하다는 의심을 받았던 셈이다.[93] 이복원은 시카고에 체류할 때, 공산주의 연구를 내세운 사회과학연구회의 일부 구성원들과 가깝게 지냈던 것 같다. 그렇다고 해서 그가 공산주의에 경도되거나 공명하였다고는 생각되지 않지만, 공산주의에 대해 어느 정도 이해하고 부분적으로 동조했을 수 있다. 그가 중국에 와서 좌경 색채가 없지 않은 의열단에 참여한 것도 그러한 그의 경험과 무관하지 않았으리라 믿어진다. 그러나 이복원이 김원봉 계열과 결별하고 이청천 계열에 합류한 것은, 구체적인 자료를 찾을 수는 없지만, 그가 민족주의 노선을 견지하였기 때문일 것이다. 이후 그는 계속 이청천을 지지하였다.[94]

이복원이 1937년 4월 조선혁명당에 참여한 직후인 7월 7일, 중일전쟁이

---

92 『韓國獨立運動史』 資料 3, 國史編纂委員會, 1973, 465쪽. 이 문제에 관해서는 강만길, 『증보 조선민족혁명당과 통일전선』, 역사비평사, 2003, 130~138쪽 참조.

93 金學奎, 「白波自敍傳」, 『한국독립운동사연구』 2, 1988, 594쪽.

94 해방 후 이복원은 靑士同友會라는 청년단체를 조직하였으나, 1947년 이청천이 귀국하여 大同靑年團을 조직하자 바로 청사동우회를 대동청년단에 합류시켰다(『동아일보』 1947년 8월 23일자 「十八靑年團體統合 大同靑年團結成」).

발발하였다. 임시정부 국무회의에서는 7월 15일 '군사위원회규정'을 통과시키고, 7월 16일자로 유동열柳東說 · 이청천 · 이복원 · 현익철 · 안경근安敬根 · 김학규金學奎를 군사위원회 위원에 임명하였다.[95] 한국국민당원인 안경근을 제외하고는 모두 조선혁명당 소속이었다. 군사위원회의 신설은 임시정부가 중일전쟁에 대응하려는 군사적 목적과 더불어, 민족혁명당에서 이탈한 조선혁명당 세력과 제휴하기 위한 조치이기도 하였다. 실제 만주에서 무장투쟁을 계속해 온 조선혁명당 소속 군사전문가들의 협조가 필요하였을 것이다. 더욱이 무관학교 출신으로 미국에서 군사학교를 졸업한 이복원은 이미 인용한 『한민』에서 언급하였듯이, "군사 인재가 바른〔부족한〕 오늘 우리에게 리복원씨 같은 숨은 장재가 있는 것은 크게 기쁜 일"이었다.

한국국민당과 한국독립당, 조선혁명당 등 민족주의세력은 8월에 한국광복운동단체연합회를 결성하여 민족운동세력의 통일과 협력을 도모하였다. 그러나 전선이 확대됨에 따라 임시정부를 비롯한 각 정파는 11월에 피난을 떠나 무한武漢을 거쳐 1938년 초 장사長沙에 정착할 수 있었다. 이복원 역시 이 피난길에 합류하였다. 그와 함께 임시정부 군사위원회 위원이었던 김학규의 회고에 따르면, "우리가 장사에 있는 동안에도 군사위원회의 광복군 조직에 관한 공작과 군사학 편찬에 대한 공작은 쉬지 않았다"고 한다.[96] 『한민』 제16호(1938. 3. 1)의 「임정 군위회軍委會에게 군사학 편찬」이라는 기사에서,

> 우리 군사위원회에서는 군사에 관한 여러 가지 계획을 성립하야 림시정부로 하여금 이를 실시케 하는 동시에 군사에 관한 셔적들을 출판하야 이를 군대에서 사용케 하는 것이 크게 필요한 것임을 깊이 늣끼고 지금 군사위원으로 있는 여러분이 군사학 중 위선 가장 필요한 및 종류를 션택하여 각각 분담하여 갖이고 쥬야로

95 『대한민국임시정부공보』 제62호(1937. 7. 16).

96 金學奎, 「白波自敍傳」, 596쪽.

이를 편찬하는 중이라는데 이미 착수한 것은 보병조전 진중요무령 사격교범 유격 전술 등이라 한다

라고 밝혔듯이, 이복원도 군사학 도서 편찬에 진력하였을 것임을 짐작할 수 있다. 1938년 3월 1일 3·1절 기념식 뒤의 유흥회에서 그는 '춘향가'를 불러 좌중의 흥미를 끌었다고 한다.[97] 미국에서 '수궁가'를 부른 적이 있을 만큼 판소리에 관심을 가졌던 그는 노래 실력도 상당하였던 모양이다.[98]

한국국민당과 한국독립당, 조선혁명당은 3당 통합을 위하여 5월 7일 남목청楠木廳에 있던 조선혁명당 본부에서 각 정당 대표 연석회의를 가졌다. 이복원도 참관인 자격으로 이 회의를 방청하였다.[99] 이때 조선혁명당의 이운환李雲煥이 회의 도중에 권총을 쏘는 사건이 발생하였다. 이른바 '남목청 사건'으로, 현익철이 즉사하고 김구金九와 유동열은 중상, 이청천은 경상을 입었다. 이 사건으로 정당 통합문제는 연기되었으며, 전선 확대로 말미암아 임시정부를 비롯한 정당들은 광동성廣東省 광주廣州로 이동하지 않을 수 없었다. 7월 1일 임시정부 국무회의에서는 정부를 운남성雲南省 곤명昆明으로 이전할 것을 결의하였고, 현익철과 유동열을 대신할 군사위원회 위원을 선임하였다.[100] 그만큼 임시정부로서는 군사위원회의 임무를 중요하게 인식하고 있었다.

(3) 대한민국임시정부와 한국광복군 참여

임시정부와 민족주의 계열의 한국광복운동단체연합회 세력은 광주에 오래 머물지 못하고, 광서성廣西省 유주柳州를 거쳐 1939년 5월 사천성四川省

97 『한민』 제16호(1938. 3. 1), 「遠東 某地에서 擧行한 三一節紀念狀況」.

98 양우조·최선화, 『제시의 일기』, 혜윰, 1999, 49쪽을 보면, 柳州로 가는 배 안에서 "저녁에는 미숙 선생과 여러 사람의 신구곡 노래가 강가에 울려 퍼졌다"라는 기록이 있다. 그가 노래에 능했음을 짐작케 한다.

99 趙擎韓, 『白岡回顧錄』, 韓國宗教協議會, 1979, 266쪽.

100 『대한민국임시정부공보』 제64호(1939. 9. 30).

기강綦江에 도착하였다.[101] 이곳에서 흔히 '7당회의'라고 부르는 '한국혁명운동통일 7단체회의'가 8월 27일부터 시작되었다. 독립운동 진영의 통일을 위한 이 회의는 단일당 조직방식 문제로 먼저 좌익 2개 단체가 탈퇴하여 5당회의가 되었다가, 결국 좌우 진영이 단일신당 결성 후의 최고권력 기관과 당원자격 등의 문제로 대립하여 결렬되고 말았다. 10월에는 한국국민당·한국독립당·조선혁명당 합당을 위한 준비회의가 개최되었다. 동시에 임시의정원 제31차 회의가 열려 의원 보선이 있었다. 이복원은 함경도 의원으로 당선되어, 이후 해방될 때까지 의정원 의원으로 활동하였다.[102] 제31차 임시의정원 회의에서는 국무위원 증원을 의결하고 한국독립당과 조선혁명당 인사들을 국무위원에 선임하여 3당 연립내각이 구성되었다. 3당 통합은 1940년 5월 한국독립당의 창립으로 마무리되었다.[103] 이복원은 창립 초기에 당직에 선임되지 못하였고, 조선혁명당 출신으로 이청천·유동열·최동오·김학규·조경한이 중앙집행위원에 선출되었다.[104]

대한민국임시정부는 1940년 9월 17일 한국광복군총사령부 성립 전례식을 거행하여 임시정부의 국군을 출발시켰다. 이에 앞서 국무회의에서는 8월 4일 이청천을 총사령관에 임명하였고, 8월 10일에는 총사령부 참모진을 임명하였다. 이복원은 총사령부 참모에 임명되었다.[105] 광복군총사령부는 30여 명의 인원으로 중경에서 성립되었지만, 시급한 초모招募활동을 전개하기 위

101 『대한민국임시정부공보』 제64호(1939. 9. 30).

102 『대한민국임시정부공보』 제65호(1940. 2. 1). 한국광복군 임무와 관련하여 重慶에 없을 때에는 임시의정원 회의에 참석하지 못했다.

103 이 과정에 대해서는 趙凡來, 『韓國獨立黨硏究 1930~1945』, 183~188쪽 참조.

104 『대한민국임시정부자료집』 34, 국사편찬위원회, 2009, 30쪽과 金九, 『白凡逸志』, 國史院, 1947, 345쪽 및 金學奎, 「白波自敍傳」, 597쪽에는 이복원이 중앙집행위원으로 기록되어 있다. 하지만 『韓國獨立運動史資料集』 趙素昂篇 4, 韓國精神文化硏究院, 1997, 17~18쪽의 「光復陣線遠東三黨統一代表會議經過大略」이라는 회의록에 따르면, 그는 중앙집행위원이나 중앙감찰위원에 선임되지 못하였다.

105 『대한민국임시정부공보』 호외(1940. 8. 15); 韓詩俊, 『韓國光復軍硏究』, 92쪽.

하여 전선과 가까운 서안西安으로 이전하였다. 11월 17일 총사령부 직원 18명이 서안으로 이동하여 이미 서안에 파견되어 있던 군사특파단과 통합하여 황학수를 총사령 대리로 임명하고 '총사령부 잠정부서暫定部署'를 편성하였다.[106] 이때 이복원은 참모조 조장으로서 참모직을 계속 맡았다. 총사령부 참모는 여럿이었지만 초모활동을 통한 병력 증대가 우선이었기 때문에 실제 업무는 많지 않았다.

1941년 1월 1일 서안에 본부를 두고 100명이 넘는 병력을 확보한 한국청년전지공작대가 한국광복군 제5지대로 편입되었다. 이어 2월부터 총사령부 기관지로 『광복』이 간행되었는데, 이복원은 여기에 논설과 번역을 발표하였다. 그는 중문판으로 간행된 『광복』에 유럽 정국을 전망하는 「미묘적덕소관계微妙的德蘇關係」(제1권 제1기, 1941. 2)를 발표하였고, 「덕국적장갑사德國的裝甲師」(제1권 제5·6기, 1941. 8)와 「발현비기적보조기發現飛機的補助器」(제2권 제1기, 1942. 1)라는 군사학 관련 글을 번역하여 실었다. 그리고 1941년 2월경에 국문으로 간행된 『광복』 제1권 제1기에 「광복군의 전도前途」를 발표하였다. 「미묘적덕소관계」는 독일이 근동지역을 장악하면 흑해의 안전이 위태로워져 소련의 이익과 안전에 위협이 된다는 점을 강조하며 독소 사이의 정세를 검토하는 내용이다. 독일 기계화전투사단의 편제와 전술을 논의한 「덕국적장갑사」는 9쪽에 달하는 분량의 번역글로서, 독일의 승리가 "건전한 전술, 정양精良한 훈련, 완밀完密한 편제"의 결과라는 점이 강조되었다. 「발현비기적보조기」라는 번역글은 비행기를 발견하는 보조기구로서 배율이 높은 망원경에 대한 설명이다.

국문본 『광복』에 실린 「광복군의 전도」는 광복군이 성공을 이루기 위한 요소를 논의한 논설이다. 이복원은 "우리가 죽기 전까지 왜적과 악전고투하야 국권을 회복하여야 될 것"이기 때문에 광복군이 성공할 것이라고 규정하였

106 『대한민국임시정부공보』 제72호(1941. 10. 17); 韓詩俊, 『韓國光復軍研究』, 142~143쪽.

다. 그리고 성공의 요소로 광복군 영도자들의 투쟁경험을 들고, 초모활동을 통하여 확대된 편제가 가능할 것임을 자신하였다. 또한 미주동포와 적후방 동포, 그리고 한국독립운동을 동정하는 외국인의 지원이 있을 것으로 확신하였다. 그는 광복군의 장래를 낙관하고 있었다.

임시의정원 의원이기도 한 이복원은 서안의 총사령부에 재임하던 1941년 10월, 제33회 임시의정원회의가 개회되었으나 참석할 수 없었다. 임시의정원 의원이던 다른 광복군총사령부 관계자들도 마찬가지였다.[107] 그런데 중국군사위원회가 광복군의 지휘와 통제를 목적으로 1941년 11월 '한국광복군 행동 9개 준승準繩'을 요구해 왔다. 임시정부 국무회의에서는 이 요구를 받아들이지 않을 수 없었다. 그해 3월부터 5월 사이에 민족혁명당이 주도하고 있던 조선의용대朝鮮義勇隊의 상당수 세력이 중국공산당 지역인 화북華北지방으로 진출하자, 한국독립운동의 무장세력을 통제하고자 하였던 것이다. 이어 중국군사위원회에서는 조선의용대를 한국광복군에 편입시키도록 하였다. 이와 별개로 1942년 3월 1일, 한국광복군 제5지대에서 3·1절 기념식을 마친 뒤 지대장 나월환羅月煥이 대원들에게 살해당하는 사건이 일어났다. 결국 이러한 사건들로 말미암아 광복군은 1942년 7월 조선의용대가 제1지대로, 기존의 광복군 지대가 제2지대로 개편되었다. 이미 1942년 4월부터는 중국군사위원회에서 파견된 중국군들이 광복군에서 근무하기 시작하였고, 9월에는 총사령부를 서안에서 중경으로 이전하였다.[108]

이복원은 개편된 제2지대의 지대부支隊附로 임명되었다. 총사령부 참모장이던 이범석李範奭이 중국인 장관에게 참모장직을 인계하고 지대장으로 옮겨 왔으며, 이복원은 총사령부 참모에서 지대장을 보좌하는 부지대장 격인

107 『대한민국임시정부공보』 제72호(1941. 10. 17).

108 韓詩俊, 『韓國光復軍硏究』, 194~198쪽.

보직을 맡았다.[109] 제2지대가 서안에 위치하였으므로 그는 중경으로 돌아가지 않고 서안에 계속 머물렀다. 그가 제2지대 지대부로 얼마나 재임하였는지는 알 수 없으나, 그리 오래 재임하지는 않았을 것 같다. 1942년 11월 중경에서 열린 제34회 임시의정원회의에 참석한 이후,[110] 광복군과 관련한 활동은 잘 보이지 않다가 1945년 5월 1일 정령正領 계급으로 총사령부 고급참모에 임명되었다.[111] 그리고 곧 안휘성安徽省 부양阜陽에 새로 편제되는 제3지대 부지대장에 보임되었다. 또 이복원은 1944년 2월 군무부 군사학편찬위원으로 선임되었고, 이어 9월 군사학편찬위원이 대폭 개편될 때에도 부주임인 윤기섭과 함께 계속 그 직책을 유지하였다.[112] 따라서 임시정부와 광복군 내에서 군사학 전문가로서의 위치가 확고하였다고 하겠다. 그러나 이미 60이 넘었고 지휘관 경험이 없었기 때문에, 참모나 부지대장과 같은 보직을 맡을 수밖에 없었을 것이다.

광복군 활동과 더불어 이복원은 한국독립당 제3차 전당대표대회(1943. 5. 8)에서 중앙감찰위원에 선출되었다.[113] 1944년 8월 한국독립당 중앙훈련부에서 중소학생 수십 명을 대상으로 단기훈련반을 개설하여 한국독립당의 당의黨義를 비롯하여 한국역사와 한국어를 교수하였는데, 그는 훈련부 주임 나태섭羅泰燮과 함께 강의하였다.[114] 1945년 3월에는 이청천 · 최용덕崔用德과 함께 한국독립당 중앙집행위원회에 '한국독립당의 군사정책에 관한 건'을

109 『대한민국임시정부자료집』 6, 226쪽.

110 『대한민국임시정부자료집』 3, 66쪽; 『우리通訊』 제2호(1942. 10. 26) 「消息一束」, "咸鏡도 議員 李復源 · 公震遠 兩氏는 光復軍 七八名 同志와 十餘日 前에 西安을 出發하여 今日 重慶에 到着된다더라".

111 『韓國獨立運動史資料集』 趙素昂篇 4, 362쪽의 「韓國光復軍總司令部職員姓名册」. 그 일자가 1945년 5월 1일임은 『앞길』 제42호(1945. 6. 1)의 「韓國光復軍 人事調動」에서 확인된다(『대한민국임시정부자료집』 37, 277쪽).

112 『대한민국임시정부공보』 제80호(1944. 4. 15) 및 제82호(1944. 9. 10).

113 『대한민국임시정부자료집』 34, 138쪽.

114 『獨立評論』 제4호(1944. 8. 12) 「韓獨 訓練部에서 夏期 訓練班을 開設」.

제의한 바 있었다. 그 내용은 한국광복군의 확대 강화와 활동을 주로 검토한 것으로, 군사외교를 포함하여 동맹국과의 연합작전 수행 등 구체적 방안을 제시하였다.[115] 또한 함경도 대표로 임시의정원 의원이던 이복원은 1942년 이후 계속 제4분과(군사) 상임위원으로 피선되었으며,[116] 의정원 의원으로서 적극적인 의정활동을 전개하였다. 특히 그가 대표 제안자가 되어 제의한 '광복군 9개 준승을 취소하자는 교섭을 다시 추진할 것'은 임시정부에 9개 준승 취소를 위한 교섭을 재개하도록 촉구한 것이었다.[117]

이복원은 중국에서도 기독교인으로서 신앙생활을 게을리하지 않았던 것 같다. 1944년 7월 중경에서 기독교인 50여 명이 모여 여화한인기독교연합회旅華韓人基督敎聯合會를 조직하였는데, 그 임원으로 목사인 이상만李象萬을 비롯하여 장로 김규식金奎植, 집사 염온동廉溫東 · 이복원, 전도사 김순애金淳愛 등이 참여하였다.[118] 이 모임이 얼마나 활발하게 운영되었는지는 알 수 없으나, 집사로 참여한 이복원이 주도적인 교인이었음은 틀림없을 것이다.

1944년 8월 9개 준승이 폐지된 후 1945년 5월부터 '원조한국광복군판법援助韓國光復軍辦法'이 시행되면서, 개편된 총사령부 편제에 따라 이복원은 정령으로 고급참모에 보임되었다. 그런데 그는 보임된 직후 중경을 떠난 것으로 생각된다. 부양에서 활동하던 징모 제6분처가 제3지대로 확대되자 그가 부지대장에 임명되었기 때문이다. 그가 5월 1일에 개최된 임시의정원회의에 참가하여 발언하였으므로,[119] 부양으로 떠난 시기는 그 후였다.[120] 5월

115 『대한민국임시정부자료집』 34, 156~160쪽.

116 『대한민국임시정부공보』 제76호(1942. 11. 30) 및 제80호(1944. 4. 15). 『대한민국임시정부자료집』 3, 62쪽.

117 『대한민국임시정부자료집』 4, 48~50쪽.

118 『독립』 1944년 10월 4일자 「중경인사소식」.

119 『대한민국임시정부자료집』 3, 262쪽.

120 회고에 따라 그 시기가 다르다. 제1구대장에 임명되었던 朴英俊은 『한강물 다시 흐르고』, 한국독립유공자협회, 2005, 110~111쪽에서 1945년 1월 1일에 발령을 받고 3월 17일 취임하였다고 밝혔다. 1구대원이던 金文澤은 지대장 김학규가 중경에서 이복원 · 엄홍섭 · 박영준을 대동하

22일에 취임식이 있었다는 신문기사로 미루어도,[121] 5월 초에 부양의 임지로 떠났을 것이다. 한국광복군 제3지대의 정식 성립 전례식은 1945년 6월 30일에 부양극장에서 있었다.

제3지대는 초모활동과 일본군을 탈출한 한적사병 등의 증가로 1945년 3월에 편제되었으며 적점령지구에서의 지하공작과 함께 미군과의 OSS 훈련을 실시하고 있었다. 부지대장 이복원은 참모장 역할을 겸하며 부대원의 정훈교육을 책임졌고, '각국혁명사' 등을 직접 강의하였다.[122] 그가 부임한 지 3개월이 지난 8월 15일, 일제의 항복으로 해방이 되었다. 미군과 연합작전으로 국내정진을 준비하던 광복군으로서는 기쁨보다 아쉬움이 앞선 해방이었다. 수십 년간 일본과 미국, 그리고 중국에서 해방을 준비해 온 이복원에게도 해방은 그러하였다.

5. 맺음말

해방을 맞은 이복원은 지대장 김학규가 중경과 곤명, 상해를 오갔기 때문에 제3지대를 지휘하여 서주徐州를 거쳐 상해로 이동하였다. 잠편지대를 결성하여 확군을 도모하던 광복군은 중국과 미국의 정책으로 말미암아 1946년 5월 '광복군 복원復員 선언'을 하고 귀국할 수밖에 없었다.[123] 이복원 역시 이때 귀국하여 임시정부 관계자들이 지내던 한미호텔에 머물렀다.[124] 30년 만에 65세가 되어 돌아온 고국이었지만, 분단으로 그는 북쪽 고향 땅을 밟지 못

고 4월 말에 도착하였다고 기록하였다. 김문택, 『광복군』, 독립기념관 한국독립운동사연구소, 2005, 153쪽.

121 『獨立新聞』(중경판) 제7호(1945. 7. 20) 「第三支隊成立」.

122 김문택, 『광복군』, 203~204, 218쪽.

123 이에 관해서는 염인호, 「해방 후 韓國獨立黨의 中國 關內地方에서의 光復軍 擴軍運動」, 『역사문제연구』 1, 1996 참조.

124 『동아일보』 1946년 7월 24일자 「血鬪로 倭敵을 擊滅(中)」.

하였다. 그러한 이복원의 소망은 국군에 입대하는 것이었다.

> 저기〔中國〕서 생각할 때 귀국하면 국군에 가담하여 이 한 몸을 나라에 바칠 각오를 하고 왔는데 시기가 좀 빠른 모양인가.[125]

해방정국에서 그의 활동은 크게 드러나지 않았다. 1946년 4월 그는 한국독립당·국민당·신한민족당의 합당으로 한국독립당이 확대되자 감찰위원에 선임되었으나,[126] 아직 귀국하기 전이었다. 귀국하자 그는 '청사동우회靑士同友會'라는 청년단체를 조직하여 활동하였다.[127] 그러나 이 단체는 1947년 4월에 귀국한 이청천이 대동청년단大同青年團의 조직을 준비하자 1947년 8월 대동청년단에 합류하였다.[128] 이미 노령이었던 그는 특별한 활동을 한 것 같지는 않고, 귀국한 광복군 동지들의 직장 등을 구하는 데 진력하였다고 한다.[129] 이미 60대 중반이 넘은 그가 소망대로 국군에 가담하기는 현실적으로 어려웠을 것이다. 그는 가족도 없이 독신으로 살다가, 6·25전쟁 중에 실종된 것으로 알려져 있다. 대한민국 정부는 이복원에게 1963년 대통령표창을, 1991년 건국훈장 애국장을 추서하였다.[130]

이복원은 매우 독특한 생애를 살았다. 함경도 북청 출신인 그는 대한제국의 사관으로 5년간 근무하였다. 이후 일본에서 7년간, 미국에서 19년간 유학하였다. 게이오의숙 이재과를 거쳐 버지니아군사학교와 노스웨스턴대학에서 수학하였던 것이다. 40이 넘어 중국으로 가서 직접 독립운동에 참여하여 12년간 군사전문가로 활동하였다. 조선혁명간부학교와 의열단, 민족혁명당

---

125 『동아일보』 1946년 7월 24일자 「血鬪로 倭敵을 擊滅(中)」.

126 『자유신문』 1946년 4월 19일자 「三黨合同決定」.

127 『大韓民國建國人物要覽 人事錄』, 內外弘報社, 1949, 84쪽 '辛永淳'.

128 『동아일보』 1947년 8월 23일자 「十八青年團體統合 大同青年團結成」.

129 김우전, 「광복군 제3지대 부지대장 미숙 이복원 장군을 추모하면서」.

130 『獨立有功者功勳錄』 5, 1020~1021쪽.

등 좌파적 경향의 독립운동단체에 참여하였다가 조선혁명당과 한국독립당 등 민족주의 계열 독립운동단체의 간부로 있었다. 대한민국임시정부 임시의정원 의원, 한국광복군총사령부 참모와 부지대장 등도 역임하였다. 군사전문가였던 그는 대개 지휘관이 아닌 군사학 편찬 관련 직책과 참모직을 맡았다. 미국 유학 이래 기독교를 신앙하였던 것으로 나타난다.

"어느 모로 보아도 무사의 기풍이라고는 조금도 엿볼 수 없는 그 체격과 언동"이라는 표현대로 군인같이 보이지 않던 온유한 인상이었지만,[131] 그는 평생을 한국의 군인으로 살기 위하여 자신을 던진 인물이었다. 그러기 위하여 미국에 유학하여 군사학교를 마쳤으며, 중국에 건너가 독립운동을 전개하였고, 해방된 조국에서 군인이 되기를 원하였던 것이다.

131 『동아일보』 1946년 7월 24일자 「血鬪로 倭敵을 擊滅(中)」.

김학무의 무장투쟁과 좌파청년그룹

1. 머리말

김학무金學武(1909~1943)는 1930~1940년대 중국에서 한국독립운동을 위해 투쟁하다가 순국한 독립운동가이다. 그는 김구金九 특무대독립군을 비롯하여 조선청년전위동맹·조선의용대·조선독립동맹·조선의용군에서 활동하였다. 대한민국 정부에서는 2001년 그에게 건국훈장 독립장을 추서하여 그 공로를 기린 바 있다.

김학무는 1930년대 전반기에 낙양군관학교洛陽軍官學校에서 수학하였고, 일시 남경南京 중앙대학中央大學에 재학하면서 김구 휘하에서 활동하였다. 이후 1940년대 전반기까지 그는 조선청년전위동맹과 조선의용대, 조선독립동맹 등에서 좌파청년그룹을 대표한 리더였다. 그리고 1940년대에 대한민국임시정부와 조선독립동맹이 합작하고자 조선독립동맹 주석 김두봉金枓奉과 대한민국임시정부 주석 김구가 편지로 통신한 적이 있는데, 김학무가 그 전달을 맡았던 것으로 알려져 있다.

그렇지만 김학무는 관련 자료가 부족하여 그의 위치나 활동에 비하여 별다른 관심을 받지 못해 왔다. 그 자신의 견해를 담은 글도 별반 남기지 않아, 개인보다는 조선의용대나 조선의용군의 활동과 관련하여 논의될 수밖에 없었다. 조선의용대 출신 작가 김학철金學鐵이 『항전별곡』이라는 전기소설에서 「무명용사」라는 제목으로 김학무를 소개한 것 이외에 특별히 그를 주목한 언급은 없었다. 특히 그의 위상으로 미루어 그의 사망과 관련된 문제, 그 시기나 사유가 불명확한 것은 의아하기까지 하다.

그나마 1945년 연안延安에 갔던 김태준金台俊이 그곳에서 강의 교재로 사용된 『조선근대혁명운동사朝鮮近代革命運動史』(『근대조선혁명운동사』)라는 유인물을 가지고 귀국하였고, 그것이 김태준의 손을 거쳐 1946년 국내에서 출판된 바 있다. 김학무는 본명인 김준길金俊吉로 국내에서 발행되던 잡지와 신문에 시와 중국신문계를 소개하기도 하였다. 부족한 자료이지만, 필자는 산일된 자료들을 정리하여 김학무의 재중독립운동 역정을 살펴보고자 한다. 그가 1930~1940년대 좌파청년그룹의 지도자로 활동하였던 점이 부각될 것이나, 기본적으로는 김학무의 재중독립운동에 주목하였다.

2. 1930년대 전반기: 김구 휘하에서의 민족운동

김학무의 성장과정에 대해서는 별달리 알려진 바가 없다. 본명이 김준길 또는 김원길金元吉이며 함경북도 온성군穩城郡에서 태어나 만주에서 은신중학恩信中學을 마치고 남경 중앙대학에 재학하였다는 일제의 정보보고가 있을 뿐이다.[1]

1 警察情報綴 拱(昭和 11年), 「中國中央陸軍軍官學校 洛陽分校卒業生 等 檢擧에 관한 件」(1936. 4. 7) 및 警察情報 寫(副本)(昭和 11年), 「朝鮮革命幹部學校(軍官學校) 卒業者 送局에 관한 件」(1936.

만주의 은신중학이란 용정龍井의 은진중학恩眞中學을 지칭한다.[2] 은진중학은 캐나다장로회 선교부가 1920년 용정에 설립한 한국인 남학교였으므로,[3] 김학무는 함경북도에서 성장하다가 용정으로 이주하였거나 은진중학에 유학하였을 것으로 짐작된다. 그는 일제의 정보보고에 따라 1911년생으로 알려져 왔으나, 은진중학 학적부에 의거한 기록에는 1909년 12월 11일생으로 나타난다. 원적도 온성군 유포면柔浦面 세선동世仙洞으로 기록되어 있다. 김학무는 1927년 4월 은진중학에 입학하여 1931년 2월 28일에 제9회로 졸업하였다.[4]

김학무가 만주 용정의 은진중학을 1931년에 졸업하였다는 사실은 아마도 그의 생애에서 매우 중요한 분기가 되었을 것이다. 1920년대 후반 용정의 기독교계 중등학교들에서는 교육과 종교의 분리를 위한 투쟁이 계속되었고,[5] 또 이 지역에서는 조선공산당 만주총국이 주도하여 1927년과 1928년에 일어난 제1·2차 간도공산당사건을 비롯한 공산주의 활동이 크게 고조되어 있었다. 은진중학에서도 동맹휴학을 비롯한 반종교, 반일활동이 전개되었으므로 이러한 분위기에서 은진학교 졸업생들이 공산주의에 경도되어 있었을 것임은 쉽게 짐작할 수 있다. 특히 김학무가 재학 중이던 1929년 11월부터 국내에서 광주학생운동이 전개되면서 용정에서도 만세운동이 있었으며, 1930

---

8. 24): 국사편찬위원회 한국사데이터베이스.

2 『韓國獨立運動史資料』 38: 宗教運動篇, 국사편찬위원회, 2002, 406~407쪽의 「間島鮮人耶蘇教信徒ノ英人宣教師排斥ニ關スル件」에도 은진중학이 은신중학으로 표기되어 있다. 둘의 일본어 발음이 같아 착오가 있을 수 있다고 생각된다.

3 은진학교에 관해서는 한생철, 「26년의 풍운변화」, 『연변문사사료』 6, 연변: 연변인민출판사, 1988; 朴州信, 『間島韓人의 民族教育運動史』, 아세아문화사, 2000 참조.

4 「恩眞卒業生台帳」(金在洪 씨 사본 소장). 은진중학교동문회, 『恩眞80年史』, 코람데오, 2002, 291쪽. 은진중학은 1920년 설립 시에는 5년제였지만 1923년 5학년 진급생들의 대부분이 국내 전문학교로 진학하자 4년제로 개편하여 1924년 제1·2회 졸업식을 합동으로 거행하였다(『恩眞80年史』, 283쪽).

5 연변대학 교육학 심리학교연실 외 편, 『연변조선족교육사』, 연변: 연변인민출판사, 1987, 49~50쪽; 북경대학 조선문화연구소 편, 『교육사』, 북경: 민족출판사, 1997, 58~61쪽.

년 1월의 만세시위로 은진중학이 휴교하기도 하였다.[6] 곧이어 제3차 간도공산당사건이 일어났으므로, 간도지역에서 중학교를 다니던 김학무는 그러한 사건들을 목도하고 직접 참여하였을 것이다. 이 시기를 전후하여 은진중학을 졸업한 이들 상당수가 민족운동에 참여하고, 그들 대부분이 공산주의에 경도되었던 것은 그러한 시대적 분위기와 무관하지 않았다. 따라서 이 시기에 동북지방 출신으로 민족운동에 참여한 이들은 동북지방에 남아 투쟁하거나, 소련 또는 중국 관내로 가서 활동하는 것이 일반적이었던 것 같다.[7] 김학무도 은진중학을 마치고 관내지역으로 옮겨 독립운동에 참여하고자 하였다. 그뿐만 아니라 그와 은진중학을 같이 졸업한 동기생 11명 가운데 절반이 관내로 이동하여 독립운동에 투신하였으며,[8] 후술하겠지만 은진중학 선후배들은 관내에서도 함께 행동한 것으로 보인다.

김학무가 관내지역으로 옮긴 시기는 1931년 2월 은진중학을 졸업한 후이다. 그가 상해上海에서 윤봉길尹奉吉과 몇 개월간 함께 생활하였고, 사상논쟁을 하였다는 회고가 있기 때문이다.[9] 아마도 윤봉길이 홍구공원虹口公園 의거 이전, 상해에 온 1931년 5월 이후 안공근安恭根의 집에 머물 때 일시 학생들과 합숙하였던 것 같은데, 김학무 역시 그러하지 않았나 생각된다. 1932년 전후에는 북경北京에도 있었던 것으로 나타난다.[10] 김학무가 한국독립운동가들이 활동하던 상해, 북경, 남경 등을 오가며 독립운동에 참여하고 있었으리라 짐작된다. 그가 북경에서 평민대학平民大學에 일시 재학하였을 가능성도

6 『동아일보』 1930년 2월 17일자 「恩眞中學生 上學을 拒絶」.

7 문정일, 「중국전선에서 싸운 조선의용군의 항일전쟁」, 『역사비평』 12, 1990, 371쪽.

8 은진중학교동문회, 『恩眞80年史』, 291쪽에서 확인되는 金德根 · 李益成 · 金俊吉(김학무) · 鄭鵬翰(정성언) · 玄哲鎭 등이 그들이다.

9 김학철, 「무명용사」, 『항전별곡』, 흑룡강조선민족출판사, 1983, 3~6쪽. 『항전별곡』은 이정식 · 한홍구 편집으로 1986년 거름에서 출판된 바 있다.

10 『四海公論』 1−2(1935. 6)에 金俊吉이라는 본명으로 발표된 「北平의 봄」 중 '산 하나 뵈잖는 먼 地平線엔'을 보면, "熱河事變時, 北平 海公園에서"라고 기록되어 있다. 1932년 겨울, 일제가 중국 동북지방을 점령한 열하사변 시기에 김학무가 북경에 있었음을 짐작할 수 있다.

있다.[11]

1934년에 김학무는 김구의 휘하에서 활동하였다. 일제의 정보문서를 보면, 김구에게 선발된 낙양군관학교 생도로서 1934년 7월에 남경으로 돌아온 인원 명단에 김학무가 포함되어 있다.[12] 잘 알려진 대로 낙양군관학교에 한국인 특별반이 설치된 것은 윤봉길 의거 이후 1933년 장개석蔣介石와 김구가 회담한 결과로, 그 정식 명칭은 '중국 중앙육군군관학교 낙양분교 제2총대 제4대대 육군군관훈련반 제17대'였다. 1934년 2월에 개교할 때 인원은 92명이었는데, 그들은 김구 · 이청천李靑天 · 김원봉金元鳳 휘하의 청년들이었다. 이 특별반은 김구가 운영을 총괄하고 이청천이 교육훈련을 주관하는 이원적 지휘체제하에 있었다. 따라서 김구와 이청천의 주도권 다툼이 야기되었고, 결국 1934년 8월 김구는 자파 입교생 25명을 퇴교시키고 말았다.[13] 김구가 직접 '친병親兵'이라고 하면서 퇴교시킨 7명 가운데 한 사람이 김학무였다는 사실로 보아, 그는 김구가 신임하는 인물이었다고 할 수 있다.[14]

그렇다면 만주 출신의 김학무가 만주에서 크게 활동한 이청천이 아니라 김구의 신임을 받은 이유는 무엇일까. 김학무 이외에도 김구의 휘하에는 은진중학 출신들이 적지 않았다. 낙양군관학교에서 김학무와 함께 중도 퇴교한 이들 가운데 정국광鄭國光(정성언鄭成彦, 정붕한鄭鵬翰)과 양철생楊鐵生(현철진玄哲鎭)은 은진중학 동기생이었다.[15] 일제가 조사한 1935년 현재 김구가 운영한 학생훈련소의 학생 명단에 은진중학 출신으로 기재된 인물로 마여룡馬如龍 · 마일삼馬一森 · 왕봉각王鳳閣 · 왕위지王偉志(송한범宋韓範, 송몽규宋夢奎)

11 金正明 편, 『朝鮮獨立運動』 II, 東京: 原書房, 1967, 685쪽에는 그가 북경 평민대학을 졸업한 것으로 기록되었다.

12 『思想情勢視察報告集』 2, 京都: 東洋文化社, 1976, 266쪽; 『思想情勢視察報告集』 3, 456쪽.

13 낙양군관학교 한인특별반에 관해서는 한상도, 「1930년대 전반기 김구의 항일운동과 기반」, 『韓國獨立運動과 中國軍官學校』, 문학과지성사, 1994에 상세히 기술되어 있다.

14 『韓民族獨立運動史資料集』 44, 국사편찬위원회, 2000, 「全奉南事件 신문조서」(제3회), 5쪽.

15 『思想情勢視察報告集』 2, 266쪽; 은진중학교동문회, 『恩眞80年史』, 291쪽.

· 장유보張維輔(김용섭金容燮) · 이용인李容仁(이영환李永煥) 등이 있었으며, 기록에는 없지만 은진중학 출신인 나철羅哲(나사행羅士行) 등 7명이 은진중학 졸업자였다.[16] 학생훈련소 학생 명단 28명 중 7명, 파악된 인원의 4분의 1이 은진중학이라는 한 학교 출신이라는 점은 범상하지 않은 일이라 하겠다. 그것은 은진중학교 학감이던 명희조明羲朝(명의조明義朝)라는 인물과 무관하지 않았다. 명희조는 학생들에게 남경군관학교의 유학을 권유한 혐의로 체포되어 1936년 3월 용정총영사관 경찰서에서 청진지방법원 검사국으로 송치되었는데,[17] 바로 그가 김구와 은진중학을 연결하는 고리였다.[18]

아무튼 김학무는 김구 휘하의 생도로 낙양군관학교에 입교하여 6개월간 훈련을 받다가 퇴교한 인원 가운데 한 사람이었다. 윤봉길과 사상논쟁도 벌였다던 그는 낙양군관학교 재학 시 동료들에게 공산주의자로 보였던 것 같다.[19] 그러나 김학무가 공산주의에 관심을 가지고 있으면서도 김구 휘하에 소속되었다는 사실은, 그가 적어도 1934년까지는 공산주의와 민족주의적 경향을 함께 지니고 있었음을 알려 준다고 생각된다.

1934년 8월 전후 낙양군관학교를 중도에서 퇴교한 김학무는 곧바로 남경의 중앙대학에 입학하였다. 김구가 낙양군관학교에서 철수시킨 25명 가운데 상당수는 남경의 중앙육군군관학교 제10기생으로 입교하였으며, 일부는 중앙대학에 진학하였다.[20] 중앙대학에 진학한 이들은 김학무와 황석주黃石柱(최창한崔昌漢), 현철진이었는데,[21] 김학무와 현철진은 은진중학 동기였다. 그

16 『思想情勢視察報告集』 2, 224~225쪽; 한상도, 『韓國獨立運動과 中國軍官學校』, 339~341쪽. 다만 본명이 명확치 않아 졸업생 명단과 확인하기는 어렵다.

17 『朝鮮中央日報』 1936년 3월 21일자 「龍井恩眞校의 赤色學監等 送局」.

18 한생철, 「26년의 풍운변화」, 55~57쪽; 송우혜, 『윤동주 평전』, 푸른역사, 2004, 150~154쪽(나사행 인터뷰); 한상도, 『韓國獨立運動과 中國軍官學校』, 340~341쪽.

19 『韓民族獨立運動史資料集』 44, 「全奉南事件 신문조서」(제3회), 6쪽.

20 한상도, 『韓國獨立運動과 中國軍官學校』, 315쪽.

21 『思想情勢視察報告集』 2, 228, 266쪽.

렇지만 김학무와 최창한은 중앙대학에 제대로 다니지 못하였다. 1935년에 조사된 일제의 정보보고를 보면,

> 양인(김학무·최창한)은 1934년 7월 남경 중앙대학에 입학하였는데, 학력 부족으로 말미암아 1개월 후 퇴학하고 (남경) 성내 부자묘夫子廟 부근 장생동長生洞 호號 불상不詳에 거주 중 본년(1935) 6월 신안리新安里 9호로 이주하여 독학하며 김구 특무사무에 종사 중[22]

이라고 하였다. 즉 김학무는 중앙대학에 입학하였으나 학력 부족으로 퇴학한 뒤 김구 특무대독립군에서 활동하였다는 것이다. 그러나 그가 학력 부족으로 중앙대학을 바로 자퇴하였을 것 같지는 않다. 문정일文正一이 남경에 간 때가 1934년 9월 이후였는데, 김학무가 중앙대학에 재학하며 유학생들과 공산주의 이론을 학습하고 있었다는 증언이 있기 때문이다. 문정일은 중앙대학에 재학하던 유학생들의 기숙사에서 생활하였다고 한다.[23] 하지만 일제 조사에 현철진은 중앙대학 재학, 김학무와 최창한은 자퇴한 것으로 나타나는 점으로 보아 몇 개월 재학하지는 않았던 것 같다.

김구는 중앙육군군관학교나 중앙대학 등에 재학하는 자파 인원을 중심으로 이른바 김구 특무대독립군을 1934년 12월 30일에 결성하였는데, 김학무는 그 간부로 매주 일요일 오후 1시부터 3시까지 진행되는 시사토론에서 시사보고의 책임을 맡았다. 시사토론은 주로 군관학교에 재학 중인 특무대독립단원을 대상으로 하였다. 그들은 학교 내에서 교과서나 참고서, 학교 발행 신문 이외의 신문·잡지 등의 열람이 금지되어 시사문제에 대한 지식이 부족하였기 때문에, 국제적 정치·경제·군사 관련 주요 기사나 조선 내 혁명운동

22 『思想情勢視察報告集』 2, 228, 266쪽.

23 김학철, 「인간 문정일」, 『무명소졸』, 풀빛, 1989, 164~169쪽. 문정일(김형직 정리), 『격정세월』, 북경: 민족출판사, 2004, 49쪽에는 중앙대학 방청생이라고 하였다.

정세 등의 시사문제를 보고하고 토론하는 모임을 가지고자 하였다. 여기에서 시사문제 보고를 김학무가 담당하였다는 것인데,[24] 다른 기록에는 그가 특무대독립군 제6소대장을 맡았다고도 한다.[25] 그가 공산주의에 경도되어 있으면서도 이처럼 김구 특무대독립군에서 적극적으로 활동하였다는 사실은 그가 공산주의와 함께 민족주의를 배제하지 않았다는 반증일 것이다.

김구 세력은 남경성 내 고안리高安里 1호에 위치한 3층 벽돌집에서 모임을 가졌다. 구락부라고 불린 건물 1층에는 국문신문 『동아일보』와 일본어신문 『오사카마이니치신문大阪每日新聞』·『상하이니치니치신문上海日日新聞』, 그리고 『차이나 프레스*China Press*』라는 영자신문이 비치되어 있었다. 잡지로는 『킹』(일본어)과 『신동아』 두 종류가 있었다.[26] 김학무는 이곳에서 이 신문이나 잡지 들을 열독하였던 것 같다. 어떠한 경로로 가능하였는지 알 수 없으나, 『동아일보』 1935년 4월 6일자부터 16일자까지 9회에 걸쳐 「현중국신문소고現中國新聞小考」를 '남경南京 김준길金俊吉'이라는 본명으로 발표하였다. 이 연재의 말미에 '1935년一九三五年 삼, 이십일 탈고'라고 써져 있어,[27] 원고를 쓰자마자 동아일보사로 보내 원고가 바로 신문에 연재되었음을 알 수 있다. 1935년 5월에는 국내에서 창간된 대중잡지 『사해공론四海公論』 제2호(6월호)에 역시 김준길이라는 이름으로 시를 발표하였다. 「현중국신문소고」는 당시 중국의 대표적 신문들을 상해·남경·광주廣州·천진天津·한구漢口·청도青島·북평北平, 그리고 주요 성省이나 변강 등의 지역을 중심으로 소개하고, 신문교육기관 등을 정리한 원고였다. 특별한 연구라기보다 신문사와 교

24 『韓民族獨立運動史資料集』 43, 「白贊基 신문조서」(제5회), 197~200쪽.

25 독립기념관 소장문서 1-006466-004-0092 「治安維持法違反等 被告事件判決書寫本送付ノ件」(鄭成彦外一名ニ對スル治安維持法違反被告事件, 1936. 11. 5).

26 『韓民族獨立運動史資料集』 43, 「白贊基 신문조서」(제5회), 194~195쪽.

27 『동아일보』 1935년 4월 16일자 「現中國新聞小考」(完).

육기관을 소개하는 글이었다.[28] 『사해공론』에 실린 시는 「북평北平의 봄」이라는 제하에 쓴 '머잖은 성城 밖에선' · '산 하나 뵈잖는 먼 지평선地平線엔'과, 「겨울의 진회하안秦淮河岸」이라는 제하에 쓴 '신민촌新民村의 아츰' · '사방성四方城의 아츰' 등이었다. 시제로써 김학무가 북경과 남경에 있었음을 알 수 있다. 진회하는 김구 구락부가 있던 부자묘夫子廟 근처를 흐르는 강이고, 사방성四方城은 명효릉明孝陵의 성루이다. 김학무는 김구 특무대독립군에서 활동하면서도 국내 신문과 잡지에 글을 발표할 만큼 학술과 문예에 관심을 두었던 것이다.

아무튼 김구 휘하에서 활동하던 김학무가 김구 세력에서 이탈한 것은 1936년 5월 민족혁명당에 입당한 것으로 확인된다.[29] 잘 알려져 있듯이 김구는 1935년 7월 중국에 산재한 좌·우익 독립운동단체들이 연합하여 결성한 민족혁명당에 참여하지 않았다. 민족혁명당에 참여한 세력은 대한민국임시정부 해체론을 주장하였기 때문에, 임시정부 고수파들은 김구를 중심으로 그 해 11월 한국국민당을 결성하였다. 한국국민당에서는 1936년 7월 한국국민당청년단을 조직하였는데, 김학무는 그 직전에 민족혁명당에 입당하였던 것이다. 그것은 그가 1935년 9월 1·2일경 공산주의자 이정환李正煥, 낙양군관학교 출신의 정성언(정국광)과 함께 한국독립과 공산화를 목적으로 한 혁명동지회革命同志會를 조직한 사실과 무관하지 않았다. 은진중학 출신인 정성언은 김학무와 함께 낙양군관학교에 재학하다가 중도 퇴교한 인물로, 1935년 7월경부터 이정환을 만나 8월 중순경부터 여러 차례 회합하여, 한국독립운동은 유치하고 편협한 민족주의운동보다 공산혁명이라는 세계 대세를 따라야 한다고 생각하게 되었다고 한다. 그는 이정환에게 김학무를 소개하였

28 『동아일보』 1935년 4월 16일자 「現中國新聞小考」(完)에 소개된 참고서적은 "『十年』(申時電訊十週年記念號特刊), 『報學季刊』 1-2, 『申報年鑑』(1934년) 等"이었다.

29 『思想情勢視察報告集』 3, 456쪽. 민족혁명당은 초기에는 한국민족혁명당, 1937년 이후에는 조선민족혁명당이라고 하였다. 본고에서는 민족혁명당으로 통일하여 표기한다.

고, 3인이 8월 24·25일경 남경에서 공산주의운동 단체의 조직을 논의한 결과, 9월 초에 혁명동지회가 조직되었던 것이다.[30] 일제가 이 조직에 참여한 인물로 파악한 이들은 정봉한鄭鳳翰(홍명혁洪明赫·김명혁金明赫)·문시황文時璜(한혁韓革)·김용섭(장유보)·김석우金碩雨(한국현韓國賢·한석우韓錫雨)·김원영金元瑛(구양명歐陽明) 등 김구 특무대훈련소 졸업생과, 왕자인王子仁·이의흥李義興·김동일金東一·진동명陳東明·뇌진雷震 등 중앙육군군관학교 제10기생들, 낙양군관학교 중도퇴교생인 김학무와 정성언, 최창한 등과 이성황李成煌이었다.[31] 그리고 문정일·이달李達·호철명胡哲明·왕극강王克强·이익성李益成·이철중李鐵重·이유민李維民 등이 참여하였다고 하는데, '시월회十月會'라고 부른 이 조직의 성원 상당수가 은진중학 출신이었다고 한다.[32] 이 조직은 중국공산당의 지원을 받았으며, 중국공산당원인 이유민을 통하여 중국공산당과 연계되었다고 한다.[33] 혁명동지회가 1932년에 창립되었다는 기록도 있는 것으로 보아,[34] 문정일이 증언한 10월회는 조직 형태로 운영되었다기보다 일종의 공산주의 이론 연구를 목적으로 한 동인 모임과 같은 성격을 지녔고, 혁명동지회는 중국공산당 관련자와 연계되어 조직 형태를 갖춘 결사가 아니었나 싶다.[35]

30 「治安維持法違反等被告事件判決書寫本送付ノ件」(鄭成彦外一名ニ對スル治安維持法違反被告事件).

31 『思想情勢視察報告集』 3, 444~456쪽. 廉仁鎬, 「朝鮮義勇軍 硏究」, 국민대학교 대학원 국사학과 박사학위논문, 1994, 16~17쪽.

32 문정일, 「중국전선에서 싸운 조선의용군의 항일전쟁」, 372~373쪽; 廉仁鎬, 「朝鮮義勇軍 硏究」, 16쪽(문정일 증언).

33 문정일, 「중국전선에서 싸운 조선의용군의 항일전쟁」, 372~373쪽; 문정일(김형직 정리), 『격정세월』, 49쪽.

34 문정일, 「중국전선에서 싸운 조선의용군의 항일전쟁」, 372~373쪽; 현룡순, 「조선의용군」, 『조선족 백년사화』 3, 거름, 1989, 268~269쪽; 金光載, 「조선청년전위동맹의 결성과 변천」, 『한국민족운동사연구』 21, 1999, 219쪽.

35 金榮範, 「朝鮮義勇隊 硏究」, 『한국독립운동사연구』 2, 1988; 「조선의용대의 창설과 활동」, 『혁명과 의열』, 景仁文化社, 2010, 206~207쪽.

김학무는 (공산주의)혁명동지회 수령의 지위에 있었다는데,[36] 그것은 이 조직의 결성을 주도한 이성황과 정성언이 각기 강서 소비에트에 들어가 사망하거나 일제에 체포되었기 때문이다.[37] 아무튼 그는 김구 휘하에 있던 은진중학 출신들을 중심으로 공산주의 경향이 두드러진 혁명동지회를 조직한 뒤에 김구 휘하를 이탈하였을 것으로 짐작된다. 일제의 정보보고에 따르면,

> 한국민족혁명당에 반대 입장을 취하는 혁명단체인 애국단의 김구는 쇼와 9년(1934) 12월 부하인 군관 청년들을 규합하여 '한국독립군특무대'(통칭 김구특무대)라는 전위단체를 조직하고 오로지 정보 수집, 기타 각종 공작에 이용하고 있었는데, 때마침 한패인 정국 즉 정성언, 김학무 등이 몰래 공산주의단체 '혁명동지회'(십일회라고도 부른다)를 조직하여 책동 중, 지난해(1935) 10월 초순 위 정성언 이하 일당 3명이 상해총영사관 경찰부에 검거되자 위 특무대의 내정 일부가 폭로되었다. 그 때문에 김구는 크게 낭패하여 중국 측에 대한 면목상 같은 달 중순 표면적으로 특무대를 해산하였다.[38]

라고 하였다. 특무대독립군 소속의 비밀 공산주의단체인 혁명동지회의 존재가 알려지자 김학무 등이 김구 세력에서 이탈하였다는 것이다. 무엇보다도 김구가 1935년 7월 좌우합작을 내걸고 결성된 민족혁명당에 참여하지 않았으므로, 김학무 등 공산주의에 경도된 혁명동지회 세력의 이탈은 자연스러운 일이었다. 또 다른 일제의 정보에 의하면, 김학무는 김구파의 한인애국단 소속으로 낙양군관학교 졸업 후, 김구와 의견이 충돌하자 동지 정국광 · 황석주 · 마유신馬維新 · 양철생 등과 한인애국단을 탈퇴하였다고 한다.[39] 김구와의 의견 충돌이란, 결국 좌우합작에 나서지 않은 김구에 대한 친공산주의 계

36 『思想情勢視察報告集』 3, 456쪽.

37 廉仁鎬, 「朝鮮義勇軍 硏究」, 17쪽(문정일 증언).

38 『思想情勢視察報告集』 3, 253쪽.

39 「朝鮮革命幹部學校(軍官學校) 卒業者 送局에 관한 件」, 42쪽.

열 청년들의 반발이었을 것이다. 그런데 흥미로운 점은, 양철생·정국광·마유신·황석주와 김학무는 1934년 낙양군관학교 중도퇴학생들로 김구가 신임하던 청년들일 뿐 아니라, 그 당시에도 공산주의자로 알려져 있었다는 것이다.[40] 이미 지적한 대로 김학무·정국광·양철생은 김준길·정봉한·현철진으로 은진중학의 동기생들이기도 하였다.

김구파에서 이탈한 뒤, 김학무가 주도한 혁명동지회 세력은 이웅李雄이라는 인물과 연계되었다. 정의부正義府와 국민부國民府의 군사위원장을 역임한 이웅과는 다른 인물로서 본명이 임병웅林炳雄인 이웅은 1930년대 중반 중국공산당원으로 활동하다가 일제에 체포된 뒤 변절하여, 일제 공작원으로서 독립운동자를 전향시키는 공작에 투입된 밀정이었다.[41] 김학무는 이를 알지 못하였고 그와 교섭하였는데, 그는 김학무의 은진중학 6년 선배였다.[42] 은진중학 학감 명희조가 김구, 이웅 등과 연계되어 있었다는 점으로 미루어,[43] 은진중학 출신이 다수였던 혁명동지회 세력과 이웅은 쉽게 연결될 수 있었을 것이다. 혁명동지회 성원들은 이웅이 중국공산당과 연계되었다고 믿었다. 그가 자신들을 섬서성陝西省 중국공산당 지역, 곧 연안延安으로 보내 주겠다고 하여 제남濟南으로 이동하였으나, 상해에서 이웅의 변절을 통보해 와 그를 처단하였다고 한다.[44] 또 이웅이 김학무 등에게 장개석蔣介石이 공산당을 탄압한다며 그의 암살을 유도하였다는 기록도 있다.[45] 일제의 정보문서에는 이

40 『韓民族獨立運動史資料集』 44, 「全奉南事件 신문조서」(제3회), 6쪽. 다만 이 조서에는 黃石柱가 黃石權으로 표기되어 있다.

41 「朝鮮革命幹部學校(軍官學校) 卒業者 送局에 관한 件」, 42쪽.

42 「恩眞卒業生台帳」(金在洪 씨 사본 소장). 임병웅이 본명인 이웅은 은진중학 제3회 졸업생(1925년 3월 7일 졸업)이다(『恩眞80年史』, 289쪽).

43 한생철, 「26년의 풍운변화」, 55쪽.

44 廉仁鎬, 「朝鮮義勇軍 硏究」, 17쪽(문정일 증언). 이 처단에 대해서는 문정일(김형직 정리), 『격정세월』, 54~59쪽과 김학철, 『항전별곡』, 11~15쪽 및 김학철, 「인간 문정일」, 170~173쪽에 소개되어 있다.

45 김학철, 「무명용사」, 7~9쪽.

웅이 혁명동지회 세력에 매월 다액의 생활비를 보조하였고, 그의 정체를 모르는 김학무 등이 남경과 상해의 독립운동가와 관련된 정보를 그에게 제공하였다고 한다.[46] 아무튼 김학무는 이웅의 변절을 석정石正(윤세주尹世胄)과의 회합에서 알게 되었고, 1936년 2월에 제남에서 이웅을 처단하였다.[47] 남경에서 김학무가 민족혁명당의 지도부인 윤세주와 회합하였다는 사실은, 김학무로 대표되는 혁명동지회 세력이 민족혁명당과 제휴하였음을 알려 준다. 따라서 1936년 5월 김학무의 민족혁명당 입당은 개인적으로 취한 조치는 아니었으리라 짐작되는 것이다.[48]

그렇다면 김학무로 대표되는 김구 휘하의 친공산주의 계열은 1935년 7월에 결성된 좌우합작 정당인 민족혁명당에 김구 세력이 불참하자, 9월 전후 그간 유지해 온 시월회를 혁명동지회라는 조직으로 개편하여 결성한 다음, 김구 휘하에서 이탈하여 1936년 초부터 민족혁명당과 제휴하였고, 5월에는 개별적으로 민족혁명당에 입당하는 순서를 밟았던 것이다.

3. 1930년대 후반기: 좌파청년그룹의 지도자

김학무는 1936년 5월 민족혁명당에 입당한 직후인 그해 8월, 상해에서 일본인이 많이 모이는 가부키자歌舞伎座 등지의 폭파계획에 참여하였던 것 같다. 8월 14일 김순곤金順坤, 김병화金炳華 등이 중국인과 공모하여 폭탄을 제조하다가 폭발하는 사고가 있었는데, 김학무와 김파金波 역시 이 공작에 관여하였던 것이다.[49] 폭탄을 제조하던 중국 중앙육군군관학교 제11기생 김병

46 「朝鮮革命幹部學校(軍官學校) 卒業者 送局에 관한 件」, 42~43쪽.

47 「朝鮮革命幹部學校(軍官學校) 卒業者 送局에 관한 件」, 42쪽, 김학철, 「무명용사」, 8~11쪽에는 윤세주 대신 김원보라는 인물이 나오는데, 김원봉을 지칭하는 것으로 보인다.

48 廉仁鎬, 「朝鮮義勇軍 硏究」, 17쪽.

49 프랑스 낭트 고문서관 소재 문서(Pekin Ambassade, 513PO/A, 249bis, 1245/S). 김순곤이 8월

화는 즉사하였고, 민족혁명당 당원으로 의열단 훈련반 제3기 졸업생인 김순곤은 빈사상태에 빠졌다.[50] 일제의 자료에 따라서는 이 사건에서 김학무가 전혀 언급되지 않고, 마유신이 공작원으로 언급되기도 한다. 그런데 일제의 정보보고에는 이 사건이 김원봉金元鳳과 윤세주 등 민족혁명당에 의하여 이루어진 것으로 기록되어 있다.[51] 그렇다면 김학무가 민족혁명당에 입당한 직후, 의열단 계열의 반일공작활동에 혁명동지회 계열이 투입되었던 것으로 생각된다.

잘 알려진 대로 민족혁명당은 의열단과 조소앙趙素昂을 중심으로 한 한국독립당, 이청천이 주도한 조선혁명당이 참가하여 민족통일전선적 성격을 지니고 창립되었다. 그러나 의열단 계열의 당권 장악에 반발하여 창립 직후인 1935년 9월 한국독립당 계열이 탈퇴하고, 1937년 3월 이청천 계열도 탈퇴하였다. 김학무는 민족혁명당이 분열하던 시기에 참가하여, 입당한 지 얼마 되지 않은 1937년 초에 민족혁명당 내부의 비밀조직으로 조선청년(공산주의자)전위동맹朝鮮青年(共産主義者)前衛同盟을 결성한 것으로 나타난다.[52] 조선청년전위동맹은 1936년경 국내에서 중국 관내로 망명하여 김학무 등과 비슷한 시기에 민족혁명당에 입당한 최창익崔昌益(이건우李健宇)·허정숙許貞淑·한빈韓斌(왕지연王志延) 등과, 김학무 등 혁명동지회 세력이 제휴하여 조직한 단체였다.[53] 조선청년전위동맹(이하 전위동맹)은 사회주의혁명 실현, 중국공산당의 지도로 조선혁명 전개, 동북지역 노선, 관내 한인청년의 사회주의 인도

14일에 민족혁명당에 보내는 편지를 쓴 뒤에 폭발사고가 났다. 이 편지가 남아 있어 당 내의 갈등을 짐작할 수 있다.

50 『韓國民族運動史料: 中國篇』, 國會圖書館, 1976, 890쪽.

51 金正明 편, 『朝鮮獨立運動』 Ⅱ, 57쪽.

52 문정일, 「중국전선에서 싸운 조선의용군의 항일전쟁」, 373쪽; 金光載, 「조선청년전위동맹의 결성과 변천」, 219쪽.

53 문정일, 「중국전선에서 싸운 조선의용군의 항일전쟁」, 372~373쪽; 廉仁鎬, 「朝鮮義勇軍 研究」, 18~19쪽.

등을 강령으로 삼았다고 한다.[54] 사실 최창익 등은 조선공산당의 재건을 목표로 한 세력이었는데, 목표를 이루기가 여의치 않자 김원봉이 주도하는 민족혁명당에 합류하였던 것이다. 따라서 전위동맹은 민족혁명당 내 친공산주의세력의 결집이었다. 김원봉이 주도하던 민족혁명당은 민족주의세력이 보기에는 좌파적 경향이 강하였고, 공산주의세력이 보기에는 우파적 경향이 강하였다. 따라서 민족혁명당 내에서 공산주의에 경도된 청년세력을 중심으로 전위동맹이 비밀리에 결성되었고, 김학무는 청년층을 대표하였다. 그가 좌파청년그룹의 지도자로 떠오른 것은 그의 투쟁경력뿐만 아니라 성품과도 무관하지 않았던 것 같다. 해방 뒤 김태준은,

> 그 동무의 사상을 글로서 쓰고 그 동무의 일화를 여러 동무들에서 듯고 늣겻다. 동무야말로 발으게 살려고 생각했고 발으게 알면 곳 그것을 실천에 옴기려고 한 과학자요 빼앗긴 인민의 이익을 위하야 몸까지 밧친 보귀寶貴한 동무다.[55]

라고 김학무에 대한 주위의 평가를 들은 대로 소개한 바 있다. 김학철은 김학무를 "우리 청년 당원들 중의 교초〔뭇사람 가운데에서 뛰어남〕였다. 그의 연설은 언제나 듣는 사람의 양심에 호소를 하는 것 같아서 진한 감동을 주곤 했다"라고 기억하였다.[56]

1937년 7월 7일 중일전쟁이 발발하자 중국정부는 7월 10일 김구 · 김원봉 · 유자명柳子明 등을 초치하여 한중합작에 의한 항일연합전선의 전개를 협의하였고, 이어 9월 하순 한국광복운동단체연합회(한국국민당 · 한국독립당 · 조선혁명당)와 민족혁명당에 한국 청년들을 선발하여 특별군사훈련을 시킬 것을 제의하였다. 이에 한국국민당과 민족혁명당은 즉각 중국 각지에서 대일

54 廉仁鎬, 「朝鮮義勇軍 硏究」, 18~19쪽.
55 金學武 편저 · 金台俊 증보, 『近代朝鮮革命運動史』, 東京: 解放新聞社, 1947, '敍'.
56 김학철, 『최후의 분대장』, 문학과지성사, 1995, 179쪽.

공작에 종사하는 청년들을 남경에 소집하였고, 이 소집에 응한 청년들의 수는 83명에 이르렀다.[57] 주로 민족혁명당 계통의 청년들이 상해와 광주, 그리고 남경에서 참가하였다.[58]

김학무는 이 시기 전후 광동성 광주에 파견되어 있었다. 광주에서 10월 중순 중산대학中山大學 재학생을 중심으로 30~40명이 남경으로 이동하였는데, 이들은 광주에서 철도로 한구까지 간 다음, 배편으로 남경에 도착하였다. 이 여정 중 광주에서부터 민족혁명당 간부로 김학무가 청년들과 동행하였다고 한다.[59] 어떠한 이유에서 그가 광주에 파견되어 있었는지는 확인할 수 없다. 아마도 민족혁명당에서 한국청년들이 많은 광주에 군사훈련을 목적으로 대표를 파견하였을 가능성이 크고, 그 임무를 소장세력의 대표 격인 김학무가 맡았던 것으로 보인다. 민족혁명당에서의 위상과, 광주 특히 중산대학 재학생 가운데 그와 가까운 인물들이 적지 않아 그들을 민족혁명당에 포섭하려는 조치였을 것이다. 예컨대 중산대학에 재학 중이던 낙양군관학교 출신자들이나,[60] 상해폭파사건을 공모한 김파 등이 그와 가까운 관계였다.[61]

김학무를 포함하여 남경에 모인 청년들은 그해 12월 1일부터 남경 근교에 있던 중앙육군군관학교 성자星子분교 특별훈련반 제4중대에 입교하여 군사교육을 받았다. 이 청년들의 모집과 입교는 민족혁명당이 주도하였는데, 전

57 朝鮮總督府 高等法院檢事局 思想部 편, 「在支朝鮮義勇隊の情勢」, 『思想彙報』 22, 1940, 158~159쪽; 김영범, 『혁명과 의열』, 207쪽.

58 김학철, 『최후의 분대장』, 139쪽.

59 安炳武, 『七佛寺의 따오기』, 汎友社, 1988, 100~101쪽.

60 崔起榮, 「1930년대 中山大學과 한국독립운동」, 85~89쪽. 洪淳官 · 韓錫官 · 朴震陽 · 李興官 · 廉應澤 · 趙時濟 · 金鎔燮 등이 낙양군관학교 출신이었고, 특히 김용섭은 은진중학 출신으로 중도 퇴교자 가운데 한 명이었다.

61 국사편찬위원회 金光載 박사가 북경 민족출판사 金京植 副編審에게 문의하여 알게 된 바에 의하면, 숭실중학 출신인 김파가 1932년 북경에 가 김학무와 교분을 맺었고, 귀국한 뒤 소학교 교원으로 있다가 체포되어 1934년 가석방되었다가 남경 중앙대학에 입학을 주선한 김학무의 편지를 받고 남경으로 갔다고 한다. 김파의 본명은 金燦奎로 1937년 중산대학 영문계에 재학 중이었다(崔起榮, 「1930년대 中山大學과 한국독립운동」, 85쪽).

위동맹의 성원 20여 명도 참여하였다. 12월 12일 남경이 함락되자 이들은 1938년 1월 6일 호북성湖北省 강릉현江陵縣으로 이동하였고, 3월 1일자로 한국인 독립중대로 편제되어 5월 24일 졸업하였다. 졸업에 앞서 5월 17일 김원봉을 비롯한 당 중앙집행위원 8명이 강릉에 왔고, 5월 19일부터 사흘 동안 훈련지에서 민족혁명당 제3차 임시전당대표대회가 개최되었다. 이 대회의 의제는 훈련생의 졸업 후 공작방침과 당 통일문제였다. 당 통일문제는 당내의 최창익과 김학무 등 극좌분자에 대한 조치였다. 이미 김학무는 극좌분자로 인식되었고, 최창익과 함께 민족혁명당 내의 극좌세력의 대표자로 자리하였음을 알 수 있다. 이는 결국 전위동맹에 대한 조치를 의미하는 것이었다. 교육생들은 한국동포들이 많이 살고 있는 만주지역으로의 진출을 내세워 '동북노선東北路線'을 공작방침으로 결정하고, 당 통일문제는 점진적으로 단결을 공고히 하기로 결정하였으며, 최창익과 김학무 등을 중앙집행위원으로 선출하였다.[62] 이러한 방침은 전위동맹의 관점이었고, 이들은 전당대회를 통하여 민족혁명당 내에서 자신들의 위상을 크게 제고하였다. 적어도 교육 중에 이들은 다른 교육생들에게 사상교육을 통하여 영향력을 증대하였던 것이다.

특별훈련반 졸업생들은 6월 2일 당본부가 있던 한구에 도착하여 민족혁명당에 복귀하여 전선진출을 기대하고 있었는데, 김원봉 등 지도부에서는 동북으로의 무장진출에 대하여 소극적이었다. 당 지도부가 중국국민당과 협의하여 이들을 관내공작에 투입하고자 계획하자, 6월 10일 최창익 · 신익희申翼熙 · 김학무 등 당원 11명과, 훈련반 졸업생 35명 등 49명이 민족혁명당을 탈퇴하여 재한구조선청년전시복무단在漢口朝鮮青年戰時服務團을 조직하였다가, 7월 4일 재무한조선청년전시복무단으로 개칭하였다. 비록 전위동맹 세력이 민족혁명당을 이탈하여 전시복무단을 조직하였으나, 동북노선 문제에 대하여 전위동맹 성원들의 견해가 일치하였던 것은 아니다. 최창익은 즉각적인

62 이 과정에 대해서는 「在支朝鮮義勇隊の情勢」, 158~161쪽.

동북진출을 주장하였으나, 김학무는 현실적으로 중국항일전쟁 참여를 강조하였다.[63]

김원봉은 민족혁명당의 분열을 막고 청년층의 획득을 목적으로 7월 초 중국 군사위원회와 교섭하여 조선의용대의 창설을 시도하였다. 중국 각 전구戰區의 일선에 이들의 배속을 요구하였고, 중국군사위원회에서는 모든 한국민족운동단체의 가맹을 전제로 승인하였다. 김구 세력은 이를 거부하였으나, 재정적으로 곤란한 처지에 있던 전시복무단은 이를 수용할 수밖에 없었다. 전시복무단은 9월에 조선청년전위동맹이라는 명칭으로 개편하고 조선민족전선연맹에 참여하였다.[64] 그간 민족혁명당 내의 친공산주의 청년세력의 분파였던 전위동맹이 별도의 조직으로 공개적인 활동을 전개하게 되었던 것이다.

결국 10월 10일 쌍십절雙十節에 무한에서 조선의용대가 창립되었는데, 김학무는 그에 앞서 10월 2일에 열린 지도위원회에 김원봉·김규광金奎光·유자명과 함께 전위동맹을 대표하여 참석하였다.[65] 최창익과 대립관계에 있던 김학무가 전위동맹을 대표하였던 것은, 아마도 최창익이 당권에 도전하고 청년당원들을 이끌고 탈당하는 등, 김원봉의 지도력에 대항한 여러 문제에 대한 조치였던 것으로 보인다.[66]

김학무는 조선의용대가 창설되자 전위동맹 성원들이 중심이 된 제2구대의 정치지도원을 맡았다.[67] 무한이 일제에 점령되기 전까지 비록 짧은 기간이었지만 제2구대는 한구에서 표어와 벽보를 통한 항일선전활동에 진력하였다.

63 「在支朝鮮義勇隊の情勢」, 161~162쪽; 「韓國黨派之調査與分析」; 秋憲樹 편, 『資料韓國獨立運動』 2, 延世大學校出版部, 1972, 79쪽.

64 「在支朝鮮義勇隊の情勢」, 162쪽.

65 楊昭全 등 편, 『關內地區朝鮮人反日獨立運動資料滙編』 下, 瀋陽: 遼寧民族出版社, 1987, 915쪽.

66 金光載, 「조선청년전위동맹의 결성과 변천」, 232~233쪽.

67 「在支朝鮮義勇隊の情勢」, 162~163쪽.

이후 철수하여 하남성河南省과 안휘성安徽省 지역인 중국 제1전구와 제5전구에 배치되었다. 김학무는 전위동맹의 지도부와 조선의용대 본대를 따라 계림桂林으로 이동하였는데,[68] 이에 반하여 최창익은 지지세력을 이끌고 5전구를 거쳐 서안西安으로 옮겼다가 연안으로 이동하였다.

최창익이 주장한 동북노선에 대하여 김학무를 비롯한 전위동맹의 반대세력이 비판한 내용은 「전맹내부前盟內部의 의견분기意見分岐」라는 문건에서 확인된다.[69] 1939년 중에 작성된 이 문건의 작성자는 친민족혁명당적인 전위동맹의 맹원인 것은 확실하지만, 누구인지는 확인되지 않는다. 김학무일 가능성은 적은 것 같다.[70] 이 문건은 최창익의 동북노선이 비현실적이라는 점을 강조하고, 중일전쟁 이후 한국인들이 관내지방에 많이 이주하였으므로 동북만이 아니라 관내에서의 활동이 필요하고, 그것이 국제연대의 강화라는 점을 주장하였다.

1939년 2월 15일자 『구망일보救亡日報』에 「일본제국주의통치 조선의 정치형태 — '조선총독' 정치의 과거와 현재— 日本帝國主義統治朝鮮的政治形態— '朝鮮總督'政治之過去及現在—」라는 논설이 '조선의용대원 한학무韓學武'라는 기명으로 게재되었다.[71] 한학무는 아마도 김학무가 아니었을까 생각된다.[72] 그는 총독정치를 3기로 나누어 설명하였는데, 무단정치 · 문화정치를 거쳐 현

68 염인호, 『조선의용군의 독립운동』, 나남출판, 2001, 85쪽.

69 이 자료는 韓時俊 편, 『韓國獨立運動史資料集』 趙素昻篇 4, 한국정신문화연구원, 1997에 수록되어 있다.

70 염인호, 『조선의용군의 독립운동』, 90쪽에서는 그 작성자를 김학무로 보았다. 金光載, 「조선청년전위동맹의 결성과 변천」, 241~242쪽과 심지연, 『최창익 연구』, 백산서당, 2009, 66쪽에서는 전위동맹 소속이면서 친민족혁명당 계열의 인물을 작성자로 보고 있다. 이 문건의 작성자는 김학무와는 달리 당을 연맹 형식으로 통일하는 데 비판적인데, 따라서 김학무가 작성자라고 보기는 어렵다고 생각된다.

71 『中國新聞韓國獨立運動記事集』 I, 독립기념관 한국독립운동사연구소, 2008, 50~53, 313~314쪽.

72 조선의용대에 한학무라는 대원은 없었다. 한국 김학무라는 뜻으로 짐작되는 필명으로 생각된다.

재는 강력정치와 통제경제정책을 시행하고 있다고 지적하였다.

김학무는 주로 5전구 지역에서 활동하였던 것으로 보이는데, 1939년 중 계림에 소환되어 있던 제1구대원 일부를 인솔하고 노하구老河口로 이동하였다가,[73] 1939년 12월 전후 계림으로 가서 조선의용대 정치조장에 취임하였으며,[74] 이어서 1940년에 지도위원을 겸한 부대장에 임명되었다.[75] 김학무가 조선의용대의 부대장에 임명된 것은 그가 전위동맹의 맹주로 청년층을 대표하는 위치에 있었음과, 민족혁명당 계열과 민족혁명당을 탈당한 전위동맹의 관계가 크게 향상되었음을 알려 준다고 하겠다. 그간 전위동맹 계열이 중심이 된 제2구대에 대한 조선의용대 본부의 장악 정도가 크게 미약하였다가 이 시기에 해소되었던 것이다.[76]

그러한 이유 가운데 가장 중요한 것은 조선의용대의 화북진출 결정이었다. 동북노선에 대하여 반대하고 관내운동을 중시한 조선의용대가 화북진출을 결정한 시기는 대체로 1939년 하반기로 짐작된다.[77] 그것은 조선의용대 창설 1주년을 전후하여 발간된 『조선의용대통신朝鮮義勇隊通訊』의 논설들에서 확인할 수 있다. 특히 김학무는 「일년래 조선의용대공작 총결과 금후공작 방향一年來朝鮮義勇隊工作總結與今後工作方向」이라는 글에서,[78] 무장 대오隊伍를 형성하여 공작을 전개하기 위해서 적후방에 연락거점이나 활동 근거지를 건립해야 한다고 주장하였다. 관내혁명의 고립에서 벗어나 동북 및 한국에서의 운동과 연계할 수 있는 방안을 제시한 그의 글은 화북진출을 암시하고 있었다.[79] 동북노선을 반대하던 김학무와 김원봉이 화북진출을 주장하게 된 것은

73 김학철, 「무명용사」, 16~17쪽.

74 『朝鮮義勇隊通訊』 30(1939. 12. 15), 3쪽.

75 如松, 「論朝鮮義勇隊在革命運動」, 『朝鮮義勇隊』 37(1940. 9. 13), 24쪽.

76 廉仁鎬, 「朝鮮義勇軍 硏究」, 64~68쪽.

77 염인호, 『조선의용군의 독립운동』, 88~92쪽.

78 『朝鮮義勇隊通訊』 30(1939. 12. 15), 31(1940. 1. 1).

79 廉仁鎬, 「朝鮮義勇軍 硏究」, 61~63쪽.

화북지역에 한국인의 이주가 증가하고, 유격활동이 활발하게 전개되었으며, 조선의용대 내부에 여전히 동북노선을 지지하는 세력이 적지 않았고, 국민당 지역에서 반공운동이 강화되고 있었기 때문이다.[80] 이뿐만 아니라 조선의용대에 대한 중국공산당의 작용도 적지 않았다고 한다.[81]

조선의용대는 1940년 11월 중경에서 확대간부회의를 개최하여 통일전선 건립, 적후방공작 전개, 동포 쟁취, 무장부대 건립 등을 결의하였다.[82] 조선의용대가 화북지역으로 이동하여 대일 무장항전의 전개를 방침으로 정하였던 것이다. 따라서 본부대를 제외한 조선의용대 각 구대의 대부분이 1940년 말부터 낙양에 집결하였으며, 1941년 여름을 전후하여 4개 그룹으로 국민당 관할구역을 벗어나 중국공산당 세력지역인 태항산太行山으로 이동하였다.[83]

그런데 낙양에 집결하던 시기인 1940년 10월 15일 김학무 등 전위동맹 성원들은 조선민족해방동맹(이하 해방동맹), 그리고 민족혁명당에서 탈퇴한 한빈·이정호李貞浩 등을 지지하는 세력 등과 함께 낙양에서 좌익단체의 연합체였던 조선민족전선연맹을 이탈하여 새로운 '관내 공산주의자 통일체'로 조선민족해방투쟁동맹(이하 투쟁동맹)을 결성하였다. 전위동맹과 해방동맹은 민족통일전선의 통일당 문제에 있어 통일당의 수립에 반대하고 단체 본위의 연맹 형식을 주장해 왔다. 「전맹내부의 의견분기」에 따르면 1939년 2월경 계림에 있던 전위동맹의 중앙은 개인 본위의 통일당 건립에 찬성하였으나,[84] 1939년 8월 사천성四川省 기강綦江에서 재중국 독립운동세력의 통일을 위한 혁명단체 연석회의(7당회의)가 열렸을 때에는 연맹 형식을 주장하여 해방동맹과 함께 회의에서 이탈한 바 있었다. 이 회의에는 신익희가 전위동맹

80 廉仁鎬, 「朝鮮義勇軍 研究」, 63~64쪽.
81 염인호, 『조선의용군의 독립운동』, 92~96쪽.
82 樸孝三, 「擴大幹部會議的收獲」, 『朝鮮義勇隊』 39(1941. 1. 1), 5~7쪽.
83 집결과정과 이동에 대해서는 廉仁鎬, 「朝鮮義勇軍 研究」, 68~75, 87~95쪽 참조.
84 「前盟內部의 意見分岐」, 221~225쪽.

의 대표로 참석하였다. 이들이 1940년 말에 조직한 투쟁동맹은 여전히 연맹 형식을 유지하면서 통일전선을 추구하였다. 투쟁동맹은 창립선언에서 "통일전선에 참가하는 각 계급 · 각 당파는 각기 사상상 · 정치상 · 조직상 독립성을 확보하면서 오직 민족통일전선 원칙에서" 민족통일전선에 참여할 것을 내세웠다. 따라서 관내 민족운동의 통일지도부와 통일 무장부대의 편성을 강조하였다.[85] 1941년 1월 31일 투쟁동맹 중앙위원회에서는 '통일전선 조직형식 문제에 관한 결의'를 하였는데, 각 단체 연맹과 함께 임시정부와 한국광복군에 집중할 것을 내용으로 하고 있었다. 이 결의는 중앙위원 7인 중 4 대 3으로 표결되었으나, 이에 반대한 한빈 · 김학무 · 김인철 3인이 결의에 불복하여 탈퇴하고 말았다. 이에 투쟁동맹에서는 이들을 기회주의자 · 종파주의자라고 비판을 퍼부었다.[86] 김학무는 최창익이 주장한 동북노선에는 반대하였지만, 통일전선에 있어서는 최창익이 주장한 연맹 형식을 지속적으로 주장하며 임시정부와 광복군으로의 집중을 수용하지 않았던 것으로 짐작된다. 따라서 투쟁동맹은 무력화되었고, 결국 해방동맹은 1941년 12월 1일자로 재건선언을 하게 되었다.[87]

이러한 상태에서 조선의용대의 화북진출이 이루어졌다. 김학철의 회고에 따르면, 김학무는 낙양에서 북상을 강력히 주장하였으며, 마침내 1941년 봄 임현林縣 · 평순平順 등을 거쳐 태항산으로 이동하였다고 한다.[88] 그런데 일본 정보보고에는 1941년 1월 태항산에서 중국공산당의 원조하에 화북조선청년

85 「朝鮮民族解放鬪爭同盟創立宣言」, 『韓國獨立運動史資料集』 趙素昂篇 4, 241~242쪽.

86 「朝鮮民族解放同盟再建宣言」, 『韓國獨立運動史料』 楊宇朝篇, 國家報勳處, 1999, 525~530쪽. 『新朝鮮』 5(1942. 1. 1)에 수록된 것이다.

87 「朝鮮民族解放同盟再建宣言」, 『韓國獨立運動史料』, 522, 525~530쪽. 그러나 투쟁동맹은 1942년 5월 13일자로 연합전선의 결성을 주장하며 각당파 대표대회 소집을 촉구하는 시국선언을 발표한 바 있다(『해방일보』 1942년 6월 17일자). 이하 인용한 『해방일보』는 『中國新聞韓國獨立運動記事集』 I에 실린 것이다.

88 김학철, 「무명용사」, 28~29쪽.

연합회華北朝鮮青年聯合會가 결성된 뒤, 김학무가 공작지도를 위하여 계림에서 낙양으로 왔다는 기록이 있다.[89] 화북조선청년연합회가 조선의용대의 동향에 맞추어 조직되어 조선의용대의 북상을 유도하기 위하여 노민魯民(장해운張海雲)을 낙양에 파견하였다는 점에서,[90] 화북조선청년연합회가 김학무와 교섭하였을 가능성도 있다. 김학무가 이에 앞서 간부 인선문제로 중경에서 소집된 조선의용대 5인 소위원회에 참석하였다가 노하구로 돌아와 중경의 지도를 받을 수 없다고 선언하였다는 증언을 보건대, 이는 가능한 일이라 생각된다.[91]

4. 1940년대 전반기: 민족통일전선의 좌절과 죽음

북상한 조선의용대는 1941년 7월 조선의용대 화북지대로 개편되었고, 화북조선청년연합회에 가입하였다. 김학무는 화북지대의 정치지도원에 임명되었으며,[92] 8월에 개설된 화북조선청년혁명학교 즉 간부훈련반의 교원을 맡았다고 한다.[93] 간부훈련반의 교육은 8월 말부터 10월 말까지 진행되었는데, 김학무는 '시사문제 제강提綱'을 담당하였다. 『신화일보新華日報』와 한국어 신문·중국어 잡지를 재료로 매주 시사제강을 작성하여 분석·연구하는 수업으로, 청년들에게 매일 신문을 읽게 하여 시사문제에 대한 흥미를 불러일으켰다.[94] 김학무는 김구 특무대독립군에 참여하였을 때에도 시사보고를 맡은 바 있었다. 또 그는 정치지도원으로 과외교육을 담당하였다. 즉, 정상적인

89 『特高月報』 1941년 4월호, 96~97쪽 「在支不逞鮮人團體組織系統表」.
90 廉仁鎬, 「朝鮮義勇軍 硏究」, 86쪽.
91 廉仁鎬, 「朝鮮義勇軍 硏究」, 88쪽(장례신 증언).
92 『特高月報』 1943년 1월호, 95~96쪽 「在支不逞鮮人團體組織系統表」.
93 廉仁鎬, 「朝鮮義勇軍 硏究」, 101쪽(愼韓青 회고록)에는 박효삼이 교장을 맡았다고 한다.
94 「朝鮮義勇軍 華北支隊 總結」(1942. 5), 254쪽(국사편찬위원회 소장 MF 자료). 이 자료에 대해서는 염인호, 『조선의용군의 독립운동』, 81~82쪽 참조.

훈련 이외의 시간에 조직의 강령이나 정책 등을 교육하고 매주 1회 저녁에 학술회를 실시하여 학과 이해를 도우며, 강연회를 개최하여 학생들의 발표능력을 높여 주고, 야담회를 통하여 민족혁명의식을 제고하였다. 벽보 발행, 새로운 가곡 교수, 오락회 개최, 구호 제출 등도 과외교육의 일환이었다. 이러한 교육은 민족자각과 단결의식, 긴장 유지 등을 위한 조치였다.[95]

김학무는 그러한 교육과 함께 선전 부분도 담당하였던 것 같다. 화북지대에서는 일본어와 한국어로 '일본군 병사들에게 고함'이나 '조선 동포들에게 고함' 등의 전단지를 석판으로 인쇄하였는데, 그 기초공작을 그가 책임졌다. 그는 일본어와 중국어 이외에 영어에도 능통하였다고 한다.[96]

1942년 7월 화북조선청년연합회는 화북조선독립동맹華北朝鮮獨立同盟(이하 독립동맹)으로 개편되었고, 조선의용대 화북지대도 조선의용군 화북지대로 개편되어 독립동맹 산하에 편입되었다. 이러한 조치는 중경에 위치한 조선의용대 본부의 영향력이 약화되면서 화북지대가 연안의 중국공산당 영향하에 놓이게 되었음을 의미하는 것이었다. 이미 1942년 5월 '반소탕전反掃蕩戰'에서 민족혁명당 계열로 조선의용대에서 주도적 위치에 있던 윤세주가 전사한 상태였다. 김학무는 민족혁명당에서 이탈하였지만, 북상한 조선의용대 세력을 주도하지 않을 수 없었다.[97]

김학무는 독립동맹의 중앙집행위원(11명)과[98] 중앙상무위원(6명)으로 선출되었다.[99] 전위동맹과 조선의용대를 대표하는 역할 때문에 상무위원으로도 선출되었을 것이다. 일제는 1942년 8월 현재 김학무가 조선의용대 화북지대

95 「朝鮮義勇軍 華北支隊 總結」, 255~256쪽.

96 김학철, 「무명용사」, 33~35쪽에 의하면 전단의 기록일이 1941년 8월 30일이었다고 한다.

97 문정일(김형직 정리), 『격정세월』, 103쪽에는 김학무가 진광화·윤세주와 함께 반소탕전에서 전사하였다고 언급되어 있는데, 이는 명백한 착오이다.

98 『해방일보』, 1942년 8월 29일자.

99 『外事月報』 1944년 3월호, 「在支不逞鮮人團體組織系統表」.

의 정치지도원으로 재임하고 있는 것으로 파악하였으므로,[100] 조선의용대 화북지대가 조선의용군 화북지대로 개편될 때까지 그가 정치지도원이었음이 확인된다. 개편 후 그는 독립동맹 중앙상무위원회 산하 선전부의 책임자를 맡게 되었던 것 같다.[101] 조선의용대 화북지대에서도 그가 선전 부분을 담당하였던 것으로 보아, 그 일을 전담한 것이 아닌가 한다. 그러면서도 1942년 12월 섭현涉縣에서 정식으로 성립된 화북조선청년혁명학교의 교무주임을 맡았는데, 교장은 무정武亭이었다.[102] 독립동맹의 중앙집행위원 겸 상무위원이던 무정과 김학무는 각각 중국공산당의 입장과 북상한 조선의용군 대원들의 입장을 대변하였을 것이다.[103] 김학무가 교무주임을 얼마 동안 맡았는지는 알 수 없다. 이후 그에 관련된 기록이 별로 보이지 않기 때문이다.

조선의용군 신입대원의 증가로 1943년 1월부터 그들에 대한 교육이 확대되었다. 화북조선청년혁명학교는 일본군점령지에서 탈출해 오는 한국인을 교육하여 조선의용군에 입대시키는 것이 설립 목적이었으므로, '조선혁명운동사'·'사회발전사'·'초보적 군사학' 등을 중점적으로 가르쳤다.[104] 김학무는 '조선혁명운동사' 과목을 담당하지 않았을까 생각된다. 현재 김학무가 만든 교재로 생각되는 『조선근대혁명운동사』(『근대조선혁명운동사』)라는 소책자를 찾을 수 있기 때문이다.[105] 신입대원의 교육성과는 좋지 않았는데, 교과서

100 『特高月報』 1943년 1월호, 「在支不逞鮮人團體組織系統表」.

101 『外事月報』 1944년 3월호, 「在支不逞鮮人團體組織系統表」.

102 『해방일보』, 1942년 12월 27일자.

103 염인호, 『조선의용군의 독립운동』, 167쪽.

104 「朝盟報告草案」(1943.12), 477쪽(국사편찬위원회 소장 MF 자료); 염인호, 『조선의용군의 독립운동』, 167~168쪽.

105 이 교재는 1945년 연안으로 탈출하였던 김태준이 연안에서 구한 뒤 해방 이후 국내에서 1946년에 노농사에서 출판하였다. 김태준은 이 교재에 「三一運動의 意義, 經過, 批判」이라는 자신의 글을 마지막 부분(第7講)으로 추가하였다. 현재 노농사본은 확인되지 않으며, 이 내용을 그대로 1947년 1월 간행한 도쿄 해방신문사본이 남아 있다. 다만 제목이 『新朝鮮』 1947년 7월호, 4쪽의 광고에는 '朝鮮近代革命運動史'라고 되어 있는데, 일본에서는 『近代朝鮮革命運動史』라는 제목으로 간행되었다. 그러나 본문에는 '朝鮮近代革命運動史'로 표기된 것으로 미루어 『朝鮮近代

나 교육계획의 부재와 경험 부족, 열악한 교육환경이 이유였다.[106]

김학무가 저술한 『조선근대혁명운동사』는 6강講으로 구성되었는데, 이조의 사회경제개황 · 대원군집정시대와 자본주의 침입 · 임오군란과 조선에서의 청일 양국의 쟁패 · 갑신정변 · 동학당농민전쟁과 청일전쟁 · 조선의 식민지화가 각 장의 제목이다. '유물사관으로 본'이라는 부제가 붙은 것으로 미루어, 개항 전후부터 1910년까지의 한국근대사를 유물사관적 관점에서 정리한 내용임을 짐작할 수 있다.[107] 이 책 첫 부분에,

> 인류사회 발전의 어떤 역사에나 공동한 바와 같이 이조의 역사는 계급투쟁의 역사다. 이는 어떤 왕이나 장군이나 혹은 침략자요 정복자인 개인들의 활동의 역사가 아니라 물질생산자들의 역사였으며 생산과정의 주력인 노고대중勞苦大衆과 인민의 역사였다. 즉 봉건적 토지소유자며 주권자인 국가에 대한 비인간적 착취를 당하든 농민-인민들의 투쟁사였다.[108]

라고 한 것에서도 그러한 관점이 확인된다.

김학무는 이 저술을 태항산에서 집필하였으므로 참고자료가 많지 않았고, 지식 정도가 높지 않은 신입대원을 대상으로 쓴 교재였기 때문에 본격적인 개설서는 아니다. 그리고 그 자신이 한국사를 전공하지도 않았다. 그러나 각 장의 제목에서 볼 수 있듯이 한국근대사를 매우 요령 있게 정리하였다. 이청원李清源이 도쿄에서 일본어로 간행한 『조선사회사독본朝鮮社會史讀本』(白揚社, 1936), 마르크스의 저작들, 『소련공산당사蘇聯共產黨史』 같은 공산주의 이론과 관련된 서적들이 인용되었다.

革命運動史』가 본래의 제목이었음을 알 수 있다. 따라서 이 글의 본문에서는 『朝鮮近代革命運動史』로 표기하겠다.

106 「朝盟報告草案」, 477~478쪽; 염인호, 『조선의용군의 독립운동』, 168~169쪽.

107 이 부제는 일본에서 간행된 『近代朝鮮革命運動史』에는 없다.

108 金學武 편저 · 金台俊 증보, 『近代朝鮮革命運動史』, 1쪽.

내용 면에서도 주목할 만한 점이 적지 않다. 예컨대 갑신정변을 "혁명적 수단으로서 봉건전제주의를 타파하려는 신흥계급의 민주주의혁명이 아니라 통치계급 중 문명화한 신진분자들의 우로부터 아래로 시행하는 정치음모식 개량적 혁명운동이였으며 자본주의에로 발전하려는 최초의 의식적 운동이였다"(33쪽)라고 평가하며, 메이지유신의 성공과 갑신정변의 실패를 분석하였다. 동시에 개화당이 군중의 역량을 이해하지 못한 점도 지적하였다. '동학(당)농민전쟁'이라는 표현을 사용한 것도 특기할 만하다. 아울러

> 문제는 오직 인민의 힘으로 민후閔后 일파의 전횡을 물니치고 외국의 침입으로부터 국가의 위기를 구하야 조선민족의 생존을 구하는 데 있다. 여기서 동학농민전쟁은 영용英勇 장렬壯烈 비장悲壯한 혁명투쟁이였음을 잊지 못한다. 여기서 조선역사 중 가가가읍可歌可泣의 혁명사적과 투쟁정신을 남겨 놓은 가장 위대한 반정부투쟁이였음을 잊지 못한다. (47쪽)

라는 평가 역시 주목할 수 있다. 독립협회에 대한 언급도 주목된다.

> 친미파라고 할 독립협회에 활동은 보귀寶貴한 진보적 작용을 하였으나 이 역시 수구파와 일본의 반대로 이렇다 할 성과는 보지 못하였다. 그러나 그러한 자유 평등 독립의 민권사상의 고취 선전은 이후 조선의 독립운동에 한 신진사상의 종자를 심어 넣은 것은 부인치 못한다. (53쪽)

김학무가 정확히 어떠한 서적들을 중심으로 『조선근대혁명운동사』를 저술하였는지는 확인되지 않지만, 그의 역사의식이 남달랐음은 짐작하기에 충분하다고 생각된다.[109]

1943년에 들어오면서 이른바 정풍운동整風運動이 크게 전개되었다. 1942

109 김학무의 『朝鮮近代革命運動史』에 대해서는 기회가 되는 대로 따로 검토할 예정이다.

년 2월 모택동毛澤東이 중국공산당에서 정풍운동을 시작하였는데, 그 여파가 독립동맹과 조선의용군에도 미쳤던 것이다. 1943년 1월 전후, 연안에서 태항산으로 옮겨 온 무정의 주도로 독립동맹에서도 정풍운동이 시작되었다.[110] 독립동맹 선전부에서는 단결을 강화하고 곤란을 극복하기 위한 '토론제강討論提綱'을 제기하여 6일 동안 토론을 벌였다고 한다.[111] 김학무가 책임자로 있던 선전부에서 토론 발제문을 만들었다는데, 그가 직접 관여하였을 것 같지는 않다. 이후 정풍운동이 강도 높게 진행되는 과정에서 주된 논쟁거리는 과거 혁명운동 평가문제, 조직운영과 조선의용군 지휘권 귀속문제 등이었다.[112] 무정은 한국민족운동보다 중국의 공산주의운동에 적극 참여하였던 인물로, 그와 중국공산당은 독립동맹과 조선의용군 내부에 잔존해 있는 국민당의 영향력을 소멸하고, 중국공산당 노선에 충실하고 사상적으로 통일된 강력한 무장세력을 만들고자 하였다.[113] 바꾸어 말하면, 독립동맹과 조선의용군을 중경의 조선의용대와 단절시키고, 중국공산당 지도하에 운영하기 위하여 정풍운동을 전개하였던 것이다. 그러나 독립동맹 간부의 다수는 여전히 국민당 지구 민족운동 단체와 조직적·정신적으로 연결되어 있었고, 독립동맹이 중경의 한국인 독립운동세력과의 합작을 추구하여야 한다고 보고 있었다.[114] 비록 무정이 독립동맹과 조선의용군의 지도적 위치를 차지하였지만, 북상한 그들 세력의 지도자는 최창익과 김학무였다. 그렇지만 최창익과 김학무는 전위동맹에서 대립한 이래 서로 적극적으로 협력하는 관계가 아니었다. 최창익은 중국공산당을 배경으로 한 무정의 독립동맹 장악에 반발하였으나 역

110 염인호, 『조선의용군의 독립운동』, 193~197쪽.

111 『해방일보』, 1943년 2월 11일자; 염인호, 『조선의용군의 독립운동』, 197쪽.

112 염인호, 「1943년의 獨立同盟 內部 分派鬪爭과 中國共產黨의 朝鮮義勇軍 掌握」, 『조선의용군의 독립운동』에서 이를 상론하고 있다. 이하의 논의는 이 논문에 크게 의지하였다.

113 염인호, 『조선의용군의 독립운동』, 202쪽.

114 염인호, 『조선의용군의 독립운동』, 220~225쪽.

부족이었다.[115] 그렇다면 김학무는 어떠한 행동을 하였을까.

자료로 드러나지는 않지만, 김학무 역시 독립동맹이 중경의 조선의용대 본대와 단절되고 중국공산당 휘하에 귀속되는 것을 반대하였음이 틀림없다. 통일당 중심의 통일전선에는 반대하였지만, 단체 본위 연맹 형식의 통일전선을 요구하였던 김학무였다. 그가 중국공산당에 가입하였다는 지적도 있으나,[116] 일제의 정보보고에는 중국공산당에 입당하지 않은 것으로 나타난다.[117] 설사 그가 중국공산당에 입당하였다고 하더라도, 민족전선통일운동에 대한 관점을 버리지는 않았던 것 같다. 그는 민족전선통일운동과 관련하여 조선의용대에 참여하였으며, 투쟁동맹에도 참여하였다. 그러한 그에게 정풍운동은 매우 불리하게 작용하였을 것이다. 과거에 민족혁명당과 조선의용대가 국민당과 결합했던 전력이 문제가 되었기 때문이다.[118] 김학무는 민족혁명당과 조선의용대뿐만 아니라 국민당의 중앙육군군관학교 낙양분교에 재학하였으며, 김구 특무대독립군에도 참여한 경력이 있었다. 따라서 누구보다도 정풍운동의 피해를 입을 수 있는 위치에 있었다. 무정이나 중국공산당에서 정풍운동의 주된 대상으로 삼은 이는 최창익이었지만,[119] 김학무 역시 북상한 조선의용대 세력을 대표하는 위치에 있었다. 일찍 연안으로 이동하여 화북조선청년연합회부터 주도한 최창익보다 김학무는 더욱 불리한 위치에 있었다. 정풍운동에서 김학무와 관련된 직접적인 자료는 찾아지지 않지만, 정풍운동 이후 행적이 드러나지 않는 것이 바로 그가 어떠한 형태로든 정풍운동에 희생되었을 가능성을 보여준다. 실제 조선의용군의 정풍운동에 참

115 「朝盟報告草案」은 그러한 장악 시도에 반박하고자 최창익이 작성한 문건이다. 이에 관해서는 염인호, 「1943년의 獨立同盟 內部 分派鬪爭과 中國共產黨의 朝鮮義勇軍 掌握」에 상세하다.

116 김학철의 회고에 따르면, 김학무는 1939년 2월에 중국공산당에 입당한 지하당원이었다고 한다 (김학철, 「무명용사」, 18쪽).

117 『外事月報』 1944년 3월호, 「在支不逞鮮人團體組織系統表」.

118 염인호, 『조선의용군의 독립운동』, 207쪽.

119 염인호, 『조선의용군의 독립운동』, 228쪽.

여하였던 한 인물은, "김학무는 실종되였는데 행적을 찾지 못하였다. 그가 변절하였다는 증거는 오늘까지 찾아볼 수 없다"[120]라는 기록을 남겼다. 다시 말하면 김학무는 정풍운동에 희생되었으며, 변절까지 의심받았음을 짐작할 수 있다.

김학무의 사망을 알려 주는 자료가 있다. 일제 정보문서에는 그가 1943년 5월 일본군과의 전투에서 전사한 것으로 나타난다.[121] 이 자료에는 김학무의 사망으로 독립동맹 선전부의 책임자가 교체되었음도 기록되어 있다. 또한 『해방일보解放日報』 1944년 8월 10일자에 실린 섭검영葉劍英의 「중공항전 일반정황의 소개中共抗戰一般情況的介紹」라는 글에 언급된 조선의용군 대원 희생자 17명의 명단에 김학무가 포함되어 있다.[122] 적어도 그는 1944년 8월 이전에 사망하였던 것이다. 김태준도 연안에서 "가석可惜하게도 항일전에 희생이 된 것 같다고 하였다"라는 불확실한 소문을 전해 들었다.[123]

그런데 김학무가 1943년에 일시 중경에 있었음도 확인된다. 김구가 1948년 2월 남북협상에 앞서 김두봉에게 보낸 서찰을 보자.

> 백연白淵 인형仁兄 선생先生 혜감惠鑒
>
> 1944년 십월 십육일 연안서 주신 혜찰惠札을 배독拜讀한 이후 미구에 인형은 압록鴨綠을 건느고 제弟는 황해黃海를 건너서 각각 그립든 고국을 차저 오게 되었나이다. ……
>
> 인형이여 이것을 엇지 하면 좋겟습니까. 제는 가슴이 답답하고 인형이 보고 싶은 때마다 때 묻은 보따리를 헤치고 일즉이 중경에서 받았든 혜찰을 재삼 읽고 있읍니다. 그중에는 나에게 보냈다는 이러한 전문도 기록되어 있읍니다. "금년 3월

120 최강, 『조선의용군사』, 연변: 연변인민출판사, 2006, 177쪽.

121 『外事月報』 1944년 3월호, 「在支不逞鮮人團體組織系統表」.

122 楊昭全 等編, 『關內地區朝鮮人反日獨立運動資料滙編』 下, 1454쪽.

123 金學武 편저 · 金台俊 증보, 『近代朝鮮革命運動史』, '敍'.

> 선생이 학무 군 편에 보낸 편지는 10월 초에 받았습니다. 우리들은 오늘날 모든 것을 겨레의 이익을 기준으로 조그만 자기의 주견도 있을 수가 없습니다. 우리는 선생이 연안에 오신다는 의향을 환영해 마지않습니다. 今年三月 先生給學武君的貴函 今十月初才收到 我們今日一切以民族利益爲基準 不應有些毫成見 我們對先生來延一次的意向無任歡迎."[124]

김구가 김학무에게 서찰을 주어 김두봉에게 전달토록 하였음을 알 수 있다. 그리고 김두봉은 '금년 3월' 김학무 편에 보낸 김구의 서찰을 '금년 10월'에 받았고, 그 답장을 김구에게 보냈다. 언뜻 김구가 1948년에 인용한 김두봉의 답장이 1944년 10월 16일 연안에서 김두봉이 김구에게 보낸 서찰이라고 생각하기 쉽다. 그러나 김학무가 1943년 5월에 사망한 것을 고려한다면, 김구가 김두봉의 글을 인용한 서찰은 1944년 10월 김두봉이 김구에게 보낸 서찰일 수가 없다. 김학무 편으로 보낸 서찰 이후에 김구와 김두봉 사이에 몇 차례 더 교신이 있었을 것이다. 김구가 인용한 서찰은 1944년 10월 이전에 받은 다른 서찰이었다. 김두봉이 언급한 '금년' 때문이다. 따라서 '금년'은 1943년으로 보는 것이 타당하다. 다시 말하면 김구가 김학무 편에 김두봉에게 서찰을 보낸 시기는 1943년 3월이고,[125] 김두봉은 그해 10월에 그 편지를 받았으며, 김두봉은 그해에 김구에게 답장을 보냈다고 생각된다. 그러므로 1944년 10월에 보낸 김두봉의 서찰은 김구와 김두봉이 중국에서 마지막으로 교환한 서찰이었다는 뜻으로 보인다. 아울러 김구가 1943년 3월 김학무 편에 보낸 서찰을 10월에 김두봉에게 전달한 이는 김학무가 아니었다. 김학무가 전사한 이후, 다른 사람이 김두봉에게 서찰을 전달하였던 것이다. 그 후 김구와 김두봉 사이에 한두 번 더 편지가 오갔다고 보는 것이 자연스럽다

124 『白凡金九全集』 8, 大韓每日申報社, 1999, 721~722쪽.

125 김두봉은 이때 연안에 있었다. 『해방일보』 1943년 3월 2일자를 보면, 연안에서 개최된 3·1혁명 24주년 기념대회에서 그가 연설하였음을 확인할 수 있다.

고 생각된다.

따라서 김학무는 1943년 초부터 정풍운동이 전개되자 태항산에서 중경으로 갔을 것으로 짐작할 수 있다. 1943년 3월 전후 태항산의 조선청년혁명학교에서 간부들에게 5개월에 걸쳐 정풍학습을 실시한다는 『해방일보』의 기사를 참고하면,[126] 김학무는 정풍운동이 본격적으로 시작되기 전에 중경으로 이동하였을 것이다. 김구 서찰 문제에서 논의한 대로, 그가 늦어도 3월 말에는 중경에 있었기 때문이다. 정풍운동이 전개될 때 그 대상이 될 김학무가 태항산을 떠나 중경에 갔기 때문에 그는 조선의용군으로부터 '변절'이라는 의심을 받게 되었을 것이다. 그는 중경의 임시정부 주석인 김구를 찾아가 그들에 대한 지도를 요청하였다고 한다.[127] 그것은 김학무 개인의 의사만은 아니었을 것이다. 이 시기에 조선의용대는 한국광복군에 편입된 상태였고, 김학무로 대표되는 조선의용군 화북지대의 일정 세력은 광복군과의 제휴나 통합을 고려하지 않았을까 생각된다.[128] 더욱이 1942년 11월 13일 독립동맹 진서북晉西北 분맹 성립대회에는 손문孫文 · 장개석 · 모택동 · 가타야마 센片山潛의 대형 초상화와 함께 '조선혁명영수朝鮮革命領袖 김구선생金九先生'의 대형 초상화가 걸려 있었다.[129] 여전히 독립동맹은 민족통일전선의 관점에서 김구를 혁명영수로 인정하였던 것이다. 그러나 정풍운동 이후에는 김구를 혁명영수로 봉대하지 않았다.

김학무가 중경에서 김구를 만나면서 김원봉을 만나지 않았을 리가 없다. 그는 김원봉과도 조선의용대의 진로에 대하여 논의하였을 것이다. 그리고 그러한 과정에서 김학무는 김구를 만났을 것이고, 김구는 독립동맹의 주석인

126 『해방일보』, 1943년 3월 18일자.

127 염인호, 『조선의용군의 독립운동』, 224~225쪽, 주 89)의 김강 증언.

128 김영범, 『혁명과 의열』, 275쪽에서 김학무를 반일 민족통일전선론자로 지적하고 있는데, 이 점이 부각될 필요가 있다고 생각된다.

129 『해방일보』, 1942년 11월 21일자.

김두봉에게 편지를 썼으며, 김두봉은 답장에서 민족통일전선 문제를 논의하였으리라 믿어진다. 김학무는 김구 휘하에서 독립운동을 시작하였으므로 김구나 김두봉 모두 나름대로 신뢰하는 인물이었다. 그리고 김구가 김두봉에게 연안을 방문할 수 있다는 의향을 보였으므로, 김학무의 중경 방문은 김두봉에게 어느 정도 내락을 받은 일이었을 것이다. 또 김구가 김학무의 지도 요청에 유보적 태도를 취하다가 일제 패망 직전에야 장건상張建相을 연안에 파견하였다는 것도[130] 그러한 저간의 사정을 보여 주는 일로 보인다.

아무튼 김학무는 중경에서 태항산으로 이동하는 과정에서 전사하였을 것으로 짐작된다. 최창익에 의하면 1943년 5월에 화순和順 전투가 있었다고 하는데,[131] 김학무가 일본군과의 전투에서 전사한 시기와 일치하므로 그 전투에서 전사하였을 가능성이 크다.[132] 그런 과정에서 10월에 가서야 연안에 있던 김두봉에게 김구의 서찰이 전달될 수 있었던 것이다. 그렇지만 독립동맹이나 조선의용군 관련 자료에는 김학무의 전사에 대한 언급이 전혀 없다. 『해방일보』의 명단을 제외하면, 조선의용군에서는 오히려 '실종'된 것으로 언급되기까지 한다. 독립동맹에서 김학무의 위상을 감안하면 쉽게 납득되지 않는 일이다. 아마도 무정이 장악한 독립동맹에서도 김학무에 관련된 문제는 무관심으로 표현된 것이 아닐까. 해방 이후에 독립동맹에 관련된 많은 기사와 증언이 나오지만[133] 김학무를 언급한 경우는 없었기 때문이다.

130 염인호, 『조선의용군의 독립운동』, 224~225쪽, 주 89)의 김강 증언.

131 최창익, 「연안시대의 독립동맹」; 심지연, 『최창익 연구』, 285쪽.

132 김학철, 「무명용사」, 38~41쪽에는 김학무가 1944년 초겨울에 전사하였다고 되어 있다. 잘 알려진 대로 김학철은 1941년 12월 胡家莊 전투에서 일본군의 포로가 되어 해방될 때까지 長崎刑務所에 수감되어 있었다. 따라서 그는 김학무의 죽음을 전해 듣고 나중에 소설로 쓴 것이다. 김학철이 『중국의 광활한 대지 우에서』, 연변: 연변인민출판사, 1987에 수록한 「나의 전우들」 가운데 '김학무'에는 그의 죽음을 묘사한 부분이 없다.

133 예컨대 『新天地』 1946년 3월호의 '獨立同盟 特輯'에서도 김학무는 전혀 언급되지 않았다.

5. 맺음말

지금까지 김학무의 생애와 그의 활동을 통하여 1930~1940년대 좌파청년그룹의 동향을 살펴보았다.

용정 은진중학 출신인 김학무는 1930년대 초부터 관내에 들어와 김구 휘하에서 독립운동에 참여하여 낙양군관학교에서 수학하였으며, 중도 퇴교 후 중앙대학에 일시 재학하였다. 그는 김구 특무대독립군에서 활동하면서 공산주의 단체인 혁명동지회에 참여하였다. 1936년에는 김구 휘하에서 이탈하여 민족혁명당에 입당하였으며, 1937년 중일전쟁이 일어난 뒤 성자분교에서 군사교육을 받았다. 그 전후에 최창익 등과 공산주의 단체인 조선청년전위동맹을 결성하여 주도적으로 활동하다가 김원봉이 주도하는 민족혁명당을 이탈하였다.

김학무가 주도한 전위동맹 세력은 동북노선 문제로 최창익과 대립하였고, 1938년 10월에 결성된 조선의용대에 참가하였다. 그는 조선의용대의 정치조장과 부대장으로 활동하였고, 좌파청년그룹을 이끌었다. 조선의용대가 화북진출을 결정하자 김학무는 1941년 여름 태항산으로 북상하였고, 그해 7월부터 조선의용대 화북지대의 정치지도원으로 활약하였다. 1942년 7월 화북조선독립동맹이 결성되고, 조선의용대 화북지대는 조선의용군 화북지대로 개편되었다. 전위동맹과 조선의용대에서 주도적 위치에 있었던 그는 독립동맹의 중앙집행위원 겸 중앙상임위원에 선임되었다. 또 독립동맹의 선전부장과 화북조선청년혁명학교의 교무주임 직도 수행하였다. 이 시기에 그는 한국근대사를 유물사관의 관점에서 정리한 『조선근대혁명운동사』를 저술하기도 하였다.

1943년 초부터 독립동맹은 정풍운동에 휩싸였다. 그것은 무정을 앞세워 중국공산당이 중경에 있으며 한국광복군에 편입된 조선의용대 본대와의 관계를 단절하고, 독립동맹과 조선의용군을 장악하기 위한 조치였다. 김학무는 국민당과 관련된 독립운동단체에 관여하였기 때문에 정풍운동에서 자유롭지 못하였다. 그는 민족통일전선운동의 관점에서 중경의 한국독립운동세력과 연결하고자 태항산에서 중경으로 이동하였다. 중경에서 임시정부 주석 김구가 독립동맹 주석 김두봉에게 보내는 서찰을 가지고 북상한 이후 그의 행적은 묘연하다. 1943년 5월 일본군과의 전투에서 전사하였을 것으로 짐작된다.

김학무는 1930~1940년대 좌파청년그룹을 이끌던 공산주의자였다. 그러나 그는 민족통일전선 노선을 지지하면서 통일당 수립에 반대하고 단체 본위의 연맹 형식을 주장한 인물이었다. 조선의용대나 독립동맹도 그러한 관점에서 참여하였다. 따라서 1943년 임시정부와 독립동맹의 연결을 위하여 나선 것 역시 그러한 뜻으로 이해된다. 그러나 독립동맹에서는 그의 처신을 '변절'로 인식하였던 것으로 짐작된다. 그렇기 때문에 조선의용대나 독립동맹에서 차지하는 그의 위상에도 불구하고, 그의 죽음에 관한 기록이나 해방 이후의 논의가 전혀 없었던 것으로 보인다.

제3부

중국 유학생과 독립운동

1910~1920년대 항주의 한인 유학생

1. 머리말

항주杭州는 일제강점기 1919년 대한민국임시정부가 수립된 상해上海에서 가까운 도시여서 한국인들의 출입이 적지 않았으리라 짐작된다. 잘 알려진 대로 항주는 중국의 고도古都이며 서호西湖를 비롯한 명승이 많은 유람지이기도 한 절강성浙江省의 수부首府이다. 1920년대 한국인의 항주 여행기가 종종 보이는 것도 그러한 까닭이다. 특히 항주는 1932년 윤봉길尹奉吉 의거 이후 상해를 떠난 대한민국임시정부가 그해 5월 정착하여 1935년 11월까지 한국독립운동의 중요한 거점이었다.[1] 남송南宋의 수도로 고려高麗와 관계가 깊던 항주가 800년 만에 한국독립운동으로 다시 연결될 수 있었으며, 또 남송

1 항주시 정부는 대한민국임시정부가 사용한 청사를 복원하여 대한민국임시정부기념관을 2007년에 개관하였다가, 2012년 전시 내용을 보완하여 재개관한 바 있다.

과 고려의 교류를 보여 주는 고려사高麗寺를 이 시기에 다시 찾아 중건이 논의되기도 하였다.

그럼에도 불구하고 근대 항주나 절강 지역과 한국과의 관련에 대한 관심은 많지 않았다. 대체로 한국에서는 이동시기 임시정부와 관련하여 논의가 적지 않았으나, 항주라는 지역 자체에 대한 관심은 많지 않았다. 고려사 중건문제에 관한 논문이 항주를 직접 다룬 연구가 아닌가 생각된다.[2] 상해라는 지역에 대한 관심에 비하면 항주는 거의 주목을 받지 못한 셈이다. 오히려 국문학계에서 소설가 심훈沈熏이 일시 항주에 유학하였던 사실에 천착하여 항주에 주목하였다.[3] 중국에서는 임시정부에 관한 연구와 자료를 모은 『대한민국임시정부재항주大韓民國臨時政府在杭州』가 2008년 발간되었다.[4] 그리고 항주사범대학의 최봉춘崔鳳春 교수가 「절강경내한국독립운동사개술浙江境內韓國獨立運動史概述」에서 항주를 중심으로 한 절강 지역의 한국독립운동을 전반적으로 정리한 바 있다.[5]

현재 항주에서는 절강대학浙江大學 한국학연구소가 한국연구총서를 계속 발간하며 학술대회를 운영하고 있고, 2012년 절강공상대학浙江工商大學에도 한국학연구소가 설립되었다. 따라서 항주를 중심으로 한 한중관계를 비롯한 다양한 주제의 연구가 진척되리라 믿어진다.

본고는 1920년대 전반을 주된 대상으로 하여 1910~1920년대 항주에 유학한 한국인에 대하여 살펴보고자 한다. 이미 최봉춘 교수가 위 논문의 '항주조기지명한적유학생杭州早期知名韓籍留學生'이라는 부분에서 8명의 유학생을 확인한 바 있어, 필자는 이 연구에 기대어 약간의 유학생을 추가하는 작

2 曺永祿, 「일제 강점기 杭州 高麗寺의 재발견과 重建籌備會」, 『한국근현대사연구』 53, 2010.

3 韓基亨, 「'白浪'의 잠행 혹은 만유: 중국에서의 심훈」, 『민족문학사연구』 35, 2007.

4 金健人 · 楊昭全 主編, 『大韓民國臨時政府在杭州』, 北京: 國際文化出版公司, 2008.

5 崔鳳春, 「浙江境內韓國獨立運動史概述」, 『東亞世界中的韓國』, 浙江工商大學 東亞文化硏究院 韓國學硏究所, 2012.

업을 진행하였다. 이 시기를 대상으로 한 이유는, 산일散逸되어 있지만 그나마 유학생에 관한 자료를 찾을 수 있어서였다. 일제강점기 중국에 유학한 한국인에 대하여 관심을 가져온 필자는[6] 유학생이 많지 않은 항주라는 지역을 검토함으로써 유학의 한 경향을 볼 수 있지 않을까 생각하여 이 작업을 진행하였으나, 자료 부족과 필자의 능력 부족으로 말미암아 소기의 성과를 거두지 못하였음을 먼저 밝혀 둔다.

2. 1910년대 유학생과 군사학교

1910년대 항주에는 중등교육과 고등교육을 담당한 각종 교육기관이 적잖이 운영되고 있었다. 공사립 중학과 사범학교, 실업학교와 같은 중등교육기관과, 교회대학인 지강대학之江大學 이외에도 의약·법정·공업·농업·체육 등 5개의 고등교육기관이 있었다.[7] 공립으로 절강공립의약전문학교가, 사립으로 사립절강법정전문학교와 사립절강체육전과학교私立浙江體育專科學校가 있었으며, 1920년대에 성급省級 갑종학교甲種學校에서 전문학교로 승격한 절강공립공업전문학교, 절강공립농업전문학교 등이 있었다.[8]

항주에 처음 유학한 한국인은 신건식申健植(1889~1963)으로 알려져 있다. 최남선崔南善이 간행하던 『동명東明』 1923년 5월 13일자에 실린 「고려사高麗寺!」라는 글에 이런 구절이 보인다.

> 신주新主의 내림來臨하기만 고대하든 고려사高麗寺가 천행으로 신주를 맛날 첫 인연을 어드니 이해는 정사년丁巳年 즉 거금 육 년 전이다. 이때에 고故 예관睨觀

6 崔起榮, 「1930년대 中山大學과 한국독립운동」, 『震檀學報』 99, 2005가 그러한 관심의 예이다.

7 張彬 主編, 『浙江教育史』, 杭州: 浙江教育出版社, 2006, 431쪽.

8 周峰 主編, 『民國時期杭州』, 杭州: 浙江人民出版社, 1997, 522~523쪽; 張彬 主編, 『浙江教育史』, 430~431쪽.

신선생申先生의 영제令弟 건식씨健植氏가 항주로 유학을 오니 이것이 항주에 우리 유학생이 생긴 첫 기록이오 또한 고려사가 신주를 맛난 첫 인연이다.

이 글에서 신규식申圭植의 동생인 신건식이 1917년 항주에 유학한 사실을 알 수 있다. 이 글은 '항주 일파一波'라는 이가 투고하였다. 일파는 뒤에 언급할 엄항섭嚴恒燮이다. 이와 같은 이야기는 『삼천리三千里』 1934년 11월호에 항주 거주 이유춘李有春이라는 이가 기고한 「희항주고려사噫抗州高麗寺—고려사는 중국 절승 항주에 잇다—」라는 글 가운데에서도 찾을 수 있다. 즉 "이 해는 정사년 즉 거금 십유 년 전十有年前이다. 이때에 고 예관 신선생의 영제 건식 씨가 항주로 유학을 오니 이것이 항주에 우리 유학생이 생긴 첫 기록이오"라고 하였던 것이다. 그러나 일제의 조사에 의하면, 신건식은 1914년 2월 중국으로 건너와 항주부杭州府 의학전문학교, 즉 절강공립의약전문학교에 입학하였으며, 1923년 4월 항주 주둔 중국군 군의관으로 재임하다가 사임하였다고 한다.[9] 신건식은 항주에 있으면서 고려 이래 잊혀 있던 고려사를 찾아냈다. 엄항섭이나 이유춘은 신건식이 항주에 유학 온 때를 1917년이라 하였지만, 일제의 정보보고에는 1914년이라고 나온다. 1916년에 신건식이 항주에 있었던 것이 확인되므로,[10] 적어도 그는 1915년 전후부터 항주에서 유학한 것으로 짐작된다.

그러나 신건식보다 먼저 항주에서 유학한 것으로 짐작되는 인물이 있다. 이관구李觀求(1885~1953)는 『의용실기義勇實記』의 '자서전' 부분에 다음과 같이 썼다.

그 후〔1911년〕로 곧 일본을 떠나 중국에 가서 임시로 남경南京 상강실업학교上

9 『國外ニ於ケル容疑朝鮮人名簿』, 朝鮮總督府 警務局, 1934, 174쪽; 崔鳳春, 「浙江境內韓國獨立運動史概述」, 174~176쪽.

10 李範奭, 『鐵驥李範奭自傳』, 외길사, 1991, 84쪽.

江實業學校에 입학하였다가 그 뒤에 북경 회문대학匯文大學에 입학하였다가 명륜대학明倫大學으로 전학하였다. …… 내가 외국에 이와 같이 멀리 나돌아 다니는 뜻은 문자를 배우려는 데 있지 아니하고 국가를 중건하고자 하는 의도에 있었다. 그러므로 무략도 학습하기 위하여 절강성 항주부 군관속성과를 단시일에 졸업하였다. 남경 제2차 혁명전쟁에 참전하였으나 그때 남군南軍이 불리하여 중국 판도는 원세개袁世凱의 천하가 되었다.[11]

자신이 대체로 1913년 전후에 항주의 군사학교에서 속성과를 마치고 종군하였다는 것이다. 이관구가 남경과 북경의 학교를 거쳐 항주에서 군사학교를 마쳤다는 회고로 미루어, 짧은 기간에 여러 학교를 전전하였던 것으로 보인다. 그는 국내에서 한학을 수학하고 평양의 대성학교大成學校와 숭실전문학교崇實專門學校에서 수학하였지만,[12] 중국에서는 고등교육기관에 입학하였다기보다 청강하는 수준이 아니었을까 생각된다. 그가 특별히 항주의 군사학교에서 수학한 이유가 있을 터이지만, 확인할 수 있는 자료가 없다. 혹 그가 북경에서 만났다는 정계의 실력자 탕화룡湯化龍이나 저명한 사상가 양계초梁啓超 등의 도움이 있었을 가능성을 점칠 수 있다. 아무튼 이 시기 항주에는 1909년경 설립된 절강강무당浙江講武堂이 존재한 것으로 나타난다.[13] 그리고 1912년 8월, 절강성의 대표적인 혁명파 인물로 알려진 심균유沈鈞儒·여공망呂公望·주서朱瑞 등에 의하여 사립절강체육전과학교가 설립되었다.[14] 이 학교는 체육학교와 육군예비학교의 기능을 겸하였던 것 같다. 또 항주에는 군학보습소軍學補習所라는 속성사관학교 기능을 하는 군사교육기관

11 이관구(이충구 외 편역), 『의용실기』, 아라, 2013, 59~61쪽, 원문 350~352쪽.

12 이관구, 『의용실기』, 58쪽, 원문 352~353쪽.

13 국민정부의 저명한 장군인 蔣鼎文이 1912~1913년경 절강강무당을 마친 것으로 나타난다(http://baike.baidu.com/view/83848.htm). 그러나 『中國地方志集成: 浙江府縣志輯』에 포함된 『民國杭州府志』 1, 上海: 上海書店, 1993의 '학교'조에는 강무당이 전혀 언급되어 있지 않다.

14 封小平, 「呂公望與私立浙江體育專科學校」, 『浙江檔案』, 2003-12, 25쪽; 陳華文, 「民國初期的社會變革與民俗文化改造: 以浙江爲例」, 『浙江社會科學』 2007-6.

이 있었다고 하는데,[15] 혹 절강강무당과 관련된 기관이 아니었을까 짐작된다. 아무튼 이관구가 어느 학교에서 수학하였는지 알 수 없으나, 군학보습소일 가능성이 커 보인다.

1914년 현재 사립절강법정전문학교에 재학한 인물로 임찬林璨이 보이지만,[16] 다른 정보를 찾을 수 없다. 그리고 상해의 상업 계열 학교라고 생각되는 무상중학務商中學에 재학하던 정원택鄭元澤이 1914년 8월 말 사립절강체육전과학교의 입학시험을 치르고 2등으로 합격하였으나[17] 진학하지 않았다. 1915년 초 사립절강체육전과학교에 입학한 인물이 또 있다.

> 1915년 초에 중국어로 말하고 글을 쓸 수 있게 되자 아버님(김자렬)은 상해로 가셨다. 거기서 절강독군 려공망이 륙군예비학교를 모방하여 절강체육전문학교를 꾸린다는 소문을 듣고 항주에 가서 그 학교 3기생으로 입학하셨다. 그때 조선혁명자의 신분을 숨기기 위하여 이름을 김세준으로 고치셨다. 이듬해 우수한 성적으로 절강체육전문학교를 졸업한 후 녕파경찰서 경좌로 배치되여 가셨다. 그 후 또다시 항주시 소방대 대장으로 전근하셨다.[18]

김세준金世晙이라고 개명한 김자열金子烈(1897~1961)은 철원 출신으로 서울청년학원을 거쳐 일본 와세다대학早稻田大學에서 수학하다가 중국에 망명하였으며,[19] 여공망이 설립한 절강체육전문학교 즉 절강체육전과학교를 마치고 중국 경찰과 소방대에서 근무하였다고 한다. 이 학교는 육군예비학교를 모방하였다고 알려졌으므로 단순히 체육진흥만을 목적으로 하지는 않았던 것 같다. 김자열은 1916년 가을 신규식의 추천으로 운남강무당雲南講武

15 李範奭, 『鐵驥李範奭自傳』, 84쪽.
16 鄭元澤, 『志山外遊日誌』, 探求堂, 1983, 95쪽.
17 鄭元澤, 『志山外遊日誌』, 93, 101쪽.
18 김장생, 「중국부대에서 싸운 김자렬장군」, 『결전』, 북경: 민족출판사, 1991, 434쪽.
19 김장생, 「중국부대에서 싸운 김자렬장군」, 433~434쪽.

堂에 입학하여 1919년 졸업한 뒤에 중국군으로 오래 근무하였다.[20] 그렇다면 그가 절강체육전문학교에 유학한 것도 신규식의 추천을 받아서였음이 틀림없다. 그것은 김자열에 이어 1916년 7~8개월간 이 학교에 재학한 이범석李範奭(1900~1972)도 신규식의 추천으로 입학하였기 때문이다.[21] 서울 출신인 이범석은 '군관예비학교'인 이 학교를 다니다가 신규식이 운남성 독군督軍 당계요唐繼堯에게 추천하여 운남강무당을 마쳤다. 이때 그와 함께 운남강무당에 입학한 이가 김자열 즉 김세준이었고,[22] 김세준은 우수한 성적을 유지하였다. 이들의 동기가 뒤에 중국공산당의 원로로 원수였던 섭검영葉劍英이다.[23] 주로 중국군에서 근무한 김자열과 달리, 이범석은 신흥무관학교와 북로군정서의 교관을 거쳐 김좌진金佐鎭을 도와 청산리 전투에 참가하였고, 중국군에서도 근무하였다. 1940년 이후 한국광복군의 참모장과 제2지대장을 거쳐, 해방 후 귀국하여 조선민족청년단을 조직하였으며, 정부 수립 시 초대 국무총리 겸 국방부장관을 역임한 사실은 잘 알려져 있다. 신규식의 추천으로 절강체육전과학교와 운남강무당에서 수학한 이범석과 김자열이 모두 기호 출신이라는 사실도 주목된다.

이범석이 절강체육전문학교에 재학할 때, 근처의 군학보습소에 이용李鏞·한운용韓雲用·채영蔡英·이범훈〔李輔民〕 등이 재학하고 있었다고 한다.[24] 그들은 적어도 1916년 이전부터 군학보습소에 재학하였을 것이다. 이용은 한말 헤이그특사의 한 사람인 이준李儁의 아들이다. 이용과 채영, 그리고 한운용은 모두 1918년 한인사회당에 참여하여 군사부 사관학교의 교관으로 일

20 李範奭, 『鐵驥李範奭自傳』, 85, 101~102쪽.

21 李範奭, 『鐵驥李範奭自傳』, 83쪽.

22 김장생, 「중국부대에서 싸운 김자렬장군」, 434쪽에는 김자열이 段祺瑞 정권의 사법총장을 역임한 운남 출신의 張耀曾을 만나 운남강무당에 간 것으로 기술되어 있으나, 그가 상해 조선인보습학교에서 교편을 잡았다는 것으로 미루어 신규식의 박달학원에서 교사를 맡았던 것 같다.

23 李範奭, 『鐵驥李範奭自傳』, 102쪽; 김장생, 「중국부대에서 싸운 김자렬장군」, 432~433쪽.

24 李範奭, 『鐵驥李範奭自傳』, 83~84쪽; 李範奭, 『우둥불』, 思想社, 1971, 475쪽.

한 바 있다.[25] 이후에도 그들은 전투지휘관으로 활동하였다. 이범훈에 대한 자료는 찾아지지 않는데, 이범석은 그가 병사하였다고 기록하였다.[26] 이용 등은 항주군학보습소를 마치고 함께 행동하였던 것으로 생각되며,[27] 이용이 북청, 한운용이 정평 출신인 것으로 미루어 다른 이들도 함경도 출신이 아니었을까 한다.

아무튼 1910년대에 김자열 · 이범석이 항주의 절강체육전문학교에서, 이용 · 한운용 · 채영 · 이범훈 등이 항주군학보습소에서 수학하였다는 사실은 항주가 무장독립운동에 투신하고자 하는 이들에게 주목받고 있었음을 알려 준다. 만주지역이 아닌 중국 관내에서 한국인이 군사교육을 이수할 수 있는 지역이 항주였던 것이다. 현재 절강체육전문〔전과〕학교나 항주군학보습소에 관련된 자료가 부족하여 확인할 수 없는 부분이 많지만, 앞으로 보다 관심을 두어야 할 부분으로 생각된다.

군사교육을 받은 이들 이외에 1910년대 후반 항주에서 수학한 유학생으로 상정할 수 있는 두 명의 인물이 보인다. 일제의 정보보고 가운데 중국에 입적入籍하고자 하는 한국인을 조사한 1921년 7월 조선총독부 경무국장의 보고에 따르면, 중국에 귀화한 한국인 20여 명 가운데 유경덕劉景德이라는 인물이 있었다. 그는 5년 이상 중국에 거주한 바 있는 26세의 평양 출신으로 부인 최응심崔應心과 상해에 거주하고 있었으며, 직업란에 '이업지강대학肄業之江大學'이라고 기록되어 있었다.[28] 또 그해 9월에 한최신韓最晨이라는 25세의

25 독립기념관 소장자료 1-012262 「한인사회당-한인공산당」(독립운동가자료 이인섭 수기류).

26 李範奭, 『鐵驥李範奭自傳』, 84쪽. 다만 李普民이라는 이가 임시정부 군무부의 지시로 하얼빈 군무회의에 특파된 일이 있고(『대한민국임시정부자료집』 8, 국사편찬위원회, 2006, 302쪽), 1920년 8월 황기환이 김규식에게 보낸 편지에 의하면 이보민이라는 이가 중국에서 미국으로 갔으며(『대한민국임시정부자료집』 43, 174쪽), 이후 그는 시카고에서 사업을 하였으나(『신한민보』 1934년 1월 25일자 「쉬카고 사업조사표」), 동일인인지는 확인되지 않는다.

27 『獨立新聞』 1922년 8월 1일자 「韓雲用氏의 戰死」.

28 『不逞團關係雜件: 朝鮮人의 部』 在上海地方 3, 「上海情報: 歸化朝鮮人의 氏名等」(1921. 7. 19): 국사편찬위원회 한국사데이터베이스.

평양 출신 상해 거주자도 귀화를 청원하였는데, 직업란에 '항주지강대학이업杭州之江大學肄業'이라고 써 있었다.[29]

유경덕이나 한최신에 대한 다른 기록이 없어 그들이 어떠한 인물이었는지 확인할 수 없지만, 두 사람 모두 평양 출신이며 지강대학에서 수학하였다. 지강대학(Hangchow Christian College)은 미국장로교에서 항주 전당강錢塘江 근처에 설립한 교회대학으로, 대학부와 중학부가 있었고 대학부에는 예과와 본과가 있었다.[30] 유경덕은 중국에서 5년 동안 거주하였는데, 그렇다면 적어도 1917년 이전에 중국에 왔을 것이다. 유경덕과 같은 문건에 기록된 한치진韓稚振(1901~?)은 1917년 9월에 남경 금릉대학金陵大學 중학부에 진학한 것으로 알려졌는데,[31] 그렇다면 유경덕도 3·1운동 이전에 지강대학에 재학하였을 가능성이 크다. 한최신 역시 중국에 입적하고자 하였으므로 중국 재류기간이 5년 이상 되었을 것이다. 이들은 한치진보다 연령이 여러 해 높았다. 따라서 평양 출신으로 비슷한 연령인 유경덕과 한최신은 1910년대 후반에 지강대학에 재학하였을 가능성이 매우 높다. 다만 한치진과 마찬가지로 이들 역시 중학부에 재학하였을 것이다. 그들이 지강대학 중학부에 재학하였다면 결국 1910년대 후반 중국에 온 기독교인으로 보는 것이 마땅하지 않을까 생각된다.

1910년대 북경을 비롯하여 상해나 남경에는 한인 유학생이 소수이지만 계속 체류하고 있었다. 특히 항주와 가까운 상해에서 신규식이 동제사同濟社를 설립하고 박달학원博達學院을 운영하여 한국인 유학생들에게 영어와 중국

29 『不逞團關係雜件』 在上海地方3, 「支那에 歸化한 朝鮮人에 관한 件」(1921. 9. 21).

30 지강대학에 관해서는 Clarence B. Day, *Hangchow University: A Brief History*, N.Y.: United Board Christian Colleges in China, 1955; 劉家峰 역, 『之江大學』, 珠海: 珠海出版社, 1999와 張立程·汪林茂, 『之江大學史』, 杭州: 杭州出版社, 2015가 있으며, 간략한 역사에 대해서는 「之江大學史略」, 『檔案與史學』 1998-6을 참조할 것.

31 홍정완, 「일제하-해방후 한치진의 학문세계 정립과 '민주주의'론」, 『역사문제연구』 24, 2010, 162~163쪽.

어 등을 교수하였으며, 교민들에 의하여 인성학교仁成學校가 설립되었다. 박달학원에서는 중국과 미국 등지의 유학을 주선하기도 하였다.[32] 남경에도 금릉대학이나 금릉신학, 금릉중학 등과 같은 기독교 설립 학교들에 한국인들이 재학하고 있었는데, 미국 유학을 목적으로 한 경우가 적지 않았다. 상해나 남경에 비하여 항주에는 한국인 거주자가 거의 없고 선택할 수 있는 학교도 적었던 현실에 비추어, 두 가지 경우가 있었던 것으로 보인다. 하나는 신규식 등의 추천을 받아 의학교나 체육학교에 진학한 독립운동 계열 인물이고, 다른 하나는 기독교계의 추천으로 교회학교에 입학한 기독교 계열 인물이었다. 특히 독립운동 계열 인물들은 학교를 마치고 무장독립운동에 투신하였다. 상해에 한국인이 수학할 군사학교가 없었기 때문에, 이들은 상해와 가까운 항주의 군사학교나 준군사학교로 인식된 절강체육전문학교를 선택할 수밖에 없었던 것 같다.

3. 1920년대 유학생과 기독교계 중등학교

1919년 한국에서 3·1운동이 일어난 이후 중국으로 이주하는 정치적 망명자들이 크게 증가하였다. 상해에 대한민국임시정부가 수립되자 상해를 중심으로 한인사회가 형성되었고, 유학생 역시 증가하였다. 유학생 가운데에는 3·1운동에 관여하였던 인물들이 적지 않았으며, 항주에서도 한인 유학생들이 보이기 시작하였다. 1921년 9월 조선총독부 경무국장의 보고에 따르면, '유화학생회留華學生會'가 조직되었는데 항주에는 2명의 한국인 학생이 있는 것으로 파악되었다.[33] 전체가 44명으로 조사된 것으로 미루어, 이 조사 자체가 정확하다고는 생각되지 않는다. 그러나 상해와 남경, 소주蘇州에 비하면 항

32 李明花,「上海에서의 韓人 民族教育運動」,『한국독립운동사연구』4, 1990, 109~111쪽.

33 『不逞團關係雜件』在支那各地 2,「國外情報: 留華學生會組織의 件」(1921. 9. 29).

주에 매우 적은 학생이 유학하였음은 확인할 수 있다. 1922년 7월 상해 인성학교에서 강소江蘇·절강·안휘安徽·강서江西 등지의 유학생들이 모여 '화동한국학생연합회華東韓國學生聯合會'를 조직하였다. 상해·남경·소주 등의 유학생이 다수였는데, 총 119명으로 계산되었다. 다만 항주의 한인 유학생이 6명인데, 아직 화동한국학생연합회에 가입하지 않고 있었다.[34] 일제 정보보고에서 1921년 한인 유학생이 2명이라고 한 항주에서 1922년 현재 유학생 수가 6명으로 확인된다. 다른 지역의 경우에는 각 학교별 인원이 적시되어 있지만, 항주는 가입 이전이라 학교별 인원에 대한 정보가 없다.

『독립신문』 1923년 7월 21일자 「아유학생계상황我留學生界狀況」이라는 기사 역시 화동 지역의 유학생에 관한 전반적인 정보를 제공해 준다.

> 지금 화동 각지에 류학하는 아我 학생의 수가 모다 백칠십사인에 달하야 작년의 백십팔인에 비하면 오십륙인의 증가를 생生하엿는대 각 지방으로 개별概別하면 남경에 칠십팔인과 상해애 칠십삼인이 최다수가 되고 기타 소주에 십인, 항주에 칠인, 호주湖州에 삼인, 모호蕪湖에 이인, 상덕常德에 일인이 기차其次가 되더라 그리고 금년 하기夏期에 졸업한 이는 공共 칠인인대 기 성명과 학교는 좌와 여如하더라
>
> 신국권申國權 상해 남양대학南洋大學 전공과電工科
> 박형룡朴亨龍 남경 금릉대학 문학과
> 김근하金根河 남경 금릉신학과
> 김하원金河源 동
> 최지화崔志化 동
> 엄항섭嚴恆燮 항주 지강대학 중학과
> 권기옥權基玉 항주 홍도여학교弘道女學校 중학과

1923년 현재 화동 지역에서 유학하는 한국인의 수가 174명이었고, 남경

34 『獨立新聞』 1922년 7월 15일자 「華東留學生大會」.

78명, 상해 73명으로 그 대부분이 남경과 상해에 소재한 학교에 재학하고 있었다. 1922년에는 유학생 총수가 118명이었으므로 1년 사이에 50%에 가까운 56인이 증가한 것이다. 남경에 유학생들이 많았던 것은 관화官話를 배우기 위해서였다고 한다.[35] 1923년 현재 항주에는 7명의 유학생이 있어, 1922년보다 1명이 증가하였음을 알 수 있다. 그리고 2명이 졸업하였는데, 엄항섭(1898~1962)과 권기옥權基玉(1901~1988)이 그들이었다.

뒤에 임시정부의 선전부장으로 널리 알려지는 엄항섭은 보성전문학교普成專門學校 상과를 마치고[36] 3·1운동 직후 중국으로 망명하였으며, 1919년 9월 임시정부의 법무부 참사參事와 서기에 임명되었다.[37] 1923년 6월경 지강대학 중학부를 졸업한 것으로 미루어, 대체로 1920년 전후에 입학하였을 것으로 짐작된다. 임시정부에서의 활동을 뒤로하고, 먼저 중국어와 영어를 비롯한 학습에 진력하였던 것 같다. 지강대학에는 1925년 현재 대학부에 150명, 중학부에 70명 정도가 재학하였으며, 기숙사 생활을 해야 하였다.[38]

국내에서 평양 숭의여학교崇義女學校에 재학 중 3·1운동에 적극 참여한 권기옥은 6개월의 실형을 사는 등 독립운동에 앞장서다가 중국으로 망명하였다. 그녀는 김규식金奎植의 부인 김순애金淳愛 등에게서 항주의 홍도여학교(Hangchow Union Girls' High School)를 추천받아 진학하였는데, 중국어를 제외한 과목을 인정받아 2년 6개월 만에 졸업하였다고 한다.[39] 중학부는 초급 3

35 『동아일보』 1924년 10월 13일자 「在留同胞狀況」. 權基玉, 「나는 韓國 최초의 女流飛行士」, 『新東亞』 1967년 8월호, 290쪽에서 권기옥은 '표준 중국어'를 배우기 위하여 남경에 유학하는 학생이 많았다고 증언하고 있다. 한국인의 남경 유학에 관해서는 尹恩子, 「20세기 초 南京의 한인 유학생과 단체(1915~1925)」, 『中國近現代史硏究』 39, 2008와 「20세기 초 中國留學과 '金陵'의 韓人 유학생(1912~1927)」, 『中國近現代史硏究』 64, 2014를 참고할 것.

36 「五大學府 出의 人材 언파렛드」, 『삼천리』 1932년 2월호, 15쪽.

37 『大韓民國臨時政府公報』 제2호(1919. 9. 5), 제3호(1919. 9. 10).

38 日本外務省 編, 『歐米人ノ支那ニ於ケル文化事業』, 東京: 外務省, 1925, 47~49쪽.

39 權基玉, 「나는 韓國 최초의 女流飛行士」, 290~291쪽.

년과 고급 3년으로 운영되고 있었다.[40] 홍도여학교는 미국의 남장로교·북장로교·북침례교가 별도로 설립하였던 여학교를 1912년 통합한 것이었다.[41] 권기옥은 이후 운남육군항공학교를 마치고 중국군 공군에 복무하였고, 1930년대에 항주항공국에 근무하여 몇 해 동안 다시 항주에서 생활하였다. 그녀는 중국군에서 장관급將官級으로 근무하다가 임시정부 의정원의원으로 활동한 이상정李相定과 결혼하였으며, 한국독립운동에도 기여한 바가 적지 않았다.[42]

국내에서 3·1운동에 참가하였던 엄항섭이나 권기옥이 중국에 망명하여 진학한 항주의 학교가 모두 기독교 계통이었으므로, 상해에서 기독교계 인사들의 추천을 받았을 것으로 짐작된다. 권기옥은 기독교인이었으며, 엄항섭이 당시에 기독교인이었는지는 확인되지 않는다. 그는 국내에서 받은 교육을 부분적으로 인정받아 중학과정을 조기에 마쳤다.

엄항섭과 함께 지강대학 중학부를 다닌 인물로 김웅권金雄權(1897~?)을 찾을 수 있다. 김웅권은 1919년 8월 항주 소재 체육전문학교에 입학하여 1921년 6월 졸업하였는데, 2년제인 사립절강체육전문학교를 마친 것으로 생각된다. 그는 본래 1915년 배재학당培材學堂을 졸업하고 1918년 남경의 금릉대학에 적을 두었다가 항주로 옮겨와 체육학교를 마치고, 1921년 9월 지강대학 중학부로 진학하였다.[43] 그가 입학하였다는 금릉대학은 실제로는 금릉중학이었으며, 교회학교를 계속 다닌 것으로 미루어 기독교인이었을 것이다. 1919년 11월 임시정부의 경기도 파주군 조사원으로도 활동하였으나[44] 1922

---

40 『歐米人ノ支那ニ於ケル文化事業』, 49~50쪽.

41 潘秀慧·楊菁, 「從弘道女中看民國浙江的女子教育」, 『浙江檔案』 2003-2 참조.

42 尹善子, 「한국독립운동과 權基玉의 飛翔」, 『한국근현대사연구』 69, 2014 및 崔起榮, 「李相定(1897~1947)의 在中獨立運動」, 『歷史學報』 200, 2008 참조.

43 『不逞團關係雜件』 在支那各地 2, 「歸鄕朝鮮人證明書發給方에 관한 건」(1921. 3. 23).

44 在上海日本總領事館 編, 『朝鮮民族運動年鑑』, 東文社書店, 1946, 60쪽.

년 3월 모친의 병 때문에 귀국하였다. 김웅권은 3·1운동 후 곤명昆明에서 운남강무당을 마치고 상해로 돌아온 이범석의 권총을 맡았다가 문제가 되었던 적이 있었다. 그런 이유에서 해방 후 귀국한 이범석은 그에게 조선민족청년단의 총무부장을 맡겼으며,[45] 그는 제헌 국회의원을 역임하였다.[46]

안중근安重根의 동생인 안정근安定根의 장남 안원생安原生(1905~?)도 잠깐 지강대학 중학부에 재학한 바 있었다. 흥사단興士團의 이력서에 따르면 안원생은 상해, 구강九江, 항주에서 수학하였는데, 1920년부터 1921년까지 중학부에 재학하였다가 호강대학滬江大學 중학부로 전학하여 졸업하였다.[47] 그는 북경 보인대학輔仁大學을 거쳐 상해의 호강대학과 교통대학交通大學에서 수학하였으며, 축구선수로 유명하였다. 임시정부에서도 의정원의원과 외무부 외사과장, 선전부 차장 등으로 활동하였다.

또 지강대학을 다닌 것으로 알려진 인물로는 소설가로 이름 높았던 심훈沈熏(1901~1936)이 있다. 본명이 심대섭沈大燮인 그는 경성고등보통학교에 재학 중이던 1919년 3·1운동에 적극 참여하여 실형을 산 후 1920년 겨울 중국에 망명하였다. 북경에서 이회영李會榮의 신세를 몇 개월 지다가 상해를 거쳐 항주로 와 지강대학에서 수학하였다고 알려져 있다.

> 강반江畔에 소슨 지강대학 기숙사에 백발이 성성한 무의無依한 한문선생이 내방을 격隔하야 독거하는데 명멸明滅하는 촉燭불밋테 밤마다 칠현금을 뜻으며 적멸寂滅의 지경志境을 자위한다. 그는 나에게 호를 주어 백랑白浪이라 하얏다[48]

지강대학 기숙사에서 한문 선생에게서 '백랑白浪'이라는 호를 받은 그는

45 李範奭,『鐵驥李範奭自傳』, 132~134쪽.
46 內外弘報社 편,『大韓民國人事錄』, 內外弘報社, 1949, 8쪽.
47 『島山安昌浩全集』 10, 島山安昌浩先生紀念事業會, 2000, 804쪽.
48 沈薰,「天下의 絶勝 蘇杭州遊記」,『三千里』 1931년 6월호, 56쪽.

『동아일보』 1921년 7월 30일자 '독자문단'에 「나의 가장 친한 유형식군兪亨植君을 보고」라는 글을 투고하였는데, 필명을 '백랑생(항주지강대학)'이라고 밝혔다. 이 글은 유형식이 지강대학에 있는 친구 심훈에게 자신의 사진을 보낸 일에 대한 시였다. 심훈은 자신을 지강대학의 학생이라고 표현하였지만, 중국어에 능통하지 않은 그가 대학부에 재학하기는 현실적으로 불가능하였을 것이다. 그리고 그가 항주에 머문 기간은 2년이 채 안 되었다. 아마도 그는 중학부에 재학하거나, 대학부 예과의 청강생이었을 것으로 짐작된다.[49] 국내에서 그는 서울 안동장로교회에 출석하였다고 한다.

심훈은 『삼천리』 1931년 6월호에 「천하의 절승絶勝 소항주유기蘇杭州遊記」라는 제목으로 항주를 회고하는 기행문을 발표하였는데, "그때에 고생을 가티하여 허심탄회로 교유하든 엄일파嚴一波, 염온동廉溫東, 유우상劉禹相, 정진국鄭鎭國 등 제우諸友가 몹시 그립다"라고 하였다. 엄일파는 엄항섭이다. 염온동(1898~1946)은 보성전문학교에서 수학하고 3·1운동에 적극 참여하여 3년의 옥고를 치른 다음, 1921년 상해로 망명한 인물이다.[50] 뒤에 임시정부와 임시의정원, 독립운동 정당에 관여하였다. 그는 엄항섭과 보성전문학교에서 수학한 친구였다. 유우상(1903~?)은 1922년 5월 중국에 망명하였는데,[51] 1921년 『동아일보』의 '독자문단'에 투고한 것으로 미루어 심훈과 같은 문학청년이었던 것 같다.[52] 1927년 광주廣州에서 중산대학中山大學에 재학하며 유월한국혁명동지회留粵韓國革命同志會에 참여하였다.[53] 정진국은 1921년

49 韓基亨, 「'白浪'의 잠행 혹은 만유: 중국에서의 심훈」, 454~457쪽 참조.

50 『國外ニ於ケル容疑朝鮮人名簿』, 347쪽.

51 『國外ニ於ケル容疑朝鮮人名簿』, 330쪽.

52 『東亞日報』 1921년 4월 18일자 「善竹橋」, 6월 4일자 「正方城」.

53 『國外ニ於ケル容疑朝鮮人名簿』, 162쪽에 보면, 유우상과 같은 開城 출신인 崔文鏞이 "중산대학 유우상"의 집에 주소를 두고 있었다고 한다. 『韓民族獨立運動史資料集』 30, 國史編纂委員會, 1997, 39쪽.

북경에서 기독교청년회에 관여하였고,[54] 상해에서 한국노병회韓國勞兵會에 참여하였으며,[55] 1929년에는 국내에서 무정부주의 계열 비밀결사인 동인회 사건同人會事件으로 재판을 받은 것 같다.[56]

심훈이 항주에서 교유하였다고 회고한 인물들 가운데 엄항섭을 제외한 나머지 인사들도 지강대학이나 지강대학 중학부에 적을 두었는지는 알 수 없다. 아마도 심훈이나 엄항섭과의 교분으로 항주에 일시 다녀간 것으로 보인다. 특히 염온동은 엄항섭과 보성전문학교를 다닌 교분이 있었다. 그들이 이후 모두 독립운동에 직접 참여하였던 것으로 미루어, 상해에서부터 관련을 맺었을 것이다. 심훈은 1931년 항주 기행문에서 '서호월야西湖月夜'라는 제목으로 이백李白의 '정야사靜夜思'를 언급한 다음에,

> 손바닥 부릇도록 배ㅅ전을 뚜다리며
> '동해물과 백두산' 떼 지어 불르다 말고
> 그도 나도 달빛에 눈물을 깨물엇네.
>
> '삼십리 주위나 되는 넓은 호수, 한복판에 떠 잇는 조그만 섬중의 수간모옥數間茅屋이 호심정湖心亭이다. 유배나 당한 듯이 그곳에 무료無聊히 두류逗留하시든 석오선생石吾先生의 초췌憔悴하신 얼골이 다시금 뵈옵는 듯하다.'[57]

라고 하였다. 서호에서 뱃놀이를 하며 친구들과 소리 높여 불렀다는 것이다. 그리고 이 시기에 임시정부의 주요 인사였던 이동녕李東寧이 항주에 와 있었음도 증언하고 있다.

그 밖에 항주에서 수학한 유학생들을 찾을 수 있는 문헌은 중국에 입적入籍하고자 하는 한국인을 조사한 1922년 일제의 정보자료이다. 1922년 3월 상

---

54 『不逞團關係雜件』 在支那各地 2, 「歸北京居住要視察鮮人表 送付 件」(1921. 10. 22).

55 『朝鮮民族運動年鑑』, 174, 189쪽.

56 『中外日報』 1929년 5월 31일자 「無政府系 秘密結社 同人會 七名送局」.

57 沈薰, 「天下의 絶勝 蘇杭州遊記」, 55쪽.

해총영사가 외무대신에게 보고한 문건에서 상해에 거주하는 임훈林勛이라는 진남포 출신의 27세인 인물이 '지강대학학생'이라고 기록되었다. 아울러 정주定州 출신의 26세인 김세쟁金世錚은 '항주청년회학교학생'으로 보고되었다.[58]

임훈이라는 인물에 대해서는 약간 논의가 필요할 것 같다. 귀화 조사문서에 기록된 임훈의 주소는 "상해 복후로福煦路 애인리愛仁里 4호"였다. 이 주소는 옥관빈玉觀彬이 설립한 배달공사倍達公司의 옆집이었다. 배달공사는 애인리 3호였다.[59] 따라서 임훈은 '林勳' 또는 '林薰'으로 기록되는 임창하林昌夏라는 인물이었음이 틀림없다. 그는 진남포 부호의 아들로 상해에 와서 배달공사에 참여하고, 곧장 독일 유학을 떠났다. 배달공사가 베를린 지점을 설치하며 독일과 무역을 하겠다고 선전한 것도 임훈의 독일 유학과 관계가 있었다.[60] 아무튼 그는 1930년대 후반 청도青島에서 연초사업으로 성공하였고, 산동성 흥아협회興亞協會 회장을 맡는 등 대표적인 친일파로 활동하였다.[61]

또 다른 인물인 김세쟁은 흥사단원인 김공집金公緝(1896~1927)이다. 그는 고향인 정주의 오산학교五山學校를 1913년 졸업하고 각지 교원으로 있다가 일본에 유학하여 도쿄 세이소쿠영어학교正則英語學校와 게이오의숙慶應義塾에서 수학하였다. 3·1운동 뒤 중국에 망명하여 상해를 비롯하여 광동과 사천 등지에서 군사학을 공부하였으며, 1927년 모스크바에서 항공학교를 마치고 얼마 되지 않아 비행기 사고로 사망하였다.[62] 장로교 신자인 그는 1922년

58 『不逞團關係雜件』 在上海地方 4, 「上海在留鮮人支那에의 歸化에 관한 件」(1922. 3. 11).

59 『上海倍達商報』 제1호(1922년 3월 1일자).

60 옥관빈과 배달공사 등에 관해서는 金光載, 「玉觀彬의 상해망명과 활동」, 『한국근현대사연구』 59, 2011을 참고할 것.

61 韓相龍, 「事變後의 現地朝鮮民衆, 青島 濟南의 活・氣, 北支一帶에 朝鮮人 增加率 激甚」, 『삼천리』 1940년 9월호, 73~74쪽; 『앞길』 제3호(1937년 3월 15일), 「人面獸心 走狗群의 蠻行」.

62 『島山安昌浩全集』 10, 661쪽(제107 단우 金公緝). 박환, 「최초의 러시아 비행학교 유학생 金公緝」, 『러시아한인민족운동사』, 탐구당, 1995 참조.

전후에 항주청년회학교, 즉 YMCA 학교에 재학한 것으로 나타나며, 1922년 1월 9일 사천성 노주강무당瀘州講武堂에 입학하기 위하여 발정發程하였다.[63]

1922년 3월 항주의 일본대리영사는 항주의 지강대학에 3명, 홍도여학교에 2명의 한국인 유학생이 재학하고 있음을 외무대신에게 보고하였다.[64] 아마도 엄항섭과 심훈이 지강대학 중학부에 재학하는 학생이었을 것이다. 김웅권은 모친의 병간호 때문에 귀국한 뒤였으므로, 혹 임훈이 재학하는 것으로 파악되었을지도 모른다. 그리고 홍도여학교에는 권기옥 이외에 1명의 한국인 여학생이 재학하고 있었다.

1923년 3월 1일 항주 고려사 유지遺址에서 개최된 3·1절 기념식에 김문세金文世 등 한국인 14명이 모였다고 『독립신문』이 보도하였다.[65] 독립신문사에서 기자인 김문세를 "사고전서四庫全書를 열람케 하야써 본국의 역사자료를 수집"토록 항주로 특파하였던 것이다.[66] 1923년 3월 현재 항주에는 적어도 14명의 한국인이 거주하였고, 그 가운데 7명이 학생이었음은 이미 확인한 바 있다.

특기할 것은 항주에 유학한 한국인 가운데 학교를 졸업한 경우로 확인되는 인물은 엄항섭과 권기옥뿐이라는 점이다. 경제적·정치적 이유나 전학·귀국 등을 비롯한 개인적 사유 때문에 일본이나 미국 등지에 비하여 중국에서 졸업까지 하는 경우는 많지 않았다. 특히 항주의 경우는 대개의 유학생이 상해를 거점으로 삼고 있었으므로 잦은 이동을 상정할 수 있다. 항주는 상해나 남경보다 학비와 생활비가 약간 적을 수는 있었을 것이다. 더욱이 항주 유학생들은 대부분 중등 수준의 학교에 재학하고 있었다. 지강대학에 재학한다고 언급된 유학생들도 사실 대학부가 아닌 중학부 학생이었던 것으로 보인다. 실제 대학에 입학하기 위해서는 중학부를 마치고 예과 2년을 거쳐 본과에 진입해야

63 독립기념관 소장자료 1-H00624「大韓民國 四年 一月中 重要經過事項」.

64『不逞團關係雜件』在支那各地 2,「歸鄕朝鮮人證明書發給方에 관한 件」(1921. 3. 23).

65『독립신문』1923년 3월 14일자「杭州의 三月一日」.

66『독립신문』1925년 10월 21일자「金文世君을 吊함」.

하는 상황에서, 한인 유학생들 가운데 정상적인 학업실력으로 대학에 입학할 자격을 갖춘 경우는 극히 적었다. 그러한 이유도 한몫하여 한인 유학생들은 국립대학보다 대체로 일반사립대학이나 교회대학에 관심을 두었다. 남경에서도 1921년 금릉신학을 졸업한 백영엽白永燁이 첫 대학 졸업자였다고 한다.[67]

이에 더하여, 항주에 있는 학교들이 한국인에게 널리 알려지지 않은 것도 사실이었다. 그러나 지강대학은 『개벽』 1920년 12월호에 강남매화랑江南賣畵郞이라는 필명의 필자가 「상해로부터 금릉까지」라는 제목의 기행문을 발표하여 한국에 알려진 바 있었다. 이 필자는 1920년 8월 항주 서호에서 중국인 학생을 만나 지강대학을 방문하였고, 학생들의 요청으로 한국 사정을 알리는 연설까지 하였다고 한다. 북경에 유학하던 이윤재李允宰는 1924년 4월과 5월 『시대일보』에 「중국유학 함즉한 그의 학교〔안내〕 가는 이들이 알아둘 일」이라는 연재 기사를 기고한 바 있었다. 항주에 있는 학교로는 지강대학만이 소개되었다.[68] 마찬가지로 1925년에는 11월과 12월에는 『동아일보』에 주요한朱耀翰이 「중국유학 과거 현재 장래」라는 글을 8회 연재하였다. 여기에서도 지강대학만이 소개되었다.[69] 북경과 상해의 여러 대학들이 소개되는 것과는 크게 대조적이었지만, 이는 상대적으로 두 도시에 비하여 그만큼 항주에 교육기관이 적기 때문이기도 하였다. 특히 남경에서는 거주하는 한국인의 대부분이 학생이었다.[70] 앞에서 지적한 대로, 이들은 표준중국어라 할 관화를 배우기 위하여 남경에 유학하였던 것이다.

아무튼 1924 · 1925년에 유학이 목적인 한국인을 위하여 신문에서 중국의 고등교육기관을 소개한 것은 1923년 9월의 도쿄대진재東京大震災와 무관하

67 『기독신보』 1923년 7월 11일자 「中國 留學 以來의 盛事」.

68 『시대일보』 1924년 4월 30일자 「中國留學 함직한 그의 學校〔案內〕, 가는 이의 알아둘 일」 6.

69 『동아일보』 1925년 5월 3 · 4일자 「中國留學 過去 現在 將來」 7 · 8.

70 『독립신문』 1922년 9월 30일자 「我留學生激增」.

지 않았다. 『개벽』 1924년 4월호에 실린 호상인滬上人의 「상해편신上海片信」을 보면,

동경 디진이 잇슨 후 상해, 아니 상해뿐 아니라 남경, 항주, 소주蘇州, 호주湖州 등 화동 각지의 한인 상태가 퍽 달나젓습니다. 사실로 상해만 두고 보더래도 작년 가울까지 학생이 도모지 6, 70명에 불과햇는데 지금에는 200명으로 계산을 하게 되엿습니다. 그것도 여기를 단녀서 화동 지방 각처로 퍼젓기에 그럿치 아마 지난 겨울 동안에 이 방면으로 온 학상이 적어도 300명은 될 것입니다. 남경에도 100여 명이 된다는데요. 그러나 우리는 그저 걱정이나 하고 한숨이나 쉬일 따름이외다. 오기는 만히 왓스나 입학해 공부할 학교가 부족하고 학교는 잇스나 입학 시험 치를 실력들이 부족하니 엇더케 함닛가? 다른 것은 다 그만두고도 위선爲先 영어 중국어의 부족 때문에 이리도 못하고 저리도 못하는 상해에 잇는 이가 헤일 수 업시 만습니다. 더욱이 여기 와서 공연히 3, 4개월 혹은 반년식 세월만 보내다가 모든 것이 마음에 맛지를 안어서 본국으로 도라가는 이도 만코 또는 아모 것도 하는 것 업시 밥 사먹고 공연히 비슬비슬 놀다가 마츰내는 끗까지 타락해 버리는 청년도 수둑하울시다. 그들을 건저내일 무슨 방법이 업슬가요? 압길이 그저 캄캄한 것만 갓습니다.

상해학생회 회원으로도 현재 총원 수가 120, 30명이 됩니다만은 우리는 아직 북경 학생만침 활동을 못함니다. 그러나 압흐로 차차 활동이 나아오겟지오. 이러고 저러고 손고락 하나를 꼼작하려도 위선 돈 문제부터 생기니까 두통이외다.

라고 한 대목이 눈에 띈다. 일본 대신 중국으로 유학을 많이 왔으나, 실제 제대로 공부할 수 있는 자격을 갖춘 경우는 많지 않았던 것이다. 확인되지는 않으나, 항주에도 그전보다 많은 한국인들이 유학하였을 것이다.

1930년대에 이르러서도 항주에 유학한 한국인은 별로 찾아지지 않는다. 항주에 중앙항공학교中央航空學校가 설립된 이후 비행교육을 위한 유학생의 존재를 상정할 수 있지만, 아직 그 자세한 내용이 밝혀져 있지 않다.[71] 『동아

71 崔鳳春, 「民國時期中國空軍航校韓籍飛行員考述」, 『朝鮮 · 韓國歷史研究』 14, 延邊: 延邊大學出版社, 2013에서 기초적인 조사 결과를 볼 수 있다.

일보』 1939년 11월 8일자 '상해소개판'에는 "스포츠계의 왕자王者 한영무역공사韓永貿易公司 한규영씨韓奎永氏"가 지강대학과 복단대학復旦大學 상과를 졸업하였다고 소개되어 있다. 또 기획기사로 "미술계의 총아 삼하흥업三河興業 진명균씨秦明均氏"라는 제하에, 진명균이 지강대학과 외국상업전문학교를 졸업하였다고 하였다. 이처럼 1930년대 전후에도 항주에서 유학한 인물들을 찾을 수 있는데, 그들 역시 지강대학의 중학부를 마치고 대학은 상해에서 다닌 것으로 짐작된다. 이들이 항주에 유학한 시기는 임시정부가 항주에서 활동을 전개하던 시기이기도 하였다.

중일전쟁 이후 화중華中 지역에서 한국인이 증가한 시기에도 항주에는 거주 한국인 수가 매우 적었다. 1940년 현재 항주에 거주하는 한국인은 아동 8명을 포함하여 12가구 36명에 지나지 않았다. 상해에서 8,000명에 가까운 한국인이 조사되었고, 남경에 2,300명이 넘는 한국인이 거주한다는 통계를 보면, 항주에는 한국인이 거의 거주하지 않았다고 보아도 좋을 것이다. 소주만 하더라도 115명이 거주하는 것으로 조사되었다.[72] 1941년의 인명록에는 8명만이 기록되어 있는데,[73] 이러한 사실로 미루어 전반적으로 항주에 거주한 한국인의 수는 미약하였음을 확인할 수 있다. 북경이나 상해, 남경과 같은 대도시는 사업이나 취직, 교육 등 여러 조건을 충족해 주었지만 항주는 그렇지 못하였던 것이다.

한국인의 항주 유학은 1910년대부터 1930년대에 이르기까지 계속되었지만, 대체로 1910년대 중반부터 1920년대 전반까지의 시기에 비록 적지만 유학생 수가 어느 정도 유지되었던 것 같다. 1920년대 후반 이후부터는 유학생에 관한 기록이 많이 찾아지지 않기 때문이다. 그만큼 한국인에게 매력적인 유학처가 많지 않았다는 의미이다. 당연한 이야기이지만 한국인들은 유학지

72 金健人 · 楊昭全 主編, 『大韓民國臨時政府在杭州』, 634~636쪽.

73 白川秀男 편, 『在支半島人名錄』 昭和 17年度版, 上海: 白川洋行, 1941, 130쪽.

로 북경이나 상해, 남경, 그리고 광주와 같이 선택의 폭이 넓고 교육기관이 많은 대도시를 선호하였던 것이다.

4. 맺음말

1919년 3·1운동 이후 상해를 중심으로 절강·강소성 지역에 한국 독립운동가와 유학생들이 적잖이 거주하였다. 절강성의 수부인 항주에도 한인 유학생들이 모여들었으나 그 수는 매우 적었다. 1910년대에 의학과 체육을 전공한 몇몇 유학생들이 있었지만, 1920년대 전반기에 확인되는 한인 유학생은 10명 안팎이다. 화동한국학생연합회의 조사에서는 1923년 현재 항주에 7명이 유학하고 있다고 하였다. 상해나 남경에 비하여 매우 적은 숫자였다.

항주에 한인 유학생이 많지 않았던 이유로, 먼저 상해나 남경에 비하여 항주에 교육기관이 많지 않았던 점을 지적할 수 있다. 다양한 수준과 종류의 교육기관들이 운영되고 있던 상해와 남경에 비하여 항주는 상대적으로 그렇지 못하였다. 항주에 한국인의 입학이 수월한 군사교육기관이 존재하던 1910년대에는 항주가 한인 유학생들의 관심을 끌었다. 그러나 3·1운동 이후 1920년대에 이르자 항주에는 한인 유학생들의 관심을 끌 특별한 교육기관이 존재하지 않았다. 동시에 항주에는 교민 수가 적어 한인사회가 형성되지 못하였다. 특히 상해는 대한민국임시정부를 중심으로 교민단이 설치되어 자치적으로 운영될 만큼 한인사회가 형성되어 있었다. 인성학교나 보습교육기관과 같은 교민교육기관이 존재하였고, 적지 않은 회사며 상점이 운영될 수 있어 경제활동이 가능하였다. 중국어에 미숙한 한인 유학생들이 유학에 앞서 준비가 가능한 지역이었던 것이다.

한인 유학생들에게 항주는 상해나 남경에 비하여 여러 조건이 좋지 못한 지역이었다. 적어도 1932년 윤봉길 의거로 임시정부가 항주로 이전하기 이전까지, 농업사회를 기반으로 한 절강 지역에서는 경제활동이 힘들어 한인

이주나 유학이 어려웠다. 임시정부가 항주로 이동한 1932년 이후에도 그러한 사정은 나아지지 않았으며, 1930년대 중반 중일전쟁의 발발 이후 사정은 더욱 열악해졌다.

따라서 항주의 한인 유학생들은 소수였고, 항주에서 유학을 마친 뒤에도 항주에서 활동한 경우는 찾아지지 않는다. 지적한 대로 항주의 여러 조건이 한국인들이 거주하며 활동하기 어려웠기 때문일 것이다. 1910년대에 의학을 전공한 신건식은 졸업 후 군의관으로 항주에 체류한 바 있었지만, 이용·이범석 등 무장투쟁을 추구한 군사·체육학교 출신들은 독립운동을 전개하기 위하여 만주나 노령 방면으로 옮겨 갔다. 그들은 군사교육을 이수하여 무장투쟁에 나설 목적으로 항주에 유학하였던 것이다.

무장투쟁을 추구한 이들과 달리 1920년대 전후부터 유학생들은 주로 상해를 거쳐 항주로 와 중등교육을 받고 다시 상해로 옮겨 갔다. 그들의 활동영역은 상해였으며, 대학으로 진학할 경우에도 상해 등 대도시로 나갔다. 항주에는 중등교육을 이수하기 위하여 유학을 왔고, 정식 대학 재학생은 없었다. 그만큼 항주에는 다양하고 매력적인 고등교육기관이 많지 않았던 셈이다. 1920년대 전후 유학생들 중에 독립운동에 투신한 예도 적지 않았다. 그러나 1920년대 후반 이후 항주에 유학한 한국인 수는 그전보다 늘지 않았던 것 같고, 독립운동에 관여한 경우도 잘 드러나지 않는다. 그리고 항주 유학생의 상당수는 지강대학 중학부나 홍도여학교 등 기독교에서 설립한 중등학교에서 수학하였으므로 기독교와 무관하지 않았을 것이다.

결론적으로, 1910년대 군사학교를 지망한 한국인들에게 관심을 끌었던 항주는 1920년대 이후 점차 한국인의 유학처로 주목받지 못하였다고 하겠다.

1930년대 중산대학과 한국독립운동

1. 머리말

1924년 1월 중국국민당 총리이자 중화민국 대원수인 손문孫文은 국공합작國共合作을 결정하고, 중국혁명에 필요한 인재를 양성하고자 광동廣東에 문·무 두 학교를 설립하도록 하였다. 이에 따라 그해 1월 흔히 황포군관학교黃埔軍官學校라고 불리는 중국국민당육군군관학교中國國民黨陸軍軍官學校가, 2월 국립광동대학國立廣東大學이 광주廣州에 세워졌다. 그것이 혁명군과 혁명당의 간부를 양성하기 위해서였음은 쉽게 짐작된다. 동시에 광동을 중국혁명의 중심지로 삼아 전국을 통일하고 국민혁명을 완수하겠다는 손문의 의지가 반영된 것이기도 하였다. 국립광동대학은 기존의 광주 소재 고등사범학교·법과대학·농업전문학교를 통합하여 출발하였는데, 1925년 3월 손문이 북경에서 서거하자 그를 기념하여 1926년 7월 국립중산대학國立中山大學, National Sun Yat-sen University으로 개명하였다.[1]

광동은 중국혁명의 중심지일 뿐 아니라 한국독립운동과도 끊을 수 없는 지역이다. 국권을 일본에 빼앗긴 한국인들은 중국 동북지방과 관내關內로 망명하여 독립운동과 혁명운동에 참여하였다. 특히 광주에 위치한 황포군관학교와 중산대학은 적지 않은 한국 청년들이 재학하였다가 독립운동의 길로 나아간 곳이다. 이 두 교육기관에 1920년대 중반 100명이 넘는 한인 유학생들이 재학하였던 것이 확인된다. 당시 중국은 국공합작이 이루어졌다가 결렬된 시기였고, 광동은 그 중심에 놓여 있었다. 그 과정에서 한인 유학생의 희생도 적지 않았던 것으로 알려져 있다. 따라서 1920년대 중반 중국 국민혁명의 과정에서 황포군관학교와 중산대학에 재학한 한국인들에 대해서는 이미 연구자들이 관심을 보여 왔다.[2]

본고는 1930년대 중반 중산대학에 재학한 한인 유학생들에 대해서 살펴보고자 한다. 1927년 12월 국민당과 공산당의 대립으로 발발한 '광주봉기' 이후 중산대학에 유학한 한국인들이 거의 없다가, 1931년 이른바 만주사변이 일어난 뒤에 다시 그 수가 증가하였다. 그리고 1930년대 중산대학에 유학한 인물들의 상당수가 중일전쟁 발발 전후 한국독립운동의 선봉에서 무장투쟁을 전개하였다. 중산대학이 군사교육기관이 아니었음에도 그러한 현상이 나타난 점이 주목된다. 최근 중국학자들이 중산대학 한인 유학생들에 대하여 관심을 보이는 것도 그러한 점과 무관하지 않다고 생각된다.[3] 필자는 1935년

1 黃福慶, 『近代中國高等教育研究: 國立中山大學(1924~1937)』, 臺北: 中央研究院 近代史研究所, 1988, 제1장 「沿革」 참조.

2 대표적으로 한상도, 『韓國獨立運動과 中國軍官學校』, 문학과지성사, 1994, 148~192쪽과 崔鳳春, 「中山大學과 1920년대 조선인의 혁명운동」, 『史學研究』 48, 1994 등이 있다. 최봉춘의 논문은 중국조선민족발자취총서 편집위원회 편, 『불씨』, 북경: 민족출판사, 1995에 「국립광동대학과 조선민족해방운동」이라는 제목으로 수록되었다.

3 1920년대를 중심으로 박창욱, 「중산대학 조선족학생들의 항일투쟁」, 중국조선민족발자취총서 편집위원회 편, 『봉화』, 북경: 민족출판사, 1989와 崔鳳春, 「中山大學과 1920년대 조선인의 혁명운동」이 있고, 2005년 본고가 발표된 이후 魏志江, 「中山大學과 한국독립운동의 관계」, 『한국근현대사연구』 40, 2007; 崔鳳春, 「국립 중산대학 조선유학생 연구—1930년대를 중심으로」, 『한국민족운

6월 광주한국유학생회에서 발간한 기관지 『용진勇進』 제1호,[4] 국가보훈처에서 수집한 중산대학 관련 광동성당안관廣東省檔案館 자료를 통하여[5] 중산대학 한인 유학생의 동향을 이해하는 데 도움을 받을 수 있었다.

이 작업은 1930년대 중산대학 한인 유학생의 활동에 주목하지만, 나아가 광동지역의 한국독립운동세력을 살피는 일이기도 하다. 독립운동의 중요 거점이었던 광동지역에 관한 연구는 1930년대 중국 관내 한국독립운동세력의 동향을 보다 깊이 이해하는 데 빠뜨릴 수 없는 부분이라고 생각된다.

2. 1920년대 중산대학의 한인 유학생

광동은 1917년 9월 손문이 영도한 중화민국 군정부軍政府, 즉 호법정부護法政府가 성립된 중국혁명의 중심지이다. 1919년 4월 상해에 대한민국임시정부가 성립된 이후 신규식申圭植을 비롯한 요인들이 군정부와 한국독립에 대한 지원을 논의하기도 하였다. 1920년대 초부터 광동에는 한국독립운동세력들이 모여들었고, 1921년 9월에는 한국인들이 여월한인동향회旅粵韓人同鄕會를 조직하고, 중한협회를 결성하기에 이르렀다. 영남대학嶺南大學 등 각급학교에 한인 유학생들이 있었으며, 1922년의 제1차 북벌에도 소수의 한국인들이 참여하였다.[6]

1924년 1월 광주에서 개최된 중국국민당 제1차 전국대표대회에서 국공합

동사연구』 60, 2009; 曹善玉, 「移民, 留學與革命—20世紀20~30年代的中山大學韓國留學生」, 『韓國硏究論叢』 23, 北京: 世界知識出版社, 2011 등 중국학자들이 廣東省檔案館 소장 자료를 이용한 연구를 발표하였다.

4 『勇進』은 『미주 국민회 자료집』 21, 도산안창호선생기념사업회, 2005에 수록되어 있다.

5 이 자료는 2001년 廣西師範大學 최봉춘 교수(현 杭州師範大學)가 광동성당안관에서 수집하여 국가보훈처에 제출한 것이다. 현재 국가보훈처에 『獨立運動史料』 中國篇 16으로 편책되어 있다. 다만 당안 문서번호가 명확하게 드러나지 않은 것이 종종 있어서, 이후 『독립운동사료』(광동성당안관자료)라고 표기하고 붙인 표제는 필자가 임의로 정한 것이다.

6 崔鳳春, 「中山大學과 1920년대 조선인의 혁명운동」, 115~117쪽.

작이 선포되고 황포군관학교와 국립광동대학이 설립되자, 한국인들의 광동 유학이 본격적으로 이루어졌다. 황포군관학교는 피압박민족 해방을 후원하기 위하여 한국·월남 등지 출신자들을 특별입학시켰는데, 한국인은 1924년 말 입교한 3기부터 재학하였다. 특히 1926년 1월에 입교한 4기생 중 상당수의 한국인이 확인된다. 그들은 잘 알려진 대로 김원봉金元鳳이 주도한 의열단義烈團 단원으로 개인투쟁에서 대중투쟁으로 노선 전환을 결정하고 입교하였던 것이다.[7] 일제의 정보문서에는 1924년 10월에 졸업한 황포군관학교 제4기 졸업생 2,500명 중 한국인이 32명, 대만인 7명, 안남인 13명이라고 기록되었는데,[8] 현재 이름이 확인되는 인원만 24명이다.[9] 1927년 5월 현재 광동성 일원의 각급 군사시설에는 170명이 넘는 한국인이 있을 정도였다.[10]

1926년 이름이 바뀐 중산대학에서도 그해 학생명단에 한국인이 47명이 나타나고,[11] 일제의 조사에 따르면 1927년 5월 현재 57명이 재학하였다고 한다.[12] 황포군관학교를 비롯한 광동정부의 군사기관과 중산대학이 한국인에게 입학의 편리와 수업료 면제 등의 조치를 취하였기 때문에, 한국 청년들은 그들이 지향하는 바에 따라 군사·학술 교육기관에서 교육을 받기가 수월하였던 것이다.[13] 중산대학에서는 한국인이 중국국민당에 입당하거나 당원의 소개를 받은 경우에는 특대생特待生으로 입학할 수 있었다고 한다.[14] 물론 입학을

7 한상도, 『韓國獨立運動과 中國軍官學校』, 151~152쪽; 김영범, 『한국 근대민족운동과 의열단』, 창작과비평사, 1997, 163쪽.

8 일본외무성 외교사료관 소장 『不逞團體關係雜件: 朝鮮人의 部』 在支那各地 4, 「朝鮮軍人의 中央軍事政治學校卒業에 관한 件」(1926. 10. 12): 국사편찬위원회 한국사데이터베이스.

9 한상도, 『韓國獨立運動과 中國軍官學校』, 151~152, 160~168쪽.

10 朝鮮總督府 警務局 保安課 편, 『朝鮮の治安狀況: 昭和二年版』, 神戶: 青丘文庫, 1984, '在外不逞鮮人狀況' 14쪽에는 중산대학 재학생 57명을 포함하여 한국인이 229명이라고 나와 있다. 본문의 한국인 수는 중산대학 재학생을 제외한 숫자이다.

11 崔鳳春, 「中山大學과 1920년대 조선인의 혁명운동」, 119~120쪽. 이 숫자는 광동성당안관에 소장된 「中山大學同姓學生名册」에서 확인된 것이다.

12 『朝鮮の治安狀況: 昭和二年版』, '在外不逞鮮人狀況' 14쪽.

13 崔鳳春, 「中山大學과 1920년대 조선인의 혁명운동」, 118쪽.

원한다고 무조건 가능한 일은 아니었다. 황포군관학교의 경우, 상해와 남·북만주를 비롯하여 각지에서 입학을 목적으로 오는 한국 청년의 수가 '부지기백인不止幾百人'이었고, 한국인에게 약간의 편의는 있지만 백화문白話文으로 시국문제에 대해 글을 작성할 수 있고 기본적인 교육을 받은 사람이어야 하였다.[15] 중산대학도 마찬가지였을 것이다.

중산대학과 황포군관학교의 유학생들은 1926년 유월한국혁명동지회留粵韓國革命同志會 등을 조직하여 민족운동을 전개하였다.[16] 1920년대 중반에 중산대학에 재학한 유학생 중에서 이 시기를 전후하여 민족운동에 적극 참여한 김성숙金星淑·장지락張志樂(김산金山)·이영준李英駿·정유린鄭有隣·안우생安偶生 등의 이름이 찾아진다.[17] 따라서 1910년대 만주에서 신흥무관학교新興武官學校가 독립운동자들을 양성하는 기관이었다면, 1920년대에는 광동지역에서 황포군관학교와 중산대학이 그 역할을 맡았다고 볼 수 있다. 『용진』에 게재된 소벽少碧, 즉 양우조楊宇朝가 쓴 「사적으로 본 광주廣州에 우리 유학생계」라는 글은 1920년대 중반 광동의 유학생 사회를 이렇게 전해 준다.

> 광동대학廣東大學(금今 국립중산대학) 문과와 법과에 학적을 둔 우리 학생이 근 이삼십 명이엿고 임시방청생과 또 그저 기숙하는 이가 무려 사오십 명이 초과하여서 당시 광주의 우리 유학생이 이백여 명이 되여섯다니 진실로 전성시대엿고…….[18]

---

14 『不逞團體關係雜件』 在支那各地 4, 「中山大學在學의 鮮人學生에 관한 件」(1927. 1. 5). 「徐應浩 신문조서(제4회)」, 『韓民族獨立運動史資料集』 30, 국사편찬위원회, 1997, 18쪽에 따르면 중산대학과 황포군관학교의 한국인·대만인·안남인의 학비와 식비가 무료였다고 한다.

15 楊寧, 「廣東으로 가는 軍官留學生의 注意하여야 할 일」, 『獨立新聞』 1926년 10월 3일. 이 글은 독립신문사 주간에게 보낸 황포군관학교 한국인 교관 楊寧의 편지이다.

16 한상도, 『韓國獨立運動과 中國軍官學校』, 153쪽; 『朝鮮の治安狀況: 昭和二年版』, '在外不逞鮮人狀況' 15~16쪽.

17 崔鳳春, 「中山大學과 1920년대 조선인의 혁명운동」 참조.

18 少碧, 「史的으로 본 廣州에 우리 留學生界」, 『勇進』 1, 廣州: 廣州韓國留學生會, 1935, 29쪽.

광주의 한인 유학생이 재학생과 청강생 등을 합쳐 200명이 넘었다는 것이다. 1927년 초에는 광주에 있는 한국 청년 수가 800명에 이르렀다고 한다.[19] 중산대학에 유학한 청년도 50명 전후였음은 틀림없다. 군사교육기관을 제외한 단일 고등교육기관에 이처럼 한인 유학생 다수가 집중적으로 재학한 것은 독립운동사상 초유의 일이었다.

그런데 중산대학의 전신인 국립광동대학은 대학 승격에 따른 교수·학생의 자질문제를 비롯하여 좌우 갈등 등으로 분규가 계속되어 왔다. 학교 당국은 학생들을 재시험으로 걸러내고 교수를 새로 충원하는 등 개편작업에 들어가, 1926년 10월부터 1927년 2월까지 4개월간 휴교하고 3월에 개학하였다.[20] 그런 와중에 중국 정국은 북벌로 치닫고 있었다. 1926년 6월 군·정의 실권을 장악한 장개석蔣介石은 북벌을 결정하고, 7월 국민혁명군은 광동을 출발하여 파죽지세로 북상하였다. 국민당은 이 과정에서 공산당과 연계한 좌파가 무한武漢에 정부를 세우고, 우파는 남창南昌에 정부를 세우는 분열을 맞았다. 1927년 3월 상해에 입성한 장개석 세력은 4월 12일 쿠데타를 일으켰다. 무한의 국민정부가 쿠데타에 반대하자 4월 18일 장개석은 남경에 국민정부를 수립하였다. 7월에 이르러 무한정부가 붕괴되고, 1924년 1월부터 지속되어 온 제1차 국공합작이 무너졌다.[21]

이러한 정치상황은 광동과 중산대학에도 직접적으로 영향을 미쳤다. 광동에서는 4월 15일부터 공산당원 등에 대한 체포와 처형이 이루어졌다. 중산대학에서도 용공분자를 숙청하는 '청당운동淸黨運動'이 전개되었고, 국민당 이

---

19 김양·복찬웅·김우안, 『광주봉기와 조선용사들』, 목단강: 흑룡강조선민족출판사, 1988, 3쪽; 金香花·李光仁, 「黃埔軍校出身的中國朝鮮族革命者在延邊」, 『延邊大學學報』(社會科學版) 36-3, 2003, 34~35쪽.

20 黃福慶, 『近代中國高等教育硏究: 國立中山大學(1924~1937)』, 48~58쪽; 白永瑞, 『中國現代大學文化硏究』, 一潮閣, 1994, 336~338쪽.

21 羅弦洙, 「第1次 國共合作과 北伐」, 『講座 中國史』 7, 지식산업사, 1989, 88~98쪽.

념을 교육하는 '당화교육黨化教育'이 강조되었다.[22] 중산대학에 재학하고 있던 장지락 즉 김산에 의하면 반공 분위기가 확산되면서 중산대학생 300명이 체포되었으며, 4월 15일부터 12월 초까지 중산대학생 200명이 비밀리에 처형되었다고 한다.[23] 한국인도 20명이 체포되어 그 가운데 14명이 희생되었는데,[24] 그중 중산대학 재학생도 있었을 것이다. 중국공산당 광동 지도부는 1927년 12월 11일 국민당에 반대하여 군인과 노동자·농민을 이끌고 '광주봉기廣州蜂起'를 일으켰다. 광주에 소비에트가 설치되었으나, 봉기는 '삼일천하'로 마감되고 홍군紅軍은 광동성 해륙풍海陸豊으로 후퇴하고 말았다. 장지락은 광주에 거주한 한국인 가운데 오래 그곳에 살던 10여 명을 제외한 거의 대부분이 봉기에 참가하였다고 회고하며, 그 총수를 200명 가깝게 헤아렸다.[25] 그만큼 많은 한국인들이 봉기에 참가하였음을 의미한다고 보아도 좋겠다. 그해 8월 '남창봉기南昌蜂起'에 참가하였다가 광주로 내려온 군인들과 황포군관학교 유학생들이 주로 참가하였겠으나,[26] 그들 가운데 중산대학을 비롯한 유학생들 역시 적지 않았을 것이다.[27] 김성숙과 장지락, 이영준 등 유월

22 白永瑞, 『中國現代大學文化硏究』, 337~338쪽.

23 김산·님 웨일즈(조우화 역), 『아리랑』, 동녘, 1991, 140쪽.

24 石源華 편, 『中國共產黨援助朝鮮獨立運動紀事(1921~1945)』, 北京: 中國社會科學出版社, 2000, 82쪽.

25 김산·님 웨일즈, 『아리랑』, 141쪽. 柳子明 역시 200명의 한국인이 광주봉기에 참가하였다고 기록하였다. 류자명, 『나의 회억』, 심양: 료녕민족출판사, 1984, 102쪽. 리정문, 「광주봉기에 참가한 조선족 전사들」, 『조선족백년사화』 2, 거름, 1989, 53쪽; 石源華 편, 『中國共產黨援助朝鮮獨立運動紀事(1921~1945)』, 83쪽에는 150명에 가까운 수의 한국인들이 희생당하였다고 한다. 전체적으로 김양 외, 『광주봉기와 조선용사들』을 참고할 것. 광주에 '中朝人民血誼亭'이 존재하고 葉劍英이 그 비문을 쓴 것도 그만큼 광주봉기에서 한국인의 활동이 두드러졌기 때문일 것이다(楊昭全 등 편, 『關內地區朝鮮人反日獨立運動資料匯編』 上册, 瀋陽: 遼寧民族出版社, 1987, 144쪽).

26 김양 외, 『광주봉기와 조선용사들』, 33~101쪽.

27 金香花·李光仁, 「黃埔軍校出身的中國朝鮮族革命者在延邊」; 김양 외, 『광주봉기와 조선용사들』; 滬上居人, 「一九二七年 廣東大事變 中國革命亂參戰回想記, 中國內亂餘聞」, 『別乾坤』, 1930년 10월 참조.

한국혁명동지회 관여자들이 적극 참여하였다.[28]

그러나 한인 유학생들 상당수는 이미 광주봉기가 있기 전인 1927년 4월 이후 광주를 떠나기 시작하였다.

> 불행히도 1927년 춘 공산당 청제사건淸除事件으로 십여 명 동학이 참살을 당하는 동시에 가이 없이도 그만 물결 혜여지듯 되여 본국으로 혹은 상해, 노령 등지로 가버리고 오직 개인감정이 특별히 풍부하든 정당한 학생 수인이 남어슬 뿐이여섯다.
>
> 그러나 외래적 환경이 시시각각으로 험악화하여짐에는 더 오래 잇을 수가 없음으로 황포군교黃埔軍校 제육기에 필업한 최문용崔文鏞, 오상선吳尙善 군 외 삼인은 필업한 익일로 어대로인지 가버리고 말매 이로 쏘차 수년 간 수백 명의 우리 남녀학생이 활기 잇게 뛰놀든 무대인 광주와 황포에는 수라장이 지나간드시 적막하기 짝이 없엇다.
>
> 이와 가치 험악한 당시에 김규선金奎善 군이 상해 모 공학원으로부터 중산대학 의과에 전학을 목적하고 유력한 인사의 소개를 가지고 와서 본즉 공기는 아직 긴장한 그대로 잇음으로 상해인이라 하고 입학하여 공부하는 수년 간 어쩐 동포의 내왕이 전연 업시 적막한 중에서 1930년에 중대 의과를 필업하엿스며…….[29]

1927년 봄부터 중산대학에서 공산당 등 좌익세력에 대한 탄압이 시작되자 유학생들은 귀국하거나 상해나 노령 등지로 옮겨 갔던 것이다. "공산당 청제사건으로 십여 명 동학이 참살"이 있었기 때문이다.[30] 정국이 계속 불안정하자 유학생의 수는 급격히 줄어들었고, 또 남은 유학생은 광주 거주 동포들과 교류도 거의 하지 않았던 것 같다. 1928·1929년경에도 "공기는 아직 긴장한 그대로 잇음으로"라는 표현처럼 광주봉기 이후 광동지역의 분위기가 경직되

28 광주봉기와 한국인에 대해서는 楊昭全 등 편, 『關內地區朝鮮人反日獨立運動資料匯編』 上册의 '參加廣州起義' 부분을 참고할 것.

29 少碧, 「史的으로 본 廣州에 우리 留學生界」, 30쪽.

30 石源華 편, 『中國共產黨援助朝鮮獨立運動紀事(1921~1945)』, 82쪽에 희생된 한국인 14명의 상당수가 중산대학 재학생이었을 가능성이 있다.

어 있었기에, 유학생 김규선은 교포들과 교류도 하지 않고 아예 중국인 행세를 하였던 것으로 짐작된다. 국공 대립의 영향이 한인 유학생들과 동포 사이에까지 미쳤던 것이다. 이러한 이유로 1928년 이후 1931년까지 광주에 유학한 한국인은 거의 없었다.[31] 따라서 재학하던 수에 비하여 졸업한 유학생의 수는 얼마 되지 않았다. 김성숙(정치, 1928)과 김규선(의학, 1930)뿐이었다.[32]

3. 1930년대 중산대학의 한인 유학생

(1) 한인 유학생의 현황

1920년대 중반 황포군관학교와 더불어 한국독립운동 세력 양성에 중요한 역할을 하던 중산대학에는 1927·1928년부터 1931년까지 한인 유학생들이 크게 감소하였지만, 1932년부터 그 숫자가 다시 늘기 시작하였다. 하문대학厦門大學 교육학원에 재학하던 이정호李貞浩가 중산대학으로 전학한 이후,

> 1932년에 한태주韓泰宙 군이 상해로부터, 1932년에 김효숙金孝淑·김정숙金貞淑 양이 상해로부터 와서 중산대학에 입학하게 된 후로 사오년간 굳게 닺처 잇든 중산대학의 입문은 다시 우리 학생을 위하야 은혜스럽게 열너지자 상해 중국공학中國公學 대학부를 필업한 구익균具益均 군이 1933년 춘에 중산대학 법과연구원에로 오게 되엿어서 만이 용력用力한 결과 우리 학생이 점점 증가케 됨으로 많은 자미를 본다고 하는데 현재 광주에 우리 유학생은 대중소학교를 통하여 이십여 명이나 되는데 각각 매일 열심으로 형설의 공을 싸으며서…….[33]

31 少碧, 「史的으로 본 廣州에 우리 留學生界」, 30~31쪽에서는 김규선 이외에 1929년 영남대학에 1명(金學周)이 입학하였다고 소개하였다.

32 少碧, 「史的으로 본 廣州에 우리 留學生界」, 31쪽; 黃福慶, 『近代中國高等教育研究: 國立中山大學(1924~1937)』, 288, 366쪽; 『독립운동사료』(광동성당안관자료)에 포함된 「國立中山大學歷屬韓籍畢業生調查表」.

33 少碧, 「史的으로 본 廣州에 우리 留學生界」, 31쪽.

라고 한 것에서 알 수 있듯이, 1932년 상해에서 3명이 광주로 와 중산대학에 입학하였다는 것이다. 그리고 1933년부터는 구익균具益均의 노력으로 유학생들이 증가하고 있었다. 양우조가 앞의 글을 쓰던 1934년 봄 현재 광주의 유학생은 소학교부터 대학까지 20여 명이라고 하였다. 바로 대학 입학이 어려운 청년들은 중학교에 입학하였을 것이다. 일제는 이즈음 만주·화북에서 중산대학에 유학 온 온 한국 청년이 30명이나 된다고 파악하고 있었다.[34]

광동지역으로 한인 유학생들이 다시 모이게 된 것은 무엇보다 1931년 9월 만주사변으로 중국 동북지방이 일제의 점령하에 놓이게 되었고, 1932년 4월 윤봉길尹奉吉 의거 이후 독립운동의 근거지인 상해가 그전만큼 안전을 보장하지 못하기 때문이었다. 따라서 일제로부터 안전하고 한인 유학생에게 편의를 제공하는 교육기관이 있는 광동지역에 한국 청년들이 모이게 되었던 것이다.

광동에는 1932년 9월 대한민국임시정부를 주도하던 한국독립당의 광동지부가 결성되어 기관지 『한성韓聲』을 중국어로 발행하고 있었으며, 중한협회中韓協會도 결성되어 중국국민당 광동성 당부인 서남정무위원회西南政務委員會의 지원을 받고 있었다.[35] 특히 한국독립당 광동지부는 중산대학과 광동군관학교에 입학하는 한인 유학생들에게 편의를 제공하였다. 그것은 '혁명인재 양성공작'을 목적으로 한국독립당과 중산대학 사이에 협조가 이루어져, 상해에 있는 한국독립당 이사회가 중산대학에 1933년도 추천입학생 명단을 보낸 것에서도 짐작된다.[36] 중산대학에서는 한인 유학생들에게 학비와 기숙

34 楊昭全 등 편, 『關內地區朝鮮人反日獨立運動資料匯編』 上册, 74쪽.

35 「韓國獨立黨廣東支部設置と機關紙發行」, 『高等警察報』 1, 朝鮮總督府 警務局 保安課, 1933, 176~ 177쪽; 安炳武, 『七佛寺의 따오기』, 汎友社, 1988, 75, 91쪽; 具益均, 『새 역사의 여명에 서서』, 日月書閣, 1994, 140~141쪽.

36 『독립운동사료』(광동성당안관자료) 중의 「한국독립당 광동지부장 金起元이 중산대학 교장 鄒魯에게 보낸 문서」.

사비까지 면제해 주었다.[37] 이뿐만 아니라 한국독립당에서는 중산대학 재학생에게 최소한의 생활비를 보조하였다.[38] 그러한 책임은 한국독립당 광동지부장인 김붕준金朋濬(김기원金起元)이 맡았다. 그리고 흥사단興士團 출신으로 상해한인학우회를 주도하며 중국공학 대학부를 졸업한 한국독립당의 구익균이 학생지도 책임을 맡는 실무자인 조교로 1933년 봄에 중산대학에 파견되었다.[39] 따라서 한인 유학생이 중산대학에 많이 모인 것은 무엇보다도 안전하면서 경제적으로 부담이 적기 때문이었다.[40] 유학생 가운데에는 부족한 생활비를 마련하고자 인삼 행상을 하는 경우도 있었다.[41]

구익균은 1933년 봄부터 법학원 조교로 재임하였는데, 1935년 초 상해에 다니러 갔다가 일본경찰에 체포되어 국내로 압송되었다.[42] 그의 후임은 중산대학 영문과 1934년도 졸업생인 이정호가 맡았다.[43] 아마도 중산대학과 한국독립당이 협의하여 구익균과 이정호에게 한인 유학생을 입학부터 관리·지

---

37 金正明 편, 『朝鮮獨立運動』 Ⅱ, 東京: 原書房, 1967, 632쪽의 서상호 판결문에 의하면, 중산대학 법학원 졸업생인 그는 한국인에게 학비와 기숙비를 면제해 준다는 말을 듣고 중산대학에 입학하였다고 한다. 『독립운동사료』(광동성당안관자료)에는 학비 면제를 교장에게 청원하는 유학생의 문서가 여러 건 포함되어 있다.

38 安炳武, 『七佛寺의 따오기』, 78~79쪽.

39 具益均, 『새 역사의 여명에 서서』, 140~141쪽; 『독립운동사료』(광동성당안관자료)의 「한국독립당 광동지부장 金起元이 중산대학 교장 鄒魯에게 보낸 문서」.

40 「國立中山大學簡況」, 『勇進』 1에 따르면, 당시 중산대학 학생의 1년 경비는 학비와 기숙사비·식비·잡비 등을 합하여 300원가량 들었다.

41 「重慶으로부터 당지에 잠입한 민족혁명당원 李初生의 조사상황에 관한 건」, 『韓民族獨立運動史資料集』 46, 國史編纂委員會, 2001, 167쪽.

42 具益均, 『새 역사의 여명에 서서』, 145~146쪽; 『東亞日報』 1935년 10월 4일자 「民族運動者 具益均 送局」; 『朝鮮中央日報』 1935년 10월 29일자 「廣東中山大學教授 具益均 公判開廷」, 12월 1일자 「中大助教授 具益均 二年役不服控訴」. 그런데 「朴景淳 청취서(2회)」, 『韓民族獨立運動史資料集』 46, 77쪽에는 구익균의 사임이 한국독립당 광동지부의 내분과 관련된 것으로 언급되고 있다.

43 安炳武, 『七佛寺의 따오기』, 92쪽; 「李初生 신문조서」, 『韓民族獨立運動史資料集』 46, 108쪽에서는 이정호를 중산대학 조교수라고 하였다. 「今年中山大學卒業 新學士 李貞浩君 文學研究코저 渡美」, 『東亞日報』 1934년 6월 23일에 중산대학 졸업예정자 이정호가 미국에 유학할 예정이라는 기사가 사진과 함께 소개된 바 있다.

도하는 업무를 맡기고 조교로 대우하였던 것 같다. 이들은 어학이나 학력이 떨어지는 한국인 학생들을 지도하고, 학교 당국과의 행정처리 등을 담당하였을 것이다.[44] 구익균이 한인 유학생들에게 중국어와 산수를 가르쳤다고 회고한 것으로도 짐작되는 일이다.[45]

그렇다면 1930년 이후 중산대학에 재학한 유학생 수는 얼마나 되었을까. 구익균의 회고에 따르면 그가 재임하던 약 2년 동안 중산대학에 입학시킨 한인 유학생은 50명가량이었으나, 졸업한 학생 수는 10명 정도였다고 한다.[46] 1937년 7월 법학원 정치과를 졸업한 안병무安炳武는 중산대학에만 30명 정도가, 광동군관학교에도 7·8명이 재학하였다고 회고하였다.[47] 이들이 회고한 시기는 1933년부터 1937년까지인데, 1934년 봄 대학·중학까지 합쳐 20명이 안 되던 유학생 수가 1935년을 전후하여 크게 증가하였음을 알 수 있다. 1937년경 80명 정도의 한인 유학생들이 재학하였고, 군관학교 참모인 채원개蔡元凱가 회장인 여월한인광복회旅粵韓人光復會가 그 학생들의 학비를 부담하였다는 일제의 조사도 확인된다.[48] 본래 한국독립당과 국민당 서남정무위원회는 200명 정도의 한국 청년들을 중산대학과 광동군관학교에 입학시킬 계획이었던 것 같은데, 많은 대상자의 입학 자격과 성적이 미달되었던 것으로 보인다.[49] 아무튼 1930년대 중반에 중산대학은 한국독립운동과 밀접

44 『勇進』의 「國立中山大學簡況」에도 "朝鮮學生으로 品行이 좋은 學生에게는 學, 宿 等 費用까지 免費하여 주는 例가 잇다"라고 하면서, "詳細한 것은 中山大學 李貞浩先生에게 査問하여라"라고 하였다. 유학생 지도가 조교의 역할이었던 것이다. 구익균은 법학원 조교, 이정호는 문학원 조교였다.

45 구익균의 자서전과 구익균이 상해에서 체포된 뒤 공판 등을 보도한 신문기사에는 조교수로 되어 있지만(주 43), 安炳武, 『七佛寺의 따오기』, 75, 91쪽과 「朴景淳 청취서(제2회)」, 77쪽에는 구익균을 조교라고 하였다. 실제 광동성당안관 문서에는 조교로 나오고 있다.

46 具益均, 『새 역사의 여명에 서서』, 141~142쪽.

47 安炳武, 『七佛寺의 따오기』, 76쪽.

48 楊昭全 등 편, 『關內地區朝鮮人反日獨立運動資料匯編』 上册, 74쪽.

49 具益均, 『새 역사의 여명에 서서』, 141~142쪽. 안병무는 중산대학의 입학에 시험도 없고 학력증명도 생략되었다고 하였지만(安炳武, 『七佛寺의 따오기』, 76쪽), 이는 그가 復旦大學에서 수학하였기 때문이었을 것이다. 구익균은 최소한 중학 졸업의 학력증명은 필요하다고 하였다.

한 교육기관으로 알려졌다.

> 광동의 중산대학은 조선민족운동의 혁명투사를 양성하기 위하여 다수의 조선인 청년을 학비 면제로 입학시키고, 보통의 학업 이외에 민족사상을 주입하고 혁명의식을 앙양하는 특수성을 가진 학교이며, 동교의 재학생과 향항香港, 광동 등의 불령 조선인 및 민족운동의 각 단체와는 밀접한 관계가 있고, 조선혁명운동의 남부 중국의 원동력을 이루고 있다.[50]

중산대학이 한국민족운동의 혁명투사를 양성하는 학교였다는 것이다. 그렇다고 1935년 한국독립당이 민족혁명당의 창립으로 분열되기 이전 중산대학에 재학한 한인 유학생들이 모두 한국독립당의 추천으로 입학하였다고 보기는 어려우나, 상당수가 그러하였거나 도움을 받았을 것이다.[51]

1930년대 중산대학에 재학한 유학생으로 확인되는 인물들을 여러 자료에서 찾을 수 있다. 「국립중산대학역계필업학생명부國立中山大學曆屆畢業學生名簿」에서는 9명의 졸업생이 확인된다.[52] 문학원에 이정호(문학원)와 김창화金昌華(교육), 법학원에 서상호徐尙虎(법률) · 안병무(정치) · 김정숙金貞淑(경제) · 송면수宋冕秀(경제) · 김강金鏮(경제) · 김효숙金孝淑(경제) · 김덕목金德穆(경제)이 그들이다. 많게는 50명 이상이 중산대학에 재학하였던 것으로 보이나, 실제 졸업까지 이른 경우는 많지 않았던 것이다. 또 일부는 정식 등록생이 아닌 청강생이 아니었나 생각된다. 1934년에 영문과를 졸업한 이정호와 1936

50 「李初生 신문조서(제3회)」, 『韓民族獨立運動史資料集』 46, 151쪽.

51 『독립운동사료』(광동성당안관자료)의 「國立中山大學歷屬韓籍畢業生調查表」. 이 문서에는 1936 · 1937년 졸업생으로 기록된 8명 가운데 김기원 즉 김붕준이 4명, 구익균이 2명, 그리고 이정호가 1명의 보증인으로 되어 있다. 김붕준과 구익균이 보증한 경우는 한국독립당의 추천이라고 보아도 좋을 것이다.

52 黃福慶, 『近代中國高等教育研究: 國立中山大學(1924~1937)』 부록 「國立中山大學曆屆畢業學生名簿」 참조. 『독립운동사료』(광동성당안관자료)의 「國立中山大學歷屬韓籍畢業生調查表」에는 김창화가 빠져 있고, 1942년 경제과 졸업생인 金龜泳이 추가되어 있다.

년 경제과를 졸업한 김정숙을 제외한 나머지 7명은[53] 1937년 7월에 함께 졸업하였다.[54] 1936 · 1937년 졸업생들은 1932 · 1933년 입학생들로 그중 경제과가 4명이었다. 따라서 졸업생 9명 가운데 7명이 법학원 출신으로, 한인 유학생들이 사회과학에 관심이 많았음을 알 수 있다. 그리고 김덕목 · 김효숙 · 김정숙은 한국독립당과 한국국민당 광동지부장이던 김붕준의 자녀들이었다.

안병무의 기억에 따르면 문학원에 이정호 · 이경산李景山(이소민李蘇民) · 김창화 · 박영우朴泳瑀 · 안병근安炳根 · 장해운張海雲(노민魯民) · 장정순張靜順 · 김찬규金燦奎(김파金波)가 있었고, 법학원에 안병무 · 김창국金昌國 · 김덕목 · 김효숙 · 김정숙 · 송면수 · 한태주 · 서상호 · 문정진文靖珍 · 신영석申永石 · 김강 · 박진양朴震陽이, 의학원에 정구린鄭求麟 · 이병훈李秉勳 · 김억金億(김억린金億麟), 공학원에 김창만金昌滿 · 김정희金鼎熙 등이 재학하였다고 한다. 김명성金明星과 김훈기金勳起는 어느 학부에 있었는지 언급이 없다.[55] 대체로 정확하지만 광동성당안관 자료에 의하면 문정진은 농학원, 신영석은 이학원, 김명성은 문학원 재학생이었다. 구익균의 회고와 1943년 일제의 신문을 받은 이초생李初生(이재상李載祥)의 조서에도 더 이상 새로운 인물이 등장하지

53 김효숙은 8명이 졸업하였다고 기억하였다(김효숙, 「내가 아는 안병무씨」, 『七佛寺의 따오기』, 281쪽). 「國立中山大學曆屆畢業學生名簿」나 「國立中山大學歷屬韓籍畢業生調査表」에도 김정숙이 한 해 먼저 졸업한 것으로 되어 있고, 김정숙도 그렇게 회고하였다(「김정숙」, 『독립유공자 증언자료집』 Ⅱ, 국가보훈처, 2002, 85쪽).

54 安炳武, 『七佛寺의 따오기』의 속표지 화보에 중산대학 필업증명서가 수록되었는데, 졸업일자가 중화민국 26년 7월 1일이었다. 이정호도 1934년에 졸업하였으나 명부에는 민국 22년 즉 1933년 졸업으로 되어 있다.

55 安炳武, 『七佛寺의 따오기』, 78, 92쪽. 다만 김○는 김강을, 金昌韋는 김창화를 지칭하는 것으로 보인다. 『독립운동사료』(광동성당안관자료)와 비교해 보면 申永錫은 申永石이고, 金明鮮은 영문과의 金明星이다. 그리고 문정진은 농학과였으며, 金重熙로 기록된 인물은 金鼎熙였다. 김정희는 조선의용대에서 활동하다가 1940년 9월 3일 서안 홍십자병원에서 사망하였다(「悼金鼎熙同志」, 『朝鮮義勇隊』 제38기, 1940년 11월, 2쪽). 김훈기는 눈병으로 공부를 중단하고 돌아갔다고 하는데, 崔鳳春, 「국립 중산대학 조선유학생 연구」, 60쪽에 의하면 중동학교 출신으로 농학원 농학과였다고 한다.

않는다. 그러나 광동성당안관 자료에는 이 밖에 김경운金景雲 · 김구영金龜泳 · 김용무金用楙 · 김용섭金鎔燮 · 김휘金輝 · 노복선盧福善 · 박차정朴次貞 · 안우생安偶生 · 염응택廉應澤 · 유재원劉在元 · 이영준李英俊[56] · 이효득李孝得 · 이홍관李興官 · 정원형鄭元衡 · 조시제趙時濟 · 최중기崔重基 · 최재홍崔宰弘(최정의崔程儀) · 한석관韓錫官 등이 더 나오고 있다. 여기에 1938년 10월 조직된 조선의용대 명단 가운데에서 중산대학 출신으로 기록된 김철원金鐵遠이 추가될 수 있다.[57] 또 이상조李相朝(호일화胡一華, 문학원)와 이화림李華林(법률)이,[58] 구병균具炳均,[59] 박무朴茂(임신林晨),[60] 마초군馬超軍(이홍관)[61] · 홍순관洪順官(최현순崔鉉淳, 강진세姜振世),[62] 최장학崔章學(진가명陳嘉明) · 이정순李正淳(왕현순王現淳 · 한대성韓大成) · 최영석崔英錫(유적劉敵) · 박화산朴華山,[63] 지정호,[64] 최

56 이영준은 1926년 현재 중산대학 이학원 3학년에 재학한 李英駿(李英俊 · 王現之 · 陳義櫓)과는 다른 인물로 생각된다. 의열단과 민족혁명당의 간부를 역임한 그는 1900년생으로 1930년대 중산대학에 재학한 이영준과 10살 차이가 나고, 그의 경력과 『독립운동사료』(광동성당안관자료)에 실린 경력이 일치하지 않기 때문이다. 그러나 동생인 李正淳(王現淳)이 중산대학 부속중학교에 재학하였으므로(「朝鮮義勇隊陣亡同志略歷」, 『朝鮮義勇隊通迅』 제41기, 1942. 3), 혹 연령을 낮춰 중산대학 정치과에 입학하였을 가능성도 배제할 수 없다.

57 『思想에 관한 情報綴』 4, 「朝鮮義勇隊의 內容에 관한 件」(1939. 6. 29): 국사편찬위원회 한국사데이터베이스 참조. 강만길 · 성대경 편, 『한국사회주의운동인명사전』, 창작과비평사, 1996, 135쪽에는 김철원이 중산대학 출신이라고 나와 있다.

58 로민, 「청춘시절의 추억」, 『중국의 광활한 대지 우에서』, 연길: 연변인민출판사, 1987, 139~141쪽; 리화림, 「진리의 향도 따라」, 『중국의 광활한 대지 우에서』, 226~227쪽. 이화림의 회고록으로 『머나먼 려정』, 북경: 민족출판사, 2012가 있다.

59 『朝鮮中央日報』 1935년 11월 4일자 「被檢된 中山大學生 勇進會員으로 判明」.

60 박무는 『勇進』의 창간사와 논설을 게재하였다. 金正明 편, 『朝鮮獨立運動』 Ⅱ, 718쪽에 조선의용대 제2지대 대원으로 林晨이라는 중산대학 출신자가 나오는데, 『特高月報』 1943년 1월호에 수록된 「在支不逞鮮人團體組織系統表」에는 박무로 나온다. 金學鐵, 『최후의 분대장』, 문학과지성사, 1995, 140쪽.

61 社會問題資料硏究會 편, 『思想情勢視察報告集』 9, 京都: 東洋文化社, 1976, 105쪽(이하 『시찰보고집』).

62 『시찰보고집』 2, 258 · 261쪽; 『시찰보고집』 9, 89쪽.

63 『시찰보고집』 9, 87쪽(최장학), 92쪽(이정순), 93쪽(최영석), 107 · 112쪽(박화산).

64 리화림, 「민족해방의 길을 찾아」, 『결전』, 북경: 민족출판사, 1991, 392쪽에는 진광화 · 로민 · 지정호 · 이동호가 중산대학에서 가깝게 지냈다고 한다. 그런데 이동호는 이정호의 동생으로 중산대

계원·김철[65] 등이 여러 자료에서 찾아진다. 최정의는 영문과였다고 한다.[66] 한국독립당 광동지부의 김웅金雄과 이일봉李一峯의 거주지가 중산대학 기숙사였는데,[67] 실제로 대학에 적을 두었는지는 확인할 수 없다.[68] 이정순은 중산대학에 재학한 것으로 언급되었으나, 부속중학생이었다.[69] 대체로 60명 가까운 인원의 명단이 확인된다. 물론 이 중에는 경력사항을 알 수 없고 이명을 사용하여 중복되어 실린 이들도 없지 않을 것이다. 예컨대 여러 가지로 미루어 박무와 박영우가,[70] 최중기와 최영석(최계원)이 동일인으로 믿어진다.[71]

다음의 표는 언급된 중산대학 유학생을 정리한 것이다. 생년과 입학연도를 여러 자료로 확인하였지만, 추정 부분이 적지 않아 정확하다고는 할 수 없다.

학이 아니라 중산대학 부속중학에 재학하고 있었다.

65 박창욱, 「중산대학 조선족학생들의 항일투쟁」 참조. 김철은 김덕근이라는 이름으로 의학원에 입학하였다고 하는데(559~560쪽), 임시정부의 국무위원을 지내다가 1934년 병사한 金澈의 조카가 金德根인 것으로 미루어 착오가 있지 않나 생각된다. 김덕근은 1932년 安昌浩가 상해에서 일제에 체포될 때 함께 체포되었다가 기소유예되었다(『東亞日報』 1932년 7월 26일자 「治維法違反으로 安昌浩 豫審回附 第一豫審係에서 審理 張鉉瑾 金德根 兩人 起訴猶豫」). 박창욱의 논문에 따르면 김철은 임시정부의 김철이나 그 조카 김덕근과 전혀 관계가 없는 인물이다.

66 박창욱, 「중산대학 조선족학생들의 항일투쟁」, 560~561쪽.

67 「不逞鮮人團體一覽表」, 『日本外務省特殊調査文書』 27, 東京: 高麗書林, 1989, 82쪽; 『韓國獨立運動史資料』 3, 국사편찬위원회, 1973, 572쪽.

68 혹시 김웅(王信虎)이 한국독립당 광동지부에 파견되어, 낙양군관학교에서 함께 수학한 한국독립당 이홍관의 기숙사에 머물렀을지도 모른다. 「全奉南 신문조서(제3회)」, 『韓民族獨立運動史資料』 44, 국사편찬위원회, 2000, 13쪽 참조.

69 「朝鮮義勇隊陣亡同志略歷」, 『朝鮮義勇隊通迅』 제41기. 그는 1941년 12월 胡家莊 전투에서 전사하였다.

70 『독립운동사료』(광동성당안관자료)에는 박영우만 나타나고 박무는 전혀 찾아지지 않는다. 후술할 勇進學會의 활동으로 미루어 박무와 박영우는 동일인이라고 보아도 좋을 것 같다.

71 『독립운동사료』(광동성당안관자료)에는 최중기가 전주고보를 졸업하였다고 나와 있으며, 최영석 역시 전주 출신으로 중산대학 문학원에 재학하는 것으로 조사되었다(『시찰보고집』 9, 93쪽). 최영석의 이명이 劉敵인데, 유적은 張源·최계원과 동일인이다(「金公信 청취서(제3회)」, 『韓民族獨立運動史資料』 31, 국사편찬위원회, 1997, 226쪽).

72 이 표는 각 학부 학과의 재학생을 가나다 순으로 정리하고, 학과가 확인되지 않는 이들은 각 학부 마지막에 놓았다. 학부도 확인되지 않는 이들은 맨 아래에 가나다 순으로 정리하였다. 생년과 출신 등은 국가보훈처에서 발간한 『독립유공자공훈록』; 강만길·성대경 편, 『한국사회주의운동 인명사전』; 『독립운동사료』(광동성당안관자료); 『한민족독립운동사자료』 46; 『시찰보고집』을 비롯

표. 1930년대 중산대학 유학생 일람[72]

번호	성명	학부	학과	생년	입학 연도	졸업 연도	출신	이명	민족 혁명당	한국 국민당	조선 의용대	한국 광복군	임시 정부	출신 중학	비고
1	金明星	문학원	영문	1910	1933		해주	金柔順						순안 義明學校	
2	金用楙	문학원	영문	1914	1933		의주							普成高普	
3	金燦奎	문학원	영문	1913	1937		동래	金波	○		○			崇實中學校	
4	朴次貞	문학원	영문	1910	1937		동래	林哲愛	○		○			日新女學校	金元鳳 처
5	安偶生	문학원	영문	1906	1926		신천			○			○		1936년 재입학, 북경 輔仁大學 영문과 3년 수학
6	李貞浩	문학원	영문	1913	1931	1934	대구	石泉	○		○	○	○		厦門대학 교육학원 1년
7	崔宰弘	문학원	영문		1936		동래	崔程儀	○						부산상업
8	洪淳官	문학원	영문	1913	1935		정주	姜振世 崔鉉淳	○		○			경성 제1고보	의열단간부학교, 낙양 군교
9	鄭元衡	문학원	사학	1916	1937		경남				○			廣州興華中	
10	崔重基	문학원	사학	1912	1936		전주	崔英錫 劉敵 崔啓源	○		○			전주고보	의열단간부학교
11	金　輝	문학원	사회		1936		강계		○		○			강계 英實學校	
12	朴泳瑀	문학원	사회	1913	1933		해주	(朴茂) (林晨)		○	○			상해 惠靈高中	
13	安炳根	문학원	사회		1935		양주								
14	劉在元	문학원	사회		1936		평양		○					廣州中山中	
15	李景山	문학원	사회	1908	1934		강계	李蘇民	○		○	○		瀋陽	
16	李相朝	문학원	사회	1913	1934		동래	胡一華	○		○			?	
17	張海雲	문학원	사회	1917	1935		남포	魯民	○		○			진남포상공	
18	韓錫官	문학원	사회	1909	1936		의주	韓聖島	○			○		신의주상업	낙양군교
19	金昌華	문학원	교육	1911	1933	1937	평양	陳光華	○		○			崇仁商業 南京五卅中	
20	張靜順	문학원	?					張靖英						숭의여학교	
21	金昌國	법학원	법률	1900	1932		산청	金昌祚 金京文			○				
22	徐尙虎	법학원	법률	1914	1933	1937	원산	徐仁鐵	○					儆新學校	1938년 체포
23	李華林	법학원	법률	1906	1933		평양		○		○			유치원교원학교	의학원병원 견습간호원
24	金景雲	법학원	정치	1915	1937		평양		○		○			평양 제2고보	국립법학원 수학

25	朴震陽	법학원	정치	1909	1933		영주	朴醫國	○						낙양군교 1936년 체포
26	安炳武		정치	1912	1933	1937	안주		○				○	안주농업	復旦大學 수학
27	李英俊		정치	1910	1937		벽동							순안義明學校	국립법학원 수학
28	李興官		정치	1910	1934		회령	馬超軍				○			낙양군교 1935년 복학
29	韓泰宙		정치		1932		중화	韓金綱						上海	
30	金龜泳		경제	1914	1937	1942	신천	金鐵城 李英秀		○				일본 廣島 松本中	의열단간부학교, 국립법학원 수학
31	金鎔燮		경제	1915	1936		종성	柳新 張維輔	○		○			龍井恩眞中	김구특무대훈련소
32	金 鏞		경제	1914	1933	1937	정평							경신학교	
33	金德穆		경제	1913	1932	1937	용강			○		○		上海江灣育青中	
34	金貞淑		경제	1916	1932	1936	용강			○		○	○	上海惠中中	
35	金孝淑		경제	1915	1932	1937	용강			○		○	○	上海惠中中	
36	宋冕秀		경제	1910	1933	1937	회양		○			○	○		상해 中國公學 수학
37	廉應澤		경제	1909	1933		중화	閻應澤						선린상업	낙양군교
38	趙時濟		경제	1913	1935		연천	潘誠武					○		낙양군교, 사회계 입학
39	崔章學		?	1909	1937 ?		동래	陳嘉明	○		○	○			의열단간부학교, 낙양군교
40	申永石	이학원	생물		1933		함흥							함흥고보	
41	金鼎熙	공학원	토목	1914	1935		정주		○		○			중동학교	1940년 병사
42	金昌滿		전기	1913	1935		영흥	金昌濟		○	○			중동학교	
43	文靖珍	농학원	농학	1916	1937		강서		○		○	○		廣州中元中	
44	李孝得		농학	1916	1936		의주		○					廣州中山中	廣西大學 물리과, 국립법학원 수학
45	金勳起		농학		1933									중동학교	
46	金億麟	의학원	의학		1936		장연	金億 金柔輯						경성제1고보	1937년 2월 휴학
47	金 哲		의학		1933		성천	金德根						용정은진중	
48	李秉勳		의학	1913	1933	1943	순안		○		○				연희전문 중퇴
49	鄭求麟		의학		1933		용강	鄭麟						신의주고보	1937년 간첩 혐의로 총살?
50	具炳均	미확인		1914			용천								
51	金鐵遠			1912			서울	金斗聲			○				
52	盧福善			1912	1933		진남포								
53	朴華山			1909			신의주								
54	지정호														

한인 유학생 가운데 연령과 입학연도가 부정확한 이들도 있지만, 확인되는 41명의 평균 입학연령은 22세이다.[73] 16·17세에 입학한 김효숙·김정숙 자매부터 32세에 입학한 김창국에 이르기까지 입학연령의 폭이 넓으나, 대개 20대 초반의 청년들이 주를 이루었다. 이정호나, 김덕목과 그 남매와 같이 일찍부터 중국에서 생활하고 중학을 졸업한 경우에는 입학연령이 20세보다 낮았으나, 국내에서 중학을 졸업한 경우에는 중국어를 배워야 하였기 때문에 그들보다 연령이 많아 20세가 넘었다. 또 군관학교나 다른 교육기관을 거쳐 입학한 경우도 있었다.

적어도 문학원에 20명, 법학원에 19명의 유학생들이 재학하였다. 영문과와 사회과에 각 8명, 경제과에 9명, 정치과에 6명으로 이 네 학과에 재학한 인원만 31명이나 되어, 학과가 확인되는 46명 가운데 67.4%에 이르렀다. 그에 비하여 이공 계열에는 이학원 1명, 공학원 2명, 농학원 2명, 의학원 4명 등 모두 9명에 지나지 않았고, 그나마 의학원 재학생이 많은 편이었다. 영문을 제외하면 당시 유학생들의 관심이 사회·정치·경제 같은 사회과학에 집중되었음을 알려 준다. 전공이 확인되지 않은 10여 명도 대체로 인문·사회과학 계열이었을 가능성이 크다. 유학생의 상당수가 중학을 졸업하고 바로 대학에 진학한 경우가 아니었으므로, 현실적으로도 이공 계열 교육이 쉽지 않았을 것이다.

출신지가 확인되는 51명 가운데 26명이 평안도 출신으로 전체의 반을 넘었다. 경상도 출신이 9명, 황해도와 함경도 출신이 6명, 황해도 출신이 5명,

---

한 일본 정보기록 등을 참조하여 정리하였다. 崔鳳春, 「국립 중산대학 조선유학생 연구」도 크게 참고되었다. 자료에 따라 출생연도가 다른 경우에는 상황에 따라 적절한 쪽을 선택하였다. 예컨대 「李初生 신문조서(제3회)」, 151~152쪽에 언급된 연령은 부정확하지만, 다른 기록에서 확인되지 않은 경우에는 그대로 혹은 정확한 연령이 알려진 경우를 고려하여 표기하였다. 입학연도는 『독립운동사료』(광동성당안관자료) 등을 이용하여 표기하였지만 역시 정확하지는 않다.

73 재입학한 경우인 안우생은 제외하였다. 유학생의 생년과 입학연도가 정확하지는 않지만 대세를 이해하는 데에는 크게 문제가 되지 않을 것으로 생각된다.

서울·경기 출신이 3명, 강원·전라도 출신이 각 1명씩이었다. 이들 가운데 중국에서 중학을 마친 경우가 적지 않고, 그들은 광주나 상해에 있는 (고등)중학을 마친 것으로 나타난다. 중산대학에 입학할 학력을 갖추지 못한 경우에는 먼저 광주 등지에서 중학과정을 이수하였던 것이다. 국내에서 중학을 마친 경우가 조금 많은데, 출신지 부근이나 서울·평양 등 도시에서 중학 과정을 마친 것으로 짐작된다.[74] 김창화는 평양 숭인상업학교崇仁商業學校에 재학 중 1929년 말 광주학생운동이 전개되자 적극 참여하였다가 중국으로 망명하여 남경에서 중학을 마쳤다고 한다.[75] 이러한 예는 김창화에 국한되지 않았을 것이다. 홍순관도 1930년 경성 제1고보 3학년에 재학하다가 퇴학처분을 받았다.[76] 장해운은 진남포상공학교를 졸업하기 직전인 1934년 독서회사건으로 체포되어 공판에 회부된 경력을 가지고 있었다.[77] 즉 1930년 전후 중국, 특히 관내에서 활동한 20대 초반 청년들의 상당수는 국내에서 광주학생운동이나 독서회와 같은 반일학생활동에 참여하였다가 일제의 지목을 받게 되자 망명한 이들이었다. 물론 중산대학의 유학생들이 모두 독립운동에 관심을 두었다고는 생각되지 않지만, 대다수는 한국독립당과의 관련이나 중일전쟁 이후의 활동 등으로 미루어 독립운동에 관심을 두었으리라 짐작된다. 적어도 중산대학에 재학하면서 유학생들의 항일 분위기에 젖어들기 쉬웠을 것이

74 『독립운동사료』(광동성당안관자료)의 「國立中山大學報考 學生履歷單」·「國立中山大學報考 大學一年級 學生報名表」·「卄五年度 上學期 願入 학생명단」에 따르면 김용무는 보성고보, 김명성은 의명학교(순안), 김찬규는 숭실중학(평양), 최중기는 전주고보, 김용섭은 은진중학(용정)을 졸업하였다. 김창만은 중동고보를 마쳤다(「獨立同盟及義勇軍 要人의 略歷」, 『新天地』 1-2, 1946. 3, 242쪽).

75 박창욱, 「중산대학 조선족학생들의 항일투쟁」, 560쪽. 남경대학 尹恩子 교수에 따르면 김창화는 남경의 五卅中學을 졸업하였는데, 이 학교는 1925년 상해에서 일어난 5·30사건을 기념하여 설립한 학교였다고 한다.

76 『思想에 關한 情報綴』 6, 「退停學生徒의 處分表에 관한 건」(1930. 6. 9)에 의하면 홍순관은 본적이 평북 정주로 되어 있고, 19세였다. 중산대학에 유학한 홍순관과 동일인으로 짐작된다.

77 로민, 「청춘시절의 추억」, 134~135쪽.

다.[78] 단순하게 학문적 관심에서라면 북경이나 상해와 같이 고등교육기관이 많은 지역을 떠나 광주까지 오기 쉽지 않았을 것이다.

입학 전에 군사교육을 받은 인물 10명 중 6명이 낙양군관학교 출신이었다. 1934년 2월 국민당정부가 지원하여 중앙육군군관학교 낙양분교에 설치된 한인특별반에서 군사교육을 받았던 것이다. 홍순관·한석관·박진양·이홍관·염응택·조시제가 그들이다.[79] 특히 이홍관은 중산대학에 입학하고 낙양군관학교에서 교육을 받은 다음 복학하였다.[80] 홍순관·최중기·최장학·김구영 4명은 김원봉이 주도한 의열단의 조선혁명군사정치간부학교 출신이었다.[81] 특히 홍순관은 낙양군관학교와 광동군관학교를 거쳐 중산대학에 입학하였으며,[82] 최장학은 광동군관학교를 거쳐 입학한 것으로 보인다.[83] 김용섭은 1935년 김구가 중앙육군군관학교에 입학시킬 청년들을 모아 예비교육을 실시한 학생훈련소(특무대예비훈련소)를 거쳤다.[84] 10명이 군사교육을 이수하고 중산대학에 입학한 것은 소속된 광동지역의 청년세력을 포섭하고자 한 독립운동 단체나 정당의 요구에 부응하는 것이기도 하겠지만, 현실적으로 무장투쟁이 쉽지 않았던 상황과도 무관하지 않았을 것이다.

중산대학에 입학하기 전에 다른 대학에서 수학한 경우도 있었다. 이정호는 하문대학 교육학원 원리계原理系에서 전학하였고,[85] 김경운·이영준·김구영·이효득李孝得은 광주에 있는 국립법학원에서 1년간 수학한 뒤에 입학

78 서상호는 피혁공업을 전공하고자 燕京大學에 입학하려다가 중산대학에 입학한 이후 독립운동에 관심을 가졌다고 한다(金正明 편, 『朝鮮獨立運動』 Ⅱ, 632~633쪽).

79 「全奉南 신문조서(제3회)」, 13쪽; 『시찰보고서』 2, 258~262쪽; 『시찰보고집』 9, 104~106쪽.

80 『독립운동사료』(광동성당안관자료), 「前 政治系 1年級 李興官이 교장 鄒魯에게 보낸 편지」.

81 『시찰보고집』 9, 87·89·93·94쪽.

82 『시찰보고집』 2, 106쪽.

83 『시찰보고집』 9, 87쪽.

84 『시찰보고집』 9, 113쪽; 한상도, 『韓國獨立運動과 中國軍官學校』, 338~339쪽.

85 黃福慶, 『近代中國高等教育研究: 國立中山大學(1924~1937)』, 236쪽; 『독립운동사료』(광동성당안관자료), 「이정호가 중산대학 교장 許崇淸에게 보낸 서한」(1931).

하였다.[86] 그런데 이효득은 중산대학 부속중학을 마치고 어떠한 이유에서인지 광서대학廣西大學 물리학과에서 1년간 수학한 다음, 국립법학원에도 1년간 재학한 것으로 나타난다.[87] 여성은 김효숙 · 김정숙 자매와 이화림 · 장정순 · 박차정 등 5명으로, 그 비율은 전체의 9%에 지나지 않았다. 김원봉의 부인인 박차정은 1937년 영문과에 입학하였으나 실제 학교를 다녔는지는 모르겠다. 박차정 이외에 김찬규 · 정원형 · 김경운 · 이영준 · 김구영 · 문정진 등 1937년 9월 중일전쟁 발발 직후에 입학한 신입생들이, 후술하는 것과 같이, 10월경 남경으로 이동하여 중국군사위원회가 지원한 군사교육을 받았기 때문이다. 그전에 입학한 유학생들도 여러 가지 이유에서 대학을 지속적으로 다니기가 쉽지 않았던 것 같다. 유학생 가운데 중산대학 부속중학을 졸업한 경우에는 무시험으로 중산대학에 진학할 수 있었다.[88] 유재원 · 이효득 · 이동호李東浩 · 박태양 · 이정순 등이 부속중학에 재학하였는데,[89] 유재원은 곧바로 대학에 진학하였다. 표에 제시한 정당 관계와 조선의용대 · 한국광복군 문제는 후술할 것이다.

아무튼 1930년대 중반에 중산대학에 일시 재학한 인원까지 포함하여 적어도 50명이 넘었다는 사실은, 이 시기 독립운동자 양성에서 중산대학이 차지하는 위상을 짐작케 한다.

86 『독립운동사료』(광동성당안관자료), 「廿六年度 신입 志願韓籍生 명단」.

87 이효득이 부속중학 출신인 것은 안병무, 앞의 책, 92쪽에서 알 수 있고, 『독립운동사료』(광동성당안관자료)의 「廿五年度 上學期 願入 학생명단」에는 광서대학 물리학과 1년 수학으로 되어 있다. 그런데 「李初生 신문조서」, 108쪽에는 김구영 · 김경운과 함께 국립법학원 재학생으로 기록되었다.

88 『독립운동사료』(광동성당안관자료)에 포함된 학생명단(중국인)에 '本校高中免試直升'이라는 인장이 찍힌 경우가 보인다.

89 안병무, 『七佛寺의 따오기』, 92쪽(유재원 · 이효득 · 박태양); 金正明 편, 『朝鮮獨立運動』 Ⅱ, 718쪽(이동호); 「朝鮮義勇隊陣亡同志略歷」, 『朝鮮義勇隊通迅』 제41기(이정순). 그런데 이동호가 정원형과 함께 사립광주중원중학에 재학하였다는 기록도 있다(「李初生 신문조서」, 108쪽).

(2) 한인 유학생의 활동

1932년부터 중산대학에 다시 한인 유학생들이 증가하자, 1933년 3월 5일 이정호·김효숙·김창국 등이 발기하여 '광주국립중산대학용진학회廣州國立中山大學勇進學會'를 조직하였다. 창립 시 회원은 10명이었으나, 그해 8월 신입생이 입학하자 10월 22일 제2차 정기총회를 열어 장정을 수정하고 임원을 개선하였다. 용진학회의 목적은 "민족의 자주정신으로 지·덕·체의 향상과 우의돈독을 도모"(장정 제2조 종지宗旨)하는 것이었다. 회원대상은 14세 이상의 중산대학 및 그 부속학교 재학생으로 정하였다. 따라서 중산대학 부속중학 재학생들도 용진학회에 참여할 수 있었다. 임원으로는 위원장에 김명성, 각 집행부 주임으로 김명성(위원장 겸임, 사교부)·김창화(재무부)·송면수(학예부)·이정호(운동부)·정구린(서무부)이 선임되었다. 고문은 중산대학 교장 추노鄒魯, 중산대학 교무장 소관영蕭冠英, 한국독립당 광동지부장 김기원, 그리고 법학원 조교인 구익균이었다. 회원은 모두 25명이었는데, 집행부 주임을 제외하고 김창국·김유·김훈기·김덕목·김정숙·김효숙·박진양·박태양·박영우·이병훈·이동호·이우건李禹鍵·안병무·서상호·염응택·한태주·신영석·유일약劉一若·노복선·이효득이었다.[90] 이 가운데 앞에서 보았듯이 박태양·이동호·이효득은 중산대학 부속중학 재학생들이었다. 이우건·유일약에 관해서는 다른 자료를 찾을 수 없어, 혹 부속중학 재학생이 아니었을까 짐작해 본다. 대체로 1933년 10월 현재 20명 정도가 중산대학에 재학하였다고 이해해도 좋을 것 같다. 용진학회는 새 장정과 회원명단을 중산대학 국민당 구당부區黨部에 제출하여 인준을 요청하였다.[91] 중국국민당의 인준을 받았다는 사실이 무엇을 의미하는지는 정확히 알 수 없으나, 아마도

---

90 『독립운동사료』(광동성당안관자료), 「廣州國立中山大學勇進學會籌備經過情形」, 「廣州國立中山大學勇進學會」.

91 『독립운동사료』(광동성당안관자료), 「廣州國立中山大學勇進學會籌備經過情形」.

중산대학 내의 학생 단체 결성에 대학 국민당 구당부가 일정한 역할을 하였던 것 같다.

용진학회가 지·덕·체의 향상과 우의돈독을 목적으로 삼았다는 것으로 미루어, 처음 조직되던 단계에서는 친목단체의 성격이 컸던 것 같다. 집행부서가 사교·운동·학예 등으로 조직된 점으로도 그러한 성격을 짐작할 수 있다. 그러나 유학생들이 독립운동에 관심을 가지고 있었기에, 그 추구하는 바는 친목 이상의 의미가 있었을 것이다. 1935년 10월 군관학교 생도를 모집하려고 국내에 잠입하다가 체포된 중산대학생으로 용진학회 회원이었던 구병균을 "중산대학생들이 조직한 조선ㅇㅇ(독립)과 반만항일을 목적한 용진회" 회원이라고 설명한 신문기사로도 짐작된다.[92] 따라서 중산대학의 한인 유학생들은 친목을 도모하며, 독립과 항일을 목적으로 용진학회를 조직하였던 것으로 보인다.

용진학회의 활동으로는 『용진』이라는 잡지의 창간을 들 수 있다. 1935년 6월, 광주한국유학생회가 그 기관지로 『용진』을 창간하였다. 기관지의 명칭이 『용진』이었던 것으로 보아 광주한국유학생회는 용진학회의 대외 명칭이었던 것 같다. 『용진』의 제자題字는 중산대학 교장 추노가 썼고, 표지사진으로 중산대학 새 교정에 세워진 손문의 동상이 실렸다. 광주한국유학생회 연락처는 중산대학이었다. 즉 광주한국유학생회는 외형적으로는 광주에서 유학하던 한국학생 전체를 대상으로 한 것처럼 보이지만, 실제로는 중산대학에 재학 중인 유학생들에 의해서 조직·운영된 용진학회였다고 하겠다.

『용진』은 1934년 발행을 목표로 작업이 진행되었으나,[93] 1935년 6월에야 출간될 수 있었다. 이 작업에는 양우조의 공이 적지 않았던 것 같다. 그는 광

92 『朝鮮中央日報』 1935년 11월 4일자 「被檢된 中山大學生 勇進會員으로 判明」.

93 少碧, 「史的으로 본 廣州에 우리 留學生界」, 32쪽에 '1934년 春'이라는 집필시기가 명기되어 있으며, 「編輯餘言」에도 "昨年부터 애기 날 걱정을 뭇사람이 해오다가 各方面의 周旋으로 지금에야 產生하게 되엇으무로……"라고 하였다.

주에 오래 머물렀고 문필에 조예가 깊어 원고를 써줄 수 있었으며, 한국독립당 광동지부의 지도자이면서 혁신사革新社라는 한국어 자모를 갖춘 출판사 겸 인쇄소를 운영하였다.[94] 『용진』 역시 혁신사에서 출판하였을 것이다. 필진인 이정호·김창화·이소민·박무가 용진학회의 주도적 위치에 서 있었다고 생각된다.

중산대학 유학생들의 정치적 성향은 당시 사상 조류와 무관하지 않았다. 중산대학에 재학한 만학 여학생 이화림의 회고이다.

> 그때 중산대학에는 약 30여 명의 조선인 학생들이 여러 학원의 각 학부에 널려 학습하고 있었다. 그런데 알고 보니 이 조선인 학생들의 사상정황은 같지 않았다. 어떤 학생은 자산계급 민족주의사상을 신봉하고 있었고 어떤 학생은 무정부주의의 열렬한 옹호자였고 어떤 학생은 맑스주의를 신앙하고 있었다.[95]

유학생들의 정치성향은 민족주의·무정부주의·공산주의 계열로 대별되었다는 것이다. 중산대학은 당시 독립운동계의 움직임의 축소판이었으리라 짐작된다. 그런데 『용진』의 발간에 관여한 인물들은 이른바 진보적이라고 부를 수 있는 공산주의 공명자들이었다.

> 그때 중산대학에는 조선학생들이 몇십 명 있었고 그들은 '용진학회'라는 자기 조직을 갖고 있었다. 나는 김창화(진광화), 호일화 등 진보적 학생들과 친교를 맺고 그들과 함께 조선혁명문제를 연구하였다. 그러나 그때 나는 맑스주의만이 동방약소민족을 구해 내는 유일 정확한 학설이라는 것만은 믿어 의심치 않았으나 맑스주의 리론으로 혁명의 구체적 문제를 해결하는 면에서는, 다시 말하여 맑스주의 전략전술사상에 대해서는 인식이 모호했다. 례하면 민주혁명과 사회주의혁명의

94 양우조에 관해서는 『韓國獨立運動史料(楊宇朝篇)』, 國家報勳處, 1999과 李在鎬, 「少碧 楊宇朝의 생애와 독립운동」, 『史學志』 36, 2003을 참조할 것.

95 리화림, 「진리의 향도 따라」, 226쪽.

성격 그리고 중국혁명과 조선혁명, 동방의 무산계급혁명과 세계혁명의 관계에 대해서는 인식이 얼떨떨하였다. 이 면에서 김창화는 언제나 나에게 명석하고 투철한 대답을 주군 했다.[96]

노민으로 알려진 장해운은 김창화, 호일화(이상조) 등과 친교를 맺고 공산주의 이론을 학습하였다고 회고하였다. 『용진』의 「창간사創刊詞」(박무 집필)에서도 소련의 역할을 강조하고 글 마지막에,

> 조선민중은 적극적인 혁명수단을 취하는 유물론적인 혁명청년을 요구한다. 다시 말하면 조선 삼천만 민중의 정당한 생존과 아울너 전세계 피착취계급과 피압박민족의 인간다운 생활을 건설하기 위하야 시종 용진하는 혁명청년을 요구한다. 이에 우리는 국제정형과 국내정세에 응하야 미미하나마 우리들의 간물刊物 『용진』 이것으로써 우리들의 의지를 표달表達하는 공구工具로 삼으려 한다.

라고 하였다. 조선 3천만 민중과 전 세계 피착취계급, 피압박민족을 위하여 '용진'하는 혁명청년이 그들이 추구하는 바였던 것이다. 또 김창화는 「시-더-펄 씨의 교육론」에서 "무산계급 문화건설상 교육혁명이 필요하다"는 주장을 설명하면서 무산계급의 성인교육과 아동교육을 소개하였다.[97] 박무는 「제국주의와 극동민족해방운동의 귀향歸嚮」에서 제국주의를 비판하였는데, 이 글은 연재물이었다. "반동세력의 최후적 발상으로써의 반소전선과 식민지 재분할을 단행하려난 이때 냉정한 과학적 분석하에서 제국주의의 운명을 분석"하겠다는 말로 짐작컨대,[98] 공산주의를 극동민족해방운동이 나아갈 방향으로 삼았던 것 같다.

즉 용진학회는 중산대학 유학생들의 친목단체로 출발하였으나, 점차 공산

96 로민, 「청춘시절의 추억」, 139쪽.
97 『勇進』 1, 18~22쪽.
98 『勇進』 1, 39쪽.

주의를 지지하는 세력이 적극적으로 주도하였다고 보아도 좋을 것이다. 그렇다고 용진학회를 주도하며 『용진』을 발간한 이정호 · 김창화 · 박무 · 이소민 등이 이 시기에 공산주의에 대하여 확고한 신념이 있었는지는 알 수 없다. 그것은 이들이 민족주의 계열인 한국독립당과 무관하지 않았으며, 같은 민족주의 계열인 한국국민당과도 관련을 맺었기 때문이다. 이뿐만 아니라 『용진』에는 중산대학 교장 추노가 쓴 「계급투쟁이 중국 사회문제를 해결할 수 있을까?」라는 글이 이정호의 번역으로 실렸는데, 그 결론은 다음과 같다.

> 중국의 사회문제는 국제자본주의의 창품唱品과 자본이 중국을 독점하는 까닭이며 그 결과에 잇서서는 곳 매판계급의 노력이 확대함으로써 국민경제의 기초 전부를 근본적으로 동요식키게 되는 것이다. 그러면 이 시기에 이서서 다시 맑쓰의 계급투쟁설을 들고 나온다면 이것이야말로 자살과 다름이 무엇인가?![99]

공산주의 이론에 반대하는 글을 번역하여 실었던 것으로 미루어, 이들이 공산주의에 함몰된 상황은 아니었던 것으로 보인다. 이소민도 『용진』에 「식민지 혁명운동에 잇어서 나의 민족주의 이론」라는 글을 실었다.

> 그러면 민족주의와 사회주의과의 갓지 안은 점은 어데 잇난가?가 문제된다. 나의 대답은 이러하다. 즉 입장과 정책에 잇어 같은 노동운동에라도 자기가 세계인의 입장에서 자自 계급의 이익만을 위하야 계급전공을 수단으로 타계급의 존재를 말살 식이는 것은 사회주의에 속하고 자기가 한국인의 입장에 서서 민족적 정치운동에서 경제투쟁의 일측면을 확장한 것은 민족주의에 속한다. 구태여 일음을 강요한다면 잠시 민족사회주의라고 아명兒名 지어 둔다.[100]

즉 민족주의와 사회주의의 결합을 고려하는 민족사회주의를 내세우고 있

99 『勇進』 1, 29쪽.
100 『勇進』 1, 35쪽.

었던 것이다. 따라서 『용진』을 통해 보면 용진학회의 주도자들은 공산주의에 공명하면서도 민족주의적 성격을 지니고 있었다고 보는 것이 자연스럽지 않을까 짐작해 본다.

중산대학의 한인 유학생들은 한중연대에도 관심을 집중하였다. 먼저 1933년 5월 23일 '중산대학문화협진회'의 결성에 적극 참여하여 중국학생들과 함께 항일운동의 선봉에 나서고자 하였다.[101] 또 1934년 11월에는 '중산대학동북학회中山大學東北學會'에도 참여하였는데, 이 학회는 학행연마로 동북지역 회복과 항일구국을 그 목적으로 삼고 있었다.[102] 1935년 12월 9일 북경대학北京大學에서 항일학생운동이 전개되자, 중산대학에서도 10일부터 시위가 계획되어 12일 항일시위가 일어났다. 이어 12월 31일과 1936년 1월 9일부터 대대적인 항일시위가 다시 전개되었는데, 항일시위운동에 한인 유학생들도 적극 참여하였던 것으로 보인다. 특히 1936년 1월 13일에는 4천 명의 학생들과 보안대가 충돌하여 국제적으로 보도되기까지 하였다.[103] 그 다음 날인 14일 광동성 공안국은 이 시위의 지도부를 체포하였는데, 한인 유학생으로는 김창화 · 김효숙 · 정구린 · 이소민이 체포되었다. 이소민은 석방되지 못하고 중국인 학생 몇 명과 함께 학적이 취소되었으나, 나머지 유학생들은 석방되었다.[104]

2월부터 계속된 이소민의 석방을 위한 움직임에 한인 유학생뿐 아니라 중국학생들도 동조하였다. 2월 7일 국립중산대학 한인 유학생 전체 명의로, 즉

---

101 『독립운동사료』(광동성당안관자료), 「국립중산대학문화협진회 籌備會 문서」에는 주비원 11명 가운데 김창국 · 한태주 · 이정호가 포함되어 있다. 박창욱, 「중산대학 조선족학생들의 항일투쟁」, 562쪽.

102 『독립운동사료』(광동성당안관자료), 「국립중산대학동북학회장정」에는 회원명단이 없으나, 박창욱, 「중산대학 조선족학생들의 항일투쟁」, 562쪽에 의하면 한인 유학생들이 적극적으로 참여하였다고 한다.

103 『동아일보』 1936년 1월 15일자 「廣東의 四千學生團 保安隊와 逐衝突」.

104 이 과정에 대해서는 박창욱, 「중산대학 조선족학생들의 항일투쟁」, 563~567쪽 참조.

정(구)린 · 안병무 · 이병훈 · 김정희 · 송면수 · 서상호 · 조시제 · 박영우 · 이정호 · 김창만 · 김창화 · 장해운 · 한태주 · 안병근 · 김강 · 김억 · 유재원 등이 서명한 탄원서가 교장에게 제출되었다.[105] 이정호는 재학생은 아니었지만 서명하였다. 옥중에서 이소민도 같은 날 교장에게 탄원서를 보냈다.[106] 탄원서의 내용은, 이소민은 공산주의자가 아니며 한국혁명운동 활동을 오랫동안 해왔다는 것이었다. 그리고 이소민과 동급생인 사회계 2년급 전체 학생의 명의로 역시 같은 내용의 탄원서가 제출되었다.[107] 2월 27일에는 중산대학생 350명 이상의 연명탄원서가 제출되었는데, 이 탄원서에는 김창화 · 김강 · 김덕목 · 안병무 · 신영석 · 장해운 · 조시제 · 한태주 · 서상호 · 김정희 등이 서명하였다.[108] 한인 유학생과 중국학생의 집단행동이 이어지자 마침내 대학당국은 공안국과 교섭하여, 체포된 이소민과 중국학생 등이 석방되기에 이르렀다.[109]

중일전쟁이 발발하기 이전까지, 중산대학 재학 한인 유학생들은 개인 사정에 따라 차이가 있었겠지만 대체로 일상적인 대학생활을 영위하였을 것이다. 수업을 받거나 학습을 하고, 용진학회나 단체 활동을 하거나, 생활비를 벌기 위하여 인삼 행상 등을 하는 경우도 있었다. 동시에 정치단체, 독립운동단체 등에 참여하였다. 부분적으로 공산주의 이론을 학습하는 세력도 존재하였다. 항일시위에는 적극적으로 참여하였으며, 항일을 위한 한중연대에 관심을 쏟았다. 유학생의 기관지로 『용진』을 발간하기도 하였다. 그러나 중일전쟁의 발발로 유학생들의 생활은 전쟁의 한가운데에 놓이게 되고 말았다.

105 『독립운동사료』(광동성당안관자료), 「국립중산대학 한국 유학생 전체학생이 교장 鄒魯에게 보내는 연명탄원서」.

106 『독립운동사료』(광동성당안관자료), 「晩學生 李蘇民이 교장 鄒魯에게 보내는 탄원서」.

107 『독립운동사료』(광동성당안관자료), 「문학원 사회계 2년급 전체학생이 교장 鄒魯에게 보내는 연명탄원서」.

108 『독립운동사료』(광동성당안관자료), 「학생 潘榮武 등이 교장 鄒魯에게 보내는 연명탄원서」.

109 박창욱, 「중산대학 조선족학생들의 항일투쟁」, 567쪽. 이 문제에 관하여 김광재, 「중국관내지역 韓人의 국적문제 일고찰—1933년 廣州에서의 '朴義一' 체포를 둘러싼 中日佛 교섭을 중심으로—」, 『史學硏究』 110, 2013을 참고할 만하다.

4. 중일전쟁 전후 한인 유학생의 동향

『용진』이 간행되던 1935년 6월 전후 관내의 한국독립운동세력은 큰 변동을 맞고 있었다. 바로 그해 7월 민족혁명당이 조직되었기 때문이다.[110] 민족혁명당은 중국에 산재한 좌·우익의 독립운동단체들이 연합하여 1932년 11월에 결성한 한국대일전선통일동맹韓國對日戰線統一同盟을 기반으로, 한국독립당·의열단·신한독립당·조선혁명당·미주대한인독립단 등이 남경에서 통일정당을 목적으로 조직한 정당이다. 특히 민족혁명당에 참가한 세력은 임시정부 해체론을 주장하였고, 임시정부 국무위원 가운데 주석인 양기탁梁起鐸을 비롯하여 5명이 사임하였다. 그러나 한국독립당에서 민족혁명당에 참여하지 않은 임시정부 고수파는 1935년 11월 한국국민당을 결성하여 임시정부를 개편하였다. 그들은 의열단이 주도하는 민족혁명당이 좌파적 색채가 농후하다고 인식하였고, 이들과 대립하고 있었다. 김구金九는 임시정부 고수파를 이끌며 1933년 3월부터 떠나 있던 임시정부의 국무위원으로 복귀하였다. 그런데 의열단 김원봉 세력이 주도하여 민족혁명당을 운영하자, 1935년 9월 조소앙趙素昂 중심의 한국독립당 세력이 민족혁명당을 탈퇴하여 한국독립당을 재건하였다. 1937년 3월에는 이청천李靑天이 주도하는 조선혁명당 계열도 민족혁명당에서 나와 당을 재건하기에 이르렀다.[111]

민족혁명당은 창당 직후인 1935년 9월 초 당원 15명을 광동에 파견하고, 이어 9월 말 강창제姜昌濟를 파견하여 공작한 결과 화남華南 지부와 광동구廣東區를 설치하였다. 한국인이 많이 거주하고, 특히 중산대학에 청년들이 재학하고 있었으므로 당연히 가장 먼저 관심을 두었던 것이다. 화남지부의 중

110 민족혁명당은 1935년 창당 시 한국민족혁명당이라 하다가 1937년에 조선민족혁명당으로 개칭하였다. 이 글에서는 민족혁명당으로 통칭한다.

111 辛珠柏, 「대한민국임시정부와 1930년대 정당통일운동」, 『대한민국임시정부 수립80주년기념논문집』 下, 국가보훈처, 1999 참조.

앙집행위원에는 이경산과 송면수가 선임되었는데,[112] 모두 중산대학 재학생으로 한국독립당에 참여하였던 인물이다.[113] 이때 광동에 거주하는 한국인 대부분이 민족혁명당 화남지부에 가입하였다는 일제의 정보보고로 미루어,[114] 중산대학 유학생들 상당수가 민족혁명당에 입당하였을 것이다.[115] 특히 『한성』을 발행하며 일정한 세력을 유지하던 이두산李斗山이 한국독립당 광동지부에서 김붕준과 대립하였던 점을 상기한다면,[116] 민족혁명당에 적극 참여하였을 것으로 짐작된다. 중산대학 조교로 재직한 이정호와, 중산대학 부속중학에 재학하던 이동호가 그의 아들이다.

민족혁명당 화남지부는 1935년 11월부터 1936년 6월까지 중산대학 문학원 또는 교직원 기숙사에서 매월 2회 내지 4회 모임을 가졌다. 이 모임에서는 당무보고와 정세보고 토론 등을 하였으며, 1936년 6월에는 중산대학 의학원 등지에서 집행위원 등의 임원개선 선거를 하였다.[117] 모임 장소로 보아 이정호가 깊이 관여한 것임을 짐작할 수 있다. 민족혁명당에 참여한 인물로는 이두산·이정호를 비롯하여, 중산대학생 김창국·김억·이경산·한태주·안병무 등과, 국립법학원에 재학하다가 뒤에 중산대학에 입학하는 김구영, 중학에 재학하다 역시 중산대학에 입학하는 정원형, 그리고 이동호가 언급되었다.[118] 이들 이외에 김파·서상호 등 중산대학생이 더 참여하였다.[119] 1936년,

112 村田左文, 「上海及南京ビ方面ニ於ケル朝鮮人ノ思想狀況」, 『朝鮮統治史料』 10, 東京: 韓國史料研究所, 1971, 785~786쪽.

113 이경산의 경우, 한국독립당 광동지부의 간사직을 맡았었다(『韓國獨立運動史資料』 3, 572쪽).

114 村田左文, 「上海及南京ビ方面ニ於ケル朝鮮人ノ思想狀況」, 786쪽; 『시찰보고집』 5, 32쪽.

115 村田左文, 「上海及南京ビ方面ニ於ケル朝鮮人ノ思想狀況」, 786쪽에는 광동군관학교에 20여명, 중산대학에 40명 정도가 재학하였다고 되어 있다.

116 「不逞鮮人團體一覽表」, 『日本外務省特殊調查文書』 27, 82쪽; 『韓國獨立運動史資料』 3, 572쪽.

117 金正明 편, 『朝鮮獨立運動』 Ⅱ, 632~633쪽.

118 「李初生 신문조서(제3회)」, 153쪽.

119 金正明 편, 『朝鮮獨立運動』 Ⅱ, 632~633쪽. 이초생에 의하면 서상호가 한국국민당에서 활동하였다고 한다(「李初生 신문조서(제3회)」, 153쪽).

중앙당에서 임명한 지부장을 배척하고 지부 당원으로 지부장을 임명하는 등 중앙당에 반대하는 일이 일어나 8월 이후 최동오崔東旿·이청천·윤세주尹世胄(석정石正) 등이 사태 수습을 위해 민족혁명당 화남지부에 차례로 파견되었다.[120] 1937년 1월에는 화남지부 당원이 25명이었다.[121]

민족혁명당에 비하여 재건 한국독립당은 급격히 세력이 약화되었다. 1932년에 설치된 한국독립당 광동지부가 유학생을 지원하였기 때문에 상당수의 유학생들이 한국독립당에 참여하고 있었다. 그런데 광동지부를 주도하는 위치에 있던 김붕준·양우조 등이 한국독립당 제7차 대표대회에 참가하여 민족혁명당 참가를 반대하였고,[122] 뒤에 임시정부를 고수하는 한국국민당이 결성되자 적극 참여하였다. 재건 한국독립당에서는 광동에 1935년 12월 박창세朴昌世를, 1936년 1월 조소앙을 파견하여 자금 조달과 당원 확보를 시도하였으나 별다른 성과를 거두지 못하였다.[123]

김구가 주도하는 한국국민당은 1935년 11월 결성되자 광동지역에서도 세력 확보를 도모하였다. 1936년 6월 전후 김구의 참모인 안공근安恭根의 장남 안우생과 김구의 장남 김인金仁, 그리고 이해평李海平(이재현李在賢)·한도명韓道明 등이 광주에 파견되었다. 안우생은 1920년대 중산대학 문학원에 재학한 바 있었다. 이들은 김덕목·김강·이홍관 등의 협력을 얻어 민족혁명당에 가담하였던 안병무와 한태주 등을 끌어들였고, 김창만 등을 포섭하였다. 마침내 한국국민당 광동지부가 결성되었고, 김붕준·양우조, 중산대학생 김창만·이병훈·김강·정구린·안병무·한태주 등과 뒤에 중산대학에 입학하

120 金正明 편, 『朝鮮獨立運動』 Ⅱ, 572쪽; 『시찰보고집』 5, 32쪽; 리화림, 「진리의 향도 따라」, 228~229쪽에는 윤세주가 광동에 온 것이 1935년 늦가을이라고 하였는데, 1936년이 맞을 것 같다.

121 『시찰보고집』 5, 21~22쪽.

122 「(朴敬淳) 청취서(제2회)」, 76쪽.

123 「(朴敬淳) 청취서(제2회)」, 80쪽.

지만 당시 국립법학원생이던 이효득 등이 참여하였다. 그리고 1937년 2월에 김창만을 단장으로 세운 한국 청년전위단이 조직되었다. 이 단체는 15명 내외가 참여하였다가,[124] 한국국민당청년단(1936년 7월 결성)에 1937년 9월 통합·흡수되었다.[125] 한국국민당은 민족혁명당보다 자금이 풍부하여서 1936년 9월경 광동지역에서 확고한 위치를 차지하였다고 하는데, 민족혁명당 계열 청년들과 합작하였다는 언급도 있다.[126] 의외로 박무 같은 인물도 한국국민당에 참여하였던 것이 확인되는 바,[127] 그 같은 언급이 억측은 아닐 것이다.

이처럼 광주에서는 1930년대 후반 한국국민당과 민족혁명당이 경쟁하는 형태로 세력판도가 개편되었다가, 한국국민당 세력이 우위에 섰던 것으로 보인다. 중산대학 유학생도 민족혁명당이 결성되자 상당수가 이에 참여하였다가, 한국국민당의 적극적인 활동으로 적지 않은 수가 정당을 옮기거나 공동으로 공작하였던 것 같다. 유학생들이 각기 정치적 관점에 따라 한국국민당과 민족혁명당을 지지하였지만, 입장이 확고하지는 않았던 것으로 짐작된다. 독립운동계 지도자들도 민족혁명당에 참여하였다가 김원봉의 독주에 반발하여 탈퇴하는 상황이었다. 1936년 2월 이소민이 중국 공안국에 체포되었을 때 한인 유학생 전체가 석방탄원에 서명한 것만 보아도 유학생 사이에서 정당 간의 차별성이 확고하게 자리 잡은 상황은 아니었다. 한국독립당 광동지부에서 맡았던 유학생 추천도 1936년 중반에 이르면 민족혁명당 광동지부와 한국국민당 광동지부로 이원화되었는데,[128] 민족혁명당에서 추천한 인원

124 「在支不逞鮮人團體組織系統表」, 『特高月報』 1943년 1월호.

125 이에 관해서는 「李初生 신문조서(제3회)」, 153쪽; 『시찰보고집』 5, 21~22, 32쪽; 安炳武, 『七佛寺의 따오기』, 92~93쪽; 「在支不逞鮮人團體組織系統表」 등을 참조할 것.

126 「李初生 신문조서(제3회)」, 153쪽.

127 그는 한국국민당청년단에서 발행한 『韓靑』 2-3, 1936년 3월호에 「國際政治情勢의 新動向」을 기고하였다.

128 『독립운동사료』(광동성당안관자료), 「한국민족혁명당 화남지부 서기 金瑞南, 학생지도원 이정호가 중산대학 교장 鄒魯에게 보내는 공문」(1936. 8. 6)과 「한국국민당 이사 겸 駐粵代表 김기원이 중산대학 교장 鄒魯에게 보내는 공문」(1936. 9. 20) 참조.

이 더 많았다.[129]

그러나 1937년 7월 중일전쟁의 발발로 중산대학 유학생들의 행보는 그전과는 다르게 전개되었다. 즉 중산대학 유학생의 상당수가 1937년 12월부터 남경 근교 중앙육군군관학교 성자星子분교 특별훈련반에서 군사교육을 받고, 1938년 10월 무한에서 조직된 조선의용대朝鮮義勇隊에 참여하였던 것이다. 1937년 9월 중국 군사위원회는 한국국민당·한국독립당·조선혁명당이 참가한 한국광복운동단체연합회와 민족혁명당에 한국 청년들을 선발하여 특별군사훈련을 시킬 것을 제의하였다. 이에 민족혁명당은 즉각 중국 각지에서 대일공작에 종사하는 청년들을 남경에 소집하였고, 이 소집에 응한 청년들의 수는 83명에 이르렀다.[130] 주로 상해와 광동, 그리고 남경의 청년들이 참가하였다.[131]

10월 중순경 중산대학생 상당수를 포함한 광동의 청년 30~40명이 기차로 한구漢口까지 가서 배를 타고 남경으로 이동하였다고 하는데, 광주에 와 있던 민족혁명당의 김학무金學武 등이 동행하였다고 한다. 이때 안병무도 동행하였는데, 그에 의하면 광주의 청년·학생들은 초당적 대동단결을 약속하고 남경에 도착하였으나, 대부분이 민족혁명당으로 옮겨 갔다고 한다.[132] 그렇다면 꼭 민족혁명당 소속 청년들만이 남경으로 갔다기보다, 일부 민족혁명당 계열이 주도하여 광주의 청년들이 남경으로 이동하였을 가능성이 적지 않다. 그리고 이두산이 중산대학생과 청년 20여 명을 이끌고 왔다는 언급도 있는 것으로 보아,[133] 남경행에는 이두산도 동행하였을 가능성이 크다. 어떻든

129 현재 『독립운동사료』(광동성당안관자료)에서 보이는 한국국민당 추천 학생은 안우생뿐이고, 민족혁명당 추천 학생은 1936년과 1937년에 걸쳐 13명이나 된다(주 128 참조).

130 「在支朝鮮義勇隊の情勢」, 『思想彙報』 22, 朝鮮總督府 高等法院檢事局 思想部, 1940, 158~159쪽; 金榮範, 「朝鮮義勇隊 硏究」, 『한국독립운동사연구』 2, 1988, 476쪽.

131 金學鐵, 『최후의 분대장』, 139쪽.

132 安炳武, 『七佛寺의 따오기』, 100~101쪽.

133 「증인 李尙奎 신문조서」, 『韓民族獨立運動史資料集』 46, 122쪽.

성자분교에 중산대학 · 광동군관학교 학생 등 광동에서 온 입교생이 40명에 가까웠다.[134]

성자분교에서 훈련을 받은 인물 전체의 명단은 남아 있지 않지만, 중산대학 출신으로는 김창만 · 이상조 · 박무 · 김철원 · 김정희 · 장해운 · 최장학 · 최현순 · 정원형 등이 확인된다.[135] 이 외에, 확인되지 않지만 뒤에 조선의용대에 참가하는 중산대학 출신 상당수가 성자분교에서 교육을 받았으리라 짐작된다. 중산대학 출신 외에 중산대학 부속중학에 재학한 이동호도 있었다.[136] 용진학회를 이끈 김창화는 중산대학을 졸업한 직후인 1937년 9월 계림桂林 팔로군판사처로 차출되었고,[137] 이화림도 남경에서 중경으로 갔기 때문에 성자분교의 훈련에 참여하지 못하였다.[138] 성자분교를 마친 중산대학 출신 가운데 김창만과 이상조 · 박무 · 최현순 · 김정희 · 김철원 등 일부는 1938년 6월 만주 진출을 내세우며 민족혁명당을 탈퇴하고 조직된 조선청년전시복무단에 참여하였다. 이 전시복무단은 9월 조선청년전위동맹으로 명칭을 바꾸었다가, 10월에 조선의용대에 참여하였다.[139]

1938년 10월 민족혁명당 · 조선청년전위동맹 · 조선민족해방운동자동맹 · 조선혁명자연맹 등 조선민족전선연맹 등에 참가한 세력이 조선의용대를 조직하자, 중산대학에서 수학한 유학생들 상당수가 다시 모일 수 있었다. 조선의용대에 참여한 것으로 확인되는 인물은 이정호 · 이경산 · 김창화 · 이상조 · 장해운 · 김창만 · 최현순 · 이화림 · 박무 · 김창국 · 문정진 · 김정희 · 이병훈 · 김철원 · 최장학 · 김찬규 · 최중기 · 박차정 · 정원형 · 김경운 · 김용섭 등 20

134 金學鐵, 『최후의 분대장』, 139쪽.

135 金學鐵, 『최후의 분대장』, 139~140쪽.

136 金學鐵, 『최후의 분대장』, 140쪽.

137 로민, 「청춘시절의 추억」, 141쪽.

138 리화림, 「진리의 향도 따라」, 230쪽. 이화림의 구술회고록으로 『머나먼 려정』, 북경: 민족출판사, 2012가 있다.

139 「在支朝鮮義勇隊の情勢」, 161~162쪽; 金光載, 「朝鮮青年前衛同盟의 결성과 변천」 참조.

명이 넘는데,[140] 1930년대 중산대학 유학생으로 파악된 인물의 3분의 1이 넘는 숫자였다.

한국국민당 계열인 한국청년전위단의 활동은 두드러지지 못하였다. 이 단체는 1937년 9월 한국국민당청년단에 합병되었다가, 그해 8월에 결성된 한국독립운동단체연합회에 합류하였다. 그러나 11월 임시정부가 장사長沙·광주 등지로 옮겨 가면서 피난생활을 하게 되자 별다른 활동을 전개하지 못하였다. 김효숙과 김정숙은 중산대학 학생전시복무단을 조직하여 항일의식을 고취하는 선전활동에 나섰고,[141] 안병무는 중국 신문사의 기자와 중국군 군관학교의 교관으로 종사하였다.[142] 그러나 한국국민당에 참여하였던 중산대학 출신자들 중 상당수가 남경으로 가 성자분교에 입교하였다가, 뒤에 조선의용대에서 활동하였다. 한국청년전위단의 핵심이던 김창만을 비롯하여 이병훈·박무 등이 바로 그러한 경우이다. 일부 중산대학 출신자들은 1939년 2월 유주柳州에서 조직된 한국광복진선청년공작대에 참여하였는데, 노복선·조시제·이홍관·김효숙 등이 그들이다.[143]

이러한 사실을 보면, 중산대학 유학생들은 1930년대 중반 한국독립당 광동지부와 관련되었으나 1935년 7월 민족혁명당이 조직되자 대부분이 그쪽으로 옮겨 갔던 것으로 짐작된다. 그러나 이들의 일부는 11월 한국국민당이 만들어지자 한국국민당을 지지하였으며, 부분적으로 합작도 하였던 것 같다. 한국국민당과 민족혁명당이 대세를 이룬 1935~1937년에는 중산대학 유학생들이 두 정당을 오가기도 하였다. 그러다가 1937년 7월 중일전쟁이

140 조선의용대의 명단은 金正明 편, 『朝鮮獨立運動』 Ⅱ, 685~688, 716~720쪽; 「在支朝鮮義勇隊の情勢」, 159~164쪽; 「在支不逞鮮人團體組織系統表」 등 참조. 金榮範, 「朝鮮義勇隊 硏究」과 張世胤, 「조선의용대의 조직편성과 구성원」, 『한국근현대사연구』 11, 1999에 정리되어 있다.

141 『獨立有功者功勳錄』 5, 국가보훈처, 1988, 905, 922쪽.

142 安炳武, 『七佛寺의 따오기』, 110~115쪽.

143 韓詩俊, 『韓國光復軍硏究』, 一潮閣, 1993, 66~68쪽.

발발한 이후, 중산대학의 졸업생과 재학생들의 상당수는 남경으로 이동하여 민족혁명당에 참가한 것 같다. 그것은 이때 민족혁명당이 중국정부와 협의하에 무장투쟁을 위한 군사교육을 중앙육군군관학교 성자분교에서 가졌기 때문이다. 중산대학에 재학하던 청년들은 무장투쟁에 참여하고자 이 군사교육에 참여한 것으로 보인다. 한국국민당 소속 중산대학생들 일부가 군사교육을 받은 것도 그러한 이유에서였다. 이러한 현상은 한국국민당과 한국국민당청년단이 중일전쟁 직후 제대로 활동을 전개하지 못한 것에 기인하였다. 청년들, 특히 중산대학 유학생들이 무장투쟁에 참여하고자 민족혁명당과 조선청년전위동맹이 주도한 조선의용대에 참여하였던 것도 자연스러운 일로 풀이된다.

중산대학 출신으로 송면수·김덕목·김효숙·김정숙·이홍관 등은 한국광복군에 참가하였다. 그런데 조선의용대에 참여한 중산대학 출신 가운데에서도 한국광복군에 참여한 몇몇이 보인다. 1941년 3월부터 5월에 걸쳐 조선의용대의 주력이 화북 중국공산당 팔로군 지역으로 진출하게 되자, 중국군사위원회에서는 조선의용대를 한국광복군에 편입시킬 것을 지시하였다. 그 결과 1942년 5월 조선의용대는 한국광복군 제1지대로 편제되었고, 7월 「조선의용대개편선언朝鮮義勇隊改編宣言」을 발표하였다.[144] 이때 이정호·문정진·최장학 등이 한국광복군 제1지대에 소속되었던 것이다.

5. 맺음말

1924년 국립광동대학으로 개교한 중산대학에 한인 유학생들은 개교 직후부터 입학하여, 1927년에는 57명의 한인 유학생이 재학하고 있었다. 그러나 1927년 용공분자 숙청과 광주봉기 등으로 1930년까지 한인 유학생의 입학

144 韓詩俊, 『韓國光復軍研究』, 162~166쪽.

은 눈에 띄지 않았다.

1931년 9 · 18사변 이후 새롭게 한인 유학생들이 입학하면서 광주는 중국 혁명뿐 아니라 한국독립운동가 양성에 중요한 역할을 맡게 된다. 특히 한국독립당이 중산대학과 협의하여 한인 유학생의 편의 제공과 재정 지원을 얻어낸 이후, 1930년대 중반에 많을 때에는 50명이 넘는 한인 유학생이 중산대학에 재학하였다. 필자가 여러 자료들을 통하여 50명이 넘는 한인 유학생의 명단을 확보하였는데, 그들은 주로 평균 22세의 남자들이었다. 한인 유학생들은 민족주의 계열과 사회주의 계열로 나뉘었으나, 뚜렷하게 구분되지는 않았던 것으로 보인다. 유학생들이 민족혁명당과 한국국민당을 오가던 모습에서 그렇게 짐작된다. 그들은 용진학회를 조직하여 친목도모와 학술연구를 하였고, 중한연대의 항일투쟁에 관심을 보였다.

중일전쟁 발발을 전후하여 한국독립운동 세력 개편과정에서 중산대학 유학생의 상당수는 성자분교의 군사교육에 참가하였고, 민족혁명당이 주도하는 조선의용대에 적극적으로 참여하였다. 유학생들이 학문 자체보다 독립운동에 더욱 주목하였음을 알 수 있다. 그들 대부분은 조선의용대와 한국광복군 등에 참여하여 독립운동에 직접 헌신하였던 것이다.

한국독립운동에 있어 무장 지도세력의 양성이 1910년대에 신흥무관학교와 중국 군관학교에서 이루어졌다면, 1920년대에는 황포군관학교가 그 기능을 맡았다고 볼 수 있다. 1930년 전반기에는 조선혁명군사정치간부학교와 낙양군관학교가 그러한 역할을 맡았다. 중일전쟁이 전개된 1930년대 후반기부터 1940년대에 이르러 무장세력이 조선의용대와 광복군 등 관내로 집중되었는데, 새롭게 양성된 무장세력 가운데 중산대학 출신들이 적지 않았다는 점은 특기할 만하다. 중산대학은 군사교육기관이 아니었지만, 중국에서 가장 많은 한인 유학생들이 재학한 이 대학 출신들이 중일전쟁 이후 직접 무장투쟁에 나선 것은 자연스러운 일이기도 하였다. 따라서 1930년대 중반 이후 무장 지도세력의 양성을 중산대학이 맡았다고 해도 좋을 것이다. 앞으로 중산대학과 광동성당안관에 소장된 자료가 더 발굴된다면, 중산대학 한인 유학생들의 독립운동 활동에 대한 논의가 더욱 깊어질 것으로 생각된다.

이 글은 1930년대 광동지역을 중심으로 한 중산대학 한인 유학생들의 활동과 그 동향에 관심을 두고 작성되었다. 따라서 그들의 지향이나, 광동지역 전반에 걸친 독립운동에 대해서는 별다른 언급을 하지 못하였다. 앞으로 그러한 문제에 대해서도 관심을 갖고자 한다.

보론

우빈 주교와 한국독립운동

1. 머리말

신탁통치 문제가 정국의 이슈로 떠오른 1945년 12월 말, 대한민국임시정부 주석 김구金九는 한국 독립 문제에 크게 기여한 인물로 당시 한국인들에게 전혀 알려지지 않았던 '우빈于斌 주교'라는 중국인 천주교 성직자를 소개하였다. 『동아일보』 1945년 12월 29일자에 실린 「조선독립공약에 숨은 은인 우빈 주교: 장주석蔣主席 고문으로 '포쓰담'서 활약 김구 주석이 술회」라는 기사에 그 내용이 나온다.

> 오 년 후 독립이니 조선 신탁 관리니 하는 외전이 우리의 가슴을 압흐게 울리는데 일죽이 '포쓰담' 회담석상에서 조선의 독립을 적극으로 주장한 중국 천주교 주교의 활약한 소식이다 이분은 장개석蔣介石 주석의 고문 격으로 포쓰담 회담에 참가한 중국 주교 우빈于斌 씨로 이야기는 김(金九) 주석의 술회로서 알 수 잇게 되엇다 김 주석의 말하논 바에 의하면

내가 중국에서 우빈 주교와 처음 만낫을 때 우 주교는 임시정부를 격려하여 주드니 재차 만낫을 때는 "요세 세론이 대한민국임시정부를 퍽 옹호하는 론제가 가끔 신문에서 보게 되니 아조 반갑습니다" 하고 축하의 말을 하드니 삼차 만날 때는 "최근 림시정부 문제를 적극적으로 취급하며 후원 지지하는 여론이 농후해지니 큰 힘을 내서 매진하시오" 하고 축하와 격려를 하여 주엇다

그리다가 '포스담' 회의가 열리자 우 주교는 장 주석의 고문으로 참석하여 조선독립 문제를 내세우고 단에 올라서서 "오천 년의 역사와 우수한 문화를 가진 조선민족에게 독립을 주어야 한다"라고 웨첫다 한다 그리하야 카이로회담에서 약속한 조선의 독립문제는 다시 결론을 엇게 되엿든 것이다 우리의 해방 뒤에 숨은 은인인 우빈 주교는 1901년 흑용강성黑龍江省 태생으로 일즉이 상해 진단震旦대학을 졸업하고 로마에 유학하여 철학哲學, 신학神學, 정치학政治學의 박사위를 엇고 북평北平 보인대학輔仁大學장으로 임명되엿다가 1936년 주교에 서품敍品되엿다. 중국을 위하야 미국에 가서 강연 등으로 항일전에 힘쓰다가 최고〔근〕 귀국하엿다 한다

기사는 우빈 주교가 포츠담 회담에 참석하여 한국 독립 문제에 기여하였다는 사실을 김구의 술회를 통하여 알리며, 그의 이력을 사진과 함께 간단하게 소개하였다.

김구의 술회대로 우빈은 중국의 민간에서 한국독립운동을 지원한 대표적 인사였다. 1936년 주교로 서품되고 남경대목구장南京代牧區長을 맡게 되면서 중국 천주교회를 주도하던 그는 중일전쟁 이후 민간에서 전쟁지원에 적극 참여하였고, 한국독립운동에도 깊은 관심을 가지게 되었다. 더욱이 그는 흑룡강성 출신이어서 만주에서의 한국독립운동에 대한 지식도 없지 않았을 것이다. 우빈이 한국독립운동을 지원한 기록은 중국뿐만 아니라 미국에서 한국인들이 발간한 『신한민보』에서도 종종 발견된다. 그가 미국에 가서 항일전쟁의 지원을 촉구하는 과정에서 한국에 관심을 보였기 때문이다. 1969년 8월 대한민국정부는 서울 남산에 세워진 김구 선생 동상 제막식에 참석하기 위하여 방한한 그에게 건국훈장 대통령장을 수여하였다.[1]

우빈 주교의 한국독립운동 지원에 대하여 그동안 한국학계에서는 별다른 관심을 보이지 않았다.[2] 필자는 이 주제에 대하여 오래전부터 관심을 두어 왔으나, 자료 수집이 만족스럽지 않아 논문을 작성하는 데 주저해 왔다. 중국의 두 번째 추기경인 그에 관한 자료가 대만 보인대학輔仁大學 교사실에 적잖이 보존되어 있지만, 한국독립운동과 관련된 부분은 거의 없는 것으로 알고 있다. 마침 한국교회사연구소 설립 50주년을 맞아 한국교회사연구소와 우빈 추기경과의 인연을 기억하고자, 부족한 대로 한국독립운동에 대한 그의 관심과 활동을 정리하고자 한다. 그는 1976년 한국을 다섯 번째 방문하였는데, 그때 한국교회사연구소가 주최한 서울교구 설정 65주년기념 사료전시회(서울 신문회관)를 관람하고 최석우崔奭祐 신부를 보인대학에 초청한 바 있다.[3] 그가 전시회 관람 후에 한국교회사연구소를 위하여 쓴 휘호는 지금도 한국교회사연구소 소장실에 걸려 있다.

2. 우빈 주교와 중국 천주교회

먼저 우빈Paul Cardinal Yü Pin(1901~1978)의 생애를 정리하며 그가 중국 천주교회사에서 차지하는 위상과 항일전쟁에서의 활동을 살펴보도록 하자.[4]

1 『경향신문』 1969년 8월 23일자 「중국 于斌 추기경 來韓: 金九 선생 銅像 제막식 참석」, 8월 27일자 「于斌 추기경에 훈장」.

2 이에 대해서는 중국에서도 潘朝英, 「于樞機在海外對我國家民族之貢獻」, 『于斌樞機紀念文集』, 臺北: 康寧雜誌社, 1981에 간략하게 언급된 정도이다.

3 『경향신문』 1976년 4월 9일자 「韓國獨立운동의 恩人 自由中國 于斌 추기경」; 于斌樞機畫傳編輯委員會 편, 『于斌樞機畫傳』, 臺北: 輔仁大學出版社, 1998, 169쪽; 「역사 속의 사진첩」, 『교회와 역사』 2014년 3월호.

4 우빈의 생애와 활동에 대해서는 陳方中 編, 『于斌樞機傳』, 臺北: 臺灣商務印書館, 2001; 張興唐, 「于斌樞機傳」, 『于斌樞機紀念文集』; 雷震遠, 「于斌總主教小史」, 『于斌傳記資料』 2, 臺北: 天一出版社, 1985; 『于斌樞機畫傳』, 臺北: 輔仁大學出版社, 1998 등을 참고하였다. 그리고 「于主教略歷」, 『于斌主教抗戰言論集』, 香港: 眞理學會, 1939, '維基百科'(http://zh.wikipedia.org/wiki/)와 '百度'(http://www.baidu.com/)의 해당 항목도 참고하였다. 별도의 각주가 없는 경우에는 이상의

1901년 4월 13일 중국 흑룡강성 난서현蘭西縣에서 출생한 우빈은 일찍 부모를 여의고 조부모 슬하에서 자라났다. 1912년 그는 조부모를 따라 해륜현海倫縣 약슬둔若瑟屯으로 이사하였는데, 이 일은 그의 생애에 결정적인 영향을 미쳤다. 약슬둔은 지금의 해북진海北鎭으로 흑룡강성에서 가장 중요한 천주교 촌락이었다. 지명인 약슬은 요셉의 한역이다. 우빈의 조모가 천주교 신앙을 받아들였고, 우빈도 14세에 바오로라는 이름으로 영세를 받았다. 파리외방전교회 앙리 루뱅 신부Rev. Henri Roubin, M.E.P., 陸恒厘의 지도로 해륜현의 고등소학교를 거쳐 1916년 흑룡강성 제1사범학교에 입학하였다. 제제합이齊齊哈爾에 위치한 제1사범학교에 재학하던 1919년에 5·4운동이 전개되자 그는 학생단장으로 추대되어 가두연설 등을 하다가 체포를 피해 학업을 중단하고 약슬둔에 피신하였다.

1920년 우빈은 길림의 신학교인 신라학원神羅學院에 입학하여 라틴어 등 기초과정을 배우고, 상해上海 진단대학震旦大學 예과에서 프랑스어를 1년간 수학하였다. 그리고 길림으로 돌아와 신라학원에서 철학과 신학을 공부하다가, 1924년 로마로 유학을 떠나 전신대학傳信大學, 즉 우르바노 대학Pontificia Università Urbaniana에서 철학과 신학을 수학하였다. 1925년 성 토마스 데 아퀴노 대학Pontificia Università San Tommaso d'Aquino에서 철학박사 학위를 받았으며, 1928년 12월 22일 사제로 서품되었다. 1929년 우르바노 대학에서 신학박사 학위를 받고 가을부터 중국문학 교수로 일하였으며, 1933년에는 중국철학과 중국문화사, 중국전교학을 가르쳤다. 1931년부터 1933년까지는 교황청 도서관에서 중문부의 서목과 자료 등을 정리하며 도서관에 소장된 많은 중국 고서들을 읽고 연구할 기회를 가질 수 있었다. 우빈은 어려서 유교경전을 공부하여 중국문화의 기본정신을 이해하였으며,[5] 천주교인이면

자료를 이용하였다.

5 于斌, 「一條大路通羅馬」, 『于斌傳記資料』 2, 7~8쪽.

서도 중국문화에 지속적인 관심을 가지고 서양문화와의 접목을 시도하였다. 그의 종교사상이 유교와 공통점이 많다는 평가도 그러한 그의 관심과 무관하지 않다.[6] 그는 중국 천주교 토착화운동을 실천하고자 한 벨기에 출신의 뱅상 레브 신부Rev. Vincent Lebbe, 雷鳴遠의 영향을 적잖이 받았던 것 같다.[7]

1931년 일제가 만주를 침략하자 우빈은 로마에 와 있던 중국주재 교황사절 코스탄티니 대주교Archbishop Celso Costantini, 剛恒毅를 도와 이탈리아의 명사들과 연락하여 중의우선회中意友善會, Sino-Italian Amity를 조직하여 부회장에 선임되었고, 중국을 위한 선전활동에 진력하였다. 이 일로 그는 이탈리아 국왕 빅토르 엠마누엘 3세Victor Emmanuel Ⅲ의 훈장을 받았다. 우빈은 1933년 이탈리아 국립 페루자 대학Università degli Studi di Perugia에서 정치학박사 학위를 받았다. 로마에서 10년간 수학하며 철학·신학·정치학 분야에서 박사학위를 취득하였던 것이다. 그는 교황청으로부터 평신도 사도직 운동을 하는 가톨릭 액션Catholic Action인 중화전국공교진행회中華全國公教進行會의 총감독으로 임명받고 1933년 11월 귀국하였다.

같은 해 12월, 당시 북평北平이라고 불리던 북경에 도착한 우빈은 교정주화대표공서教廷駐華代表公署, 즉 주중교황청대표부의 비서와 중화공교교육연합회 위원, 보인대학의 이사와 윤리학 교수를 겸하게 되었다. 우빈은 중국전국공교학교 시찰주임(1934년)까지 맡아 천주교 교육을 주도하며 바쁘게 활동하였다. 1935년 9월 상해에서 개최된 중화전국공교진행회 제1차 대회에서 비서장에 선출된 그는 비행기헌납운동을 발기하였다. 이 일은 천주교인

6 張興唐, 「于斌樞機傳」, 9쪽.

7 『于斌樞機畫傳』, 17쪽에는 1926년 우르바나 대학을 방문한 레브 신부와 우빈 등 중국인 신학생들이 함께 찍은 사진이 실려 있다. 레브 신부에 관해서는 자크 르클레르(전경자 역), 『멀리 울리는 뇌성』, 성바오로출판사, 1993과 신태갑, 「뱅상 레브 신부와 중국 천주교의 토착화」, 『大丘史學』 103, 2011을 참고할 수 있다. 우빈과 레브 신부와의 관련에 대해서는 충남대학교 金壽泰 교수의 교시에 힘입은 바가 크다.

들의 애국심을 드러내는 데 기여하였을 뿐만 아니라, 중국인들이 비애국적이라고 인식하던 천주교인들에 대한 인식을 바꾸는 중요한 계기가 되었다.

1936년 7월 17일 교황 비오 11세는 우빈을 남경대목구장에 임명하였다. 35세의 젊은 나이에 중화민국의 수도 남경의 주교가 된 그는 9월 20일 북경에서 교황사절 마리오 자닌 대주교Archbishop Mario Zanin, 蔡寧와 북경대목구장 폴 몽테뉴 주교Bishop Paul Montaigne, C.M., 滿德貽, 해문海門대목구장 주개민朱開敏 주교의 집례로 축성식을 가졌다. 국민정부에서는 천진에서 남경까지 진포철로津浦鐵路에 1량의 '화차花車'를 증설하여 우빈이 남경에 도착하는 것을 환영하였다.

1937년 7월 중일전쟁이 발발하자 우빈은 교구의 사제와 교우들에게 '기도화평祈禱和平'과 '준비응전準備應戰'을 강조하였다.[8] 그는 10월 홍콩을 거쳐 유럽으로 가 국제사회에 항일전쟁 지원을 요청하였으며, 12월에는 미국과 캐나다의 30여 개 대도시에서 130회의 강연과 방송을 통하여 국제 지원 활동을 전개하였다. 이어 그는 파리·런던·로마·스위스에서 활동하였으며, 헝가리에서 개최된 성체대회에 중국대표단을 이끌고 참석한 후 베트남을 거쳐 1938년 7월에 귀국하였다. 1937년 12월 남경을 점령한 일본군이 중국인 학살을 자행하였을 때 그는 유럽과 미국에서 항일전쟁 지원 호소와 난민구제 활동을 전개하고 있었다.[9] 우빈은 1938년 국민정부가 국론 통일과 국력 결집을 목적으로 내세우고 초당적 형태로 설치한 국책자문기관인 국민참정회國民參政會의 참정원에 선임되는 등, 천주교 대표로서 국민정부와 긴밀한 관계를 유지하였다. 1938년 12월 국민정부 행정원의 진제위원회振濟委員會 위원에 취임한 우빈은 위원회를 대표하여 미국의 원조에 사의를 표하기 위하여

8 于斌,「爲蘆溝橋事件告南京區所屬僑胞書」,『于斌主教抗戰言論集』, 2~3쪽.

9 유럽에서의 우빈의 활동은 국내의 『동아일보』에도 소개된 바 있다. 『동아일보』 1937년 12월 9일자 「于斌 博士 支那의 窮狀을 全歐에 呼訴」.

1939년 1월 출국하였다. 유럽을 거쳐 미국에 도착한 그는 1939년 10월 중경에 돌아올 때까지 10개월간 미국 전역을 순방하며 난민구제를 위한 모금활동과 강연 등을 계속하였다. 우빈은 그해 12월 미국 뉴욕에서 발간된 영문 잡지 『영문중국월보英文中國月報, *China Monthly*』의 창간 작업에도 직접 관여하였다. 그가 미국에 있던 1939년 2월, 익세보종교여문화사益世报宗教與文化社가 편집한 『우빈주교항전언론집于斌主教抗戰言論集』이 홍콩香港의 진리학회에서 출판되었다. 1937년 중일전쟁 직후부터 전개한 그의 항일활동이 잘 드러나는 서적으로, 국내외에서 발표한 공문과 연설, 인터뷰 등이 실려 있다.[10] 사실 우빈의 국제 활동은 국민정부와의 긴밀한 관계에서 비롯되었으며, 장개석이 우호국에 대한 민간외교를 그에게 맡겼다고 회자될 정도였다.[11]

우빈은 중일전쟁 중 중국 국내에서도 난민구제와 관련하여 모금이나 의료 등과 관련된 여러 사업에 관여하였고, 강연이나 군대위문 활동 등에도 적극 참여하여 1941년에는 전국각계노군단全國各界勞軍團 단장을 맡기도 하였다. 또 난민아동의 직업교육에도 관심을 가져 1941년 9월 난동직업학교難童職業學校를 비롯한 각종 학교를 설립한 바 있다.

우빈은 문화에도 관심을 두었는데, 특히 천주교회에서 발행하다가 중일전쟁 이후 발행되지 못하던 『익세보益世報』를 복간하였다. 천진天津에서 뱅상 레브 신부와 천주교 지도자들이 1915년 창간한 『익세보』는 1937년 9월 정간되었는데, 우빈은 이를 1938년 12월 곤명昆明에서 복간하였고, 이어 1940년 3월 중경重慶으로 옮겨 간행하였던 것이다.[12] 1941년 6월에는 『교우생활』

10 필자는 하버드-옌칭연구소 도서관에 소장된 『于斌主教抗戰言論集』의 복사본을 하버드대학교 박사과정생 필립 갠트 씨의 도움으로 구할 수 있었다. 이 책을 적극 이용한 연구로는 徐暢 · 牛淑萍, 「抗戰時期于斌主教述論」, 『歷史檔案』 2005-3, 北京: 中國第一歷史檔案館이 있다.

11 毛吉康, 「于斌: 反對日本侵華的宗教外交家」, 『世界知識』 2009-1, 58쪽.

12 郭垣, 「于樞機與益世報」, 『于斌樞機紀念文集』, 67~69쪽. 『익세보』에 관해서는 趙曉蘭 · 吳潮, 『傳教士中文報刊史』, 上海: 復旦大學出版社, 2011, 372~384쪽 참조.

을 창간하였으며, '인생철학연구회'를 창립하였다. 그해 12월에는 중국천주교문화협진회를 조직하여 이사장에 취임하였다. 1943년 1월부터 준비되어 5월에 창립된 중국종교도연의회中國宗教徒聯誼會의 준비과정에도 우빈이 깊게 관여하였다. 항일전쟁 과정에서 종교계의 단합을 추진하고 국제적 선전활동을 추진한 이 단체는 '기독장군'으로 유명한 풍옥상馮玉祥, 중국회교구국협회장 백숭희白崇禧, 중국불교회장 태허太虛, 중화기독교전국협진회 총간사 진문연陳文淵과 우빈이 상무이사를 맡았다. 우빈의 국제 활동은 이 단체를 대표하는 것이기도 하였다.[13]

1941년 12월 태평양전쟁이 발발하자 우빈은 워싱턴에 판사처를 설치하였고, 1943년 3월 다시 미국으로 출국하였다. 워싱턴에서 그는 미국인의 대중국 이해를 촉진하고자 중미문화학회를 창립하였으며, 중국에 대한 군사지원 확대를 요구하였다. 아울러 중국 동북문제, 즉 만주문제에 대하여 미국의 조야인사들과 의견을 교환하고 있었다. 5월 11일 하원 외교위원회에서 연설하며 우빈은 전후에 마땅히 동북지역이 중국영토로 확정되어야 한다고 주장하였다.[14] 이뿐만 아니라 그는 미국정부에 이민법 개정을 촉구하였다. 미국에 거주하는 중국인은 영주권을 가질 수 없었고, 부동산도 구입할 수 없었다. 그는 중국에 우호적인 인사들을 통하여 중국인에 대한 차별이 미국의 명성을 심각하게 훼손할 수 있음을 강조하여 이민법을 개정하는 데 진력하였다. 카이로회담을 마치고 돌아온 루스벨트 대통령은 1943년 11월 백악관으로 우빈을 초청하여 전후 중국 동북문제에 대한 의견을 들었는데, 이때에도 우빈은 중국인 이민문제를 언급하였다. 이 문제는 미국 상원과 하원 의원들의 지지를 얻어 1944년부터 매년 105명의 중국인의 이민과 영주권 취득이 허가되었다.[15]

---

13 黃常倫,「主教于斌」,『民國春秋』 1993-3, 37~38쪽.

14 顧衛民,「國難與中國基督教」,『史林』 1995-2, 上海: 上海社會科學院 歷史研究所, 8쪽.

15 潘朝英,「追隨于樞機四十年」,『于斌樞機紀念文集』, 48쪽.

1944년 9월, 1년 6개월 만에 귀국한 우빈은 다시 1945년 4월 미국으로 떠났다. 전후 새로운 세계질서를 구상하기 위한 샌프란시스코회의에 민간대표로 참가하기 위해서였다. 그는 국제정치계의 여러 인물들과 미국의 천주교 인사 등을 만났는데, 특히 한국독립운동의 지도자인 이승만李承晩을 만났다.[16]

우빈은 국가와 민족과 교회에 충성하였으며, 이에 필요한 일에는 전력을 다하였다고 평가된다.[17] 그는 로마에서 세 분야에 걸쳐 박사학위를 받았지만 중국적 정서와 문화를 중시하였으며 토착화에 관심을 보였다. 그의 국제 활동은 외국에서의 모금과 원조, 군사지원, 선전활동에 그치지 않고, 중국문화를 구미에 이해시키는 단계까지 나아갔다. 1943년 워싱턴에 설립한 중국문화학원이 그 출발이었다. 그는 천주교 주교였기 때문에 미국과 유럽, 나아가 남미에 이르기까지 활동하기가 편리하였으며, 각 국가들의 중국 지지와 지원을 이끌어내기가 용이하였다. 국민정부를 위한 우빈의 활동은 국내외에서 주목받았으며, 그의 활동은 '정교합작政敎合作'으로 이해되었다.[18]

중일전쟁이 끝난 뒤 미국에서 유럽을 거쳐 귀국한 우빈은 1945년 8월 25일 중경에 도착하여 10월 11일, 8년 만에 남경으로 돌아왔다. 1946년 2월 청도靑島대목구장 전경신田耕莘 주교가 중국뿐 아니라 아시아인 최초로 추기경에 축성된 뒤, 1946년 4월 중국 천주교회에 교계제도가 설정되어 전국은 20개 대교구와 117개 교구가 되었다. 전경신 추기경은 북경대교구장으로, 우빈은 남경대교구장으로, 그리고 보정保定교구장 주제세周濟世 주교는 7월에 남창南昌대교구장으로 임명되었다. 20개 대교구 가운데 이 세 곳의 대교구장이 중국인이었다. 전체 140개 가까운 교구에서 외국인 주교는 110인이었다.[19]

16 陳方中 編, 『于斌樞機傳』, 58~59쪽.

17 張興唐, 「于斌樞機傳」, 5쪽.

18 方豪, 「四十年前天主教人士參加抗戰工作之一斑」, 『東方雜誌』 復刊 11-1(臺北), 1977, 66쪽.

19 顧衛民, 『中國與羅馬教廷關係史略』, 北京: 東方出版社, 2000, 180~182쪽.

천진·북경·남경·상해·서안西安·중경에서 『익세보』가 발행되면서 우빈은 익세보총공사를 남경에 설립하였으며, 뒤이어 남경에 익세광파전대益世廣播電台, 명원신문전과학교鳴遠新聞專科學校 등을 설립하고, 『익세주간益世周刊』과 『익세만보益世晩報』를 창간하였다. 그만큼 언론·선전활동에 관심을 가졌던 것이다. 그는 1946년 11월 제헌 국민대회 대표에 당선되었으며, 주석단에 선출되었다. 1948년 1월에도 제1계屆 국민대회 대표로 주석단에 추대되었다.[20] 국민정부와 연계된 이 같은 정치활동은 그에게 '정치주교'라는 이름을 달아 주었고, 중국공산당은 1949년 2월 북경을 점령한 뒤 그를 호적胡適 등과 함께 '문화전범'으로 선포하였다. 그만큼 우빈은 반공을 기치로 내세웠던 것이다. 사실 중국이 공산화되기 전후부터 우빈은 반공을 내세운 활동에 진력하고 있었다. 예컨대 그는 1949년 1월 미국에서 트루먼 대통령을 면담한 뒤 기자단에게 중국공산당은 교회를 탄압할 것이라는 점을 강조하였다.[21]

1949년 7월 교황청의 지시로 대륙을 떠나 대만으로 간 우빈은 10월 중국천주교문화방문단 단장의 명의로 남미 21개국을 방문하여 라틴아메리카의 자유중국 지지를 호소하였다. 그해 12월 미국으로 옮긴 그는 1959년까지 주로 미국 뉴욕에 거주하면서 대만과 한국·일본·베트남 등 아시아 각지를 비롯하여 유럽 등지를 다니며 여러 가지 활동을 전개하였다.[22] 1954년 2월 대북에서 개최된 제1계 국민대회 제2차 회의에 참석하였으며 중국천주교문화협진회 이사장을 계속 맡았고, 방한하여 이승만 대통령 등을 만났다. 1955년에는 뉴욕에서 자유태평양협회를 조직하였으며, 1956년에는 유교의 덕치주의와 그리스도 복음정신의 앙양을 목적으로 '자유태평양운동'을 발기하였다.

---

20 국민대회에 관해서는 何宜武, 「于野聲先生與國民大會」, 『于斌樞機紀念文集』, 253~257쪽.

21 『경향신문』 1949년 1월 28일자 「中共은 敎會彈壓 于南京大主敎談斌」.

22 陳方中 編, 『于斌樞機傳』, 181~209쪽에 상세하다.

1959년 교황청은 대만에 보인대학을 재건하기로 하고 그 임무를 우빈에게 맡겨 그를 교장에 임명하였다. 그동안 대북대교구에서는 곽약석郭若石 대주교가 1950년 이래 감목으로 있다가 1952년부터 대교구장으로 재임하고 1959년 사임하자, 전경신 추기경이 대교구장 서리를 맡았다. 따라서 1950년대에 전경신이나 우빈이 미국에 거주하며 활동한 것은 대만에서 교회 관계로 맡을 일이 마땅치 않았던 상황과도 무관하지 않았다. 그는 보인대학 교장을 맡음으로써 대만에서도 공식적 직책을 수행할 수 있었다. 1960년 2월 제1계 국민대회 제3차 회의에서도 주석단에 당선된 그는 1962년 광복대륙설계위원회 부주임위원을 맡아 여전히 국민당 정권에 깊이 협력하였다. 우빈은 1962년부터 1965년까지 열린 제2차 바티칸 공의회에 참석하였으며, 1967년 7월 전경신 추기경이 선종한 이후 1969년 4월 28일 바오로 6세에 의하여 중국인으로서 두 번째로 추기경에 서임되었다. 아시아에서는 그와 서울대교구장 김수환金壽煥 대주교가 추기경에 서임되었던 것이다.

1978년 8월 6일 바오로 6세가 선종하자, 교황의 장례식과 신임 교황 선출을 위하여 바티칸에 간 우빈은 12일 교황의 장례미사 중에 쓰러졌고, 결국 8월 16일 선종하였다. 8월 18일 성 베드로 성당에서 열린 장례미사에는 94명의 추기경이 참석하였다. 그의 유해는 8월 26일 대만으로 운구되어 28일 장례식 후 보인대학에 묻혔다.

3. 우빈 주교의 한국독립운동 지원

우빈은 1940년 9월 17일 중경의 가릉빈관嘉陵賓館, Chialing House에서 개최된 '한국광복군총사령부 성립 전례식'에 참석하였다. 전례식의 내빈제명來賓題名을 보면, 중앙 하단의 왼쪽 편에 그의 서명이 남아 있다.[23] 그는 국민

23 『독립기념관 전시품도록』, 독립기념관 한국독립운동사연구소, 1988, 159쪽.

정부가 남경에서 중경으로 수도를 옮긴 1930년대 후반기에 주로 미국과 유럽에서 항일전쟁 지원 선전활동에 진력하였고, 1939년 10월 말에야 중경에 도착하여 중국에서의 활동을 확대하였다. 따라서 대한민국임시정부가 중경으로 옮긴 1940년에 이르러서야 한국독립운동가들과 만날 수 있었을 것으로 생각된다.

한국광복군 총사령부 창립기념식에서 우빈은 축사를 하였다.

> 그〔우빈〕가 말하기를, 정의와 공정함이라는 하느님의 2대 진리를 장기적으로 패퇴시킬 힘은 어디에도 없다. 일본 군국주의자들은 이러한 불멸의 2대 원칙에 맞서 싸우기 때문에 그들은 자신들의 생각과 터무니없는 야심을 결코 성취할 수 없을 것이다. 우리가 이러한 두 가지 원칙을 신념으로 간직하여 정당한 싸움에 좌절하지 않는다면, 하느님은 분명히 우리가 승리하도록 도움을 줄 것이라고 하였다. 그는 중국의 전시 수도에서 우리 군대 사령부의 창립기념식을 갖는 중요성에 대하여 지적하였으며, 그것은 우리의 최종적인 승리와 새로운 평화의 새 시대를 여는 여명으로 상징된다고 하였다. 그리고 그는 이러한 의지가 중국과 한국 간의 긴밀한 협력을 강화하는 데 소용될 것이며, 이러한 협력은 세계 전체의 행복과 안녕의 방향으로 가리킬 것이라고 하였다.[24]

정의와 공정함으로 무장한 광복군이 최종적으로 승리할 것이며, 한중 간의 협력이 세계의 행복과 안녕을 가져올 것이라는 논지였다.

총사령부 성립 전례식을 마친 한국광복군은 그해 11월 총사령부를 서안으로 이전하였는데, 서안은 일본군이 점령한 화북지역과 가까운 전선으로 한인의 초모와 선전활동을 전개하기 적합한 지역이었다.[25] 총사령부 인원은 11월

24 「대한민국 광복군 총사령부 창립기념식(1940. 9. 17)」, 『대한민국임시정부자료집』 10, 국사편찬위원회, 2006, 28~29쪽, 원문 67쪽.

25 韓詩俊, 『韓國光復軍硏究』, 一潮閣, 1993, 142쪽.

17일에 중경을 출발하여 29일에 서안에 도착하였다.[26] 중경을 출발하기에 앞서 11월 11일 저녁 익세보사에서는 대한민국임시정부와 총사령부 관계 인사를 초청하여 연회를 베풀었다. 『익세보』가 우빈이 사장으로 있던 중국 천주교 발행의 신문임은 이미 언급한 바 있다. 『익세보』는 11월 12일자에 「한국각영수韓國各領袖 즉장출발전선卽將出發前線」이라는 제목으로 5단에 걸쳐 연회를 설명하며, 350만 중국 천주교인들의 협조를 다짐하였다. 이 기사는 미국에 전달되어 『신한민보』 1941년 3월 6일자에 「한국광복군 군사 령수 전선으로 출발」이라는 제목으로 전문이 번역되어 게재되었다. 먼저 신한민보사의 편집진이 밝힌 전문은 다음과 같다.

> 중국 중경에서 발힝하난 삼빅 오십만 공교〔텬주교〕도의 긔관지 익세보의 작년 십일월 십이일호에 게직한 한국광복군 군사 령수의 젼선 출발과 공교도 령수 정의사자 우빈 주교의 환송회의 정형을 보도한 긔사가 아릭와 갓다 젼자 김구 선싱의 릭함을 의하건대 우빈 주교는 중국 군사 령수 장기석장군도 극히 중요히 보난 민간 여론 령도자로서 일즉이 한국 광복운동의 협조를 위하야 삼빅 오십만 텬주교도의 총동원령을 닉렷고 이졔 또 한국광복군 군사 령수의 젼선 출발에 경의를 표하야 연회를 열어 깁부게 보닉는 것은 무론 항젼 살젹하난 장사의 긔기를 고무식히기 위함이지만은 동구 젹기에 잇난 우리는 그 공의를 늑기지 안을 수 업난 것이다 그런고로 그 젼문을 번역하야 독자왜 일람을 공급한다

이 기사를 통하여 우빈이 장개석의 측근으로 중국 천주교 350만 신도들에게 한국독립운동에 협조하라는 총동원령을 내렸음을 알 수 있다. 『익세보』의 기사에는 연회 참석자로 임시정부 주석 김구, 광복군 총사령 이청천李青天, 광복군 참모장 이범석李範奭 등과 중경교구 안츤 주교Bishop Louis Gabriel Xavier Jantzen, M.E.P., 尙惟善, 강姜 신부, 샤를 메우스 신부Rev. Charles Meeus,

26 『大韓民國臨時政府公報』 1941년 10월 17일자.

S.A.M., 梅雨絲, 왕육삼王育三 박사, 그리고 익세보사 측의 우빈과 방호方豪 신부가 거명되었다. 『신한민보』에는 번역 기사와 함께 사진이 실렸는데, 임시정부 쪽의 박찬익朴贊翊과 엄항섭嚴恒燮, 중국 쪽의 마재천 · 채신부 · 조막야趙漢野 등이 '사진설명'에 추가되었다.[27] 중국 쪽 참석인사들은 대체로 중경의 천주교와 익세보사 관계자들로 짐작된다. 기사에는 20인 정도가 이 자리에 참석하였다고 언급되었고, 사진에도 그 정도 수의 인사들이 나와 있다. 우빈은 이 자리에서 한중 양국 민족이 협력하여 일본의 제국주의를 타도하여 정의를 실현해야 하고, 『익세보』는 당연히 한국독립운동을 위하여 힘써 선전할 것임을 강조하였다.

이 자리에서 우빈은 비단에 '협양정기協揚正氣'라고 쓴 기를 임시정부에 선물하였다. 『익세보』의 기사를 번역한 『신한민보』의 기사에 우빈이 선물을 전달하고 기의 뜻을 설명하는 모습이 묘사되어 있다.

> 씃흐로 그가 말하기를 "나는 이 례물을 가져 전선으로 출발하난 한국 각 령수를 주어보닉노라" 하며 비단긔 한 폭을 펼치난대 보니 흰 바탕에 누른 글자를 썻고 사면으로 남빗 선을 둘넛으며 쳣 머리와 씃흐 머리에는 홍빅 량식의 비단으로 기웟다 그가 말하기를 누른 것과 흰 것은 종교긔의 대표적 빗이니 범체 강교 정의 화평의 의를 징상한 것이오 남 빅 홍 삼식은 중국 국긔 쳥텬빅일만지홍을 대표한 것이오 긔 우에 쓴 '협양정긔' 네 글자는 그가 쓴 친필인대 한국혁명 령수는 정긔를 대표한 바 정긔는 당연히 협동 션양할 필요가 잇어서 그러케 썻고 그 리면에는 종교 국가와 밋 목젹을 징상한 것이라 하얏다

그 답례로 김구는 '정의사자正義使者'라고 수를 놓은 비단기를 우빈에게 전하였다.

---

27 이 사진은「우빈 주교가 광복군 군사 영수의 전선 출발을 환송하며」, 『백범 김구 사진 자료집』, 백범김구선생기념사업협회 · 백범학술원 · 백범김구기념관, 2012, 131쪽에 수록되었는데, 安樂生이 추가로 확인된다. 조막야는 익세보사 관계자였다(郭垣,「于樞機與益世報」, 『于斌樞機紀念文集』, 68쪽).

김구 선싱이 닐어셔서 답사를 진술하난대 그의 간단하고 유력한 보고는 일싱의 혁명 경력이오 그는 일즉이 안중근 렬사와 갓차운 친구엿다 그는 발서 육십오셰가 되엿고 이십일세로부터 진셩명과 진면목을 드러닉여 셰상 사람을 대하지 아니하더니 삼년 젼에 중국의 항일 대젼이 버러지며 셰상이 비로소 김구 그 사람이 잇난 줄을 알엇고 홍구 공권 작탄안은 그가 상히에 잇을 씩에 주지한 계획이다 김 선싱은 진실로 환난여싱이니 즉금도 그 몸에는 뎍이 암살하려든 탄자가 빅여 잇다 그는 우빈 주교가 주는 정신상의 위로와 고려를 늑겨서 말하기를 "나도 쏘한 한 례물을 준비하야 우빈 주교를 주노라" 하며 한폭의 긔를 펼치난대 보니 비단긔요 긔 우에 '경의사자' 녜 글자를 써서 우빈 주교에게 일긔 존칭을 주엇다

이후 한국인에게 우빈은 '정의사자'로 알려지게 되었다.

이날 연회에 참석한 엄항섭은 익세보사의 후의에 감격하여 그날 밤의 감상을 중국어로 적어 『익세보』에 투고하였다고 한다. 『신한민보』 1941년 4월 3일자에 「중한 량대 민족이 억긔 겻고 폭일을 갓치 져항」이라고 번역된 글이 바로 그것이다. 그날이 제1차 세계대전 종전 21주년 기념일인 것을 들어, 엄항섭은 "정의가 승리를 징취한 하루"임을 기억하고 그 의의를 강조하였다. 엄항섭은 이 논설에서 먼저 우빈이 광복군을 정의의 십자군으로 보고 지원한 것을 들어 거룩한 기독정신의 발현이라 하고, 손문孫文과 장개석·송미령宋美齡이 기독교인이고, 이동녕李東寧·안창호安昌浩·이승만·김구가 모두 기독교인임을 강조하였다. 안중근과 부친 안태훈安泰勳이 천주교인이라는 사실도 밝혔다. 이어 그 연회가 한중 양국인 이외에 프랑스·벨기에인도 참석한 국제적 집회이며, 사랑으로 이루어진 '적은 천국'이라고 표현하면서 『익세보』와 우빈을 찬양하였다.

임시정부와 광복군 관계자들은 우빈과 중국 천주교회의 한국 지원에 크게 고무되었고, 서로 교분을 나누게 되었다. 김구는 중국 천주교회의 한국 독립운동 지원 소식을 그해 12월 4일자와 10일자 공문으로 미국 교포들에게 알렸다.

중국 각 사회단톄 즁 텬주교도 삼빅 오십만이 우리 광복군의 후원이 되겟다고 셩명한 후 세계에 유명한 우빈 주교가 선봉이 되여 모든 편의를 도와줌으로 일의 발젼이 속히 됩니다[28]

중국은 물론 셰계뎍으로 유명한 우빈 주교는 중국 삼빅 오십만의 텬주교도를 총동원하야 우리 광복사업을 후원하기로 졍즁셩며〔명〕한 후 쉬지 안코 우리를 위하야 로력분투하는 바 명년에는 우빈 주교가 다시 도미하야 반분은 중국을 위하여 일하고 반분은 우리를 위하야 특히 션젼하야 우리도 국졔뎍 디위를 가지도록 힘쓰겟다 하니 그는 참으로 한국의 구셩임니다[29]

그뿐 아니라 우빈은 『익세보』를 통하여 만주 방면에 다수의 유격대를 파견할 것을 국민정부에 요구하였는데,[30] 한인들이 많이 거주한다는 점에서 관심을 끌 만한 주장이었다. 흑룡강성 출신인 우빈은 만주에 대한 관심이 적지 않았으리라 짐작된다. 또한 그가 1909년 하얼빈에서 일어난 '안중근 의거'를 소년시절에 전해 들었을 가능성이 커서,[31] 그의 한국독립운동 지원은 그러한 지역적 배경과도 무관하지 않았을 것이다.

1940년대 초 중경에 머문 우빈은 한국독립운동 관련자들의 행사나 모임에 적극 참여하며 이들을 후원하였다. 1941년 8월 28일 임시정부에서는 국치 31년을 맞아 중경의 각 언론기관 대표들을 초청하여 한국독립운동의 경과와 전도에 관한 보고회를 열었다. 우빈도 이 자리에 내빈으로 참석하여 답사하

28 『신한민보』 1941년 1월 16일자 「광복군 간부의 북상: 연로 관민의 대환영」.

29 『신한민보』 1941년 1월 16일자 「三빅 五十만의 텬주교도 우리 광복사업을 후원」.

30 『신한민보』 1941년 4월 24일자 「동북유격대의 활동을 확대」.

31 1976년 방한 시 우빈 추기경을 만난 고려대 趙珖 명예교수는 그가 안중근에 대하여 잘 알고 있었다고 기억하였다(한국교회사연구소 제181회 연구발표회, 2014년 6월 14일). 우빈이 어떠한 경유로 안중근에 대하여 알았는지는 확인되지 않지만, 흑룡강성의 省都 하얼빈에서 안중근 의거가 있을 때 그는 만 8세였다. 따라서 그가 소년시절부터 안중근에 대한 이야기를 듣고 관심을 가졌을 가능성이 크다.

였다. 그는 먼저 한국인들의 처지에 대해 깊은 동정의 말을 전한 다음, 교황이 제안한 평화계획을 강조하였고, 노예와 같은 처지에 있는 한국인들에게 광명의 날이 멀지 않았다며 더욱 분투할 것을 당부하였다고 한다.[32] 1942년 4월 10일에는 임시정부 수립 23주년을 기념하여 주석 김구와 외교부장 조소앙趙素昂이 각계인사들을 초청하여 다과회를 베풀었는데, 우우임于右任 · 손과孫科 · 풍옥상 · 오철성吳鐵城 · 백숭희 · 주가화朱家驊 등 정계와 군의 이름 있는 실력자들이 참석하였다. 우빈 역시 이 자리에 빠지지 않았다.[33]

김구는 1940년 11월 익세보사 주최 연회 이후 우빈 이외에도 천주교계 인사들을 회합 등에서 만났던 것 같다. 그 한 예가 메우스라는 벨기에 출신 신부와의 만남이다. 『신한민보』 1942년 3월 19일자에 실린 「고 안도산 부인께 들인 틔극기: ᄆᆡ우사 신부로부터」라는 글이 그 사정을 알려 준다.

ᄆᆡ우사 신부는 젼자 라셩을 지나다가 고 안도산 선ᄉᆡᆼ 부인을 심방하엿고 최근 중국으로 도라가는 길에 다시 라셩에 와서 안부인을 차져 와서 고별하며 수논 틔극긔를 가져 안부인께 들엿다 ᄆᆡ우사 신부는 벨지엄 사람 미우스오 그는 중국 쳔주교회의 신부이다 중국 쳔주교 신부로 안부인께 틔극긔를 들인 것은 한 진화로 젼할 만한 일임으로써 그 사실을 자세히 긔록한다

ᄆᆡ우사 신부는 중국 쳔주교 우빈 주교와 동교인이오 중경에 잇을 ᄯᆡ에 우리 림시정부 각원 더욱 국무위원회 주셕 김구 선ᄉᆡᆼ과 왕환이 자졋고 작년 삼월에 ᄆᆡ우사 신부가 중국의 대미 션젼의 사명을 받아 가지고 '클립퍼' 비힝긔를 타고 미국 뉴욕으로 올 ᄯᆡ에 림시정부 주셕 김구 선ᄉᆡᆼ이 흰 비단에 수노은 틔극에 글을 써서 ᄆᆡ우사 신부를 주며 미국에 가서 우리 동포를 맛나거든 이 글을 보여 달라고 부탁하얏고 그 글은 아ᄅᆡ와 같다.

ᄆᆡ우사 신부에게 부탁하오 당신은 우리의 광복 운동을 셩심으로 도읍난 터이니

32 『大公報』 1941년 8월 29일자 「韓國被併三十一週年」; 『대한민국임시정부자료집』 40, 2011, 68쪽.

33 『大公報』 1942년 4월 11일자 「韓政府成立紀念」; 『新華日報』 1942년 4월 11일자 「韓臨時政府招待中外人士」; 『대한민국임시정부자료집』 40, 120~121쪽.

이번 길에 어느 곳에서나 우리 한인을 맞나는 대로 이 아릐 몃 마디 말을 전하여 주시오 "망국의 셜음을 면하려거든 자유와 힝복을 누리려거든 정력 인력 물력을 광복군에 받쳐서 강한 활〔화〕살의 긋흐머리 형세가 줄어가는 것과 갓흔 일본을 타도하고 조국의 독립을 완셩하자!"

1941년 삼월 십육일 중경에서 김구

메우스 신부가 1년여 간 미국 동부에서 활동하다가 1942년 로스앤젤레스에 들러 안창호의 미망인 이혜련李惠鍊을 방문하여 전달한 태극기는 현재 독립기념관에 소장된 '김구 서명문 태극기'로, 이혜련이 보관해 온 것을 그 유족이 1985년 독립기념관에 기증하였다.[34]

매우사라는 한문 이름으로 불린 샤를 메우스 신부는 선교지의 교구 신부로 보내 활동하게 하는 전교협조회Society of Auxiliaries of the Missions, Societas Auxiliarium Missionum 소속으로, 상해 위에 있는 남통南通에 주교좌가 있는 해문대목구에서 주개민 주교로부터 1936년 12월 사제서품을 받았다. 그는 중일전쟁이 발발한 후 중경에 있었으며, 1940년 11월 11일 광복군총사령부의 서안 이전에 앞서 우빈이 주최한 연회에 참석하였다. 이 연회 이후 김구와 교류하는 과정에서 김구의 부탁을 받았던 것 같다.[35] 그는 김구의 부탁으로 이혜련에 이어 국민회 중앙상무부 총무인 김병연金秉瑌과 면담하였다. 메우

34 독립기념관 소장자료 1-A00753 「김구 서명문 태극기」(등록문화재 제388호). 여기에 기록된 김구의 원문은 다음과 같다.

"梅雨絲 神父의게 付託하오 당신은 우리의 光復 운동을 誠心으로 돕는 터이니 이번 行次에 어느 곧에서나 우리 韓人을 맛나는 대로 以下 幾句의 말을 傳하여 주시요 亾國의 설음을 免하려거든 自由와 幸福을 누리려거든 精力 人力 物力을 光復軍에 빛어서 强弩末勢인 원수 日本을 打倒하고 祖國의 獨立을 完成하자

一九四一年 三月 十六日 重慶에서 金九 謹贈"

35 그러한 인연에서 메우스 신부는 1955년 중국에서 추방된 이후 1957년부터 대구교구 소속으로 한국에서 활동하였다. 『서정길 대주교 공문 및 문서』 3, 천주교 대구대교구, 2007, 270쪽의 1974년 5월 13일자 공문 참조. 메우스 신부는 車梅雨, 차 가를로라는 이름을 사용하였고, 1974년 5월 7일 미국 메리놀 본부에서 요양 중 선종하였다.

스 신부와의 만남에 대해 김병연은 다음과 같이 말하였다.

> 중국의 우빈 주교는 본릭 흑룡강 사람이오 삼빅 오십만 천주교도를 거느렷고 또 익세보의 사장으로 잇어 민간 여론의 중요 지위를 점령하야 국민정부의 젼칙을 힘잇게 도움으로써 장긔석 위원장이 자못 신임하고 김구 선싱은 본릭 우빈 주교와 친절하고 우빈 주교의 소기로 인하야 루차 장위원장을 면회하얏다 믹우사 신부는 우 주교의 령솔 하에 잇어 늘 김구 선생을 흠앙하더니 안 쩨빈군의 통역을 의뢰하야 수차 김구 선싱과 면회하얏고 안 쩨빈군은 안공근씨의 아들이오 림시정부의 통역관으로 잇다고 한다
>
> 믹우사 신부가 김구 선싱과 면회한 감상담을 말하기를 김구 선싱은 몹시 한언하야 어느 좌석에서나 말이 젹고 혼자 잇을 쎡는 편지를 늘 쓰고 잇다고 하니 김구 선싱은 만년에 정무 다사한 이로서 친히 문독에까지 수고하난 것을 알 수 잇는 것이다[36]

이 글에서 볼 수 있듯이 우빈과 김구는 매우 친밀하였고, 이는 우빈이 한국독립운동에 관심이 컸음을 의미한다. 김구가 우빈의 주선으로 장개석을 면담하였다는 언급도 주목된다. 또한 메우스 신부가 김구를 만날 때 데이비드 안, 즉 안우생安偶生이 통역을 하였는데, 안우생과 그의 부친 안공근安恭根은 천주교 신자였다.

1942년 10월 11일 중경에서 중한〔한중〕문화협회가 발족하였다. 그해 4월 15일 주비회가 결성되어 6개월간의 준비를 거쳐 이루어진 이 단체는 "중한 양 민족의 연락·호조互助에 관한 사항·중한 양 민족의 민족문화의 연구·발양發揚에 관한 사항·일본제국주의 침략에 대한 반항과 소멸에 관한 사항·중한 양 민족의 문화복리와 동아평화에 관한 사항"을 수행한다는 목적을 가지고 있었다.[37] 중경시 방송국에서 개최된 성립식에는 김구·조소앙·이청

36 『신한민보』 1942년 3월 19일자 「고 안도산 부인께 들인 틱극기: 믹우사 신부로부터」.

37 「中韓文化協會章程」, 『韓國獨立運動史資料』 3, 國史編纂委員會, 1968, 526~528쪽.

천 · 박찬익 · 차리석車利錫 · 김원봉金元鳳 등 한국측 인사와, 손과 · 오철성 · 백숭희 · 풍옥상 · 주은래周恩來 등 중국측 인사들이 참석하였다. 물론 우빈도 참석하여 명예이사에 선임되었다. 10월 17일 국민정부 입법원장이자 손문의 아들인 손과를 이사장, 김규식金奎植을 부이사장으로 세운 조직이 갖추어졌다.[38]

10월 9일 엄항섭은 미주의 재미한족연합위원회에 전보로 중한문화협회의 성립을 알렸고, 10월 13일에는 성립전례를 알렸다.[39] 『신한민보』는 10월 22일자에 사설로 「중한문화협회의 셩립을 축하함」을 실어, 중한문화협회의 성립을 축하하였다. 먼저 손문의 아들인 회장 손과가 임시정부 승인을 위하여 애쓰고 있다는 소식을 전한 다음, 우빈과 풍옥상을 소개하였다.

> 또 중한문화협회의 선거된 위원을 보면 한중 량국 정부 군 정계의 유력한 인물과 밋 직야 명사요 중한문화협회 셩립 뎐례 거힝 당시 릭빈 중 우리 한국의 죠흔 친구는 우빈 주교와 풍옥상 장군이다 우빈 주교는 림시정부 주셕 김구 션싱과 미우 갓찹고 그는 중국의 삼빅만 교도를 거느린 텬주교의 주교로 민간 여론상 위대한 신망을 가젓스미 장 위원장이 신뢰하는 인사요 풍옥상 장군은 중국의 유명한 긔독장군으로 최근 항전 중에 잇서 비장한 시를 써닉여 사긔를 격려하는 시인이오 일즉이 우리 림시정부를 위하야 글을 써 보닌 일이 잇다고 한다 이상 중한문화협회의 죠직을 보면 한중 량국의 우호관계는 가일층의 향상이 되여서 량국 정부의 공작을 촉진할 수 잇고 이로 말미암아 우리가 무궁한 희망을 가지는 것이다

사설은 우빈과 풍옥상을 한국의 좋은 친구로 들었는데, 그만큼 미주 한인들에게 우빈이 한국 독립을 후원하는 대표적인 인사로 인식되었던 것이다.

---

38 중한문화협회에 관해서는 石源華, 『中韓文化協會硏究』, 北京: 世界知識出版社, 2007과 韓詩俊, 「중한문화협회의 성립과 활동」, 『한국독립운동사연구』 35, 2010을 크게 참고할 만하다. 석원화의 저서에는 관련 자료가 부록으로 수록되어 있다.

39 『신한민보』 1942년 10월 15일자 「중한문화협회 셩립뎐례: 十월 十一일 중경에서」, 10월 22일자 「中韓문화협회 셩립뎐례」.

1941년 말부터 중국정부와 각계 인사들이 임시정부 승인 문제를 논의하였다. 주영 중국대사 곽태기郭泰祺는 국민정부 외교부장으로 취임한 후 임시정부 승인을 검토하였다. 손과가 임시정부 승인을 적극 지원하고 나섰는데, 중한문화협회의 설립도 그러한 문제와 무관하지 않았다.[40] 우빈 또한 임시정부 승인을 지속적으로 제기하였다. 『신한민보』 1943년 8월 19일자에 홍언洪焉이 '희옹'이라는 필명으로 「한국림시정부 승인문뎨」라는 논설을 발표하였는데, 홍언은 임시정부 승인 문제에 "민간 여론계에 중망을 지고 잇난 우빈 주교가 극력 찬동하얏스며"라고 썼다. 우빈이 한국승인 문제를 적극 지원한 사실을 미주 한인들도 알고 있었던 것이다.

1943년 3월 우빈의 방미가 결정되자 임시정부에서는 3월 22일자로 재미한족연합위원회 집행부에 "우빈 주교는 금일 당디를 발하야 미국으로 향하는 길에 올낫스니 우빈 주교가 귀디에 도착하거든 열열히 환영하시오"라는 전보를 보냈다.[41] 임시정부에서는 미주 한인들이 우빈을 국빈으로 환영해 주기를 부탁하였던 것이다. 미주 한인들 역시 그를 한중연대의 지도자로 인식하고 있었다. 『신한민보』는 우빈을 이렇게 소개하였다.

> 중국의 삼빅 오십만 천주교도를 령도하야 십자군 통수가 되여 중국의 항전을 칙동하는 동시 한국의 광복운동을 제휴함으로써 한인들이 일컷기를 란세의 졍의사자라고 하는 우빈 주교[42]

그는 항일전쟁의 '중국 십자군의 통수'이며 '난세의 정의사자'였다.

우빈은 미국에서 1944년 9월까지 1년 6개월 동안 워싱턴에 중국문화학원을 설립하고 이민법 개정을 위하여 진력하며, 루스벨트 대통령을 면담하는

40 韓詩俊, 「중한문화협회의 성립과 활동」, 377~379쪽.

41 『신한민보』 1943년 3월 25일자 「림정관뎐」.

42 『신한민보』 1944년 5월 25일자 「련합회 직원이 중국 천주교 우빈 주교를 회견」.

등 바쁘게 활동하였다. 그러는 와중에도 이승만을 워싱턴에서 여러 차례 만나 임시정부 승인문제를 협의하였다. 이승만은 조소앙에게 보낸 편지에서 "우빈 감독은 우리 문제에 대ᄒᆞ야 극력 찬조임으로 대당大當ᄒᆞᆫ 성과를 주며"라고 하였고,[43] 또 다른 편지에서는 "우빈 감독은 누차 면회와 만찬으로 담화로 충분히 ᄒᆞ엿고 승인 사事에 극력 찬성이며 형兄에게 대ᄒᆞ야 만흔 경의를 표ᄒᆞ기로 감사ᄒᆞ다고 ᄒᆞ엿소이다"라고 소식을 전하고 있었다.[44] 이승만과 우빈이 여러 차례 면회와 만찬을 통하여 임시정부 승인문제에 대하여 논의하였으며, 우빈이 적극적으로 승인문제에 찬성하였음이 확인된다.

1944년 5월 우빈은 로스앤젤레스를 방문하였고, 뒤이어 샌프란시스코를 거쳐 포틀랜드와 시애틀을 경유한 뒤 캐나다 밴쿠버를 방문하였다. 이때 그는 재미한족연합위원회의 임원들과 만났다. 임시정부에서 우빈의 도미에 앞서 미주 한인들에게 그를 환대하도록 부탁하였기 때문에, 재미한족연합위원회에서는 워싱턴에 도착한 우빈에게 편지를 보내 로스앤젤레스 방문 시 환영회 자리를 마련하겠다고 미리 전하였다. 우빈은 5월 15일 로스앤젤레스에 도착하여 성 비비아나 성당에 임시사무실을 두고 19일까지 머물다가 샌프란시스코로 이동하였다. 따라서 그는 재미한족연합위원회에서 청한 환영회는 시간 여유가 없어서 마다하였고, 5월 19일 오전 재미한족연합위원회 부위원장 김병연과 선전부장 김용성, 그리고 로스앤젤레스 한인장로교회 김성락金聖樂 목사를 만났다. 우빈의 비서 반조영潘朝英 신부도 배석하였다. 이 자리에서 재미한족연합위원회는 우빈에게 은제 성찬배聖餐杯, Chalices를 선물하였다. 성찬배에는 영문과 한문으로 기념의 뜻을 새겼는데, 그 내용은 다음과 같다.

43 「정부승인문제에 관해 각 방면과의 교섭 결과를 전한 편지」(이승만→조소앙: 1943. 6. 27), 『대한민국임시정부자료집』 16, 국사편찬위원회, 2007, 131쪽, 원문 292쪽.

44 「미국에서의 외교활동상을 전하는 편지」(이승만→조소앙: 1943. 10. 15), 『대한민국임시정부자료집』 16, 127쪽, 원문 281쪽.

우빈 주교 혜존

하늘이 위인을 ᄂᆡ려보ᄂᆡ사 란세의 정의사자가 되엿읍니다 자혜와 인용이 그리스도의 세상을 구하는 ᄯᅳᆺ에 근본하야 불의와 싸홀 적에 중국의 항젼을 ᄎᆡᆨ동하는 동시 한국 광복 운동 협조를 위하야 힘을 ᄋᆡᆨ기지 아니 하시니 무릇 한인된 자는 다 갓치 늑기는 것이며 폐회는 삼가 ᄌᆡ미 한족을 대표하야 셩찬ᄇᆡ를 들여 적은 정셩을 표하오며 아울너 바라는 것은 이를 거두어 정의사자의 유미 긔념을 삼기를 바람니다

주 강ᄉᆡᆼ 1944년 5월 19일

재미한족연합위원회 동인 국궁[45]

면담은 방문한 한인들의 질문에 우빈이 답변하는 형태로 1시간 정도 전개되었다. 한국의 독립에 대한 질문에 그는 다음과 같이 답하였다.

ᄂᆡ가 아는 것은 카이로 삼거두 회의에서 장 위원장이 한국의 독립을 힘써 주장하얏읍니다 듀 코스에 대ᄒᆡ서는 여러 가지로 ᄒᆡ셕할 것이 업고 아모러나 삼거두가 한국의 독립을 동의한 것이 사실이오 중국의 한국 독립에 대한 관감은 장 위원장의 관감이 대표적이오 장 위원장은 카이로 회의에서 비로소 한국의 독립을 보증한 것이 아니라 손일션 선ᄉᆡᆼ ᄌᆡ세 당시로부터 국민 정부의 정ᄎᆡᆨ이 본ᄅᆡ 그러하고 중국 정계의 명망 인사들이 다 그와 갓치 보고 ᄉᆡᆼ각하는 것이ᄆᆡ 중국은 한국 독립에 대하야 발서부터 인정하얏고 즉금도 ᄯᅩ한 인정하고 잇읍니다[46]

1943년 11월 카이로선언에서 한국의 독립이 결정되었지만, 'in due course'라는 구절이 신탁통치를 의미할 수 있으므로 임시정부 인사를 비롯한 한인들은 이 표현을 반대하고 있었다. 김구는 1943년 12월 5일 중경에서 열린 기자회견에서 "우리는 반드시 일본이 붕괴되는 그 ᄯᆡ에 독립되어야 하〔할〕 것이

45 이상의 사실은 『신한민보』 1944년 5월 25일자 「련합회 직원이 중국 천주교 우빈 주교를 회견」에 실려 있다.

46 『신한민보』 1944년 6월 1일자 「련합회 직원이 중국 천주교 우빈 주교를 회견」.

다 그러치 안으면 우리의 싸홈은 계속될 것이다"라고 밝혔다.[47] 이러한 배경을 알고 있는 우빈은 카이로선언이 한국의 독립을 강대국들이 동의한 것이라는 점을 강조하면서, 중국은 손문의 호법정부護法政府 이래 한국의 독립을 인정해 왔다는 점 또한 강조하였다.

우빈은 독립운동을 전개하는 현재에는 임시정부가 그대로 존속하는 것이 마땅하다는 의견을 개진하였으며, 김구에 대해서는 '한국의 한 표증symbol of Korea'이라는 표현을 쓰며 국가의 자유 독립에 대한 그의 충정에 경의를 표하였다. 우빈은 한국독립운동 중에 약간의 알력과 장애가 있다는 점을 인정하면서도, 이는 어느 나라 혁명운동에나 있는 일이며 걱정할 수준은 아니라고 이해하였다. 또한 한인들이 망국 이후 독립정신을 발양하여 혁명당을 세우고 분투하는 모습을 보고 중국은 한국이 독립할 자격이 있음을 알고, 한국 독립을 돕는 것이라고 밝혔다. 우빈은 "우리는 한국 일과 중국 일을 두 일로 보지 말고 한 일로 봅시다"라는 표현을 사용하여 방문자들을 감격시켰다. 마지막으로 우빈은,

> 나는 흑룡강 사람이올시다. ᄂᆡ 고향이 한국과 갓찹고 한국 일을 잘 암니다 이 다음 한국이 독립하는 날에 ᄂᆡ가 흑룡강으로부터 의주를 지나 서울에 와서 당신들과 연향을 같이 할 적에 오날 우리가 여기서 맛난 것을 기억합시다[48]

라고 한국이 독립하면 서울에서 만나자고 약속하였다. 그는 주교 정장을 한 자신의 사진에 '대한국여미우인기념大韓國旅美友人紀念'과 영문 인사말을 쓰고 서명해 주었다.[49]

국민정부의 정책을 적극 지지한 우빈은 임시정부가 주도하는 한국독립운

---

47 『신한민보』 1943년 12월 9일자 「카이로 회의 발표에 대한 김구 씨의 셩명」.
48 이상의 면담 내용은 『신한민보』 1944년 6월 1일자 「우빈 주교를 회견」.
49 『신한민보』 1944년 5월 25일자 1면 수록 사진 참조.

동을 적극 지원하였다. 하지만 흑룡강성 출신이라는 배경, 천주교 지도자라는 위치, 김구와 이승만 등 한국독립운동 지도자들과의 깊은 교분을 통해 한국 독립에 지속적인 관심을 가지고, 한국에 애정을 지니고 있었다.

『신한민보』 1944년 5월 25일자와 6월 1일자에는 우빈과의 면담 내용이 길게 소개되었고 홍언이 '힉옹'이라는 필명으로 「우빈 주교를 환영함」이라는 글을 게재하였다. 우빈과 『익세보』에 대한 소개와 찬양에 이어 재미한족연합위원회 관계자들이 우빈을 방문한 의의를 언급한 것이었다. 『신한민보』의 영문판인 *The New Korea*에도 "Bishop Paul Yu-Pin of China"라는 제목으로 그 내용이 소개되었다.

1944년 8월 29일 한미협회에서는 제34주년 국치기념식을 뉴욕 아스토리아 호텔에서 개최하였는데, 만찬회에는 이승만을 비롯한 한인들과 미국인, 그리고 국민정부 행정원장을 역임한 공상희孔祥熙가 참석하였다. 귀국을 앞둔 우빈 역시 만찬회에 참석하였다.[50]

1944년 9월에 귀국한 우빈은 바쁜 일정 중에도 중국천주교문화협진회 이사장 자격으로 중경 한인들의 복지 증진을 위하여 한교韓僑 생활위원회에 5만 원을 기부하여 학령아동과 노약자, 병자 들에게 나누어 주도록 하였다.[51] 한인들에 대한 그의 특별한 관심이 드러나는 대목이다.

1945년 4월 17일 우빈은 중국 민간대표로 샌프란시스코회의에 참석하기 위해 미국을 방문하였다.[52] 임시정부는 주미외교위원장 이승만에게 샌프란시스코회의 대표단 구성을 지시하고, 부주석 김규식과 외무부장 조소앙을 대

50 『독립신문』(중경판) 제4호(1944. 10. 8) 「윌키(W. L. Willkie) 씨 특별 서한을 보내어 동정을 표시: 뉴욕의 한국 교포 국치일 기념식에」; 『독립신문』, 국사편찬위원회, 2005, 번역 83쪽.

51 『독립신문』(중경판) 제5호(1945. 1.10) 「旅渝韓國人多蒙基督愛」; 『독립신문』, 번역 95쪽. 이 내용은 1945년도 임시정부 선전부 정무보고서에서도 확인된다(『대한민국임시정부자료집』 6, 국사편찬위원회, 2005, 126~127쪽, 원본 418쪽).

52 『신한민보』 1945년 4월 26일자 「우빈 주교가 다시 도미: 관찰가의 디위로 안전회의에」.

표로 파견하고자 하였으나 주중미국대사관에서 비자를 발급받지 못하였다. 이승만을 대표로 한 미주의 대표단은 임시정부가 국제적 승인을 받지 못하였다는 이유로 샌프란시스코회의 참석을 거부당하였다. 중경에서 중문으로 간행되던 『독립신문』 제7호(1945. 7. 20)에 저간의 사정을 알린 「한국림시정부대표단재구금산〔샌프란시스코〕韓國臨時政府代表團在舊金山」이라는 기사가 실렸는데, 그 번역문은 다음과 같다.

> 한국임시정부는 부주석 김규식 박사 및 조소앙 외무부장이 한국대표단을 이끌고 샌프란시스코의 연합국회의에 참가하기로 예정하였다. 그러나 여러 가지 사정으로 인해 김규식, 조소앙 두 사람의 파견은 뜻을 이루지 못하였다. 이에 주미대표 이승만 박사를 수석대표로 하여 이 회의에 파견하였다. 이 박사는 한국대표단 단원과 함께 정의를 위하여 연합국회의에 한국대표단의 출석 및 발언을 호소하였다. 불행하게도 그들은 결국 뜻을 이루지 못하였으니 광명 속의 암흑이라 하지 않을 수 없다. 이는 곧 연합국회의가 남긴 하나의 큰 한이다. 그러나 한국대표단은 적지 않은 우방과 친구, 특히 중국의 우빈 주교의 동정을 얻을 수 있었다.[53]

즉 한국대표단이 샌프란시스코회의 참석을 위하여 여러 방면으로 협력을 구하였으나 결국 참석할 수 없었는데, 그나마 우빈이 그 문제 해결을 위하여 진력하였다는 것이다. 이에 대해 보다 구체적인 증언으로 이살음李薩音의 보고가 있다. 한국대표단이 참가권을 얻기 위하여 중국대표단과 교섭하였는데, 대표단장인 송자문宋子文이 협조하지 않았지만 우빈이 많이 애써 주었다는 것이다.[54]

우빈은 1945년 6월 7일 미국 동부로 갔다가, 런던 대주교의 초청을 받아 방문하기로 한 영국으로 7월 12일 떠났다. 7월 31일 영국에서 프랑스로 갔다

53 「샌프란시스코의 한국임시정부대표단」, 『독립신문』, 번역 121쪽.

54 『독립』 1945년 7월 25일자 「상항대회에 관한 림정 대표단의 보고」.

가 8월 9일 로마에 도착하였다. 8월 10일 교황을 알현한 뒤 8월 12일 귀국 길에 올랐다. 일본의 항복 소식에 귀국을 앞당긴 것이다. 중경에 도착한 때는 8월 25일이었다.[55] 해방 뒤에 김구가 포츠담회담과 관련하여 우빈이 한국 독립 문제에 크게 기여하였다는 언급이 있지만,[56] 실제 우빈은 7월 26일에 열린 포츠담회담에 참석하지 않았다. 김구는 잘못된 소문을 국내에 알린 셈이었다. 아마도 우빈이 샌프란시스코회의에 참가하고자 한 한국대표단을 적극 지원한 사실을 잘못 이해한 것이 아닐까 한다.

1945년 10월 29일 중경의 미국유학생청년회 회관에서 중한문화협회 성립 3주년 기념회 및 한국혁명지도자 환국 환송회가 열렸다. 이 모임에는 김구, 김규식을 비롯하여 중국측에서 손과를 비롯하여 장계張繼, 소력자邵力子, 우빈 등 100여 명이 참가하였다. 우빈은 이 자리에서 치사를 하였는데,[57] 8년 만에 남경을 돌아보고 온 뒤였다.

1947년 4월 이승만은 미국 방문을 마치고 귀국하며 장개석과 회견하기 위하여 중국에 들렀다. 이승만은 남경과 상해를 돌아보았는데, 상해에서 우빈을 만나 환담하였다.[58] 1948년 8월 대통령에 당선된 이승만은 우빈을 대한민국 정부수립 기념식에 초청하였으나, 그는 다망하여 참석하지 못하고 대신 익세보사 사장인 반조영 신부를 파견하였다.[59] 우빈은 한국을 방문하지 못한

---

55 陳方中 編, 『于斌樞機傳』, 60쪽.

56 『동아일보』 1945년 12월 29일자 「朝鮮獨立公約에 숨은 恩人 于斌主教: 蔣主席 顧問으로 '포쓰담'서 活躍 金九主席이 述懷」.

57 秋憲樹 편, 『資料韓國獨立運動』, 연세대학교출판부, 1972, 345 · 347쪽.

58 『藝文書報』 1947년 11월호, 10쪽 「正視韓國問題」에 수록된 사진을 보면 이승만은 상해 각계 환영석상에서 우빈을 비롯하여 북경정부의 총리와 국제연맹 중국대표단 수석대표를 역임한 顏惠慶, 상해 『大公報』 총편집 王藝生, 국민정부 외교부 駐上海辦事處 주임 陳國廉, 그리고 이청천과 함께 자리하였다. 이 사진은 상해 복단대학 孫科志 교수의 제공으로 확인할 수 있었다.

59 『경향신문』 1948년 8월 7일자 「八一五 盛典에 于主教代理 來朝」, 1949년 8월 14일자 「韓 · 中友好를 益世報社長, 記者에 言明」; 『동아일보』 1948년 8월 14일자 「紀念式 參席次 中國 兩要人 入京」; 『鐸聲月刊』 1948년 9월호, 58쪽 「李承晚邀于斌赴韓」.

것이 유감이었던지, 미국에서 귀국하던 1949년 3월 하순에 한국을 방문하겠다고 대통령 이승만과 서울교구 노기남盧基南 주교에게 알려 왔다.[60] 그러나 그의 한국 방문은 이루어지지 못하였다. 그는 1954년 4월, 이승만의 초청으로 마침내 한국을 방문하였는데,[61] "20년 전부터 희망하던 목적을 이루기 위한 것"이라고 방한 소감을 밝혔다.[62] 이때 처음 내한한 우빈은 1959년 5월과 1961년 2월, 그리고 1969년 8월과 1976년 4월, 모두 다섯 차례 한국을 방문하였다.[63] 한국 언론은 그가 내한할 때마다 한국독립운동의 후원자로서 그를 다시금 기억해 내곤 하였다.

4. 맺음말

우빈은 중일전쟁 시기 중국 천주교회의 대표적인 지도자로, 수도인 남경의 주교인 동시에 국제적으로 널리 알려진 성직자였다. 로마에 유학하여 철학·신학·정치학 분야의 박사학위를 받을 만큼 서양문화에 익숙하면서도 중국문화에 깊은 관심과 애착을 가지고 있었다. 중일전쟁 기간 동안 우빈은 여러 차례 유럽과 미국 등지에서 항일전쟁을 선전하고 국제적 지원을 요청하는 일에 진력하였다. 장개석이 주도하는 국민정부와 밀접하게 관련된 그의 활동은 '정교합작'으로 이해되어 우빈은 '정치주교'라고 불리었다. 그만큼 그는 애국심을 강조하였으며, 반공적이었다. 그의 주교 문장에는 '청천백일기青天白日旗'가 중앙에 자리해 있었다.

60 『경향신문』 1949년 3월 1일자 「中, 于斌主教 訪韓」.

61 『경향신문』 1954년 4월 25일자 「于大主教 26日 來韓 李大統領 個人招請」.

62 『경향신문』 1954년 4월 28일자 「滅共鬪志에 感銘」.

63 『동아일보』 1959년 5월 11일자 「于斌大主教 入京」; 『경향신문』 1961년 2월 12일자 「韓國訪問 기쁘다: 于斌大主教 十四日까지 滯韓」; 『경향신문』 1969년 8월 23일자 「중국 于斌 추기경 來韓: 金九 선생 銅像 제막식 참석」, 8월 27일자 「于斌 추기경에 훈장」; 『경향신문』 1976년 4월 9일자 「韓國獨立운동의 恩人 自由中國 于斌 추기경」.

한국독립운동의 지도자들과 우빈은 1940년 전후 전시수도인 중경에서 인연을 맺었다. 1940년 9월 한국광복군총사령부 성립식전에 그가 참석하여 축사를 한 것이 그와 한국인들의 공식적인 첫 만남이 아닌가 싶다. 이후 그는 깊은 애정으로 한국독립운동을 지원한 대표적인 중국 지도자의 한 사람이었다. 광복군 총사령부의 서안 이전에 앞서 임시정부와 광복군 지도부를 초청하여 연회를 열어 서로 신뢰를 형성하였고, 이후 한인사회는 우빈을 '정의사자'라고 부르며 한인의 대표적인 친우로 대접하였다. 임시정부는 그가 방미할 때 미주 한인들에게 국빈 대접을 부탁하였으며, 미주 한인들은 그를 극진히 대접하였다.

우빈은 한국인과 임시정부를 항일전쟁의 동지로 인식하고, 한국독립운동과 관련된 일이나 행사 등에 적극 참여하면서 여러 방면으로 지원하였다. 350만 중국 천주교인들에게 한국 독립의 후원을 당부하고 임시정부가 중국정부의 협조를 필요로 할 때 민간에서 임시정부를 위해 노력하였다. 특히 임시정부 승인문제나 샌프란시스코회의 참가문제 등에서 우빈의 협조와 지원을 확인할 수 있다.

논문 발표지

제1부 1910~1920년대 북경의 독립운동가

「1910년대 卞榮晩의 해외행적」, 『大東文化硏究』 55, 2006

「단재 신채호의 독립운동」, 단재 신채호 순국 72주년 기념 심포지엄 '단재 신채호의 삶과 투쟁 그리고 현재적 의의' 발표논문(2008년 4월 10일, 프레스센터; 한국언론재단·독립기념관 한국독립운동사연구소 공동주최)

「李會榮의 北京 생활: 1919-1925」, 『東洋學』 54, 2013

「1920-30년대 柳基石의 재중독립운동과 아나키즘」, 『한국근현대사연구』 55, 2010

제2부 관내에서의 무장투쟁과 독립운동가

「李相定(1897~1947)의 在中獨立運動」, 『歷史學報』 200, 2008

「李斗山의 在中獨立運動」, 『한국근현대사연구』 42, 2007

「李復源의 유학과 재중독립운동」, 『한국근현대사연구』 42, 2012

「金學武의 在中獨立運動과 좌파청년그룹」, 『한국독립운동사연구』 36, 2010

제3부 중국 유학생과 독립운동

「1910-1920년대 杭州의 한인유학생」, 『西江人文論叢』 39, 2014

「1930년대 中山大學과 한국독립운동」, 『震檀學報』 99, 2005

보론

「우빈(于斌) 주교와 한국독립운동」, 『教會史硏究』 44, 2014

참고문헌

1. 자료

(1) 신문·잡지·정기간행물

한국인 발행 신문

『基督申報』, 『독립』(미주), 『獨立新聞』(상해판), 『獨立新聞』(중경판), 『東亞日報』, 『每日申報』, 『時代日報』, 『新韓民報』, 『朝鮮日報』, 『朝鮮中央日報』, 『中外日報』, *The Korean Student Bulletin*

한국인 발행 잡지

『高麗青年』, 『大同』, 『東光』, 『東方戰友』, 『民族革命』, 『四海公論』, 『三千里』, 『新民』, 『新朝鮮』, 『新興學友報』, 『勇進』, 『朝鮮義勇隊』, 『朝鮮義勇隊通迅』, 『震壇』, 『韓聲』, 『彗星』

관보

『舊韓國官報』, 『朝鮮總督府官報』

중국 신문

『大公報』, 『益世報』

일제 관헌 간행물

『高等警察報』, 『思想彙報』, 『外事月報』, 『特高月報』

해방 이후 간행물

『京鄉新聞』, 『新天地』, 『自由新聞』, 『朝鮮年鑑』, 『解放日報』

(2) 자료·자료집

국내 수집 자료

「前盟內部의 意見分岐」; 韓詩俊 편,『韓國獨立運動史資料集』趙素昻 篇 4, 한국정신문화연구원, 1997 수록

「朝盟報告草案」(1943.12); 국사편찬위원회 소장 MF 자료

「朝鮮義勇軍 華北支隊 總結」(1942. 5); 국사편찬위원회 소장 MF 자료

『不逞團關係雜件: 朝鮮人ノ部』; 국사편찬위원회 한국사데이터베이스

廣東省檔案館 소장 '중산대학 한국인 관련자료' (국가보훈처 해외수집자료)

독립기념관 소장 홍사단자료

국내 간행 자료

『단재신채호전집』 1-9, 독립기념관 한국독립운동사연구소, 2008

『大韓民國臨時政府와 韓國光復軍』, 國家報勳處, 1996,

『대한민국임시정부자료집』 1-45, 국사편찬위원회, 2005-2011

『大韓帝國官員履歷書』, 국사편찬위원회, 1972

『島山安昌浩全集』 2·10, 도산안창호선생기념사업회, 2000

『白凡金九全集』 8, 大韓每日申報社, 1999

『雩南李承晩文書』 東文篇 4, 연세대 현대한국학연구소, 1998

『中國新聞韓國獨立運動記事集』 I, 독립기념관 한국독립운동사연구소, 2008,

『韓國獨立運動史料』 楊宇朝篇, 國家報勳處, 1999

『韓國獨立運動史資料』 3·37·38, 국사편찬위원회, 1973·2001·2002

『韓國獨立運動史資料集』 趙素昻篇 4, 韓國精神文化硏究院, 1997

『韓國民族運動史料』 三一運動篇 其三, 國會圖書館, 1979

『韓國民族運動史料』 中國篇, 國會圖書館, 1976

『韓民族獨立運動史資料集』 31·43·44·46, 國史編纂委員會, 1997·2000·2001

金學武 편저·金台俊 증보,『近代朝鮮革命運動史』, 東京: 解放新聞社, 1947

도산안창호선생기념사업회·도산학회 편,『미주국민회자료집』 21, 경인문화사, 2005

독립운동사편찬위원회 편,『독립운동사자료집』 9, 독립유공자 사업기금운용위원회, 1975

車載明 편,『朝鮮예수教長老會史記』, 朝鮮基督教彰文社, 1928

秋憲樹 편,『資料韓國獨立運動』 1-4, 연세대학교출판부, 1972

韓時俊 편,『韓國獨立運動史資料集』 趙素昻篇 4, 한국정신문화연구원, 1997

중국 간행 자료

『南京國民政府 外交部公報』, 高句麗, 1995(영인)

高軍 編, 『無政府主義在中國』, 長沙: 湖南人民出版社, 1984

金健人 · 楊昭全 主編, 『大韓民國臨時政府在杭州』, 北京: 國際文化出版公司, 2008.

楊昭全 등 편, 『關內地區朝鮮人反日獨立運動資料滙編』 上 · 下, 遼寧民族出版社, 1987

柳 絮, 『弱小民族的革命方略』, 上海: 中山書店, 1929

李何林 편, 『中國文藝論戰』, 上海: 上海書局, 1930

張習孔 · 田玨 주편, 『中國歷史大事編年』, 北京: 北京出版社, 1992

張允候 外 편, 『五四時期的社團』 4, 生活 · 讀書 · 新知三聯書店, 1979

일본 간행 자료

『國外ニ於ケル容疑朝鮮人名簿』, 朝鮮總督府 警務局, 1934

『軍官學校事件ノ眞相』, 朝鮮總督府 警務局, 1934

『露嶺沿海州移住韓人ノ狀態』, 朝鮮駐箚憲兵隊司令部, 1912

『外務省警察史―支那ノ部(未定稿)』; 『日本外務省特殊調査文書』 28, 高麗書林, 1989

『朝鮮人教育私立學校統計要覽』, 朝鮮總督府 內務部 學務局, 1913 · 1916

『厦門鮮人逮捕事件並同事件ニ因ル排日關係一件』(일본외무성사료관 문서 A-5-3-0-13)

『韓國統治史料』 10, 東京: 韓國史料硏究所, 1971

경상북도 경찰부 편, 『高等警察要史』, 고려대학교 민족문화연구소, 1967

金正明 편, 『朝鮮獨立運動』 II, 東京: 原書房, 1967

白川秀男 編, 『在支半島人名錄』 昭和 17年度版, 上海: 白川洋行, 1941.

社會問題資料硏究會 편, 『思想情勢視察報告集』 1-9, 東洋文化社, 1974-1977

山口昇 편, 『歐米人の支那に於ける文化事業』, 上海: 日本堂書店, 1921

日本外務省 편, 『歐米人ノ支那ニ於ケル文化事業』, 東京: 外務省, 1925.

在上海日本總領事館 편, 『朝鮮民族運動年鑑』, 東文社書店, 1946.

朝鮮總督府 警務局 편, 『國外ニ於ケル容疑朝鮮人名簿』, 朝鮮總督府 警務局, 1934.

朝鮮總督府 警務局 保安課 편, 『朝鮮の治安狀況: 昭和二年版』, 神戶: 青丘文庫, 1984

朝鮮總督府 警務局 편, 『最近に於ける朝鮮治安狀況』(昭和八年版), 東京: 巖南堂書店, 1966

(3) 개인문집 · 회고 · 전기

국내 문헌

Kim San · Nym Wales, 조우화 역, 『아리랑』, 동녘, 1992

具益均, 『새 역사의 여명에 서서』, 日月書閣, 1994

權基玉, 「나는 韓國 최초의 女流飛行士」, 『新東亞』 1967년 8월호.

———, 「나의 履歷書」, 『韓國日報』 1978년 1월 25일자~2월 28일자(24회 연재).

김장생, 「중국부대에서 싸운 김자렬장군」, 『결전』, 북경: 민족출판사, 1991.

金昌淑, 「躄翁七十三年回想記」, 『心山遺稿』, 國史編纂委員會, 1973

———, 『김창숙문존』, 성균관대학교출판부, 1999

金學奎, 「白波自敍傳」, 『한국독립운동사연구』 2, 1988

김학철, 「무명용사」, 『항전별곡』, 흑룡강조선민족출판사, 1983; 이정식 · 한홍구 편, 『항전별곡』, 거름, 1986

———, 『최후의 분대장』, 문학과지성사, 1995

柳基石, 『三十年放浪記: 유기석회고록』, 국가보훈처, 2010

柳樹人, 「韓國獨立運動的回顧與前瞻」, 『中韓文化』 2, 1946

———, 「安昌男的一生」, 『中國的空軍』 96기, 1946

류연산, 『불멸의 지사 심여추 평전』, 중국조선민족문화예술출판사, 2002

류자명, 『나의 회억』, 심양: 료령민족출판사, 1984

———, 『한 혁명자의 회억록』, 독립기념관 한국독립운동사연구소, 1999

리화림, 『머나먼 려정』, 북경: 민족출판사, 2012

文一平, 「나의 半生」, 『湖岩全集』 3, 朝鮮日報社出版部, 1939

문정일, 김형직 정리, 『격정세월』, 북경: 민족출판사, 2004

문정일, 「중국전선에서 싸운 조선의용군의 항일전쟁」, 『역사비평』 12, 1990

朴慈惠, 「가신님 丹齋의 靈前에」, 『朝光』 1936년 4월호

박현환 편, 『續篇 島山 安昌浩』, 三協文化社, 1954

卞榮魯, 『酩酊四十年』, 서울신문社, 1953

———, 『樹州卞榮魯文選集』, 韓振出版社, 1981

卞榮晩, 『변영만전집』 상 · 중 · 하, 성균관대 대동문화연구원, 2006

———, 『山康齋文鈔』, 龍溪書堂, 1957

『石泉李貞浩博士離任紀念論文集』, 螢雪出版社, 1978

송우혜, 『윤동주평전』, 푸른역사, 2004

申圭植, 『韓國魂』, 博英社, 1976

申榮雨, 「朝鮮의 歷史大家 丹齋 申采浩 獄中會見記」 1-7, 『朝鮮日報』 1931년 12월 19일자~30일자

신채호, 『룡과 룡과의 대격전』, 조선문학예술총동맹출판사, 1966

沈克秋, 「나의 회고」, 『20세기 중국조선족력사자료선집』, 중국조선민족문화예술출판사, 2002

———, 「浮沉在硝烟弥漫的時代浪潮中—記柳樹人的一生」, 『懷念集』 5, 泉州平民中學·晉江民生農校校友會, 1990

安炳武, 『七佛寺의 따오기』, 汎友社, 1988,

安在鴻, 「嗚呼 丹齋를 哭함」, 『조선일보』 1936년 2월 27일자

元世勳, 「丹齋 申采浩」, 『三千里』 1936년 4월호

이관구, 이충구 외 편역, 『의용실기』, 아라, 2013.

李光洙, 「나의 告白」, 『李光洙全集』 13, 三中堂, 1962

———, 「多難한 半生의 途程」, 『李光洙全集』 14, 三中堂, 1962

———, 「脫出途中의 丹齋印象」, 『朝光』 1936년 4월호

李圭昌, 『運命의 餘燼』, 普蓮閣, 1992: 『運命의 餘燼』, 발행처 불명, 2004

李斗山, 『最近韓國義士列傳』, 廣州: 新朝鮮社, 1935

李範奭, 『우둥불』, 思想社, 1971.

———, 『鐵驥李範奭自傳』, 외길사, 1991.

이상룡, 『국역 石洲遺稿』 상·하, 경인문화사, 2008

이윤모, 『칠십년사 1923-1993』, 시카고한인제일연합감리교회, 1995

李允宰, 「北京時代의 丹齋」, 『朝光』 1936년 4월호

李恩淑, 『民族運動家 아내의 手記: 西間島始終記』, 正音社, 1975; 『가슴에 품은 뜻 하늘에 사무쳐』, 人物研究所, 1981

李乙奎, 『是也 金宗鎭 先生傳』, 李乙奎 발행, 1963

李丁奎, 『又觀文存』, 三和印刷出版部, 1974

李丁奎·李觀稙, 『友堂 李會榮略傳』, 乙酉文化社, 1985

一鳶實記刊行委員會 편, 『一鳶實記』, 一鳶實記刊行委員會, 2005

林鍾國·朴魯埻, 『흘러간 星座』 2, 國際文化社

全柱漢, 「興士團 北京地區의 活動」, 『기러기』 1979년 10월호

鄭元澤, 『志山外遊日誌』, 探求堂, 1983

鄭元澤, 『志山外遊日誌』, 探求堂, 1983

鄭寅普, 「丹齋와 史學」, 『東亞日報』 1936년 2월 26일자

鄭華岩, 『이 조국 어디로 갈 것인가』, 자유문고, 1982

趙擎韓, 『白岡回顧錄』, 韓國宗敎協議會, 1979
조선의용군발자취 집필조, 『중국의 광활한 대지 우에서』, 연길: 연변인민출판사, 1987
朱耀翰, 『安島山全書』, 三中堂, 1963
중국조선민족발자취총서 편집위원회 편, 『봉화』, 북경: 민족출판사, 1989
최병현, 『강변에 앉아 울었노라: 뉴욕한인교회 70년사』, 깊은샘, 1992
崔恩喜, 『韓國開化女性列傳』, 정음사, 1985
崔熙松, 『氷世界七十年』, 大成文化社, 1964
한시준, 『의회정치의 기틀을 마련한 홍진』, 探求堂, 2006
滬上居人, 「一九二七年 廣東大事變 中國革命亂參戰回想記, 中國內亂餘聞」, 『別乾坤』, 1930년 10월호
洪命熹(碧初), 「哭丹齋」, 『조선일보』 1936년 2월 28일자
———, 「上海時代의 丹齋」, 『朝光』 1936년 4월호
———, 「自敍傳」 1, 『三千里』 1929년 6월호

중국 문헌

姜義華, 『章太炎』, 臺北: 東大圖書公司, 1991
魯迅, 『魯迅全集』 14, 北京: 人民文學出版社, 1996
于 斌, 『于斌主教抗戰言論集』, 香港, 眞理學會, 1939
『于斌樞機紀念文集』, 臺北, 康寧雜誌社, 1981
『于斌傳記資料』 1-4, 臺北, 天一出版社, 1985
『于斌樞機畫傳』, 臺北, 輔仁大學出版社, 1998
周作人, 『周作人日記』 中, 北京: 大象出版社, 1996
陳方中 編, 『于斌樞機傳』, 臺北, 臺灣商務印書館, 2001
巴金, 『巴金全集』 20, 人民文學出版社, 1993
湯志鈞 편, 『章太炎年譜長編』 上, 北京: 中華書局, 1979

2. 연구

(1) 연구서

국내 문헌

강만길, 『증보 조선민족혁명당과 통일전선』, 역사비평사, 2003
구승회 외, 『한국 아나키즘 100년』, 이학사, 2004

김양 · 복찬웅 · 김우안, 『광주봉기와 조선용사들』, 목단강: 흑룡강조선민족출판사, 1988
김영범, 『한국근대민족운동과 의열단』, 창작과비평사, 1997
———, 『혁명과 의열』, 景仁文化社, 2010
김주현, 『신채호문학연구초』, 소명출판, 2012
———, 『계몽과 혁명: 신채호의 삶과 문학』, 소명출판, 2015
金喜坤, 『中國關內韓國獨立運動團體硏究』, 지식산업사, 1995
無政府主義運動史編纂委員會 編, 『韓國아나키즘運動史』, 螢雪出版社, 1978
박 환, 『식민지시대 한인아나키즘운동사』, 선인, 2005
朴州信, 『間島韓人의 民族敎育運動史』, 아세아문화사, 2000
方善柱, 『在美韓人의 獨立運動』, 翰林大學校 아시아文化硏究所, 1989
白永瑞, 『中國現代大學文化硏究』, 一潮閣, 1994
북경대학 조선문화연구소 편, 『교육사』, 민족출판사, 1997
성주현, 「아나키스트 원심창과 육삼정 의열투쟁」, 『崇實史學』 24, 2010
신용하, 『申采浩의 社會思想 硏究』, 한길사, 1984
심지연, 『최창익 연구』, 백산서당, 2009
연변대학 교육학 심리학 교연실 외 편, 『연변조선족교육사』, 연변인민출판사, 1987
염인호, 『조선의용군의 독립운동』, 나남출판, 2001,
오장환, 『한국 아나키즘운동사 연구』, 국학자료원, 1998
牛林杰, 『한국 개화기문학과 양계초』, 박이정, 2002
은진중학교동문회 편, 『恩眞80年史』, 코람데오, 2002
이호룡, 『한국의 아나키즘: 사상편』, 지식산업사, 2001
———, 『아나키스트들의 민족해방운동』, 독립기념관 한국독립운동사연구소, 2008
———, 『신채호 다시 읽기』, 돌베개, 2013
———, 『한국의 아나키즘: 운동편』, 지식산업사, 2015
趙凡來, 『韓國獨立黨硏究 1930-1945』, 선인, 2011
최 강, 『조선의용군사』, 연변: 연변인민출판사, 2006
崔惠珠, 『滄江 金澤榮의 韓國史論』, 한울, 1996
河岐洛, 『奪還: 百姓의 自己解放意志』, 螢雪, 1985
한국독립유공자협회, 『中國東北지역 韓國獨立運動史』, 집문당, 1997
한상도, 『韓國獨立運動과 中國軍官學校』, 문학과지성사, 1994,
韓詩俊, 『韓國光復軍硏究』, 一潮閣, 1993

중국 문헌

Clarence Burton Day, 劉家峰 역, 『之江大學』, 珠海: 珠海出版社, 1999
顧衛民, 『中國與羅馬教廷關係史略』, 北京: 東方出版社, 2000
石源華, 『中韓文化協會研究』, 北京, 世界知識出版社, 2007
沈 弘, 『西湖百象』, 濟南: 山東人民出版社, 2010
熊先覺 · 徐葵 主編, 『法學搖籃 朝陽大學』, 北京: 燕山出版社, 1997
張立程 · 汪林茂, 『之江大學史』, 杭州: 杭州出版社, 2015
趙曉蘭 · 吳潮, 『傳教士中文報刊史』, 上海, 復旦大學出版社, 2011
黃福慶, 『近代中國高等教育研究 :國立中山大學(1924−1937)』, 臺北: 中央研究院 近代史 研究所, 1988

(2) 연구논문

국내 논문

姜英心, 「新韓革命黨의 결성과 활동」, 『한국독립운동사연구』 2, 1988
高珽烋, 「1930년대 미주 한인사회주의운동의 발생 배경과 초기 특징—시카고의 재미한인사회과학연구회를 중심으로」, 『한국근현대사연구』 54, 2010
金光載, 「조선청년전위동맹의 결성과 변천」, 『한국민족운동사연구』 21, 1999
———, 「玉觀彬의 상해망명과 활동」, 『한국근현대사연구』 59, 2011
———, 「중국관내지역 韓人의 국적문제 일고찰—1933년 廣州에서의 '朴義一' 체포를 둘러싼 中日佛 교섭을 중심으로—」, 『史學硏究』 110, 2013
金東錫, 「변영만이 본 신채호」, 『漢文學報』 10, 2004
金時俊, 「魯迅이 만난 韓國人」, 『中國現代文學』 13, 1997
金榮範, 「朝鮮義勇隊 硏究」, 『한국독립운동사연구』 2, 1988
———, 「1920년대의 북경 한인사회와 의열투쟁」, 『혁명과 의열』, 景仁文化社, 2010
金鎭均, 「卞榮晩의 비판적 근대정신과 문예추구」, 성균관대학교 박사학위논문, 2004
———, 「卞榮晩의 文章觀과 自得의 논리」 『大東文化硏究』 55, 2006
柳浚弼, 「변영만의 문예론과 그 사상적 기저」 『大東文化硏究』 55, 2006
朴 烜, 「李會榮과 그의 민족운동」, 『國史館論叢』 7, 1989
———, 「滿洲地域의 新興武官學校」, 『滿洲韓人 民族運動史硏究』, 一潮閣, 1991
———, 「권업회의 조직과 활동」, 『러시아한인민족운동사』, 탐구당, 1995
———, 「1920년대 전반 북경지역 한인아나키즘」, 『한국민족운동사연구』 37, 2003
박창욱, 「중산대학 조선족학생들의 항일투쟁」, 중국조선민족발자취총서 편집위원회 편,

『봉화』, 북경: 민족출판사, 1989
裵京漢, 「上海 · 南京지역의 初期(1911-1913) 韓人亡命者들과 辛亥革命」, 『東洋史學研究』 67, 1998
———, 「中國亡命시기(1910-1925) 朴殷植의 언론활동과 중국인식」, 『東方學志』 121, 2003
성주현, 「아나키스트 원심창과 육삼정 의열투쟁」, 『崇實史學』 24, 2010
孫科志, 「1920 · 30년대 북경지역 한인독립운동」, 『역사와 경계』 51, 2004
申翼澈, 「근대문학 형성기 卞榮晩의 사상적 지향과 문학세계」, 『韓國漢文學研究』 32, 2003
辛珠柏, 「1920, 30年代 北京에서의 韓人 民族運動」, 『한국근현대사연구』 23, 2002; 『1920-30년대 중국지역 민족운동사』, 선인, 2005
廉仁鎬, 「朝鮮義勇軍 研究」, 국민대학교 대학원 국사학과 박사학위논문, 1994
魏志江, 「中山大學과 한국독립운동의 관계」, 『한국근현대사연구』 40, 2007
李萬烈, 「단재 신채호의 북경 중심의 독립운동」, 『中國에서의 抗日獨立運動』, 高句麗, 2000
李在鎬, 「少碧 楊宇朝의 생애와 독립운동」, 『史學志』 36, 2003
李政文, 「魯迅在朝鮮人民的心中」, 『延邊大學學報』(社會科學版) 1981-3
李浩龍, 「신채호의 아나키즘」, 『歷史學報』 177, 2003
———, 「이회영의 아나키스트 활동」, 『한국독립운동사연구』 33, 2009
林熒澤, 「卞榮晩의 글쓰기 형식과 문학 사상」, 『大東文化研究』 55, 2006
張世胤, 「조선의용대의 조직편성과 구성원」, 『한국근현대사연구』 11, 1999
丁原鈺, 「丹齋先生의 海外에서의 抗日獨立運動」, 『申采浩의 思想과 民族獨立運動』, 螢雪出版社, 1986
정태욱, 「변영만의 삶과 뜻」, 『법철학연구』 15-3, 2012
曺圭泰, 「北京 '軍事統一會議'의 組織과 活動」, 『한국독립운동사연구』 15, 2000
———, 「1920년대 중반 재북경 創造派의 民族唯一黨運動」, 『한국민족운동사연구』 37, 2003
———, 「1920년대 북경지역 한인유학생의 민족운동」, 『한국독립운동사연구』 30, 2008
———, 「1920년대 북경고려기독교청년회의 종교활동과 민족운동」, 『한국기독교와 역사』 31, 2009
———, 「1920년대 재북경 대구 · 경북인의 국민당 활동」, 『대구사학』 100, 2010
———, 「1920년대 재북경 한인 革命社의 『革命』 발간과 혁명운동」, 『한국독립운동사연구』 36, 2010
———, 「1920년대 홍사단 북경단소의 조직과 활동」, 한국독립운동사연구소 연구발표회 발표요지문(2010. 7. 27)

趙東杰,「安東儒林의 渡滿經緯와 獨立運動上의 性向」,『大丘史學』 15 · 16, 1978
曺世鉉,「1920년대 전반기 재중국 한인 아나키즘운동: 한 · 중 아나키스트의 교류를 중심으로」,『한국근현대사연구』 25, 2003
조은경,「『東方戰友』를 통해 본 李斗山의 국제연대 인식과 활동」,『한국독립운동사연구』 37, 2010
崔起榮,「韓末 지식인의 反帝國主義論—卞榮晩(1889-1954)을 중심으로—」,『國史館論叢』 47, 1993;『한국근대계몽운동연구』, 일조각, 2003
———,「일제강점기 申采浩의 언론활동」,『韓國史學史學報』 3, 2001
崔鳳春,「中山大學과 1920년대 조선인의 혁명운동」,『史學硏究』 48, 1994
———,「국립광동대학과 조선민족해방운동」, 중국조선민족발자취총서 편집위원회 편,『불씨』, 북경: 민족출판사, 1995
———,「국립 중산대학 조선유학생 연구—1930년대를 중심으로」,『한국민족운동사연구』 60, 2009
崔玉山,「文學者 丹齋 申采浩論」, 인하대학교 국어국문학과 박사학위논문, 2003
崔鉉洙,「山康 卞榮晩의 生涯와 國學觀」 上,『畿甸文化』 9, 1992
韓基亨,「'白浪'의 잠행 혹은 만유: 중국에서의 심훈」,『민족문학사연구』 35, 2007.
韓相禱,「獨立運動家 家門의 社會的 背景: 友堂 李會榮 一家의 事例硏究」,『한국독립운동사연구』 3, 1989
한생철,「26년의 풍운변화」,『연변문사사료』 6, 연변인민출판사, 1988
韓詩俊,「중국 관내 독립운동과 신문 잡지」,『한국독립운동사연구』 12, 1998
———,「申采浩의 在中獨立運動」,『韓國史學史學報』 3, 2001
———,「중한문화협회의 성립과 활동」,『한국독립운동사연구』 35, 2010
———,「大韓民國臨時政府와 중국 廣州의 관계」,『한국독립운동사연구』 45, 2013
韓榮奎,「변영만의 근대문명 비판」『大東文化硏究』 55, 2006
———,「卞榮晩의 아포리즘 창작과 文明批評」,『民族文化硏究』 39, 2003
———,「식민지시기 한문문장가 계보의 일단」,『大東漢文學』 33, 2010
현룡순,「조선의용군」,『조선족백년사화』 3, 거름, 1989

국외 논문

堀內稔,「柳基石」,『朝鮮民族運動史硏究』 8, 1992
金香花 · 李光仁,「黃埔軍校出身的中國朝鮮族革命者在延邊」,『延邊大學學報』(社會科學版) 36-3, 2003
方 豪,「四十年前天主敎人士參加抗戰工作之一斑」,『東方雜誌』 復刊 11-1(臺北), 1977

徐暢 · 牛淑萍,「抗戰時期于斌主教述論」,『歷史檔案』 2005-3, 2005
王培文,「中國境內朝鮮無政府主義運動史論(1919-1945)」, 廣西師範大學 석사학위논문, 2005
曹善玉,「移民, 留學與革命 —20世紀20-30年代的中山大學韓國留學生」,『韓國研究論叢』 23, 北京: 世界知識出版社, 2011
崔鳳春,「浙江境內韓國獨立運動史概述」,『東亞世界中的韓國』, 浙江工商大學 東亞文化研究院 韓國學研究所, 2012

中国关内地区韩国独立运动家的生涯与斗争

崔起荣

本书是作者关于在中国关内开展独立运动的人物研究的10篇论文的汇编。因为本书不是围绕一个主题，按照一定顺序的研究成果，所以要把这些独立运动家的活动按照一定的标准归类，并非易事。本书分为“1910~1930年代北京的独立运动家”，“关内的武装斗争与独立运动家”，“中国留学生与独立运动”的三部分。在本书中论及的人物，与领导韩国独立运动的指导人物们比较起来，并不是广为人知的独立运动家。但作者的意图是要挖掘这些人物的独立运动活动，找回他们在韩国独立运动史上应该具有的价值。

第一部: 1910~1930年代北京的独立运动家

该部分主要论述的人物是卞荣晚·申采浩·李会荣·柳基石，这些人物以北京为主要活动舞台，同时也来往于上海。当时李会荣的年龄是50多岁，申采浩是三四十岁，卞荣晚和柳基石都是二十多岁。柳基石的出生地虽然是黄海道，但成长于间岛，所以可以说他与其他的独立运动家辈分不同。李会荣·申采浩·卞荣晚出身于畿湖地方，研修传统学问，同时也积极吸收近代西方文明。自大韩帝国时期起，积极参加恢复国权运动，并因此闻名。除了卞荣晚之外，其他的人物在北京于1920年前后时期接受无政府主义思想，二十年代以后，成为著名的无政府主义者。实际上，卞荣晚于三一运动之前在北京居住的5年期间，主要关注与中国的联带关系，并没有积极参与独立运动。虽然不能说这些人物是各个时期在北京活动的独立运动家的代表，但如果没有这些人物，也无法谈论各时期在北京活动的独立运动家。

「1910年代卞荣晚的海外行迹」：卞荣晚于1913年后期流亡中国，定居于北京，1914年任职于总统府，并且在黄鈡日报社担任庶务，直至1916年报社停刊，1917年在北京日日新报社工作。他到达北京后，曾经参与章炳麟国学讲学，并受到章炳麟的影响。卞荣晚在北京与其弟卞荣泰一起生活，好像也曾与尹贞媛同居过。他在北京与李始荣·申采浩·金奎植·曹成焕·李鈡浩之间的关系密切。至少他与在北京活动的独立运动家一起活动过。但事实上，当时在北京要进行积极的独立运动是有困难的。大韩民国临时政府树立以前，在上海活动的人物的情况也是如此。虽然通过资料不能确认他与中国人的交流内容，但因为他在总统府，报社工作的经历，可以推定他与中国人之间应该有过不少的交流。卞荣晚于1917年到过新加坡，然后到上海，1919年三一运动之后回国。之后他没有直接参与独立运动，而是作为一个文人，谋求东西文化的折冲。

「丹斋申采浩的独立运动:以在中国的政治活动为中心」：申采浩自1910年流亡起直至1928年被捕殉国，几乎20年间在俄罗斯和中国开展独立运动。这期间，除了两三年外，他的活动地几乎都在中国的北京和上海。他曾经刊行过『新大韓』·『天鼓』·『大同』等报刊，同时进行历史研究，也没有间断过政治活动。所以申采浩的活动可以分为舆论活动，历史研究和政治活动的三种活动。但对于申采浩来说，这些活动都是独立运动，所以这些活动并非互不相关。他直接参与1919年临时政府的成立活动，但提出委任统治请愿的李承晚被选为临时政府的首长后，他便参开始积极参与反对临时政府的活动。特别是他强烈批判倾向外交万能主义，不主张武装斗争路线的临时政府，并与反临时政府势力联合。申采浩于1923年为义烈团起草「朝鲜革命宣言」，主张民众革命，逐渐倾向无政府主义。但仍然热衷于历史研究。他的独立运动理念逐渐从民族主义转向无政府主义。他殉国后，无论是民族主义者，还是无政府主义者，甚至左派势力表示都表示哀悼，这就证明了他的独立运动范围的广泛性。

「李会荣的北京生活: 1919~1925」: 李会荣自1919年5月至1925年11月居住在北京。李会荣的家曾经成为国内外韩国独立运动家的联络点, 也是中间联络站。他之所以能定居在北京, 是因为他的亲戚首先在北京定居, 而且北京地处交通要地, 而且也能避开日本帝国主义的直接迫害。他与夫人等家人一起居住, 有的时候因为经济原因, 他的夫人也会住在国内。最初的两三年, 在经济上具有支援同志的能力, 但后来的4年生活却非常穷困。在北京曾经租住过6个地方, 最初两三年或者几个月搬一次家, 后来搬家的次数越来越多, 居住的空间也越来越小。李会荣在北京定居以后, 最初反对临时政府的势力经常在他家里居住或者来访问他。其中畿湖和岭南地方出身的人物居多。最初李会荣与朴容萬·金昌淑·申采浩等人讨论独立运动的方略问题, 后来到了1923年的时候, 他与李乙奎·李丁奎兄弟, 以及其他的无政府主义者之间取得联系, 其本人也逐渐对无政府主义产生共鸣, 并与1924年结成了在中国朝鲜无政府主义者联盟。他与金宗镇·沈熏·韩基岳·苏完奎等青年人也有交往, 而且在北京居住的亲属也不少。但是, 他与西北地方的势力·兴士团·基督教, 以及共产主义者之间的交流不多。与留学生之间也没有太多的交往。这也许跟说他是保皇派的流言有关。他除了在中国朝鲜无政府主义者联盟以外, 几乎与在北京组织的其他团体没有关联。在北京居住的7年期间, 对于李会荣来说最重要的可以说是他接受了无政府主义思想, 成为无政府主义者的事实。他作为无政府主义者的活动和角色, 在他转移到天津以后体现的更加突出。

「1920~1930年代柳基石的独立运动与无政府主义」: 柳基石是活跃于1920年代以后的无政府主义者。他出生于一个基督教家庭, 接受的是民族主义教育。他曾积极参与三一万岁示威运动, 1920年到中国关内地区, 并毕业于基督教性质的南京华中公学, 之后进入北京的朝阳大学。他在上海和南京加入兴士团, 受到安昌浩的指导。1924年转移到北京以后, 他接受了无政府主义思想, 以基督徒和兴士团员的身份加入留学生会, 并参与学生运动。他还从事文笔活动, 宣传无政府主义, 并在中国和朝鲜国内发表排斥苏联体制和共产主义的文章。他还参加并主导无政府主义运动团体，被誉为理论与实践兼备的无政府主义者。后来他脱离兴士团，好像与基督教的关系也决裂了。1925年他在中国国民大会上卓越的演说闻名国内外。他在处理吉林事件和湖西事件上体现出与众不同的能力，并且在运作在中国朝鲜无政府共产主义者联盟及南华韩人青年联盟等无政府主义组织，以及筹集活动资金上，发挥出作为指导者的才能。不仅如此，他还学习飞行技术，并且擅长运动，还热衷于编辑杂志和寫作活动。正是因为他这样出众的能力和活动，日本帝国主义把他看成是韩国无政府主义人物的代表。在日本占领的时期，从基督教民族主义者转变成共产主义者的情况不少见，但像柳基石一样，从基督教民族主义者转变成无政府主义者的事例却是很罕见的。

第2部：'在关内的武装斗争与独立运动家'

在这里论及的人物有李相定·李复源·李斗山·金学武。这些人物都通过各种方式接受过军事教育。李复源原来是大韩帝国的下级武官，他还是接受过美国军事学校教育的军事专家。李相定，李斗山，金学武分别在日本预备军事学校，大韩民国利市政府的陆军武官学校，中国军官学校裡接受过军事教育。李斗山与李相定都于40多岁的时候分别在韩国光复军和中国军队里担任过将官之职，但实际上主要是执行与战斗无关的参谋或者教官的职务。因为长期在民间活动，这些人物反而在文艺方面活动突出。李复源在50多岁的时候，放弃美国生活，来到中国关内参加武装斗争。在韩国光复军里，他发挥的主要角色是军事专家，并不是指挥官。金学武在30多岁的时候参加朝鲜义勇队的活动，战死。除了金学武外，其他人物虽然因各自的特性及年龄关系，担任与军事有关的高位官职，但实际上他们的活动与武装斗争并没有直接关系。这也正体现出中国关内地区的武装斗争与东北地区的武装斗争之间的不同特征。也体现出中日战争以后，专家集团参与军事组织的事实。实际上，这些人物的军事活动在中日战争以后更加突出。

「李相定的中国流亡及独立运动」：李相定并不是在韩国独立运动史上活跃的

人物。但是，1925年流亡中国以前，通过教育和社会运动开展民族运动，流亡到中国以后，他参与中国军队及临时政府的活动，站在抗日战线的前列。尤其是他在中国军队内受到将官级别的参谋和教官的待遇，由此可以推测出他作为一个军事专家的地位。但他不仅仅是一个军事专家，他还是一个具有艺术才能的人物，他风流倜傥，在篆刻和文艺上造诣颇深，擅长诗书画。他在上个世纪的三十年代后期积极参与民族战线统一运动，在四十年代，他努力通过改组和统合临时政府的方式来改变韩国独立运动的路线。而且他还特别强调应该对韩国民族的自主独立发展具有信心。他还认识到民众政党的必要性。通过他在参与朝鲜民族革命党和新韩民主党，以及朝鲜民族战线联盟的时候体现出的政治路线，可以看出他或许是一个民族主义左派或者中间派的人物。

「李复源的美国留学及在中独立运动」：李复源的一生与众不同。他出身于咸镜道北青，在大韩帝国时期，作为士官工作5年。之后在日本留学7年，美国留学19年。曾在庆应义塾理财课，弗吉尼亚军事学校及西北大学学习。40多岁的时候，转移到中国，直接参加独立运动，作为军事专家，活动12年。他参与过朝鲜革命干部学校和义烈团及民族革命党等左派性质的独立运动团体，并担任过朝鲜革命党和韩国独立党等民族主义系统的独立运动团体的干部。也担任过大韩民国临时政府临时议政院议员，韩国光复军总司令部参谋及副支队长。作为军事专家，他主要担任的是与军事学编撰有关的职位或者参谋职。他在渡美留学后信仰基督教。

「李斗山的在中独立运动及抗日言论活动」：1920年，李斗山被任命为临时政府的公债募集委员和庆北交通事务特派员，回国活动时被捕入狱，1925年再次来到中国，之后通过贩卖人参的商业活动解决经济问题，同时参与独立运动。三十年代初主管韩国独立党广东支部机关报《韩声》的刊行，1935年以后参加民族革命党的活动。并参加1938年10月创建的朝鲜义勇队，担任编辑主任。从1939年起，他在桂林刊行《东方战友》，宣传中国抗战和东方弱小民族的解放。四十年代转移到重庆，以民族革命党的人物的身份，担任临时政府法务次长，内务次长及韩国光复军政训处长等职。

李斗山用中国语刊行著作，并留下众多文章。他通过文章阐述了通过参加中国抗战及打倒日本帝国主义，才能实现东方弱小民族的解放，并建设东亚和平的观点。他虽然带有左派倾向，但是他从民族主义的立场出发，在光复后反对成立单独政府，积极参与统一运动。

「金学武的在中独立运动及左派青年小组」：金学武出身于间岛龙井恩真中学，自三十年代初起进入关内地区，追随金九从事独立运动。在洛阳军官学校接受教育，中途缀学后暂时就学于中央大学。他在金九的特务队独立军内活动，还参加共产主义团体革命同志会的活动。1936年离开金九加入民族革命党，1937年中日战争爆发以后，在星子分校接受军事教育。该时期，他与崔昌益等人组织成立共产主义团体朝鲜青年前卫同盟，发挥主导作用，并脱离金元凤主导的民族革命党。后来他参加1938年10月创立的朝鲜义勇队，担任政治组长和副队长，并指导左派青年小组。朝鲜义勇队决定进入华北之后，金学武便于1941年夏北上进入太行山，同年7月起担任朝鲜义勇队的华北支队政治指导员。1942年7月华北朝鲜独立同盟成立后，朝鲜义勇队华北支队改编为朝鲜义勇军华北支队。他被选为独立同盟的中央执行委员，并兼任中央常任委员。这是因为他在前卫同盟及朝鲜义勇队内占据主导地位。他还擔任独立同盟的宣传部长，华北朝鲜青年革命学校教务主义的职务。该时期，他还从唯物史观的视角整理韩国近代史，并著述《朝鲜近代革命运动史》，作为教材使用。自1943年初起，独立同盟开始整风运动。这是中国共产党为了达到切断独立同盟与在重庆编入韩国光复军的朝鲜义勇队本队的关系，继而控制独立同盟和朝鲜义勇军的目的，打着武亭的招牌推行的一种政策。因为金学武参加过与国民党有关的独立运动团体，所以在整风运动时无法脱离关系。他站在民族统一战线的立场，为了链接在重庆的韩国独立运动势力，他从太行山转移到重庆。他拿着重庆临时政府主席金九给独立同盟主席金科奉的书信北上，但后来就形影无踪了。可能在1943年5月与日本军的战斗中战死。

第3部‘中国留学生与独立运动’

以杭州为中心，考察了一二十年代前半期华中地区韩国留学生的活动，探讨了三十年代中山大学留学生在中日战争以后参加武装斗争的过程。至三十年代为止，中国留学生比日本留学生更加关注独立运动，中山大学的情况便是如此。一十年代在杭州留学的韩国人对军事学校也很关注。

「一二十年代杭州的韩人留学生」：1919年三一运动之后，有不少的韩国独立运动家和留学生以上海为中心，居住在浙江省和江苏省地区。在浙江省的首府杭州也有韩人留学生，但人数甚少。在一十年代有几名学习医学和体育的韩人留学生，但二十年代前半期能确认的韩人留学生大概有10名左右。根据留学生会的调查，1923年当时在杭州的学生有7名。与上海和南京相比，人数非常少。与上海和南京相比，杭州的教育机构比上海和南京少，并且缺少各种水平和种类的教育机关，而且也没有形成韩人社会。在具有韩国人入学容易的军事教育机关的一十年代，杭州曾受到韩人留学生的关注。李镛和李范奭等人主张武装斗争，出生于军事和体育学校，为了开展独立运动转移到东北和俄罗斯地区。他们在杭州留学的目的是为了接受军事教育，将来从事武装斗争。二十年代前后时期起，留学生主要是通过上海来到杭州，接受中等教育之后再到上海。他们的主要活动领域是上海，上大学的时候也主要是选择上海等大城市的学校。杭州的留学生的多数选择之江大学中学部或者弘道女学校等基督教设立的中等学校，因此他们应该是与基督教有关。

「1930年代中山大学与韩国独立运动」：1924年以国立广东大学的名称建校的中山大学内，自建校起就有不少的韩国留学生入学。1927年在学韩国留学生57名。但自1927年开始的对容共分子的迫害及广东起义等影响，直至1930年没有韩国留学生入学。1931年九一八事变以后，又有新的留学生入学。因此，广州不仅在中国革命史上，在培养韩国独立运动家上也起到了重要的作用。尤其是韩国独立党在取得韩国人在中山大学入学优惠及财政支援后，三十年代中期在中山大学学习的韩国留学生最多时超过50名。通过各种资料能够确认50多名学生的名单。他们的年龄平均在22岁左右，主要是男学生。韩国留学生分为民族主义和社会主义两派，但派别的界限并不严格，因为他们活动于民族革命党与韩国国民党之间。他们组织勇进学会，增进交流，并从事学术研究，并且对中韩联合抗日斗争非常关注。但是在中日战争爆发的前后时期，在韩国独立运动势力改编的过程中，中山大学的多数留学生参加星子分校，接受军事教育，为了参加武装斗争，积极参与民族革命党主导的朝鲜义勇队。可以看出，留学生更加关注的是独立运动，并不是学问。他们大部分参加朝鲜义勇队和韩国光复军，直接献身于独立运动。

补论

补充了中国天主教的指导人于斌主教支援韩国独立运动的内容。自四十年代前后时期支援韩国独立运动，之后于斌与独立运动领袖之间的交往更加深厚，长期与韩国保持密切关系。

「于斌主教与韩国独立运动」：于斌是中日战争时期中国天主教会的代表人物，是首都南京的主教，同时还是国际社会上有名的圣职者。他曾留学罗马，并获得哲学·神学·政治学领域的博士学位，精通西方文化，同时也非常关心和热爱中国文化。中日战争期间，于斌多次在欧洲和美国等地宣传抗日，为获得国际支援尽力。因为他与蒋介石主导的国民政府有关联，所以他的活动被看成是'政教合作'，他被称为'政治主教'，这既能体现出他的爱国心，也能看出他是一个反共人物。在他的主教纹章上，青天白日旗位于中央。韩国独立运动的指导者与于斌的关系，是1940年前后时期在重庆开始的。大概1940年9月参加韩国光复军总司令部成立典礼并发表祝词是他与韩国人正式见面的开始。之后，他便成为真心支援韩国独立运动的中国代表人物之一。通过在光复军总司令部转移西安之前，邀请临时政府和光复军指导部的宴会，双方更加信赖彼此。以后在韩人社会之间，把于斌成为'正义使者'，把他看成是韩人的代表性密友。在他访美的时候，拜托美洲的韩人社会以国宾相待，美洲的韩人们实际上也以国宾相待。于斌把韩国人和临时政府看成是抗日战争的同志，积极参与并通过各种方式支援韩国独立运动的相关活动。他曾号召350万人的中国天主教人支援韩国独立，而且在临时政府要求中国政府协助的时候，在民间发挥了重要作用，尤其是在承认临时政府的问题以及参加旧金山会议的问题上，于斌都曾给与协助和支援。

찾아보기

ㄴ

ㄹ

ㅁ

ㅂ

ㅅ

ㅇ

ㅈ

ㅊ

ㅋ

ㅌ

최기영崔起榮

서강대학교 사학과 및 동 대학원 졸업, 문학박사
한국교회사연구소 연구실장
한국근현대사학회장
한국사상사학회장
현재 서강대학교 사학과 교수

저서
『대한제국시기 신문연구』, 일조각, 1991
『한국근대계몽운동연구』, 일조각, 1997
『한국근대계몽사상연구』, 일조각, 2003
『식민지시기 민족지성과 문화운동』, 한울, 2003
『애국계몽운동 Ⅱ : 문화운동』, 독립기념관 한국독립운동사연구소, 2009
『이대위: 잊혀진 미주 한인사회의 대들보』, 역사공간, 2013

편저
『호암 문일평 전집』, 민속원, 1995
『한말 천도교 자료집』, 국학자료원, 1997(공편)
『헤이그특사 100주년 기념자료집』, 독립기념관 한국독립운동사연구소, 2007
『백범 선생과 함께 한 나날들: 백범 김구 비서 선우진 회고록』, 푸른역사, 2009
『서재필이 꿈꾼 나라: 서재필 국문 자료집』, 푸른역사, 2010

중국관내 한국독립운동가의 삶과 투쟁

초판 1쇄 펴낸날 2015년 12월 15일

지은이 | 최기영
펴낸이 | 김시연

펴낸곳 | (주)일조각
등록 | 1953년 9월 3일 제300-1953-1호(구 : 제1-298호)
주소 | 03176 서울시 종로구 경희궁길 39
전화 | 734-3545 / 733-8811(편집부)
733-5430 / 733-5431(영업부)
팩스 | 735-9994(편집부) / 738-5857(영업부)

이메일 | ilchokak@hanmail.net
홈페이지 | www.ilchokak.co.kr

ISBN 978-89-337-0704-3 93910
값 33,000원

* 지은이와 협의하여 인지를 생략합니다.

* 이 도서의 국립중앙도서관 출판예정도서목록(CIP)은 서지정보유통지원시스템 홈페이지(http://seoji.nl.go.kr)와 국가자료공동목록시스템(http://www.nl.go.kr/kolisnet)에서 이용하실 수 있습니다. (CIP제어번호: 2015032040)